创业教育系列教材

U0646260

INNOVATION AND
ENTREPRENEURSHIP

创新创业基础
——理论与实践

杜宏博　谭　韬　主编

北京师范大学出版集团
BEIJING NORMAL UNIVERSITY PUBLISHING GROUP
北京师范大学出版社

图书在版编目(CIP)数据

创新创业基础：理论与实践/杜宏博，谭韬主编. 北京：北京师范
大学出版社，2024.—(创业教育系列教材).—ISBN 978-7-303-30030-3

Ⅰ. F241.4

中国国家版本馆 CIP 数据核字第 2024Z7U614 号

教材意见反馈　gaozhifk@bnupg.com　010-58805079

CHUANGXIN CHUANGYE JICHU：LILUN YU SHIJIAN

出版发行：北京师范大学出版社　www.bnupg.com
　　　　　北京市西城区新街口外大街 12-3 号
　　　　　邮政编码：100088
印　　刷：三河市兴达印务有限公司
经　　销：全国新华书店
开　　本：787 mm×1 092 mm　1/16
印　　张：18.75
字　　数：336 千字
版　　次：2024 年 7 月第 1 版
印　　次：2024 年 12 月第 2 次印刷
定　　价：49.80 元

策划编辑：李　明　　　　　　　责任编辑：冯祥君
美术编辑：李向昕　　　　　　　装帧设计：李向昕
责任校对：段立超　陈　民　　　责任印制：马　洁

编委会

目　录

目录 ▶▶

第一章 了解创新与激发创意

第一节 探索创新

一、创新概念解析

(一)创新理论的诞生、发展和体系结构

创新是一个民族发展的灵魂，是国家发展不竭的动力。时代在变，环境在变，知识在变，思维在变，所以人更要随时更新，适应变化，不断创新。一切竞争归根结底都是创新人才及创新人才所具备的创新能力的竞争，是创新速度与效率的竞争。因此，无论是从个人自身来讲，还是从国家的角度来讲，创新都是至关重要的。

当今世界，国家的繁荣富强和持续发展主要取决于国家创新能力的培育和积累，社会通过不断创新而有所发现、有所创造和有所前进。面对未来科技发展和国际政治经济形势演变带来的机遇与挑战，世界各国都在增加科技创新资源投入，力图增强自己的创新能力。

习近平总书记强调："创新是社会进步的灵魂，创业是推动经济社会发展、改善民生的重要途径。青年学生富有想象力和创造力，是创新创业的有生力量。"教育部印发的《普通本科学校创业教育教学基本要求(试行)》指出要把创业教育融入人才培养体系，贯穿人才培养全过程。近年来，高校不断加强创新创业教育，对提高高等教育质量、促进学生全面发展发挥了重要作用。新形势下，高校必须着眼长远、聚焦聚力，加强创新创业教育课程建设，注重理论与实践教学并重，丰富理论教学内容，改进实践教学方法，增强创业教育教学的开放性、互动性和实效性。

党的二十大提出："必须坚持科技是第一生产力、人才是第一资源、创新是第一动力，深入实施科教兴国战略、人才强国战略、创新驱动发展战略，开辟发展新领域新赛道，不断塑造发展新动能新优势。""加快实施创新驱动发展战略。坚持面向世界科技

前沿、面向经济主战场、面向国家重大需求、面向人民生命健康，加快实现高水平科技自立自强。""完善中国特色现代企业制度，弘扬企业家精神，加快建设世界一流企业。支持中小微企业发展。"这为我国高校开展创新创业教育指明了新方向。全面建设社会主义现代化国家，需要更加深入推进创新创业教育，培育有理想、敢担当、能吃苦、肯奋斗的新时代好青年。

我国的创新驱动发展战略始于 2005 年左右。基于劳动力、资源和环境的制约日趋严重，我国提出了加强自主研发战略。提高自主创新能力、建设创新型国家，是《国家中长期科学和技术发展规划纲要（2006—2020 年）》提出的战略目标。为实现这个目标，我国出台了很多政策措施，其中不少在发达国家也未有先例。政策本身的创新特征受到了国际的瞩目和好评，其中结合网络时代特点提出的"大众创业、万众创新"，还作为创新政策案例被写入联合国决议。目前，我国不仅是研发资金投入大国、研发人才大国，同时也是创新创业大国，创新创业文化正在我国社会逐渐形成。

政策的推动、丰富的科技人才，以及勇于拼搏的精神，为我国开创了前所未有的创新局面：科技论文及专利申请数量处于世界领先地位，创新的中间产出备受瞩目，工业企业新产品销售占主营业务比例逐步攀升……除此之外，创新活动带来的产业升级和企业发展也有目共睹，高铁、特高压输电、核能、航天、量子通信等产业和基础设施等领域取得了技术突破，华为、中兴、京东方等一批创新型企业发展壮大，百度、阿里巴巴、腾讯及大疆等科技型企业登上了世界舞台。同时，我国的创新取得了丰硕的成果，比如交通出行服务、手机支付等，直接惠及广大消费者，使广大民众深切感受到创新带来的生活便利。

《2020 年全球创新指数》报告显示，截至 2020 年，我国在 131 个经济体中位列第 14 名，在以 PCT 国际专利申请量和科学出版物为核心评价指标的科技集群中，有 17 个位于我国。2021 年，《中华人民共和国国民经济和社会发展第十四个五年规划和 2035 年远景目标纲要（草案）》中，写明了下一阶段的目标任务，到 2035 年，关键核心技术实现重大突破，进入创新型国家前列，可以预期，创新链、产业链、政策链、资金链、人才链深度融合的政策矩阵正在就位中，空前庞大、覆盖广阔的新型科技举国体制脉络已经隐约可见。

在这样的时代背景下，对于积极参与这场创新盛宴的我们而言，首先要明确什么是创新。

创新是人类的创造性活动，是人类自觉能动性的集中体现。

1912 年，被誉为"创新理论"鼻祖的约瑟夫·熊彼特发表了《经济发展理论》一书，首先从经济学角度提出创新理论，认为整个经济体系将在繁荣、衰退、萧条和复苏四个阶段构成的周期性运动过程中不断发展，要使经济从复苏进入繁荣，必须在经济体系中不断地引入创新。他指出，创新就是建立一种生产函数，把一种从未有过的关于生产要素与生产条件的"新组合"引入生产体系。这种新组合包括 5 种情况。

（1）采用一种新产品或一种产品的新特征；

（2）采用一种新的生产方法；

（3）开辟一个新市场；

（4）掌握原材料或半制成品的一种新的供应来源；

（5）实现任何一种工业的新的组织。

在熊彼特的理论体系中，创新遵循知识生产与应用的线性模式，它不是一个技术概念，而是一个经济概念，它区别于技术发明与科学发现，是把现成的技术革新引入经济组织，形成新的经济能力，在此过程中，企业是实现创新的唯一主体。这个理论对经济发展产生了深远的影响。

随着时间的推移，创新理论在不停地进步，从 20 世纪 50 年代开始，人们对创新有了更广义的理解，创新不仅仅被运用在商业和经济领域，其概念也逐渐地衍生和扩展。现代管理学之父彼得·德鲁克指出，技术创新是在自然界中为某种自然物找到新的应用，并赋予新的经济价值；社会创新是在经济与社会中创造一种新的管理机构、管理方式或管理手段，从而在资源配置中取得更大的经济价值与社会价值。"学习型经济"的国家创新系统理论之父本特·雅克·伦德瓦尔认为，创新还应包括新的组织形式和制度创新。1992 年经济合作与发展组织进一步提出，创新包括科学、技术、金融和商业等一系列活动。

在结构上，我们把创新视作由包含理论创新、知识创新、技术创新、制度创新、社会创新、文化创新等在内的创新主体，以及创新基础设施、创新资源、创新环境、外界互动等要素构成的创新体系，如图 1-1 所示。

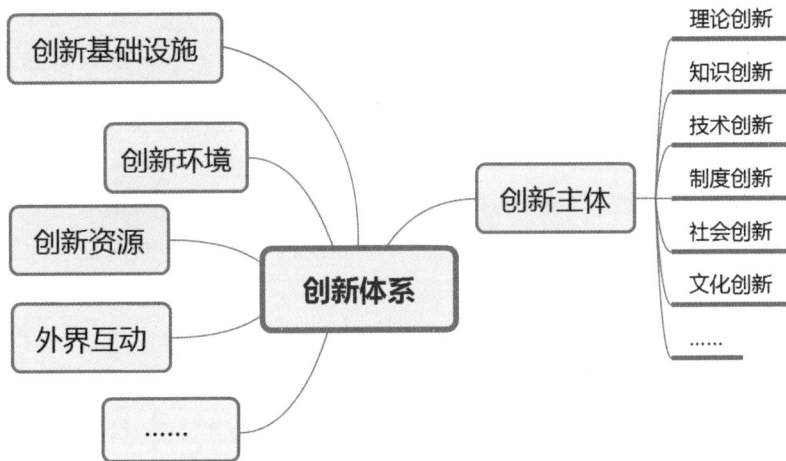

图 1-1　创新体系的结构

（二）创新的分类

我们已经理解了创新体系的结构，但作为一个学习者，面对层出不穷的商业产品，还需要更深入地对它们进行分类和理解，并分析其所包含的创新因素。

我们从创新的特征来进行分类，先看如下几个案例。

1.横空出世的"九章"

2020年，由潘建伟团队与中国科学院上海微系统所、国家并行计算机工程技术研究中心合作成功构建的，拥有76个光子的量子计算原型机"九章"问世，它推动全球量子计算的前沿研究达到一个新高度，实现了"量子计算优越性"的里程碑式突破。

高斯玻色取样是一个计算概率分布的算法，可用于编码和求解多种问题。实验显示，"九章"对经典数学算法高斯玻色取样的计算速度比超算"富岳"快一百万亿倍。当求解5000万个样本的高斯玻色取样问题时，"九章"需200秒，而目前世界上最快的超级计算机"富岳"需6亿年；当求解100亿个样本时，"九章"需10小时，"富岳"需1200亿年[①]。

此类创新一般为某个领域的开拓者，即做出没有人做出过的成绩，原始技术创新含金量高，但一般需要很长时间的技术积累，新技术核心通常由大公司或者科研团队所掌握，核心为"开发未有的新技能"。

2."跨界"的智能机器人

2017年9月，如果去铜川市新区鑫远新时代药店购药的话，便会发现营业厅有一位"特殊的员工"在为顾客提供用药咨询，它就是机器人"药师小乔"。"药师小乔"可以对多种疾病进行用药咨询，顾客和它可直接进行语音对话，顾客说出自己的症状和疾病，说完后即可得到机器人的反馈；也可选择手动模式，根据语音提示操作即可得到用药方案，同时机器人会继续介绍用药原因及每种药物的治疗作用。当然，"药师小乔"只提供非处方药的用药方案的推荐，处方药仅介绍本店目前经营的药品信息。

这款"药师小乔"是基于"云计算＋大数据＋人工智能技术"的产物，是集症状分析、推荐用药、售后服务、自主学习于一体的药房人工智能机器人。

"药师小乔"通过与顾客进行无障碍的语音交流，通过人工智能技术加持的丰富的药学知识及专业的用药方案推荐，可以更进一步提升顾客的购药体验。

在这个"跨界"的机器人身上，我们看到了智能机器人在全新领域的应用，此类产品对成熟的技术进行一定程度的改造和训练，在新的领域提供全新的服务，研发团队通过"跨界"，实现了从能力到价值的转换，此类创新的核心为"开拓新的商业领域"。

3.故宫的"谜团"

《文物有灵》故宫解谜手册于2021年3月推出，它用实体冒险解谜的互动方式，带大家了解由故宫内建筑和文物"衍生"出的可爱的"文物之灵"，亲身参与它们精彩多样的日常生活、冒险经历，一边玩一边还能收获许多有趣的故宫文化知识。

该产品主体包含了一个文件夹、四个信封，以及其他几样解谜道具。除了实体手册之外，《文物有灵》还有一款专属App配合解谜！阅读实体漫画，需要一边开动脑筋

---

① 参见徐海涛、董瑞丰、周畅：《里程碑式突破！——潘建伟团队解说"九章"量子计算机》，新华网，2020-12-04。

充分利用实体道具，一边在 App 上验证答案，闯关破案。

《文物有灵》最大的特点就是"漫画解谜"。每道谜题都融入了漫画本身，因此不需要阅读大量的文字，在轻松看漫画的过程中就可以收获有趣好玩的游戏体验。二十多道谜题各具特色，环环相扣，有传统的文字解谜，有需要巧妙借助视觉的变形解谜，还有需要温度变化的温感解谜，有的谜题需要借助光影才能看到隐藏信息等，创意十足的设计可以带给玩家足够的惊喜。

很多谜题被巧妙地结合在了画面之中，玩家不仅需要认真观察，还要大胆尝试，打破传统思维才能找到答案。玩家在畅玩过后不仅能够体验到谜题的精妙，还会发出"漫画居然还可以这么玩！"的惊叹。

在《文物有灵》的案例中，我们看到此类产品将美术资源、设计资源、解谜推理故事有机融合在一起，形成一个全新的产品，是对市场上现有资源的有机整合，考验团队的资源整合能力。

4."飞起来"的大疆

现如今，多旋翼飞行器早已深入千家万户，我们熟悉的大疆、零度、亿航、小米等公司都推出了自己的多旋翼飞行器产品。

虽然多旋翼飞行器的初始模型出现在 20 世纪初期，但一直到 2004 年，多旋翼飞行器的商用飞行才开始。

直到 2012 年，大疆公司推出了到手即飞的多旋翼航拍无人机——"精灵"，从此曾经高冷的航拍开始走进大众生活，这款飞行器在出厂前已完成了组装和调试，用户只需简单安装即可使用，大疆随即名声大噪。

2014 年 11 月，大疆发布重量级产品"悟"，首次将远距离高清数字图传、一体式4K 云台相机、独立云台控制应用在一体式消费级无人机上，这款产品在影视航拍市场上获得了巨大的成功。

在大疆与老牌无人机企业进行创新竞争的案例中，我们看到此类产品赋予了无人机新的定义，形成了全新的产品，满足了客户潜在的心理需求，将学习起来复杂、专业的无人机产品，重新定义为人人都能简单快速上手的实用型航拍工具。产品定义、定位的改变，是对市场上客户需求的敏锐捕捉，有些需求可能客户自己都没有意识到，但企业意识到并实现了，就能通过这个途径实现自己的商业价值，这类创新的核心为"赋予事物新的定义"。

根据以上四个案例的特征，可将创新分为四类：第一类是做出全新的产品或技术，围绕这个新产品或技术，在未来让其成为自己的核心资源；第二类是拓展现有产品的涉及领域，通过跨越原有的商业范围来拓展覆盖范围；第三类是整合不同的资源，通过形成新颖的产品来吸引客户；第四类是给予产品新的定义或使用方式，找到产品以前并不明显的优点。同一个创新产品可能会具有以上四类特征的一类或多类。

当然，创新还有其他的分类方法，比如按创新的程度来分，可分为三类：第一类是渐进性的、持续性的创新；第二类是颠覆性创新，这类创新往往从行业的边缘开始，颠覆原有的技术，拓展行业的边界；第三类是根本性创新，比颠覆还要彻底和深刻。如果各用一个词来形容这三类创新，第一类可以叫改变，第二类叫革新，第三类才是真正的革命。

从不同的角度去看创新，就会有不同的分类方法，创新是什么类型，取决于从什么角度出发进行分析。一个好的创新产品，当然有可能既是一个由全新技术孵化出来的爆款商品，同时也具备颠覆性创新的特征。

（三）创新的概念

我们或许有过"我也要创业"的这个想法。这些想法或在我们逛街休闲的时候，或在现实生活中，会不断被激发出来，我们总会觉得某个产品的某些功能不是很好，出现"要是换成我的话，我就会如何如何改进它"的想法，但是如果细细追问下去，真到了自己上手做的时候，却不知道从何下手，也不知道要怎么做，翻来覆去就是一句话"要是我来做，我就会……"再问下去，很多时候就会卡壳。

当我们提出要创新，却不知道如何下手的时候，或者做出创新后发现并没有达到我们的期望，原因可能是连创新的定义都不清晰，创新的本质也没有搞清楚。人类的行为会受到观念影响，若对一件事情没有概念，那我们对这个事情是很难有正确的认知和理解的，甚至看到别人赚钱了，就会说"真是无法理解，他这样做肯定是亏的，怎么可能赚钱呢"，但如果是行业内的人，就可以很轻松地看到其赚钱的内在逻辑，就能够很容易理解，这就是有认知与否的区别。

简单来说，如果对一个事物认知不清晰，就会产生一系列问题：

概念不清晰 → 思考不清晰 → 行为不清晰 → 后果如同随机彩票一样，无法控制 → ……

举个例子，都是基于社交概念做出来的产品，每个人对社交的理解不同，所做出来的产品就会呈现出不一样的结果。比如共情社交和利益社交，共情社交是指靠感情来进行维系的社交关系，特点是情感交流，人们之间靠熟悉程度和感情来维持关系；利益社交指社交活动基于利益，比如各种商务活动。基于两种不同的社交方式，会有两种不同的思路，后续就会做出两种不同的社交行为产品，比如共情社交的典型应用有运营商的亲情号服务、QQ、微信等，利益社交的典型应用有短视频社交、直播带货等。从这个简单的例子就可以知道，一个清晰的概念或者说是准确的概念，对后面的行为指导有多重要。

因此，要做创新，就要把创新理解透，从各个维度去理解自己要创新的行业或者产品，才能够正确地进行创新活动。

创新的概念是什么？我们能在网络上查阅到以下叙述。

定义一：

创新是把感悟和技术转化为能够创造新的市值、驱动经济增长和提高生活标准的新的产品、新的过程与方法和新的服务。

此定义对创新的内在特征与规律进行了高度精准的概括，是创新理论研究成果的表述和体现。

但在学习过程中，面对琳琅满目、具有多种不同特征的创新产品时，我们期望创新的定义能帮助我们清晰地理解产品的源头、创新点和模式，我们需要一个通用的、工具性较强的定义。这样的需求，引出了更偏向实用性和工具性的概念。

定义二：

创新，是先对旧物的深刻理解，然后在符合时代规则要求的条件下，对旧事物元素进行交叉重组，以达到对旧事物新的突破，以新的形态满足人的旧需求。

有了这样的定义后，当我们看到创新产品时，可以进行理解和细分，在领悟的过程中尝试寻找创新产品的源头和创新点。

此定义的关键词及其含义如下。

（1）旧物：要进行创新的主体，根据涉及领域、行业、商品类型、商品性质、服务范围、操作主体不同，有着不同的阐述方式，是谋求改变和创新的主要对象。例如线上购物平台改造的"旧物"，就是传统的线下购物方式。

（2）深刻理解：对"旧物"所涉及的行业、知识、生产过程、经营过程、操作方式、执行流程等各方面应当有足够的熟悉和理解，这关系到创新的方向是否正确，选择的方式是否合理。要对一个事物进行改造，首先要足够了解它，例如要对高校教学方式进行改革创新，首先得了解清楚在传统的教学方式中，教师培养、学生学习方式、相关专业培养目标、执行过程、知识的递进关系等方面都是如何执行和发挥作用的，才能着手进行改造。

（3）时代规则：对事物的创新和改造必须符合当前所处时代和社会环境的要求。在当前社会环境和技术条件的前提下，创新的方向和需求是否满足当前目标客户群体的日常喜好、生活习惯、行为规律、价值主张等，是创新能否成功的重要条件。例如在手机普及的时代，各类手游公司才能蓬勃发展，时间线后退50年，即使游戏创新的点子再优秀，社会条件无法满足需求也是无济于事的。

（4）交叉重组：在足够理解需要进行创新的旧主体的基础上，将新的元素、新的方法、新的技术、新的理念与旧主体不断进行重组和融合尝试，以达到对旧主体进行创新的目的。例如广州某集团的"从购物中心到城市中心文化旅游目的地建设"项目，将空中剧院、极地海洋世界、自然科学博物馆、雨林生态植物园等多种不同类型的项目与零售业态进行了交叉融合，在"文商旅融合发展"模式上进行了有益的探索。[①]

（5）新的突破：完成改造后，对比旧主体，新主体在各方面产生的具体新变化，可称为突破。例如外卖平台的出现，催生了一个有巨大潜力的新行业。

（6）新的形态：对旧主体进行创新的阶段性成果，指经过阶段性合理创新改造后的新主体本身。为什么说是阶段性成果，因为创新具有实践性、超越性、不确定性等基本特征，在执行的过程中会不断地进行修正和调整，过程中可以阶段性满足客户要求的成果可算作旧主体的新形态。例如在流行游戏的更新、发展、运营过程中，游戏参数、游戏环境、技能数值、游戏角色外观等都可能会被修改，但在某个具体版本中，整个游戏作为一个新形态会稳定存在一段时间。

（7）旧需求：指目标客户对于某类商品的深层次需求，是不会发生很大变化的。例如为满足"音乐欣赏"这个需求，从最开始的留声机，到磁带，到 CD，到 iPod 等便携播放器，到计算机普及后的软件播放器，再到现在手机中的播放平台，播放工具一直都在发展和变化，但是被满足的需求一直是"旧需求"。

理解了上述关键词，接下来我们以它们为核心，通过案例来解读创新产品。

▶▶ 案例分享

共享自行车

（1）旧物：传统的自行车获取方式有自购、租用、借用等。

（2）深刻理解：在进行创新之前，必须熟知并理解"自行车""自行车获取方式""自行车需求"等各环节的详细执行方式，需要有一个类似"资深骑行爱好者"的角色。只有这样，才能知道什么样的人在什么情形下需要一辆自行车，方便项目的调整和运营。

（3）时代规则：共享自行车出现的时代，是手机和移动支付全民普及的时代，需要满足的时代要求就是费用方便支付、车辆随用随取。

（4）交叉重组：项目整体是传统自行车、智能硬件、移动支付、线上平台各领域元素的重组和融合。

（5）新的突破：突破了传统自行车的使用方式和获取方式，极大地提升了目标用户的使用体验。

---

① 郭毓玲：《旅游集团融合创新发展十大案例，广东一口气拿了三个》，载《南方都市报》，2020-12-15。

（6）新的形态：对于用户来说，自行车的获取、归还、费用的支付在这个项目中已经成为一种新的出行方式。

（7）旧需求：不管自行车变成什么新的产品，应对的需求大部分都是短途出行，这个需求不会变，但满足需求的工具和服务产品会一直发生变化，共享自行车并不是终点。

通过对以上案例的拆解，我们可以看到，在面对任何创新产品的时候，都可以进行比较细致的分析和拆解，对于我们学习、理解创新的各个方面能起到积极的作用。

（四）创意、创新、创业

很多专家学者对创意、创新、创业之间的关系都有明确的阐述，总结一下大约可以表述为图1-2。

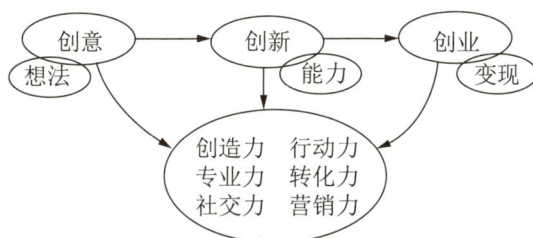

图1-2　创意、创新与创业之间的关系

由图中可以看出，创意、创新、创业是一个层层递进的关系。

创意，在《现代汉语词典》（第7版）中的解释是"有创造性的想法、构思等"。创意是"创造意识"或"创新意识"的简称。它是指对现实存在事物的理解及认知，所衍生出的一种新的抽象思维和行为潜能。创意是创新思维意识，是具有新颖性和创造性的想法，是以现有的思维模式提出的有别于常规或常人思路的见解，它可能源于大脑里的灵光一闪，也可能来自人和人之间的思维碰撞，人与环境之间的共鸣。通过创意的产生，可以进一步挖掘和激活各种资源组合方式，进而获取提升资源价值的方法。

创新，是有能力实现的创意。它是在产生创意后，利用现有的知识和物质，在特定的环境中，本着理想化需要或为满足社会需求，而改进或创造新的事物、方法、元素、路径、环境，并能获得一定有益效果的行为。从本质上说，创新是创意的外化、物化、形式化。创新是人类特有的认识能力和实践能力，是人类主观能动性的高级表现，是推动民族进步和社会发展的不竭动力。

创业，是一种劳动方式，是在不过高估计自己当下水平的前提下，识别机会，并用可用的资源对其加工整合来解决用户需求或社会问题的过程。基于创新的创业，是将已实现的创新通过商业手段变成收益的过程。

在创意、创新、创业的过程中，有六种必不可少的核心能力，包括创造力、行动力、专业力、转化力、社交力和营销力。创造力是个人或团队知识、智力、能力、个性等诸多因素综合优化的体现；行动力保证有了想法和点子之后，能迅速地付诸实施，进行实践和试错，同时能够突破原有的框架；专业力决定项目涉及的术业专攻深度，要求个人或团队具备业务能力，对行业现状与发展有很深的理解和观察，对工作非常熟练，且能不断在此基础上发现问题、解决问题、创新求变，能在关键时刻承担起重要责任，完成重要任务；转化力负责将知识、成果转变为产品或服务，这种能力的效果主要体现在知识应用、推动创新上，简而言之，起到"转识成智"的作用；社交力协调上下级、团队间的关系，促进良好的沟通，建立良好的人际关系、客户关系，并依托个人的经验积累，帮助团队成员熟悉工作、熟练工作，进一步提升工作能力；营销力推进产品向市场流动，营销力是产品在营销链上运动的动力，是一种资源能力。

个人或团队的核心能力是成功创业和可持续发展的"关键能力"，是指除专业能力之外，个人或团队广泛需要，并且可以帮助成功达到预设目标的能力，可根据具体情况选择和应用的、可迁移的基本能力。我们在平时学习和工作的过程中，要有意识地通过训练来培养和巩固自己的核心能力。

二、创新时代的背景

19世纪70年代兴起的第二次技术革命，以电力的广泛应用和内燃机的发明为主要标志，给人类生产生活带来了翻天覆地的变化。基于电力和内燃机的各类创新产品纷纷登场，电灯、电话、汽车、飞机等，都是这个时代的标志性产品，这些产品至今还是我们日常生活中不可缺少的一部分，如图1-3所示。

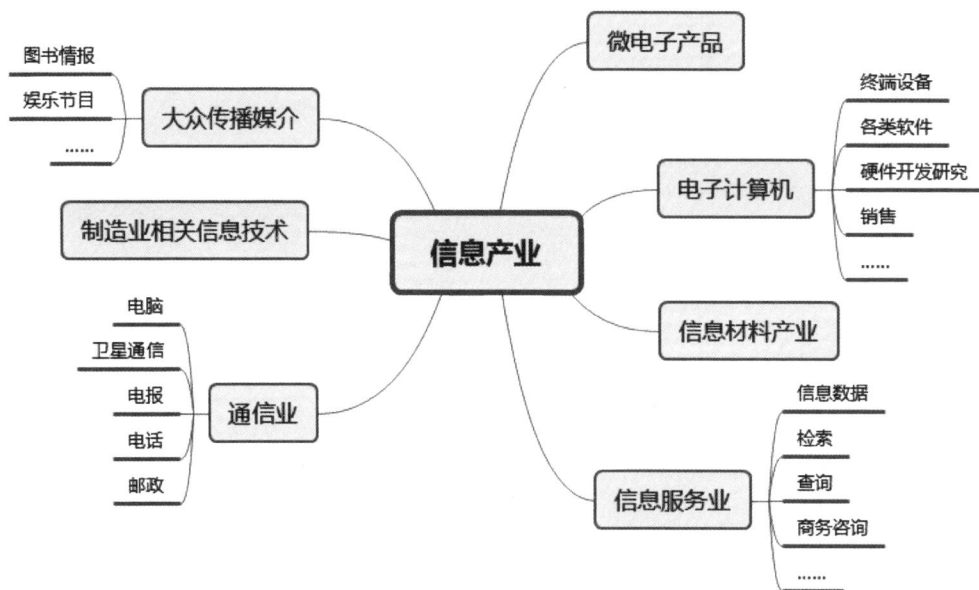

图 1-3 信息时代信息产业结构简图

20世纪80年代，随着微电子技术、电子计算机技术、原子能技术的迅速发展与在民用方面的应用，掀开了信息时代的序幕。在信息技术蓬勃发展的进程中，社会关系、商业的组织形式、生产形式在新技术的影响下发生了根本性的改变，以电子计算机为主导的新技术革命正在社会各层面展开，改变了我们的生活方式，造就了社会日新月异的变化。

从传统手工设计到工业时代的标准化设计，再到信息时代的系统设计，不同时代背景和科技发展下的设计与设计思维也有着很大的区别，新技术的应用，新理论的突破，都给社会生产带来了新的机遇与挑战。新的创新发展趋势，总体特征是更多元的独立与更一体的联系。例如信息设计领域的创新突破了僵化的大工业持续刚性模式，利用数码平台、信息模块使设计与瞬息多变的信息产业接轨，以小型、快速、个性、优化的柔性设计完成从标准到多样、从硬件到软件、从理性到感性、从物质到非物质的符合时代的战略转移。

纵观人类文明的发展历程，创新在其中起到了非常重要的作用，是人类社会发展生生不息的动力，是时代的要求，历史的召唤。依靠创新，人类摆脱了史前的愚昧时代，迈进了文明的门槛；依靠创新，人类社会不断发展进步，直到今天。

进入 21 世纪，新一轮的科技革命与产业变革正蓬勃兴起，科技创新、先进制造技术空前活跃，推动着科技行业、制造业向智能化、服务化、绿色化转型；信息、生命、能源、材料等基础科学的研究取得了新突破，为前沿技术、颠覆性技术提供了更多创新源泉，数字化、网络化、智能化新业态正引发产业体系、经济发展方式和社会生活的深刻变革。在享受新技术带来的便利的同时，社会发展也日益向创新发展及高质量发展靠拢，我们进入了创新时代如图 1-4 所示。

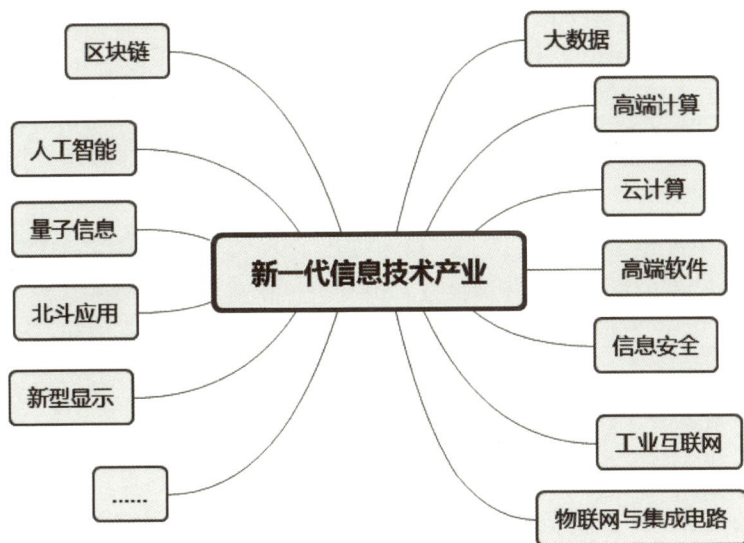

图 1-4　创新时代信息技术简图

创新时代是全球性发展的时代。金融危机之前，制造业全球性发展，要素在全球流动，寻找资源、土地、人力便宜的地方，搞制造业；金融危机之后，变成了创新全球性发展，哪里有创业、哪里有创新，资金、技术、人才就往哪里去。

创新时代是社交化的。互联网、信息技术的高度发展改变了人们的交往方式，也影响了社会和产业的发展。

创新时代是集群式的。构建创新创业生态，使其合理且快速地成长，用爆发式增长的创新，驱动国家各方面层出不穷的爆发式成长。

创新时代是融合式的。在新时代中，各个学科之间、科学理论和制造技术之间、自然科学和社会科学之间逐渐呈现交叉融合的趋势，出现了众多具有鲜明时代特征的自主创新。例如在人工智能的高速发展下，药师机器人"小乔"、聊天机器人"小冰"等科技服务产品的出现，标志着服务业新业态的形成。

在创新时代的浪潮中，数字化、网络化、智能化新业态，正引发产业体系、经济发展方式和社会生活的深刻变革。建立国家创新体系，提升综合国力和核心竞争力，走创新型国家之路，已成为我国发展的核心战略之一。[①]

在全球创新浪潮的驱动下，创新引领着时代，一大批中国科技企业正凭借着创新与实干成功崛起，并走向全球市场。

三、创新趋势与机遇

随着科技在国家经济发展中的地位日趋凸显，各国先后将创新作为国家的核心战略，全球创新竞争呈现新格局。世界各主要国家都提前部署了面向未来的科技创新战略和行动。

21世纪以来，全球各个国家连续推出以创新为主的国家战略，并调动大规模设施面向基础研究。德国颁布了先进生产技术的研究强化政策，代表第四次工业革命名为"工业4.0"的生产技术数字化研究开发得以进行，开展了工业界、学术界和政府合作的多个项目；俄罗斯、日本、韩国、巴西、印度等，都在积极部署出台国家创新发展战略或规划。

在2019年中央经济工作会议上，我国提出的六大重点任务之一"推动高质量发展"，"创新驱动"作为重要的一环被提及，内容为深化科技体制改革，加快科技成果转化应用，打造一批有国际竞争力的先进制造业集群，提升产业基础能力和产业链现代化水平，大力发展数字经济。

创新是实现高质量发展的关键所在，是我国经济发展、增强产业创新力和竞争力的重要主题。提升创新创业教育能力、孵化能力将有助于培育更多创新创业企业，带动创新产出的速度。加快创新资源聚集，加强对创业创新的政策倾斜；提升人才吸引和资本聚集效率，推动创新资源的聚集壮大；改善创新环境氛围，加强技术研发平台

---

① 杨程程：《论新时代创新型国家建设：意义、内涵与路径》，载《社会主义研究》，2021（01）。

建设和信息共享，提升创新生态的效率。同时，大力发展数字经济将推动信息基础设施的持续升级，5G、大数据、物联网、云计算、人工智能等新一代信息技术通过各类创新产品快速、广泛渗透于经济社会各个领域，促进传统产业转型。先进制造业集群将为国民经济可持续发展注入强大的新动能，全面推动高质量发展。

从长期看，我国经济的发展将从"人口红利"转变为向"人才红利"要效益，要实现高质量可持续发展还需加强核心技术创新、"卡脖子"技术攻关，提升产品竞争力，同时注重创新成果产权化、商品化和资本化，实现知识产权价值化，让技术创新成为可持续增长的驱动力，同时深入实施创新驱动发展战略，激发科技人才创新的积极性。国有企业、高校等也将被赋予更大的责任，在建立科技创新体制机制、创新人才培养机制，吸引和培育科技创新人才，促进科技成果转化等方面起到带头作用。

党的二十大报告中明确指出："全面提高人才自主培养质量，着力造就拔尖创新人才"，"营造有利于科技型中小微企业成长的良好环境，推动创新链产业链资金链人才链深度融合"。培养大学生的创新创业能力是贯彻国务院战略，提升现代教育质量的基本要求。通过创新创业教育提高学生的创新精神、创新能力，培养创业热情，锻炼创业能力，为其职业发展提供基本素质保障。

近年来，学术界对创新的研究一直在进行，以各类创新为主题的研究也呈现数量增长与范围扩大的趋势。

我国以"创新"为主题的创新研究成果涉及创新理论研究、相关技术发展与应用、管理创新、创新方法、教学改革、人才培养等相关领域，涵盖了包括中学教育及高校教育的人才培养方式改革与教学创新、政府部门的政务服务创新、国有企业的人力资源管理创新、"互联网＋"模式的创新、大数据信息技术的应用、创新路径探索等各个方面，与我们每一个人息息相关，每个人都可以是创新生态的引领者，也可以是创新过程的参与者。

四、构建创新生态系统与创新链条

随着国际经济社会的变革及创新理论的发展，创新范式由最初的线性范式转变为动态交互的创新生态系统。随着我国经济发展进入新常态，经济发展的驱动力由传统的资源驱动、要素驱动转向创新驱动。党的十九大报告强调，创新是引领发展的第一动力，并作出加快建设创新型国家的战略部署。实质上，创新型国家建设的重点在于培育良好的创新生态系统。党的二十大报告指出，坚持创新在我国现代化建设全局中的核心地位。

创新生态系统是指一个国家内部创新环境与创新主体之间，通过物质流、能量流、信息流的联结传导，形成共生竞合、动态演化的开放复杂系统，主要有三个构成要素：创新环境、创新主体、环境与主体之间的创新资源流动。该系统中各创新主体在一定的环境中为实现创新总体目标，互利共生、价值共创、适应依存、协同演化，为经济发展提供了新动能。因此，构建高效的国家创新生态系统，是实施创新驱动发展战略、建设创新型强国的必然要求。

创新环境不可或缺为创新主体提供生存支撑。比如，科技创新所需的制度、市场、人才、文化、资源等，是系统内各要素共生的基础性条件。若创新环境发生市场失灵，则需要国家和政府的补位。无论是建设基础设施等硬环境，还是创新制度等软环境，政府都具有重要作用，即能够营造支撑创新生态系统良性运行的环境。

创新主体指创新生态系统涵盖的多种组织群体、机构和个人。不同的理论视角对其有不同的划分。比如，一些学者认为创新生态系统的主体主要是核心主体和辅助主体，企业、大学及科研机构等是核心主体，政府和其他金融中介机构是辅助主体。还有一些学者将创新生态系统的主体划分为创新平台供应者、创新服务供应者、客户及中介组织等。事实上，虽然创新生态系统拥有多种主体，但起核心作用的仍是政府、企业、大学及科研机构等。

创新生态系统强调创新环境与创新主体之间具有动态适应性特征，即创新环境与创新主体之间的互动。创新主体的竞合共生行为会改变创新环境的特性，在从外部环境汲取养分的同时，也为其提供能量，促进创新环境不断优化和完善；而创新环境的不断优化又为创新主体提供了生存根基。创新主体在实现内部组织结构和创新行为最优的同时，也实现了与外部环境的动态匹配，从而建立起一个良好的创新生态系统。当创新生态系统的稳定性、平衡性遭到破坏时，创新主体通过物质流、人才流、资金流、能量流与创新环境进行物质、信息和能量的交换，加速创新物种的繁衍，提高整个创新生态系统的自我修复能力和抗风险能力。

构建良好创新生态，需要完善的知识产权保护、透明的商业规则、公平竞争的市场秩序、完善的科技成果转化机制、发达的创业投资和风险投资等创新金融业态、优质的教育资源、充足的人力资本投资和人才供给等。

为支持我国良好创新生态的建立，国务院办公厅发布了众多指导意见文件，比如《中共中央国务院关于深化体制机制改革加快实施创新驱动发展战略的若干意见》《国务院关于大力推进大众创业万众创新若干政策措施的意见》《国务院办公厅关于深化高等学校创新创业教育改革的实施意见》等，这些文件指导着各级政府支持政策的形成，鼓励着社会型孵化器、众创空间创新创业孵化培育环境的搭建，支持着各高校创新创业培育体系建设（包括大学生创新创业训练计划项目、学科竞赛、专业相关的高阶创新创业辅导等），这些举措都辅助着我国创新生态的逐渐成型。在创新生态中生生不息，接连涌现，不断推动社会和产业进步的动力，就是"创新"本身了。

在这个创新作为发展的最重要动力的时代，机会来临的时候，如果能把握住一个，就能改变未来的命运。但可惜我们几乎都后知后觉，缺乏主动布局、投入和把握机会的意识。面对机会，我们还会经常进入一个误区，就是看不到大环境的改变，认为事情会沿着既有轨道去发展，经常错过变革所带来的机会。而现在我们所有人都面临着一个巨大的机会——科技创新的革命，这个机会就在我们的身边。

工业革命是对人类历史进程影响巨大的事，严格来说，它应该叫"科技产业革命"，在工业革命期间，人们把科技运用到了产业当中，极大提升了生产效率，人们摆脱了马尔萨斯陷阱，由此引发的经济快速增长一直影响到今天。

以往的科技创新，往往都是个人行为，是偶然而稀缺的，难以预期，而今天的科技创新，是一个系统行为，覆盖每个行业和领域——新能源、新材料、5G、人工智能等，大家分工协作，强强联手，各自做自己最擅长的事，大量新的科技企业、科技产品纷纷涌现，改变了原有的竞争格局。科技创新的模式本身发生了革命性的变化，创新的数量、质量、成功率都大大提升，我们迎来了一场"科技创新的革命"。

过去的科技创新，经常是"九死一生"，开发者的创新往往基于想象，市场需求不确定，创业失败率很高，这也是"风险投资"名字的由来。但今天的科技创新，是系统性的行为，有经验的创业者，从高校拿到有潜力的技术，专门做技术转化，研发过程和市场需求确定，只要对接环节理顺了，创新创业的成功率就会大大提升。今天的科技创新，是一个全球生态，在这个生态中，中国不仅有能力参与，而且还能为全球创新作出非常独特的贡献。学会辨识机会，把机会和自己连接起来，就可以享受到这场科技创新革命的红利。

面对今天激烈的竞争，一家企业单靠一项科技创新就能维持很久的时代已经一去不复返了，只有持续不断地创新，才能维持企业的竞争力。科技企业的核心资产是科技引领的能力，否则就要面临被超越、被淘汰的危险。

因此，要赢得这个时代的竞争，需要的不是某一项创新，而是一个创新生态，创造好环境，让创新能够源源不断地涌现出来。

创新生态的核心是一个端对端的链条，包括四个环节，科研—研发—量产—市场。这个创新链条出现于 20 世纪 80 年代的美国，今天已经变成了全球科技创新的主流。接下来，我们就从这四个环节入手，来理解这个重要的概念。

（一）创新的源头

爱迪生发明电灯时，试验了 2000 多种材料，才找到最合适的钨丝。过去我们把这类轶事当作榜样来学习，但在今天看来，这种盲目试错的做法效率很低。我们今天有了材料科学来支撑，知道了光电转换的原理，完全可以在科学原理的指导下，快速找到转化效率最高、能够释放更多光子的材料。将科学与技术的结合作为应用与产品开发的起点，是人类技术突飞猛进的原因。

那么，科研成果来自哪里呢？麻省理工学院有一份报告，研究了美国 15 个州在 1988—2014 年涌现的初创企业，发现拥有专利的初创企业成功的可能性，是没有专利的初创企业的 35 倍。那这些发明专利来自哪里呢？高校，或者科研机构。它们搭建了严谨的学术体系，设立了完整的学术门类，系统地进行科学创造，积累了大量的研究成果。企业将这些科研成果转化为产品，创新就一定会大量产生。

比如人工智能，算法、算力和大数据训练三个领域的突破都来自高校。再比如自动驾驶，自动驾驶领域的元老出自卡耐基梅隆、斯坦福和麻省理工三所大学。很多前沿科技追根溯源都出自高校和科研机构，企业想在技术上有所突破，没有科研的支持很难做到。

我国高校在"产学研"对接的过程中，存在着两个实际问题。

一是做科研和理论研究的专家并不清楚自己的理论研究成果在哪些行业具有什么样的应用价值，也不知道如何跟产业界宣传沟通成果的先进性，简而言之，教授不懂成果"怎么用"。在这个过程中，需要具备相当专业的领悟力和想象力，快速解读出"实验室—产业化"较快路径的专业性人才的加入，这种人才一般是有专业背景和经验的企业家。

二是部分高校和科研机构重科研成果数量、轻应用转化的情况也在一定程度上存在。

针对现阶段存在的问题，2020年10月29日中国共产党第十九届中央委员会第五次全体会议通过的《中共中央关于制定国民经济和社会发展第十四个五年规划和二〇三五年远景目标的建议》中，关于"坚持创新驱动发展，全面塑造发展新优势"的论述里，指出要加强基础研究、注重原始创新，优化学科布局和研发布局，推进学科交叉融合，完善共性基础技术供给体系；瞄准人工智能、量子信息、集成电路、生命健康、脑科学、生物育种、空天科技、深地深海等前沿领域，实施一批具有前瞻性、战略性的国家重大科技项目；制订实施战略性科学计划和科学工程，推进科研院所、高校、企业科研力量优化配置和资源共享；推进国家实验室建设，重组国家重点实验室体系；布局建设综合性国家科学中心和区域性创新高地，支持北京、上海、粤港澳大湾区形成国际科技创新中心；构建国家科研论文和科技信息高端交流平台。

（二）研发的主力

谁是创新的主体？创新的源头需要对接高校，但是高校的科研成果又要如何才能落地？是否应该由科研人员来进行这项工作？关于这个问题，我们首先要搞清楚科研和研发这两个概念的区别。

科研一般是指利用科研手段和装备，为了认识客观事物的内在本质和运动规律而进行的调查研究、实验、试制等一系列的活动，科研为创造发明新产品和新技术提供理论依据，它的基本任务是探索、认识未知。

研发，也叫研究与开发、研究与发展，是指各种研究机构、企业或个人为获得科学技术（不包括人文、社会科学）新产品，创造性运用科学技术新知识，或实质性改进技术、产品和服务而持续进行的具有明确目标的系统活动，指科学技术创造性，即所谓科技创新。

科研追求单项领先，做出来的东西越超前越好，是对单一技术的突破。关心单一指标是否足够高、足够新，对于整体有效性缺乏关注，以论文发表为主要产出，论文发表后，工作就完成了；研发追求平衡感，要解决多项技术协同的问题，满足实际应用，关心产品是否真的有效，不关心是否有好看的范式，是否有单一指标的突破，以专利和技术为主要产出。比如，与电池相关的科研和研发，科研着力点可能会在电池容量如何在某种条件下达到最大，体积最小，而研发就需要解决好很多功能和设计的冲突，想要显示亮度高，电池消耗就快，想要电池容量大，体积就会增加，所以很多功能在产品实现时都要进行取舍和平衡，如果每项指标都追求最好，反而不会产生好的产品。

科研和研发都是要解决问题，在思维上，科研更深更细，追求理论突破，研发更宽更周全，追求技术性能的优化。锂电池技术很早就被科学家发明出来，但当它真的配备到电动车上时，出现了续航里程短的问题，需要企业不断优化锂电池性能和电源管理，使得电池的输出效率达到最优，除此之外还需要从电动车的设计入手，想办法给安装锂电池腾出更多的空间，这些工作推动电动车综合性能的不断提升，我们才能持续地看到更好的电动车产品。

从工作者的体验上来看，做科研的学者是相对自由的，可以任意挑战自己认知的极限，使用任何认为妥当的研究手段，取得的成果更多的是面向未来的，或者给后人提供理论上的新支撑。而在企业做研发，研发者是受限的，研发手段以及研发目标不可以跳出企业制定的框架，研发者的主要任务是在前人的基础上进行微调，研究目标是微调之后更适合市场，能获取更好的价值。当研究方向和手段被确定的时候，一般会定好责任分配。

明确了科研和研发的区别，我们就应该知道，很多时候高校的科研和产业界的研发是两回事。科研需要科学家主导，而产业的研发，即把先进技术变成产品这件事，是由企业家来主导的。

从科研成果到产品上市，从专利转化为产品，一般需要5~8年的研发周期，以及大量资金的投入，如果没有企业家将技术转化为产品，再好的研究也只能束之高阁。能完成这项工作的企业家有什么样的特征呢？他们应当懂科技、商业经验丰富、有良好的信用，对组织产品研发和将产品送入市场非常擅长。我们需要培育这样的科技企业家，支持他们与科研人员合作，专门做科研成果转化的工作，只有他们，才能完美承担科技创新这艰巨的任务。

我们必须承认，中国高校离产业界是有一定距离的，技术转让时更倾向于短期创收而不是社会利用，同时由于目前信用机制的不健全，高校对技术转让给企业还是有很多顾虑。所以中国还未形成先进科技大批量进入市场的局面，也就没有机会锻炼出一批专门从事科技转化的、有经验的企业家。但是，目前国家也出台了一系列的优厚条件和鼓励政策来补全创新链条中不完善的地方，引导企业家和先进科技对接，掌握技术转化的能力，力求培养自己的科技企业家群体。

（三）制造部门

我们往往会忽略，制造对创新来说是不可替代的。

有别于传统制造中认为制造价值最低的观念，在科技创新领域，制造不光有巨大的价值，而且往往关系着创新最后是否能够成功。在研发完成后，创新并没有完成，如何在合适的时间节点实现量产是所有科技创新企业家所面临的巨大难题。有很多科技企业不是失败在研发的路上，而是失败在不能量产的痛苦中。如果说研发的目标是创造出一个可行的产品，那么量产要解决的问题就是如何用流水线造出大规模、低价格、高质量的产品，只有实现量产，企业才有盈利的可能。所以，量产是创新成败的关键。

一个产品想要实现量产，会遇到三个难题。

第一个难题：怎么用流水线制造出复杂产品？

复杂产品是指使用高技术、采用复杂工艺、零部件数目庞大、产品结构层次较多、零部件与产品之间变化关系较多、具有高价值的产品，比如航天器、飞机、汽车、船舶、消费性电子产品等。这样的复杂产品，在实验室造出模型难度并不大，但如果想要投入生产，马上会面临一堆问题：每个零部件参数是多少？如何标准化？如何在大规模生产的过程中将误差控制在合理范围内？零部件生产完成后，大量的零部件如何组装成功？每个问题都需要花费大量的精力和时间去解决。

第二个难题：如何降低成本？

量产前期需要投入大量的资源，比如建厂房、买设备、招工人，这些成本一旦投入，再也无法收回，资金的投入在这里是非常谨慎的。如果做不到大规模量产，就无法摊薄研发和前期投入的成本。成本一旦无法稀释，产品单价就会变高，由此会带来市场占有率的问题。量产能力和产品的市场优势也密切相关，量产能力越强，竞争力就越强。通过强大的制造能力，将产量提上去，成本降下来，才能实现利润的最大化。

第三个难题：如何提高制造的开放性？

什么叫开放性？需求由研发企业提出，量产企业什么都能造，不仅能造，还能把成本降下来，能够实现大规模供应，这是一种非常稀缺的能力。而中国，是一个支持复杂产品的大规模开放制造的国家。

中国的这种制造能力，是过去三四十年积累的结果。20 世纪 80 年代，西方大的跨国企业为了甩包袱，把当时利润最低的制造部分甩给了中国，使中国形成了庞大的代工产业。差不多同一时期，《拜杜法案》颁布，西方国家创新开始大量涌现，并且主导创新的主体从大企业往小企业转移，但是对于小企业而言，量产是关乎生死存亡的大事。基于这样的情况，西方的科技企业来到中国寻找制造能力，中国的制造能力也被全球的先进科技产品不断训练，开放性越来越强，制造的优势也越来越大。

我们经常看到或听到很多"黑科技"的概念，这些黑科技产品功能强大，但大部分喊了很久，在身边就是看不到，很大的原因就是没有解决刚刚所说的三个难题。量产是一件科技含量非常高的事，要解决很多具体的生产和制造问题，包括且不限于确保产品性能、适当减少库存、合理安排生产计划、提高劳动利用率等，量产的过程凝结了无数制造业专家的智慧。

（四）用户参与

通过前面几个模块的学习，可能会出现一个疑问，在创新生态中，有价值的都是高校、研发型企业和制造部门这样的角色，普通人有没有机会参与创新链条呢？其实人人都有机会参与创新，至少我们都可以作为用户参与科技创新。

量产实现后，创新进入了最后一个环节：推向市场。只有当目标用户都用上了新产品，创新的价值才能兑现。在市场里，用户也是创新的参与者。创新闭环只有经历了用户对产品的应用和改进，才算完成。以工业机器人领域为例，机器人部署到工厂后，需要经过安装、调试及磨合的过程，才能满足实际需求。市场对新科技的接受度，是考验科技企业能否存活的最后一道关卡。

在投资过程中，企业常常会发现，很多产品开发者都是技术人员，缺乏市场经验，只考虑性价比，很少考虑用户体验，这给产品推向市场造成了阻碍。对这个现象最形象的解释来自美国科技营销大师杰弗里·摩尔提出的"跨越裂谷"理论。摩尔按照人们对新技术、新产品的接受度，把用户分为五类，如图1-5所示。

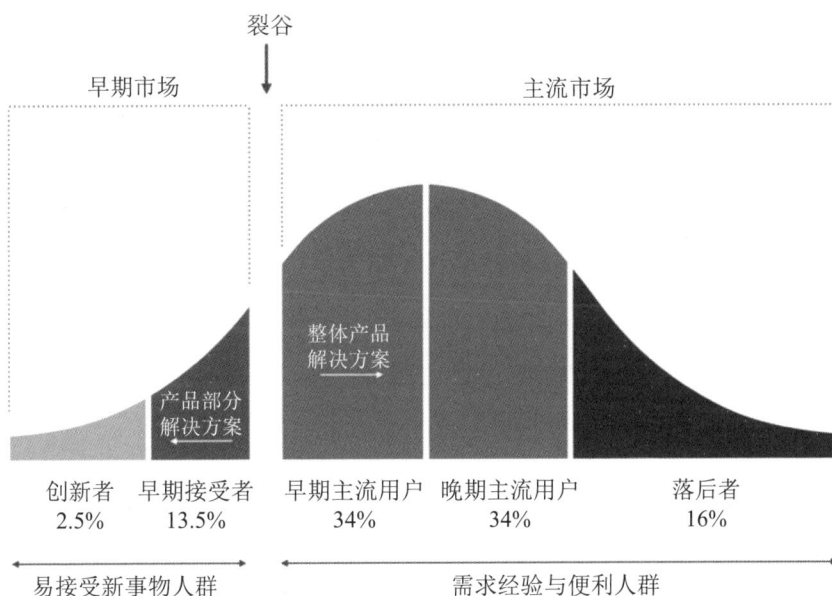

图1-5　杰弗里·摩尔用户分类模型(来源:《跨越鸿沟：颠覆性产品营销指南》)

第一类是"创新者"。他们是技术发烧友，只要有新技术出现，哪怕不完善，也会第一时间体验。

第二类是"早期接受者"。他们不是技术专家，但在产品不完善的前期，也乐意尝试。

前两类用户加在一起，大约占用户总数的 16%。

第三类是"早期主流用户"。他们更加实际，要等到产品成熟可靠，便于操作了，才会开始使用。

第四类是"晚期主流用户"。他们一般要等产品已经在市面上流行了一段时间后，才会跟着使用。

第三类和第四类用户加起来，占到用户总数的 68%，是企业的主要目标客户群体。

第五类是"落后者"，约占总用户的 16%。他们排斥科技产品，轻易不会使用，吸引这部分用户的成本较高，一般不会刻意争取。

这里需要注意的是，在第二类和第三类用户中间，存在一个裂谷，如果产品成功跨越了裂谷，得到了早期主流人群的认可，就容易进入第三类用户，否则新产品就会昙花一现，很快消失。

怎样才能"跨越裂谷"呢？答案就是让用户参与创新，在产品大范围推广以前，就让用户介入，了解用户需求，让用户参与产品的设计和研发，改进用户体验。例如小米，它早期成功的秘诀就是用户参与创新。2011 年 8 月，小米发布了第一款手机，但其实早在 2010 年 8 月，小米就建立了 MIUI 论坛，在论坛上聚集了很多互联网行业人员与爱好者，大家对 MIUI 这个手机操作系统很感兴趣，根据他们的反馈，小米在一年的时间里根据需求研发产品，进行内测，收集意见快速迭代。MIUI 论坛活跃的时候，有 1000 名具有专业水准的内测组成员，以及 10 万个对产品功能改进非常热衷的开发版用户，这个群体为小米出谋划策，造就了第一代小米手机推出后热烈的市场反响。今天，论坛已经不流行了，众筹平台接过了聚集用户进行产品测试的功能。企业在量产之前，拍一段展示产品功能的介绍视频，上传到众筹平台，用户可以预订。这个机制对创新的帮助非常大，它给了产品一个机会，提前让公众评判它有没有市场。

让用户参与创新，实际上是一个怎么看待企业和用户关系的问题。以前用户购买了产品之后，再跟企业发生关系，意味着售后、投诉、纠纷和公关危机。今天，企业和用户之间可以是合作关系，在产品上市之前找到早期用户来试用，帮助完善产品，提升产品的用户体验，经历了这个过程，产品就能够更好地适应市场。

中国的创新能力不断提高，我们拥有世界上规模庞大的用户群，这是一个巨大的优势。在创新生态中，中国用户体现的价值之一，就是做创新的早期用户，推动创新的应用。

在本节，我们对创新生态及链条建立了一个立体的认识，在这个链条中，研发型的科技企业是最重要的主体，它们负责创新的组织和协调，连通链条上的四个环节。这个链条不是在一个企业的内部完成的，甚至也不是在一个国家的内部完成的。

在这个链条之外，创新还需要大量的参与者。比如，与科技企业协同研发的大企业，提供资金和产业支持的资本方，提供孵化加速、联合办公、产品试水、产业交流等服务的支持机构，为创新营造整体环境的创新区，以及最重要的创新助推者：政府。这些要素围绕在企业周围，构成了一个完整的生态。在我国政府的大力支持下，相信很快能顺畅打通环节与环节之间的关卡，减少创新过程中的阻力，让科技创新的流程更好地流转起来，也是更好地让技术产品化，让产品规模化，让规模化的产品顺利进入市场。

如果把创新链条的前端，也就是科研和研发环节，叫"产品侧创新"的话，就会发现，好的科技产品并不稀缺，只要有足够的科研成果，就可以成为创新的源头。那么量产和市场环节，就叫"产业侧创新"，目的是降低成本，覆盖市场，这种能力，在世界范围内都是稀缺的，但中国有。中国是一个具有复杂产品大规模开放制造能力的国家，中国也有支持创新的市场。我们应该利用好优势，为创新提供支持，在创新生态中占据有利的位置。

五、创新思维

根据之前的学习，我们知道，如果要想尝试创新，应该先从创意开始，再创新，最后到创业。创意、创新、创业关系层层递进，站在培育者的角度上来说，要尽可能鼓励、培养创业者有更多创造性的想法。

怎么样才能有更新、更有意思、更有价值的想法呢？想法来自思维，思维的一个突出特点是相异性、差异性，即面对同样一个问题，不同的人有不同的思维。

有这样一个案例，两名推销人员到一个岛屿上去推销鞋，到了之后发现这个岛屿上每个人都是赤脚。第一名推销员气馁了，认为大家都没有穿鞋的习惯，鞋是卖不出去的，推销鞋行不通，得出的结论是鞋不要运来了，这个岛上每个人都不穿鞋，不可能有销路。第二名推销员高兴得几乎昏过去了，这个岛上居然每个人都不穿鞋，要是能够通过宣传让每个人都接受穿鞋这件事，那得是多大一个市场，他得出的结论是马上联系公司加大发货量，准备大干一场。我们看到，同一个问题，不同的思维方式得出的结论是不同的。

思维方式的转变会导致想法的拓展，想要产生更多更好的创意，应该有意识地去训练自己的思维能力，尤其是创新思维能力，思维能力提高了，思维领域扩展了，遇到问题的时候，创意自然应运而生。

创新思维是指以新颖独创的方法解决问题的思维过程，通过这种思维能突破常规思维的界限，以超常规甚至反常规的方法、视角去思考问题，提出与众不同的解决方案，从而产生新颖的、独到的、有社会意义的思维成果。创新思维不受现成的常规的思路的约束，善于寻求对问题的全新的独特性的解答或解决方法。创新思维的本质在于用新的思考角度、新的思考方法来解决现有的问题。

重视创新思维是马克思主义的优良传统，马克思、恩格斯特别重视创新，他们指出，全部问题都在于使现存世界革命化，实际地反对并改变现存的事物，即马克思主义者要依据实践的变化，分析问题，解决问题，进而推动人们的思维按照人如何学会改变自然界而发展，最终实现思维创新。中国共产党在领导中国革命、建设和改革的实践中，非常注重把马克思主义与中国实际相结合，对中国革命、建设和改革作出创新性谋划，从而开辟了新的道路，创新了理论，形成了新的制度，发展了新的文化。由毛泽东思想、邓小平理论、"三个代表"重要思想、科学发展观、习近平新时代中国特色社会主义思想，构成内在统一、一脉相承的创新成果体系，使马克思主义理论永葆青春活力。[①]

党的十八大以来，以习近平同志为核心的党中央坚持创新思维，立足新时代，寻找新思路，解决新矛盾，打开新局面，开创新境界，提升新水平，不断推进理论创新、实践创新和制度创新。习近平总书记指出，问题是创新的起点，也是创新的动力源。强调创新思维要以问题为导向，彰显强烈的"问题意识"。推动创新必须坚持问题导向，通过发现问题、筛选问题、研究问题、解决问题，不断推动社会发展进步。习近平总书记指出，人民的需要和呼唤，是科技进步和创新的时代声音。这种"时代声音"来自人民群众的期待，来自人民群众利益的诉求，来自人民对美好生活的向往，因此，人民至上是创新思维的价值坐标，创新思维应体现出以人民为中心的价值取向，是对反映人民群众利益的重大问题的创造性分析与解决。提高创新思维能力，意味着保持对一切既有成果的怀疑，意味着对落后观念的否定，意味着对迷信的打破和对陈规的超越，进而提出新思想、新理论和新论断。习近平总书记指出，创新是一个系统工程。强调创新思维的系统性，包含经济、政治、文化、社会、党建、外交等众多领域，是一项相互联系、相互作用的系统工程。[②]

对于刚开始接触创新的创业者来说，第一件需要做的事是进一步认识创新思维，加深对创新思维的理解，调动自身的创新意识，培养创新思维潜能，促进创新思维的普及和提高。只有通过学习和普及使创新思维这种特殊的思维方式逐渐变成大众的思维方式，才能从整体上提高国家的创新思维水平。同时，鼓励和推进创新思维的形成，不断提高创新思维能力，巩固和完善有利于激发全社会创新的体制机制。在这些措施的影响下，全社会创新活力将会得到大幅度增强，是一个民族和国家兴旺发达的重要标志。

创新思维是人类形成和发展创新能力的重要基础，它研究的并不仅仅是产品技术创新一类的"创造技法"。创新思维还包括人类自身素质的全面创新和发展，这样才能真正体现创新思维的无穷魅力。

本节将尝试通过从"创新意识、创新精神、创新能力"这三个维度来阐述创新思维的含义，研究创新思维的内涵，剖析创新思维对每个人的意义。

---

① 王刚：《深刻理解创新思维》，光明日报，2019-07-16。
② 王刚：《深刻理解创新思维》，光明日报，2019-07-16。

（一）创新意识

1. 创新意识产生的环境搭建：寻找需求

在现阶段的创新教育中，创新意识的培养是重点。创新意识是创新的前提和关键，没有创新意识的人难以产生创新思维，掌握创新方法和获得创新成果。

创新意识就是根据客观需要而产生的强烈不安于现状，执意于创造，创新的要求的动力，创新意识是先"不安于现状"，然后产生改造的"动力"，是由客观需要而产生的内在驱动力、推动力，是一种自觉的心理活动。

根据这个概念想一想，什么时候会产生创新意识呢？

如果你是一个学生，创新意识会产生于想在学业的某个方面、某个竞赛活动上有所成就的时候；如果你是一名科研工作者，创新意识会产生于想在学术上有所突破，有所建树的时候；如果你是一名工程师，创新意识会产生于面对未知的工程难题，必须利用手头资源来解决问题的时候；如果你是一个企业家，创新意识会产生于想让自己的企业取得更多的成绩，实现更多价值的时候；如果你是一位创业者，那创新意识会产生于想将手中的创新成果、资源转化为社会效益并同时实现自我价值的时候。在这些场景下，需求的产生，会带动创新意识的迸发。创新意识的习惯性形成，是进行下一步创新活动的基础。

如果我们想要通过训练提升创新意识的产生频率，培养自己的思维习惯，可以尝试用如下方法：在日常生活中寻找需求，如果实在想不到，也可以假设自己处于某种有需求的环境下；有了需求或环境，可以明确需求的具体目标，会产生动力，有动力就会条件反射地产生创新意识。

2. 创新意识产生的前提：概念的储备、扩展与建立

我们思维中的概念每时每刻都在发挥作用。基于人类的生理构造，高速运转的思维活动是一种高消耗的活动，大脑本身是很不情愿的，再加上思维惯性的原因，大多数时候我们不会去考虑对于"概念"的认知。试想，假如没有概念的话，我们应该如何跟他人进行沟通呢？没有概念，知识和经验就无法进行有效的传播。人类的语言可以表达眼前不存在的东西，使得我们即使看不到这些事物也可以谈论它们。这些东西都是存在于我们大脑中的概念，却能够在我们的生活中起到举足轻重的作用。概念的改变推动了生产力的发展，进而促进生产关系的改变。我们无时无刻不在运用概念。

了解概念是什么，是如何定义出来的，有助于人们在日常生活和工作中养成一种思维习惯，有利于促进沟通，提高认知水平。

举个简单的例子，假设穿越回到唐朝，向唐朝的人解释什么是计算机，你该如何组织语言让对方理解你所说的"计算机"到底是个什么东西呢？唐朝的人没有任何关于通信、集成电路、电子设备、网络、应用软件的概念，如果你解释，"计算机"是一种能够按照预先编写的程序连续、自动地工作，对输入的数据信息进行加工、存储、传

送，由集成电路、机械部件组成的电子设备，唐朝人不可能理解你说的是什么东西。接下来你应该做什么？这就需要考虑唐朝人的世界观里的概念有什么，再尝试组合这些概念让他来理解。

从这个假设我们可以看到，没有概念，面对的是海量的信息，就不知道如何归纳和描述。那么，概念是什么呢？

> 概念是人类对同一事物的属性和特征的抽象概括，是事物的本质，具有抽象性、间接性、概括性。

在几十年前，对于概念的理解主要为经典观点，认为概念由一组必要且充分的属性所定义。

例如，用经典观点来定义"创业者"这个概念：

> 创业者是指某个人发现某种信息、资源、机会或掌握某种技术，利用或借用相应的平台或载体，将其发现的信息、资源、机会或掌握的技术，以一定的方式，转化、创造出更多的财富、价值，并实现某种追求或目标的过程的人。

近年来，由于网络的发展，尤其是网络语言的迅速发展，对于概念的主要观点逐步转变为概率观点。概率观点是当我们判断某一实例是否属于某一范畴时，我们要比较两者之间的相似程度，当实例与范畴之间的相似性超过临界点，就可以将该实例归入这个范畴。

再试试用概率观点定义"创业者"这个概念：

> 创业者是早出晚归，经常加班，具有极高的主动性，自我激励，高风险高收益，致力于创新商业模式换取巨额财富的人。

除了经典观点与概率观点之外，客体和类别之间还存在因果关系。比如晚上我们在电影院门口看到有人拿着一大杯热腾腾的爆米花和两张电影票，就知道这人即将观看一场电影，产生了"这人要看电影"这个概念。之所以会作出这样的判断，是因为我们对于客体在特定环境下的行为特征所代表的意义有所了解。

这种因果关系的重要性已经超过了相似性的判断，后来这种概念观点被称为理论概念观。理论概念观点的出现进一步加深了人们对概念的理解。

尝试用理论概念观定义"创业者"这个概念：

> 创业者是有着改变当前面临环境、提升技能、获取更多收益、有强烈实现自

我价值目标需求的一类人，需求产生的动力使得他们在将需求实现的过程中有主动性、拼搏精神、突破自我的勇气。

虽然说对于概念有多种不同的观点进行界定，但到目前为止，学术界还是以概率观点为主流——以主体与类别的相似性概率来判断。

知识时代，各种新概念层出不穷，如果不假思索地全盘接受，对个人而言不是好事，我们需要学会对概念进行甄别，是真概念还是伪概念，是有害的还是有利的。如果不思考，就会失去判断力。我们从小到大习惯了接受概念、学习概念，却很少去思考，如何学习提炼概念，并形成属于自己的概念，将已消化理解的概念加入自己的概念储备中。

我们遇到新概念的时候，要判断、提炼，问自己五个问题：

1. 这个概念描述的主体是什么？

2. 这个概念里描述的主体能做什么？

3. 这个主体想实现能做的功能，应该怎么做？功能合理吗？

4. 这个主体有没有不全面、不完善的地方，应该如何修改？

5. 除此之外，能做到类似功能的主体还有哪些？它们的功能相对于主体有什么区别？

问题 1～3 能帮助我们捋清遇到的新概念产生的过程，判断是否合理，消化内容并进一步加深理解；问题 4 能帮助我们进行对于概念缺陷的思考；问题 5 帮助我们联想，进行概念扩展，在我们的概念储备中增加新的内容。通过反复练习，熟练掌握了关于概念的思考方法后，在进行创新意识培养的时候，如果我们发现想到的主体没有一个既有的概念来描述它，我们甚至可以自己建立一个新的概念。我们概念库中的"库存"，如果能不断地储备、扩展和建立，那我们在进行创新意识激发的时候可以出现更多的链接和新的思路。

（二）创新精神

创新精神是一个国家和民族发展的不竭动力，也是一个现代人应该具备的素质。

创新精神提倡新颖、独特，但在遵循客观规律的同时，具有敢于摒弃旧事物旧思想、创立新事物新思想的特征。只有当创新精神符合客观需要和客观规律时，才能顺利地转化为创新成果，成为促进自然和社会发展的动力。

创新精神是一种勇于抛弃旧思想旧事物、创立新思想新事物的精神。用全面、辩证的观点看待创新精神的话，它具体包括以下八个"不"。

1. 不满足已有认知，持续追求和拓展新知。

2. 不受限于现有生活生产方式，包括方法、工具、材料、物品等，根据实际需要或新的情况，进行优化和改进。

3. 不墨守成规，包括规则、方法、理论、说法、习惯等，敢于打破原有框架，探索新的规律和方法。

4. 不迷信书本、权威，敢于根据事实和自己的思考，进行质疑。任何创新都是在前人成就的基础上进行的，可以大胆质疑，但质疑要有事实和思考的根据，并不鼓励毫无根据怀疑一切。

5. 不盲目效仿别人想法、说法、做法，不人云亦云，要坚持独立思考，但并不要固执己见，要基于思考团结合作、相互交流。

6. 不喜欢一般化，追求新颖、独特、异想天开、与众不同。

7. 不僵化、呆板，灵活地运用知识储备和应对能力解决问题。

8. 不怕犯错、胆大，出现错误认知是创新活动过程中不可避免的，需要有良好的心态去面对。

教育在培养民族创新精神和培养创造型人才方面，肩负着特殊的使命。国家对培养创新精神和创新能力提出了明确的要求。要想让创新型人才辈出，就要用创新创业教育培养创业者的创新精神。因此，如何深化教学改革，依据学科、行业或人群的特点，找出创新创业教育的突破口，培养创业者的创新精神，成为摆在每一个从事创新创业教育的教育工作者面前的迫切任务。

要培养具有创新精神的创业者，首先教育工作者应具有创新精神。只有具有创新精神和创新意识，了解当今高新技术发展的最新成果，自身具备不断学习提高的能力，并且具有坚定理想信念和优良道德品质的教育工作者，才能对创业者进行启发教育，站在科技革命的高度，在教会如何学习的情况下，鼓励创业者勇敢探索，同时还兼顾思想政治教育和人格培养。只有具有创新精神，我们才能在未来的发展中不断开辟新的天地。

（三）创新能力

创新能力是有主体的。对于国家和政府，我们常提及国家创新能力、区域创新能力；对于企业，有企业创新能力。对前面的这几个主体，还存在着多个衡量创新能力的创新指数评估体系，每年有对应的排名。

我们想在这一部分讨论的，是主体为个人的创新能力及其培养。

对于个人而言，不考虑行业和领域设计的专业能力的话，创新能力大致包含以下四种。

1. 组合能力：创新更多是把一些已知的东西以不一样的方式组合起来。如果一个人没有任何学识，脑袋一片空白，就不太可能发挥创新思维。

2. 突破能力：打破惯性思维的能力。创新思维是灵活的，思维灵活，才能产生更多令人惊奇的创意。

3. 想象能力：创新思维离不开想象力。天马行空的想象力能帮助我们尽快拓宽思维边界。

4. 联想能力：用以前存在的一些想法，联想出新的和独特的创意。

学习了前面创新意识、创新精神的内容，试想一下，有了想法和动力，也有了勇气和干劲，接下来应该做什么呢？是不是应该列出目标清单，评估一下自己离预设目标有多远，现阶段的能力还缺乏哪些，再按照评估出的结果去进行资料搜集、理论学习，锻炼以上四种能力，填补和目标之间的差距呢？

总体来说，创新能力是个体运用一切已知信息，包括已有的知识和经验等，产生某种独特、新颖、有社会或个人价值的产品的能力。我们在这里只涉及了关于创新能力的"意识到"这方面，因为能力的培养是无形的，意识到自己的创新能力与目标之间的差距，并不断地缩小它，也是创新思维的一个重要组成部分。

（四）创新思维的误区

在创新时代到来的当下，如何培养创新思维，已变成全社会关心的大事。但在进行创新思维训练时，其实还存在着不少误区。下面我们尝试对创新思维训练中可能会遇到的四个误区进行讨论，来看看是否能对我们有所启发。

第一个误区：创新一定是新的，要以前没有过的东西才是创新。

其实，根据我们本章第三节关于创新定义的讨论，在很多情况下，创新＝旧元素＋新组合，我们不需要像科技工作者或者教授们一样专门研究一个领域，在生活中，遵循上述公式，说不定还有更多与众不同的新点子。比如尝试新组合的菜式，将油画中的色彩运用到家庭装修中，将不同行业的场景进行变化运用等，生活中的创新可以多姿多彩，充满创意。

创新常常是对已有想法或技术的联结和组合，很少是灵光一现。创新是要学会做拼接的工作，在前人成果作为基础的情况下，将知识与偶尔闪现的点子相结合。世界随时会发生各种变化，但只有某些特定的、有关联的变化才可以真正产生重要的推动作用。创新的过程就是去实现这样的变化，探索可能的新边界，促使边界不断扩展。

第二个误区：创新源于灵光乍现，可遇而不可求。

很多人应该都听过物理学家牛顿在苹果树下休息，被一个落下的苹果砸中了脑袋，最后得出著名的万有引力定律的故事。但据考证，牛顿的所有手稿里没提到那个苹果，牛顿本人也从来没有讲过，这个故事其实是很不可靠的。事实上，早在牛顿提出引力理论之前一个半世纪，天文学家哥白尼就已经发现，太阳系中的各个行星都在围绕太阳做椭圆形运动。另一个物理学家胡克也独立地提出了引力的概念，并指出，它与距离的平方成反比。牛顿并不是在被苹果砸到后顿悟了万有引力和运动定律，他是通过经年累月的研究、思考，并且站在前人成果的基础上，才取得了那么大的进展。

真正的创造力不但要求新颖，更要求正确和有用，必须得以那些已经得到证明的好想法为基础。创新得从坚实的"土壤"里生长出来，而不能凭空变出来。所以创新思维固然很重要，但没有任何知识基础的创造，是站不住脚的。要想真正做出了不起的创新，别指望灵感，还是要靠汗水。

再举一个例子，在 1905 年，一个名不见经传的专利局职员提出了一个反对牛顿力学的理论。这个职员就是爱因斯坦，这个理论就是著名的狭义相对论。经常有人说这证明了非科学家也能做科学研究。事实上，爱因斯坦提出这个理论的时候，已经在当时最有名的大学里受过完整的科学训练。爱因斯坦能构造出狭义相对论，是以当时有人做过的光速实验和他人发明的一种非常重要的数学工具为基础的。如果爱因斯坦没受过任何科学训练，也不了解最新的科技进展，完全靠拍脑袋来做研究，那他提出的理论，肯定也经不起实践的检验。

第三个误区：优秀的创意才能产生创新。

这是我们常常遇到的一个问题，认为现在的点子不够优秀，必须要有优秀的创意才能进行创新。但是想要找到"优秀"的创意就好比在大海中寻找珍珠，可以四处查找，希望不期而遇，也可以专注于一处并期待好运，但更合理且有效的方式是在多处同时进行挖掘。先快速提出大量的构想，然后在此基础上再来开展一系列工作，也是产生好创意的一个办法。

事实上，好的创意的产生是一个不断试错和持续改进的过程。近年来，国产动漫的崛起非常迅速，我们看到了多种多样符合国人审美、国风十足的优秀动漫作品，惊叹于国产动漫创意十足的各种形象和表现手法。然而，每个公司在创作时，并非一下子就有了一整套的方案，而是由数十人的团队准备几百套的方案以备筛选，在此基础上精挑细选，再在选出的方案上进行不断进行扩充和完善，最后才形成完整的故事情节。一部动漫的创作过程往往历时弥久，但是我们最终看到了多部优秀的作品。

一项创意最终能否成功转化为商业成果，即使是行业经验丰富的业内人士也难以预测。创意的甄别需要实现者进行大量的工作：对所有的构想进行测试，从中选择最具潜力的来做进一步的开发，同时逐步剔除那些不符合要求的想法。要以系统化的方式，使用漏斗模式，开口大，广泛接收各种奇思妙想，同时出口紧，从许多不同的维度来对成百上千的创意进行筛选：这个创意能否带来价值，财务上是否具备可行性……只有经过这样的创新管理过程，才能准确识别出有价值的创意，将其真正付诸实施，确保有限的资源聚焦于最有可能产生创新成果的地方，从而实现从"拥有创意"到"创造价值"的跨越。

第四个误区：创新就是发明。

创新过程中的环节包括发明，发明是创新的必要条件之一，但不是充分条件。发明是根据新的思想，生产出新的产品，虽然很新颖，若不能应用，没有收益，就不是严格意义上的创新。创新是一个经济学范畴的概念，必须有收益，可以说，创新是发明的第一次商业化应用。

在发明和创新之间一般会有一段时间的延迟，在创新产生明显的经济影响之前，都有一个扩散或者调整的时期。例如，青霉素是在 1928 年被发现的，但当时未能进行提纯并应用于临床，连发现者弗莱明的论文在之后的 10 年都未获得科学界的重视，一直到 15 年后的 1943 年，培养和提纯技术成熟后，才开始被工业生产和广泛应用。

发明强调首创，也可能是被全盘否定后的全新创造。申请发明专利时，首先要考虑这个东西自己是不是第一个做的，如果已经有别人做过，专利就无法申请了。而创新强调永无止境的更新，是一个相对的概念，创新通常在否定中螺旋上升，需要了解别人做过没有，做过的话程度如何，哪些可以进步和改善，同时这个改善又能够获取收益。

而且，将发明转化为成功的创新的概率并不高。《2018 年中国专利调查报告》数据显示，自 2007 年起，我国的有效发明专利实施率最高为 60.6％，同一时期的有效发明专利产业化率最高为 36.7％。从专利的角度我们可以看到，得到授权的发明专利，最多只有六成走到了实施阶段，而真正实现产业化的只有三成左右。发明是创新的前提，但发明不一定会成为创新。

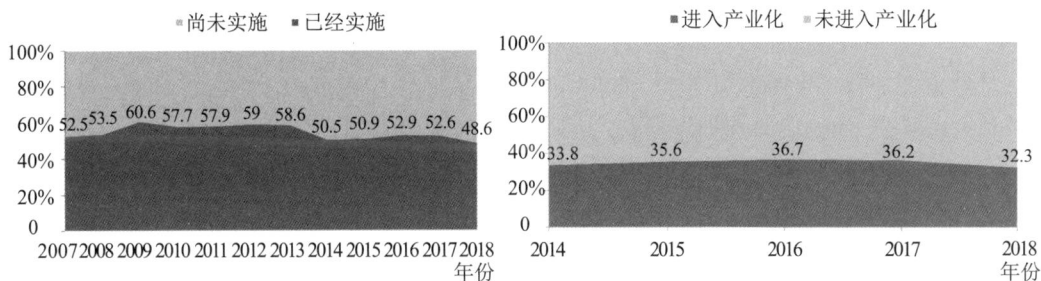

图 1-6　有效发明专利 2007—2018 年实施率状况与 2014—2018 年产业化率状况

（来源：《2018 年中国专利调查报告》）

第二节　强化创意训练

要创新，先要有创意，创意是创新意识的产物，是根据客观需要而诞生的想法，它是面对生活、工作中的各种问题，提出不同看法和解决办法。只要会遇到问题，就需要创意，它不是灵光乍现的瞬间，而是持续产出解决问题方法的能力。创意大致包含两个步骤：第一步是构想，在心里酝酿一个新颖的想法；第二步是执行，用合适的形式实现想法。就像小说家写小说，要在心里搭建好故事的框架，然后在纸上表达出来，接下来才是用语言丰满血肉，使其成为一个完整的文学作品。

老师会在课堂上传授专业上的知识和技巧，但是并不会教如何获得创意。就像陆游说过"文章本天成，妙手偶得之"，自古以来，人们就觉得灵感和创意很神秘，仿佛天赐，甚至大部分创意工作者都说不清好点子是怎么想出来的。创意的思考过程对很多人来说都像在黑暗中痛苦地摸索。但其实创意能力和其他的专业技能一样，可以通过学习和训练进行提升，灵感也可以通过训练源源不断涌现。下面我们将讨论如何进行训练，进而提升自己的创意能力。

一、"头脑风暴"探究

（一）"头脑风暴"旧模式面临的问题

在进行创意训练时，我们常常会听到一个方法，叫"头脑风暴"，其核心理念是通过沟通和团队合作来激发员工的创意。它诞生于1953年，它的提出者认为在一个畅所欲言、不加评判的氛围里，人们的创造力会得到无尽的释放，一群人的集思广益远比一个人苦思冥想更能激发创造力，在活动中提出的建议越多，哪怕这些建议与主题毫不相关，产生好创意的概率就越高。

"头脑风暴"的场景是一群人围绕一个特定的兴趣领域产生新观点。由于团队讨论使用了没有拘束的规则，人们就能够更自由地思考，进入思想的新区域，从而产生很多新观点和解决方法。当参加者有了新观点和想法时，他们就大声说出来，然后在他人提出的观点之上建立新观点。所有的观点都被记录下来但不进行批评。只有在"头脑风暴"结束的时候，才对这些观点和想法进行评估。"头脑风暴"的背后预设了一个理论依据，就是人们会因为害怕说出错误的观点，而导致不会说出自己的想法。"头脑风暴"鼓励人们把不敢说的，甚至是那些可能会被认为很傻的想法都说出来，所以才要求成员之间只能表扬，不能批评，保证每个人都尽情地发声，说出所有想到的东西。典型的心理作用就是活动结束之后，每个参与者都觉得自己为主题贡献了很多好想法。"头脑风暴"看起来像是一种非常理想的技术，一种让生产力爆发的、让大家感觉良好的方法，在诞生后不久就掀起了风暴，而且以迅猛之势席卷各类机构、工厂和公司。

在"头脑风暴"日益盛行的同时，它也引起了部分研究学者的兴趣，他们提出了问题，并进行了研究验证：讨论团队的最佳人数是多少？最佳时长是多少？在人数相等的情况下，进行"头脑风暴"与各自解决问题相比有哪些优势？

最终研究结果如下：在人数相等的情况下，进行"头脑风暴"与各自解决问题相比不具备任何优势；"头脑风暴"小组提供的建议数量少于以个人形式提出的建议数，创新性上次于以个人形式提出的建议；"头脑风暴"小组的最佳参与人数为4人，与"人越多越好"这个普遍观念相矛盾。结论："头脑风暴"并不会催生更多的创意。

为什么会有这样的结果呢？其实，在不预设前提的情况下，"头脑风暴"产生的结果大多数时候是非常随意的。大家聚在一起随机给出很多零散的想法，这些想法很有可能是非常发散的，并没有聚焦到需要解决的问题上。

还记得刚刚说的预设理论依据吗？那个依据其实是有问题的。大多数时候，人们不是不好意思说出自己的想法，而是在"头脑风暴"中得到了一大堆平庸但数量很多的想法，导致无法把好的创意从一大堆创意中挑选出来，这是个致命的问题：难以保证有质量的创意产出。

所以，"头脑风暴"在很多情况下是不太可靠的，因为在这个没有限制的讨论模式下，需要解决的问题有可能并不会在讨论中被关注到。

（二）"头脑风暴"的正确打开方式

"头脑风暴"的方式难道不能使用了吗？那为什么现在还有那么多机构或者教学过程都还在使用这个方法呢？其实我们只需要想办法避开"头脑风暴"的核心障碍就好了：如何提升产生有质量的点子的概率？如何能够正确地将好的创意挑选出来？

解决第一个问题的办法是：将个人独立思考与团体思考拆开再整合，即让各自先独立思考，然后再聚集到一起讨论。这样的话，可以避免相互心理依赖造成的"别人先说"现象，和懒得思考造成的"他的意见我同意"现象，将个人思考的结果集中起来，进行群体评估，就可以充分发挥"头脑风暴"的优点。

解决第二个问题的办法是：将大家阐述的创意，用画图的方式记录下来。在讨论过程中，如果使用写字来进行速记，信息基本都是压缩过的，用画图的方式可以尽可能地保留信息。如果将所有的创意都画成图形了的话，最后做选择的时候，可参考的信息会更多，能帮助决策者选定最终的创意方案。

本小节给大家介绍了思维工具——"头脑风暴"。通过学习，我们了解了这个方法有助于产生创意的前提是正确使用，需要先独立思考，再集中讨论，才能更好地发挥效果。

二、创意激发与训练方法

创意能力应该如何提升？创意应该如何激发？这是在创新课堂上经常遇到的问题。在课堂上，我们需要在有限的时间里通过有效的训练方法来提升学生的创意能力，激发尽可能多的好点子。

创意能力是指在以一定的知识为前提的情况下，创意者充分发挥主观能动性，积极调动智力和非智力因素进行创造性思维的能力，也可以理解为在实践的基础上对知识经验在不同层面的灵活运用。根据这个概念，我们如果面对的是已经拥有"一定知识"的、想要积极进行创新的学生群体或创业者，那么就需要通过教会他们使用某种可持续的方法灵活地在不同层面运用自己的知识和资源。这种"可持续的方法"，就是创意的训练方法。

下面将从创意产生原理、方法学习、案例分享入手，来讨论如何走好创新训练的第一步：创意激发。

（一）创意产生原理

1. 产生创意的机会

不同的人，面对一样的东西，会有不一样的看法，面对一样的问题，会有不一样的解法。无论在生活还是工作中，我们都会遇到各种各样的问题，要解决这些问题，我们就需要有自己的看法和解法。解决问题的同时，创意往往就产生了。

需求产生了问题，问题催生了创意。在工作生活中，需要我们解决的问题数不胜数：

怎么能让小孩少吃零食？

如何找到适合自己的工作？

如何提升自己的工作效率？

······

面对这些问题的时候，如果我们能提出不一样的看法，想到不一样的解法，我们就是有创意的。遇到问题的同时，也意味着被问题启发，出现了产生创意的机会。日常生活中当我们遇到这些问题的时候，如果能够有意识地采取不一样的思路去解决，将会获得非常多的锻炼创意的机会。

2. 创意模式的积累

如果完全不了解冰壶运动，在电视上正在直播冬奥会的冰壶比赛的时候可能会认为运动员是在擦地板。如果不会下围棋，可能只看到棋谱上黑黑白白的一片，完全不知道棋局的形势是什么情况。这些，都是因为大脑里没有存储对应的"模式"。

要有创意的思维，大脑里不能只有少量的思维模式，必须有来自不同领域的思维模式，组成相互关联的框架，来整理间接和直接的经验。本来创意就是在不同的事物之间创建连接，多种思维模式的存在，能够帮助我们更好更快地找到事物之间潜在的联系。

积累思维模式，可以尝试通过以下方法进行。

(1)阅读：阅读可以帮助我们多了解既往成型的思维模式。

(2)倒推：分析新面市的产品，倒推思考设计的初衷。这个方法在增加思维模式的同时，还能帮助我们解读新产品背后的用户需求的变化以及市场的变化。

(3)总结：总结常见问题的解决办法。有些问题在不同前提、不同环境、不同人群、不同时间，解决方式是不一样的，学习和总结这些方法，可以帮助我们积累对于同一个问题在不同状况下的思维模式。

(4)角度：从用户的角度设想。这个方法提倡我们转换思考角度，不仅从用户的角度，而且从设计者的角度、维护的角度等进行思考，新视角的出现，也会产生新的思维模式。

思维模式的积累过程，可以全面提升我们思维的广度和深度。提升思维广度可以帮助我们更全面、立体地看问题，通过观察问题的各个层面，分析问题的各个环节，大胆设想，综合思考，从而抓住重点，形成新的思路。设计一件艺术作品，不仅仅要依靠艺术方面的知识来指导，还要得到其他学科的支持。比如进行环境艺术设计时，设计师不仅要有艺术素养，还需要考虑建筑学、数学、人体工程学、人文、历史、环境保护等多个方面的知识，从多个角度切入。提升思维深度可以帮助我们在考虑问题时，深入事物的内部，抓住问题的关键、核心、本质来进行由远到近、由表及里、层层递进、步步深入思考。

3. 创意的陷阱

(1) 功能固着

功能固着是指人们把某种功能赋予某种物体的倾向，认定原有的行为就不会再去考虑其他方面的作用。在解决问题的过程中，人们能否改变事物固有的功能以适应新的问题情景的需要，常常成为解决问题的关键。功能固着对解决新问题有很大的阻碍。人们能否改变事物的固有功能，适应解决新问题的需要，往往成为解决问题的关键。

一个东西能发挥出多大的作用，要看使用者的智慧，运用的方式和途径不同，得到的结果也就会有天壤之别。任何东西都不会主动发挥作用，而要看人能否善加运用，从中挖掘出它的最大效益。

功能固着的产生原因有两个：一是心理因素，这是因为一个人在遇到新出现的问题时，总是容易用过去处理这类问题时的方式或经验来对待和解决新出现的问题。如果在一切条件都没有发生变化的情况下，运用已有的经验和方法会使问题得到迅速解决，提高工作和学习效率。但是如果在条件已经发生变化的情况下，仍然照搬过去的老办法，以固定的模式去应付多变的生活和学习，就会走许多弯路，使问题不能很好地解决。二是行为习惯，一个人对某种物体的通常用途越熟悉，就越难发现这种物体在其他方面的新功能。例如，发卡是女同学用来卡头发的，所以有些人想不到它可以充当螺丝刀拧螺丝钉；有些人手中有尺子则能测量物体的长度，没有尺子则完不成任务，等等，都是受物体的一般固定功能所限制而不能变化思考的结果。

(2) 结构固着

把某个产品或某项服务圈定在它们原本隶属的那个范围内，把它们看成是一个整体，并认为它们应该以我们熟悉的样子而存在。如果这个熟悉的样子发生改变，就会觉得无所适从，会本能认为这种改变是不妥的，这是一种思维定式。"结构性固着"时刻牵绊着我们的思维，制约着我们的想象，当熟悉的某个东西以全新的结构出现时，让我们不能发现它的优点，而是在心里想方设法地把这个奇怪的东西打回原形。

(3) 其他思维陷阱

除功能固着陷阱与结构固着陷阱之外，还有标准答案陷阱（按照标准答案解决问题）、固有习惯陷阱（按习惯解决问题）、直线思维陷阱（大脑主动选择已尝试过的最短路径解决方案）等。

产生创造力的关键之一就是要打破各种陷阱，消除思维定式，重新审视原来的问题，只要我们在思考问题的时候摆脱制式教育的束缚，用发散式思维思考问题，采用流动的思维模式，我们就能避开创意激发路途上的陷阱，创造出全新的出乎意料的精彩创意。

(二)创意产生四步法

研究创造力的专家们现在普遍认同如下两种观点。

1. 发散性思维有助于促进思维活动。

2. 杂乱无章的思维会阻碍创造力的产生。

天马行空的思绪并不是不会起到作用，而是我们要在使用它解决问题、产生创意时，先框定问题所在的"范围"。范围的制约不会阻碍创意的产生，相反，当我们使用专业分析和思考框架，逐渐聚焦于最有可能出现目标问题最优解的范围区域时，发散思维才会发挥它的威力。很多时候，围绕着已聚焦的核心在范围内进行充分的发散，会让我们在有限的条件下发挥出巨大的潜力。

例如，一个广告的创意，可能先要在众多主题观点中作出选择，确定了观点之后，再从这个观点出发，去发散思考尽可能多的对这个观点的表现形式，经过对比判断后最终确定一个最佳方案。

根据以上思路，如我们想要给一款练字产品做广告，这款产品里包含可以采集文字的笔，可以进行练字纠错的软件，精心设计的外观，而且性价比高、耐用。

分析过程如下。

第一步，确定问题核心：广告要有个核心元素，对于一款练字产品，最核心的功能应该是练字，练字纠错软件的功能就应该是我们这个项目的重点。

第二步，在符合实际情况的条件下发散思维：思考一下现有的资源，比如说根据广告成品时长、服装、演员、场景、剧本、工期时间限制等，发挥想象，如何在这些确定的条件下将"纠错功能"的表达拍好。

第三步，筛选方案：将第二步与大家讨论出的方案进行比较，选出最可行、效果最好的那一个。

第四步，检验结果：执行第三步筛选出来的方案，边拍摄边根据情况调整，直到拍摄完毕，如果在拍摄过程中出现无法解决的问题，回到第三步再次筛选。

同样的道理，如果一个医生，面对患者，也是要通过望、闻、问、切，确定病症所在，在这个基础上再寻找和尝试各种方法，筛选药物和治疗方案，直到找到能解决问题的最优解。以上案例，充分演示了我们在创意产生时可以使用的四个步骤，这四个步骤连接在一起形成了一个完整的工作流程。

这样的思考过程可以总结为：确定问题核心 → 在符合实际情况的条件下发散思维 → 筛选方案 → 检验结果。

这四个步骤是通用的思考方法。对于需要单独完成创意工作的人来说，也可以使用类似的过程：先通过分析确定面临问题的解决方向，然后在自身资源能力的范围内努力想出尽量多的创意想法，从中作出选择，最后将选出的方案在实践中进行检验，并在执行过程中逐步改进。

现在，我们了解了创意思考的四个步骤，其中确定问题核心是前提，需要相关知识积累和分析工具的使用。检验结果是实现，需要实际去使用资源和设计产品。而中间的发散思维、筛选方案这两步，牵涉创意到底如何产生、如何评价，以及是否能够进入检验阶段的问题，是可以通过方法训练提升和掌握的，接下来着重对这两个步骤进行讨论。

（三）发散思维——问题拆解

需求产生推动我们进行创意思考的过程，也是一个不断遇到问题、解决问题的过程。这样的过程会带给我们创意涌现、思维提升及个人成长，但要想真正取得进步，就要清楚地了解在"遇到问题"与"解决问题"之间还有一个尤为重要的环节，那就是"拆解问题"。面对各种各样的产品需求与复杂问题，其实拆解的思路和手段都是相通的。

有这样一个故事，有个人家里的电器坏了，花了 320 元请了师傅上门维修，师傅上门检查了 20 分钟后，花了 2 分钟换了零件把电器修好了，这个人觉得钱花得不值，就跟师傅说，就 2 分钟换了个零件就得 320 元，太贵了。师傅回答，换零件 20 元，知道换哪个零件，值 300 元。很多时候，在解决问题的过程中，定位和拆解问题是最重要的一环，正确地拆解是解决当前问题的关键。跟直觉不同的是，通常我们需要用 80% 的精力去定位和拆解要创新的产品或面临的问题，剩下的 20% 精力去给出方案或解决问题就足够了。就像维修师傅一样，找到具体是哪个零件坏了比替换零件更需要花时间。当问题被拆分得足够细、足够清晰的时候，我们就会发现解决方案其实触手可及。我们要有意识地去训练拆解问题的习惯和能力，最好达到能主动应用的效果，拆解能力是胜任复杂任务，进行创新活动的基本功，非常重要。

接下来，我们讨论一下具体的拆解过程。

1. 准备工作：明确解决问题或创新活动的方向

首先，正确理解与创新相关的问题点。

如果尝试过创业或者做过创业项目，可能会有如下的体验：做竞品调查时，发现功能类似的产品或软件用户比较喜欢，对用户购买行为的引导处理比较好，用户转购率比较高。借鉴一下模式，带入产品，等待用户涌入，结果发现用户数据远低于期待值。于是又进行升级，增加了产品卖点、降价、推广，但是效果一直不好。

这是什么原因呢？

一切商业模式想要取得成功的必然前提是消费者获益，可能大部分情况下创业者都在关注产品的卖点，常常忽略对消费者买点的思考。卖什么不重要，重要的是用户要买什么。在考虑用户能带来什么之前，设计产品都必须先想一个问题：这么做，能为用户带来什么？回答好了这个问题，才能开始下一步。

比如，某品牌出了一款新手表，特点是特别准，号称一百万年误差不超过一秒，这是产品的卖点，但用户单纯想买个档次比较高的手表撑撑面子而已。这才是消费者的买点。产品的卖点、优点和消费者的买点并不一定匹配，这种情况的出现有可能是信息不匹配、用户群体画像出现了偏差、偶发性事件等原因，会增加产品的试错成本。只从开发者的意愿出发做产品，项目可能从一开始就出现了方向性的失误。

朋友圈的微商们为什么热衷于卖面膜？我们想一想，对于微商，实现多赚钱是应该把一件商品卖给更多的人，还是应该向同一个人卖更多的商品呢？答案要从产品售卖所处的环境寻找。在开放模式的淘宝上，产品只要上架就有源源不断的自然流量。微商的主要战场是朋友圈，而微信有好友数量上限，朋友圈带来的潜在客流量很容易碰到天花板，微商更适合向同一个人卖更多商品的模式，产品的复购频次很重要，复购率是提升微商销售额的关键变量。高复购率的商品就会首先进入微商的视线，再加上女生对化妆保养品的品牌依赖性、化妆品的高毛利属性等原因，对微商来说，面膜类的产品完全满足双方需求，于是我们就常常在朋友圈看到各类面膜了。

任何一个行业都有特有的内在逻辑，相应的，这些行业的任何一个问题，都需要具体问题具体分析。手表的设计要解读消费者的深层次需求，微商的选品要正确理解行业盈利的关键因素。遇到问题，先列出相关的所有变量，然后在其中寻找关键值。看清项目的问题所在，清晰具体地描述问题本身，是进行创新尝试的首件要事。

其次，明确创新项目的具体目标。

弄明白了问题，接下来要搞清楚的是，我们对于这个问题，需要解决到什么样的程度呢？不同的目标设置，应对的解决方案肯定是不一样的。比如某个公司某部门在过去一年里人员流失率超过了30%，公司对人事部门下达了任务：尽快降低人员流失率。对于这个问题，在给出解决方案之前，需要明确的是要把人员流失率降低到多少？降低到25%和降低到5%，难度和方案肯定是有区别的。当然我们也可以通过对比行业数据，看一看30%的人员流失率是不是行业平均值，如果是的话，还可以建议公司对这个问题不用进行特殊处理。

最后，明确创新过程中所需要使用的资源。

在创新者、用户目标达成一致或问题目标确定后，就可以通过目标推算出所需要的各种资源，其中包括：时间资源（创新项目的开发时间、最后期限等），空间资源（面积、体积、场地等），系统资源（子系统、子系统之间的连接，有用功能、新技术等），自然资源（自然界中存在的材料或物质），环境资源（地理环境，包括山、河流、海洋、湿地等），物质资源（任何用于创新项目，有物理实体的物质），能量/场资源（太阳能、风能、电磁能、电磁场、Wi-Fi信号等可能会使用或产生的场或能量流），信息资源（网络信息、纸质书、短信息等），功能资源（项目涉及的能产生辅助作用的功能等），人力资源（技术人员、营销人员、产品设计人员等）……创新项目涉及的资源都是有限的，有时候资源不够，有时候有的资源无法使用，所以在创新的准备工作中，我们要评估达成创新目标所涉及的资源问题在不在创业者能力范围之内，如果超出能力范围，则需要调整创新目标，直到目标与资源相匹配。

2. 具体操作：拆解问题

现实中有很多问题都是复杂问题，比如：这款产品的主要用户群体画像是什么样子？软件用户留存率低是什么原因？产品宣发的引流效果不佳怎么解决？这些问题掺杂了多个维度和变量，一般不能被直接解决，我们需要将这些复杂的、笼统的问题拆解成一个个小的、可执行的简单问题，然后选择某个薄弱环节进攻或逐个击破。

这里的拆解指的不是把一个产品按照物理结构拆开，而是根据具体的需求、目标来进行有目的性的拆解。如果对洗衣液进行创新，要创新配方，可以按照配方拆分为活性剂、软化剂、助溶剂、防腐剂、香味剂、溶剂、增色剂等；要创新使用方式，可以按使用流程拆分为选择品牌、购买、选择适量洗衣液、浸泡、揉搓、漂洗、甩干、晾晒等几个环节；要找到新的客户细分群体，可以根据使用场景分为民用、工业用，工作服、羽绒服、台布等。

创新的需求不一样，对同一个产品进行拆解的方式就不一样。以此类推，当我们面对不同的需求，不同的产品，不同的问题，甚至不同的理念时，应对具体问题具体分析，根据情况选择拆解切入的角度。比如想对社交软件进行创新，就得将目标按底层核心的业务逻辑、各个功能的执行流程、社群的宣传方式等各个方面进行划分和分析，看看可以从哪里入手进行改进。如果一家银行在寻求创新，就应该把关键资源一一拆分开，如可以分为员工、资产、债务、地产、系统、产品与服务、客户和品牌几个部分。分别对每一个部分进行替换、分析和评估，寻找最优化的创新途径。

当面对的复杂问题被拆解成了一个个简单问题的时候，对简单问题的回答和解决，会让复杂问题变得有逻辑、有方法地解决了。问题拆解能够将一个大目标拆解为多个小目标，小目标的实现可以让大目标也随之实现。

创新训练的一个好方法就是定期分析竞品，写出里面的关键点，比如能从中得到什么结论、学到什么新的交互逻辑、页面怎么更好地布局、某些提示怎么处理等。如果情况允许的话，先不探究细节，要先观察整体。完整地操作一遍竞品，熟悉大致的功能、页面流程以及框架结构。这个训练要通过拆解能力的使用来实现。

理解了拆解的原因和重要性，接下来我们来讨论几个拆解的思路。

(1)按产品与其他实体接触的方式拆解

对于一个产品，当我们想要发现和分析产品存在的问题，进而进行改进创新时，可以按照业务流程各环节来拆解；当我们需要了解整个产品的用户习惯、痛点，或者希望对用户全貌有个了解时，就需要以用户接触产品的各环节为主线来进行拆解。

以传统的通信服务为例，用户开通并使用通信服务的过程，按业务流程拆解，如图 1-7 所示。

图 1-7　运营商通信业务(对个人)按业务流程拆解图

由图可以提出如下"简单问题"：依据什么来选择运营商？用户选择套餐的时候心理需求是什么？使用业务过程中是否有优化体验的地方？计费时间和方式是否可以调整？支付费用的方式有没有可能提升便携度？这些问题都可以帮助我们发现和分析现有产品存在的问题。

对同一个业务，按用户接触产品的各环节进行拆解，如图 1-8 所示。

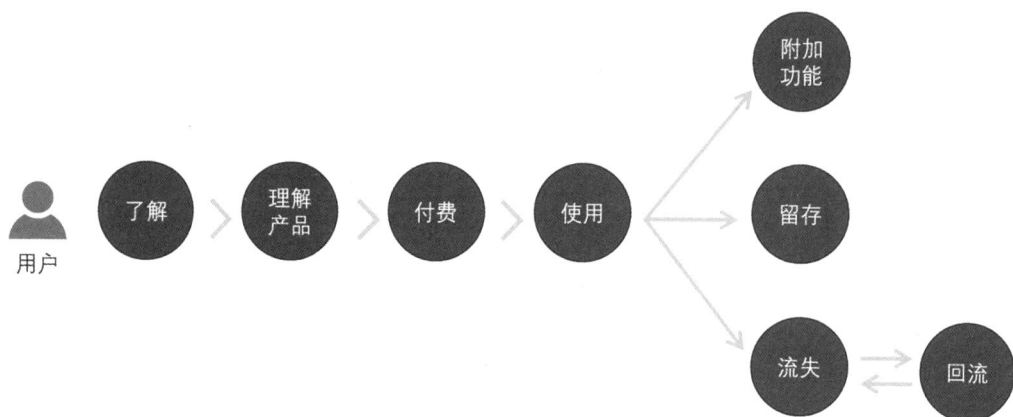

图 1-8　运营商通信业务(对个人)用户生命周期行为拆解图

由图提出的"简单问题"如下：用户是从哪里了解到产品的？能否正确理解设置的通信套餐？付费的过程是否流畅，途径是否方便，能否有活动优惠？使用过程中是否存在信号不佳的问题，语音是否清晰？留存用户继续使用套餐的原因是什么？为什么会有流失客户的现象出现，是什么原因，流去了哪里？流失客户回流，是什么原因？用户是否使用了附加功能，是否愿意为此付费？这些问题可以帮助我们了解整个产品的用户习惯、痛点，推动我们从用户使用的角度开发新的通信产品。

用户流程图是展示一个用户使用这些功能的流程，第一步做什么，第二步做什么，检查产品结构图是否合理，是否注意到用户体验，逻辑能否走得通。在实际的项目形成创新需求中，未必需要这种细致行为拆解，鉴于产品之间的区别，环节也有所不同，可根据具体需要重点针对某些环节进行分析。

(2)按因果关系拆解

当对一个问题需要进行解释或分析时，可以尝试查找造成这个问题的原因，通过对原因的逐个分析，找到出现问题的环节，比如某商品月成交量低，是什么原因呢？

① 先分解一些带来成交量的原因，如用以下公式表述。

月成交量＝当月有交易的天数×每天交易次数×每次交易商品数×每商品每次交易件数×每件成交金额

或

月成交量＝来访用户×转化率×客单价

② 对比该产品历史的各环节数据或其他类似产品，找到数据明显较低的环节，再具体分析原因。

月成交量的结果拆分可能有多种方式，如果可以，可以多试试不同的拆分方式，找到比较好入手/执行的分析的环节即可。

(3)按问题关系拆解

如果我们遇到的是类似下面这样模糊的问题，这个新项目打算布局糯米制休闲食品，调研一下前景如何？看起来无法入手，但解决这个问题，先得回答一个前置问题，什么才能算有前景？我们就需要对引出的问题先行拆解。假设"有前景"的概念包含三个方面：市场有机会、用户有需求、有利润空间。我们会发现这三个方面代表的维度依然比较模糊，这个时候我们可以借助之前学习的方法进行分析，拆解如图1-9所示。

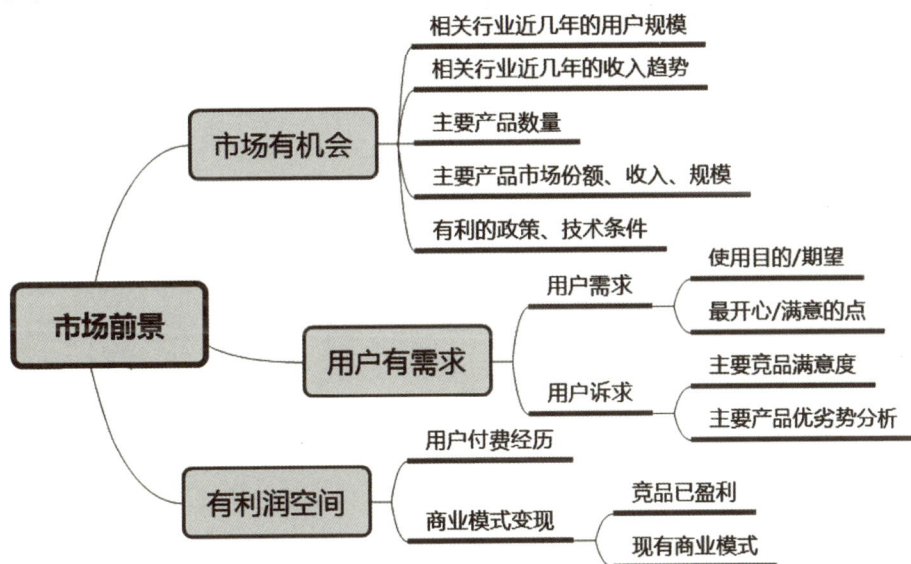

图1-9　某商品市场前景情况拆解图

拆解到这个程度，我们可以看出在简单问题上，需要进一步调研或者收集的资料都是常见的一些指标了，所需要的方法也是访谈、问卷等较常见的方法，这个方法把一个比较"大"的模糊问题化解成了一个个可以执行的常规问题。

(4)按产品组成模块或功能拆解

按产品组成模块拆解，可分为按物理结构、系统结构、系统功能三种方式进行拆解。

按物理结构拆解以计算机为例，如图1-10所示。

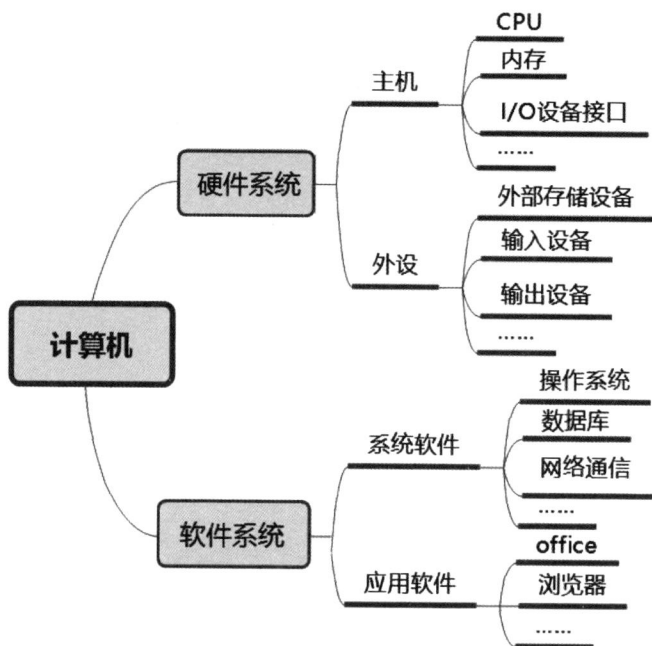

图 1-10　计算机按物理结构拆解图

产品的结构图，其中应包括每个栏目以及所包含的功能以及展示信息，以 B 站为例，按系统结构拆解如图 1-11 所示。

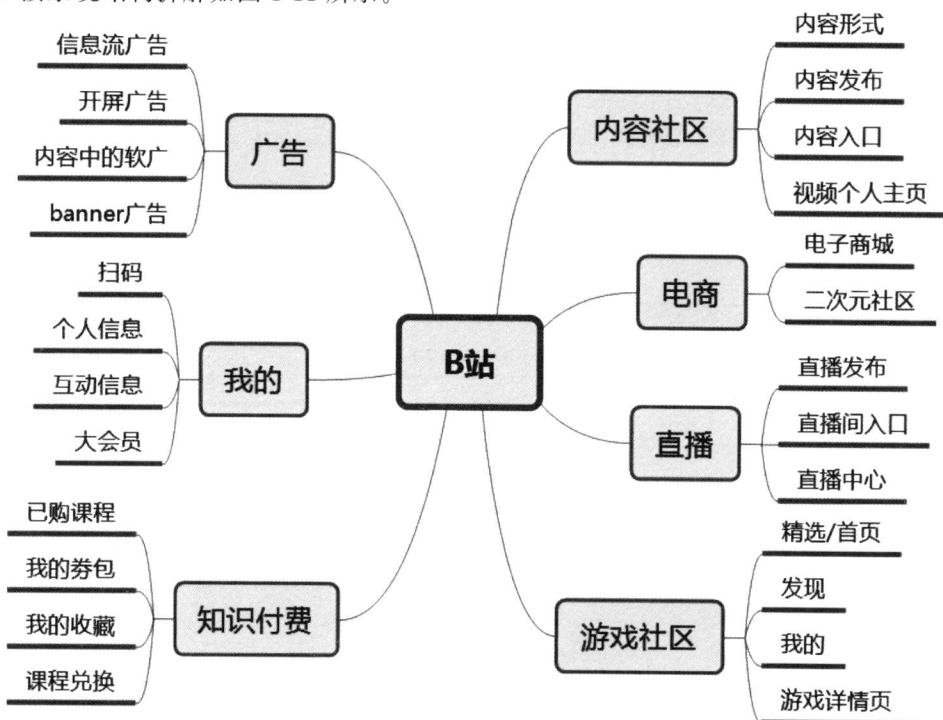

图 1-11　B 站按系统结构拆解图

以某智慧商业为例，按系统功能拆解如图1-12所示。

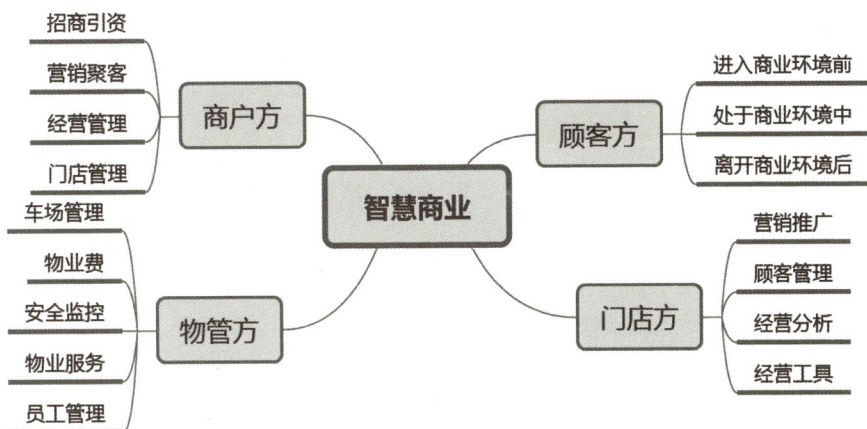

图 1-12　智慧商业按系统功能拆解图

关于拆解的简要总结如下。

什么是问题拆解？把复杂的、笼统的问题拆解成一个个小的、可执行开展的问题即问题拆解。

为什么要做"问题拆解"以及它的价值是什么？当你遇到的问题比较"大""笼统"不太可能直接执行的时候，问题的拆解就能帮助你"做正确的事"：厘清问题，确保没有遗漏，找到切入点，明确方向，思维结构化。

问题拆解的思路有哪些可参考的？

比如，按接触方式（业务流程、用户接触产品的生命周期行为）、因果关系（引起问题的可能原因，逐个分析找突破点）、引出"问题"（问题的嵌套，维度等）、产品功能模块等思路拆解。在实际的创新项目中，各种复杂的问题还有很多，关于问题拆解也还有很多其他的技巧和分析思路，希望大家能学会如何拆解面对的问题，并解决它。

（四）发散思维——模块调整

在完成问题或产品的拆解工作后，会得到一张有着很多个小模块的列表，接下来我们就可以对这些模块进行删除、复制、连接、移动、更换等操作，尝试用不同的方式去得到不同的新产品原型，让创意的点子批量产生，为进入下一步筛选环节做好准备，我们可以从模块调整产生的这些创意中选出合理的、可实现的对象进行培育。

德鲁·博迪和雅各布·戈登堡所著的《微创新——5种微小改变创造伟大产品》一书，给出了对于原有产品调整和创新的几个方法。接下来，我们使用这些方法操作一下，看看产品的模块可以进行哪些调整。

1. 减法策略

生活中许多常见的产品或服务其实都是通过对原有产品做减法而得到的。比如类似提款机、机场自助打印登机牌的机器等自助服务就来源于减法策略，它们都是从原有的服务中"减去"了人工服务的部分，替代的是消费者自己动手自助打印。淘宝和京东等电商平台，"减去"了实体店铺，以网络店铺进行替代，网上零售业发展迎来了新时代。宜家虽然有实体店，但是只出售未组装的家具，"减去"了家具组装环节，让消费者自己动手。

减法策略的使用可以用以下3个操作步骤来描述。

(1)列举产品或者服务的内部组成部分，也就是将要进行改造的产品或待解决的问题根据需求按前一小节的方法进行拆解。

(2)选择一个基础部分并想象将它删除，删除的方式有两种。

①完全删除。把这个基础部分从产品中彻底删除。

我们来尝试利用减法策略改造一个产品——耳机(带耳罩)。

a. 按物理结构拆解为：喇叭、耳罩、音频线、插头。

b. 删除其中一个部分：耳罩(完全删除)。

c. 一个没有耳罩的耳机。

d. 删除后变化：体积变小、方便携带、目标客户为喜欢随身听音乐的人。

e. 评估难度，可行性，可以进入创新环节。

产生的结果就是我们平时用的随身耳机。

随身耳机还可以继续使用减法策略进行产品推演，可以推演出蓝牙耳机、车载蓝牙耳机、睡眠耳塞等系列产品。

②部分删除。把基础部分中的某个特性或功能删除，先挑出产品的某个部件，然后删除这个部件中的某个功能，即"部分减法"。

关于减法策略(部分减法)的经典案例：从博客到微博。

博客(Blog)于1993年开始在网络中出现，是一款可以将自己的心得以个性化的方式进行展示并且有效与他人进行交流的综合性平台软件，可以将它看作网络日记。博客是继Email、BBS、ICQ之后出现的第四种网络交流方式，直到现在依然十分受大家的欢迎。

在博客的基础上，将每条信息的字数上限规定在140个字符之内，将原来博客的不限字数"部分删除"，变成了有字数上限。这个操作虽然看起来简单，但是催生了到现在都非常火爆的"微博"。

与减法策略比起来，"部分减法"可以减少某些心存疑虑的客户的抵触情绪。

(3)设想删除之后的结果使用情况。

想要让减法策略产生好效果，要注意以下几点。

第一，不要只删除有缺陷的部分。删除有缺陷的部分并不是减法策略，只是对产品特性的调整。比如花茶饮料里面把白砂糖减掉，变成无糖茶产品，这个操作只是修改配方，不是应用了减法策略。第二，删除基本部件。要注意被删除的部件处于核心部件和次要部件的中间位置，把想象的重心放在删除后还拥有的东西上。因为如果删除核心部件，很多时候核心功能就随之消失了；如果删除无关紧要的部分，则无法获得足够的力量去打破原有产品的框架。第三，不要立刻寻找替代物。要避免"结构性固着"的捣乱，但如果是基础部分被删除的话，记得寻找同一范围内的替代品。第四，避免认知偏差，要对改造的东西有基本的原理了解，才不会犯由于认知偏差导致的创意偏差问题。第五，"低配"不等于做"减法"。"低配"的营销方式是指删除产品或服务中的某项功能或降低该功能的品质以降低成本，与"减法"有本质的不同。

减法策略的应用范围非常广泛，灵活使用减法策略，可以在已有产品的基础上推演出有创意的产品出来，系统性地产生创意。

2. 除法策略

利用除法策略把一个产品或一项服务分解成多个部分，再将这些分解后的部分重组，这样做可能带来两种结果：一是产生一种全新的功能，二是以一种全新的形式呈现某个已有的功能。运用除法策略有助于我们克服"结构性固着"。

和减法策略类似，除法策略的使用也分为 3 个操作步骤。

(1)列举产品或服务的内部组成部分，也就是将要进行改造的产品或待解决的问题根据需求按前一小节的方法进行拆解。

(2)用以下任意一种方法分解产品或服务。

①功能型除法。挑出产品或服务中的某个功能，改变其位置。

这个方法的注意力在产品的功能上，需要前一步按功能拆分问题或产品，然后从中挑一个调整到其他位置。比如航空公司将旅客乘机按流程拆解为很多部分后，将"办理登机手续"从空间上调整到了机场之外，时间上调整到了乘机的前几天都可以办理，既方便了旅客，又节约了开支如图 1-13、图 1-14 所示。

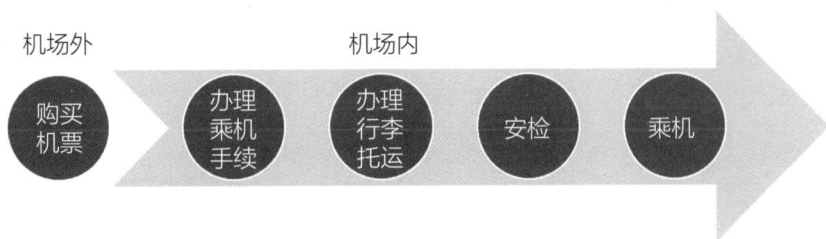

图 1-13　将乘机过程按执行流程进行拆解

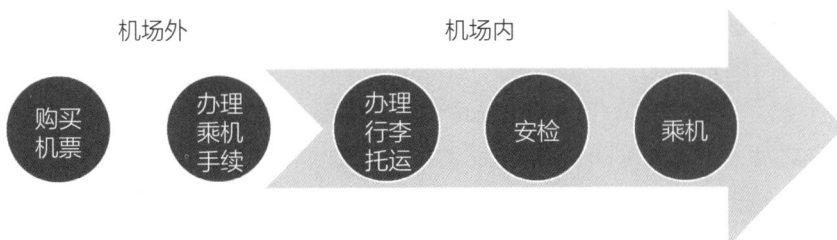

图 1-14　将"办理乘机手续"空间移动到机场外

②物理型除法，将产品按随机原则分解成若干部分。

这个方法的注意力在产品的结构上，需前一步按实体结构拆分产品，通过对产品的随机切割和重新组装，来发现创新的可能性。

③保留型除法。把产品按原样缩小。

这个方法保留了原产品的功能和特性，创新通过缩小原产品的某个模块来实现。比如图 1-15 中的计算机，按硬件组成进行了拆解，为了实现存储更多资料的目标，创新者选择其中的"外部存储设备"进行保留型除法，将其缩小后，产生了我们现在天天使用的 U 盘，满足了将电子资料随身携带的需求。

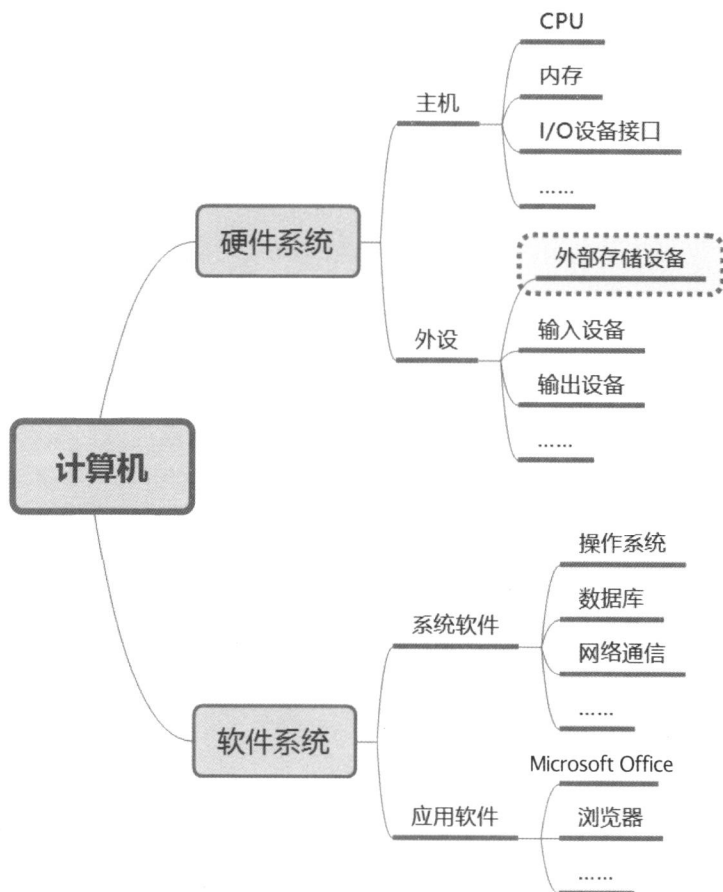

图 1-15 选择拆解后的某个部分进行"缩小"操作

再将分解后的部分进行重组，重组的方式有两种。

a. 按空间：该物品相对于其他物品的空间位置重组。

多轨录音技术可以将分成许多轨录制的乐器和人声，同一首歌的每一个乐器和人声的演奏音轨作为单独的文件存储起来，使用的时候将经过合成后的声音缩混为一个成品。

当录制一首歌时，如果使用单音轨，那么所有的乐器都需要进行同步录音，这时一个人或乐器出了偏差，就需要全部重来，即使录制顺利完成，在后期制作的时候，因为所有乐器都混在一起，没有办法做进一步细微的调整。

而使用多音轨录音，录音的时候把每一个乐器分轨录进去，分别编辑后，再融合在一起混音输出，这就是所说的多轨录音。因为每个人和乐器都是单独录制的一个音轨，哪一个乐器出现了偏差，单独重录这个音轨就可以了，效率和容错率得到了大大提升。

b. 按时间：该物品相对于其他物品的存在时间重组。

重组会改变各分解部分之间的关系，而且也能改变看问题的视角，让我们对这个产品产生新的理解。

现在酒店行业出现的"分时酒店"模式，是消费者购买以 24 小时为基础的整数倍时间，入住时按实际入住时长进行结算，剩余时间可下次使用，无固定退房时间，这是对原有的经营模式进行全新改造和升级的新型业态酒店。在这个模式里，客人享有 24 小时房间的使用权，但是这 24 小时可以拆分成多个小时间段然后按需重组，如图 1-16 所示。

图 1-16 "分时酒店"模式将 24 小时打散并将使用时间按需重组

（3）设想新组成的产品或服务。

除法策略对思维过程进行了调控和引导，系统地灵活运用不同类型的触发策略是进行创新训练，提升创新能力的重要方式。

3. 乘法策略

乘法策略是将产品或对象内的模块进行复制操作，然后对这个模块复制品的特质进行调整以便符合实际需要的创新方法。

乘法策略的使用也分为 3 个操作步骤。

（1）列举产品或服务的内部组成部分，也就是将要进行改造的产品或待解决的问题根据需求按前一小节的方法进行拆解。

（2）选择其中一样进行复制，如果不确定应该复制多少份，就任选一个数字。列出该部分的属性，即一些可能发生变化的特性，比如颜色、位置、方式、温度、涉及的人数和类型等，选择一个基本属性加以改变。

（3）设想新产品或者新服务的样子。

使用乘法策略的时候需要注意。首先，不要只是给产品或服务做简单的加法，运用乘法策略时务必要对产品的某个部件做改动。如果只是不断增加新内容，产品或服务会变得臃肿和啰嗦，却丝毫不会提升价值。其次，不要针对某个属性运用乘法策略。"属性"是指组成产品或服务的部件的特征，具有可变性，比如闹钟铃声的分贝数，食物味道的类型和浓淡等。最后，多复制几份部件。最好尝试多种不同的复制数值，然后再进行改造，可以创造更多的可能性。

乘法策略是在生活中都可以使用的既高效又简易的创新工具。使用这一工具可以提升思维中的乘法意识，提高对周围环境的观察力。

4. 任务统筹策略——一专多能

任务统筹策略通过缩减选择范围来系统性地实现创新，在此过程中，需要将一个附加的任务或功能分配给某个产品、服务或者流程中的已有的部分，此部分既可以是内部构件，也可以是外部构件。内部构件是指组成产品或服务的模块，比如计算机的内存；外部构件指的是参与整个服务流程、产品使用过程的外部模块，比如使用计算机的人。分配给这个构件的任务可以是一项新任务，也可以是一项在系统内部曾经由其他模块负责的功能。

与前面三种策略不一样，使用任务统筹策略需要3个步骤。

(1)列举产品或服务的内部组成部分，也就是将要进行改造的产品或待解决的问题根据需求按前一小节的方法进行拆解。

(2)以下列方式之一为依据选取一个模块并分配给它新的任务。

①任务外包：选取一个外部成分，给它分配一项产品本身能够完成的任务。

②模块重用：选取一个内部成分，给它分配一项新任务或附加任务。

此方法的关键在于最大限度地利用现有的内部资源。还是拿智能手机举例，在它之前的手机模块架构如键盘、屏幕、外壳与内部结构各司其职，责任明确。

而智能手机的出现，将传统手机的键盘与屏幕整合在一起，给屏幕附加了新的任务：获取输入，以此获取更大的显示空间，形成了现在智能手机的结构。

③选取一个内部成分，让它发挥某个外部成分的功能。

为非洲儿童提供免费、洁净的饮用水是许多慈善组织都在努力的事业，PlayPumps公司曾经做到了用一种可以让儿童通过参与简单的游戏就能获得饮用水的方法：在缺水的社区中建立儿童旋转游乐设施，利用设施转动所产生的动力带动水泵抽取地下水，从而解决当地居民长途取水的困难。从1994年在南非农村地区初次安装两台PlayPumps抽水机，到2000年PlayPumps赢得"世界银行发展市场"比赛，这个抽水机界的创新产品越来越多地受到国际媒体的关注和欢迎。

这个方法的内在逻辑是：儿童作为缺水村落的内部组成部分，如果由他们的玩耍活动来完成本应由外部成分(慈善组织、抽水机企业等)完成的抽水工作，是一个成本低、能解决饮水问题的创新办法。虽然最后由于工作量、建造成本以及维护问题的原因，这个游戏抽水设施没能真正解决缺水问题，但是它所使用的解决问题的模式值得我们借鉴和思考。

(3)想象新产品的应用。

使用任务统筹策略的时候，需要注意以下几点。首先，不要将新任务只分配给那些明显能够胜任这项工作的元素，既可以听从第一反应，也可以做出随机选择。其次，确保在产品或服务内部找出明显的成分，比如可以问问周围的人对这个框架组成部分的看法，启发思路。最后，与"任务集结"不一样，任务统筹需要一个部件完成新的功能，或承担别人之前承担的功能，而不是简单地将拥有各种不同功能的模块组合在一起，比如瑞士军刀就不是任务统筹策略的产物。

5. 属性依存策略——巧妙相关

属性依存策略可以帮助我们从可能具有潜在价值的依存关系里寻找创新点，比前面的方法更复杂一些，拆解的时候更多地考虑产品或服务牵涉的"变量"，即那些可以改变的属性。使用这个策略产生创新，可以分为 4 步。

（1）列出与产品或服务相关的变量清单。比如大家都需要使用的护肤品，我们将其相关的变量列出清单，如图 1-17 所示。

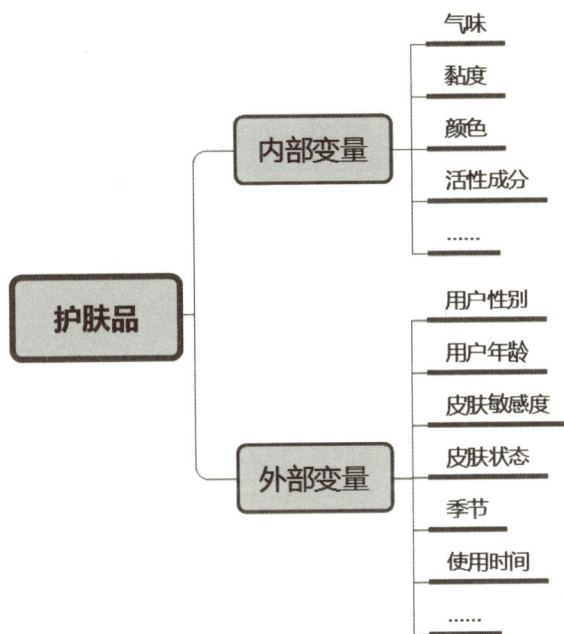

图 1-17　护肤品相关变量示意图

（2）找到有意义的链接方式。将上一步拆分后的变量制作成一个表格，其中竖列来代表与产品相关的外部变量，横排来代表的产品的内部变量。

表 1-1　护肤品变量关联表

维度	气味（A）	黏度（B）	颜色（C）	活性成分（D）
1. 用户性别				
2. 用户年龄				
3. 皮肤敏感度				

维度	气味（A）	黏度（B）	颜色（C）	活性成分（D）
4. 皮肤状态				
5. 季节				
6. 使用时间				

（3）尝试在属性之间建立联系。

①尽量寻找当前在市场中能找到的类似或相关产品，观察它们。如果从两个变量中找不出相关性，就在对应的位置填"0"，意味着目前这两个变量没有关系；如果找到了相关性，就在对应的位置填"1"。这个图表叫"预测性表格"，从一定程度上反映了这类产品的创新程度，如表 1-2 所示。

表 1-2　护肤品变量关联预测表

维度	气味（A）	黏度（B）	颜色（C）	活性成分（D）
1. 用户性别	0	0	0	1
2. 用户年龄	0	0	0	1
3. 皮肤敏感度	0	0	0	1
4. 皮肤状态	0	1	0	1
5. 季节	0	1	0	1
6. 使用时间	0	0	0	1

②根据可能的依存关系填表。尝试为每一个填"0"的空格处创建新的依存关系，让原本不相关的两个变量发生关联，快速考虑是否可行，如果可行，则将原有的"0"改为"2"，表示这种创新具备可行性，如表 1-3 所示。

表 1-3　护肤品变量创新可行性表

维度	气味（A）	黏度（B）	颜色（C）	活性成分（D）
1. 用户性别	2	0	0	1
2. 用户年龄	2	2	0	1
3. 皮肤敏感度	0	2	0	1
4. 皮肤状态	0	1	0	1
5. 季节	2	1	2	1
6. 使用时间	2	0	0	1

如表 1-3，在用户性别与气味、用户年龄与气味、季节与气味、使用时间与气味、用户年龄与黏度、皮肤敏感度与黏度、季节与颜色等属性之间，可以尝试进行创新，

让这些变量发生依附性变化，产生新产品。

（4）设想一下新产品的应用，看看有没有优势。

接下来我们选取几个填入"2"的位置，使其变量之间发生关联，让一个属性随着另一个属性的变化而变化。

比如A5，让护肤品的气味随着季节的变化而变化，新产品可以是四瓶一组的"春夏秋冬"系列护肤品；比如A6，让护肤品的气味随着使用时间的变化而变化，新产品可以是一套早上有"提神"气味，晚上有"助眠"气味的早晚霜组成的套装；比如B2，让护肤品的黏度随着用户年龄的变化而变化，新产品可以是满足年轻人"清爽感"的质地轻薄的护肤品和满足年龄稍大的用户"滋润感"的质地稍微厚重的护肤品。每个关联都会产生一个新的产品概念，而我们可以通过属性依存策略来寻找它。

在使用属性依存策略时，需要注意以下几点。首先，不要把成分和变量搞混。变量是产品中可变的东西，比如在软膏中，配方是成分，而膏体的黏度则是变量。其次，制作表格时需要仔细思考。表格可以节约我们的思考时间，降低思考难度。再次，选定一组变量后，尝试不同的相关性。相关有两种，一种是正相关，即一个变量跟着另一个变量的增加而增加；另一种是负相关，即一个变量跟着另一个变量的增加而减少。最后，建立依存关系时不要超出自己的能力范围。我们可以在产品或服务的两个内部变量、一个内部变量和一个外部变量之间创建一种特殊的依存关系，但要注意两个变量至少其中有一个我们必须能够控制，比如天气和杯子颜色是可以尝试建立联系的，但是我们无法在天气和时间之间建立人为的联系。

（五）筛选方案——合理性与可行性评估

机会是创意创新创业的起点，决定了未来创新的路径和方向。通过前面的学习后，当我们对一个产品或服务进行创意扩展，为创新做准备时，可以通过系统性的方法产生很多不同的创意，但是对于这些创意，不可能一一进行实践，必须有一个评估过程，将合理的、可行的创意选出来，然后再进行实践和实现。对于创业者而言，在进行创新实践之前，肯定希望识别出真正具有价值的创新机会，因此，通过多个维度来评估创意是创新之前的一条必经之路，这个过程需要权衡考量合理性、新颖性、有用性、可扩展性等方面之间的交互关系和平衡状态。这个过程的实现将衔接创意激发和创新实践两个环节，起到承上启下的作用。

1. 合理性评估

新的创意构思合不合理，符不符合现实世界的规律和人们对类似产品或服务的期待，是创意能否实现的最初依据。即判断一个创意项目是否有价值，要对它进行深入细致的系统思考，判断这个创意是否具有合理性，所以在创意产生后，对其要进行合理性评估，在这个过程中，要冷静反问自己以下几个关于新创意的问题。

（1）经过模块调整后的产品有什么变化，这种变化是哪方面的？

如果这些变化跟原有的产品区别不大，没有改变原有产品的使用场景，适用的用户没有发生变化，外观保持不变，这个创意产生的意义可能就需要反思。如果在以上方面中某个方面发生了变化，使用场景发生了更改，用户群体产生了拓展，那么就可以接着往下思考。

(2)新产品或服务有什么潜在的优势？有没有市场？满足市场需求吗？这个需求是不是被以往产品忽略了？

这一系列问题是对产品价值和产品定位的确定，是为了评估新产品被市场接受的程度。创业者需要进行一定程度的市场状况调研，比如类似产品的市场容量(规模、市场大小)、市场动态(现阶段状况、发展趋势)、厂家情况、竞品状况(竞品规格、价位、销售量)等。了解市场，才能知道自己的新创意产品是否有发展空间，能不能满足市场需求，并了解产品所解决的问题是否被以往的产品所忽略，或者解决问题的方法不尽如人意。

当创业者产生一种新产品的创意时，能证明该创意获得成功的最好证据就是通过对市场的调查和分析，得出该创意的产品能被市场广泛接受。创业者可以通过这些真实的调查数据来说明自己产品或项目的竞争力，这样更能提高商业计划书的可信度和说服力。市场调查是为了满足企业了解不断变化的市场要素的需求，有条理、有计划、有组织地收集、记录、分析有关同业的商品或服务的资料，据此作为本企业制订计划的依据。被市场接受程度的信息来源于对潜在顾客和竞争对手的状况的调查。对潜在顾客的调查一般包括顾客愿意对产品给付的价格；什么样的产品或服务顾客会更喜欢；顾客购买此类产品的时间周期等。对竞争对手的调查包括市场中谁是主要竞争对手；主要的竞争产品和替代产品；预计该产品的市场份额是多少；该产品进入市场后会引起竞争者的反应态势及其对本企业造成的影响等。

(3)什么样的顾客会需要这样的产品？顾客为什么会觉得它有价值？能怎样帮助用户解决具体的问题？发挥什么样作用？

回答这个问题，需要了解新产品或服务面对的客户群体的人文环境、经济水平、消费习惯等。或通过直接或间接的方式，了解客户的具体需求，掌握客户一手资料，确定潜在目标客户群体，进而确定他们的具体需求和对产品的期望。

满足顾客需求。因为对于创业者来说，顾客是新创企业营业额与利润的来源。只有满足顾客需求，接受顾客考验的创意才是好的创意，才能给企业带来商业利益。没有顾客的支持，再好的创意也不会取得市场成功，也不会让企业成功。因此，创意一定要凸显如何增加顾客的利益点。在了解顾客对产品或服务需要基础上所产生的创意才是一个好的创意，为此，一个好的创意就必须是从顾客中来到顾客中去，从市场中来到市场中去，到顾客中去感受，到市场中去看、去听、去问。正确地认识顾客对产品或服务的需要，进而开发出可满足消费者需求的产品或服务。

2.可实现性评估

确定新创意的合理性后，接下来就要进入考虑实现或量产机会的阶段了，在本阶段，需要考虑如下问题。

(1)启动的最低现金需求？现阶段可使用的资金评估是否满足需求？

此问题目的为评估新产品启动的资金是否充裕。

(2)除启动资金外，新产品启动的其余可获取的资源是什么？

此问题目的为评估新产品启动除资金外的其余资源获取难度，如生产原料、宣传手段等。

(3)新产品能否带来利润？利润率大约为多少？

此问题目的为评估新产品的可预见的收益，通过评估看新产品是否拥有超过成本的收益模式，是否具有高度潜在价值，是否可以帮助团队获取可预见的收益。

(4)团队现有人员是否能满足新产品量产的需求？

此问题目的为评估团队管理者的管理能力，团队运行的持续能力，团队对于新产品的热情程度，这些都是一个新产品启动生产初期的重要指标。

(5)新产品或其衍生产品有没有商业价值？

此问题目的为评估新产品未来的发展空间以及衍生为其他新模式的可能性，以及其附带的商业价值。

(6)未来发展空间和业务增长速度如何？

此问题目的为评估未来的发展前景，以便于团队制定中长期的发展目标。有的创意产品虽然可以被顾客接受，也被市场广泛认同，但其生命周期很短，或者说没有生命力，这有可能是因为该创意只是一个好的理念、好的想法而已，缺乏核心能力，容易被模仿，这样的创意产品也不算是成功的。在撰写商业计划书的过程中，要充分考虑市场对即将推出的产品或服务的反应，并根据反应结果进行分析，预测将来的需求，判断该创意的未来发展态势。对未来发展前景的预测包括市场是否存在对这种产品的持续需求；市场需求是否可以给企业带来持续的期望利益；后续的市场规模有多大；需求发展的未来趋向及其状态如何。

通过合理性评估与可实现性评估，我们可以确定得到的创意新产品是否在形式上有所创新，也有商业实现的可能性，在这个过程中，不合格、不完善的创新会被筛选掉，筛选后的新产品或新服务接下来就可以进入检验环节，进入具体实现的过程了。

(六)检验结果——不断调整的实现过程

在创新实现的过程中，会遇到各种各样的实际问题，创业者要在实现的过程中不断地在实践中进行尝试和调整，由市场和实践来检验创新产品或服务是否符合当下的发展趋势，是否满足客户的具体需求。

针对一个创新的服务或产品，市场和实践是检验其可持续性的唯一途径，而市场和环境又处在不断的变化中，所以新服务或产品也必须随之调整和适应，以求得更长远的发展。

三、小结

在本章中，我们从创新概念解析、创新时代的背景、创新趋势与机遇、构建创新生态系统与创新链条以及创新思维五个方面探讨了"创新"这个话题，像破译密码一样，带大家认识了创新的时代性、未来发展、定义、环境及思考方式。

创新其实是一种能力的培养，它不需要我们整天抱头空想，去想着做出一些难以做出的东西，而是需要我们站在前人的肩膀上，尝试对我们能触及的、已有的东西做一些改动，来更好地适应我们的需求。在创新时代的大环境下，加强创新创业教育，是针对人才培养中创新精神和创新能力部分的强化和提升，是教育事业本身应该具有的创新特质的凸显，在创新创业教育中，要为学生的终身发展奠定基础，培养出在不同领域、不同行业、不同岗位都能善于思考、勇于开拓、乐于尝试的创新型人才队伍。

第二章　新产品开发

第一节　新产品开发的创意

一、新产品开发的意义

在当今企业激烈竞争的环境下，大多数企业面临着产品生命周期越来越短的压力。企业要在同行业中保持竞争力并能够占有市场份额，就必须不断地开发出新产品，并快速推向市场，满足多变的市场需求。若新产品不能成功地占领市场，则将使企业丧失市场份额，最终失去获利能力和竞争优势地位。

产品开发与工艺选择是在企业总体战略指导下进行的。企业总体战略指明了企业的经营方向，规定了产品规划的原则，通过生产与运营管理，实施对产品的设计和制造，最后才能实现企业的战略目标。产品开发工作需要对产品系列、产品功能、产品的质量特性及成本、产品发展的步骤等作出决策。工艺是指加工产品的方法，从原材料的投入到产品产出，由多个工艺阶段构成制造过程，制造过程对于形成产品的功能、质量、成本有很大影响。这两项工作是生产运营系统设计的前期任务，对企业的经营效果影响很大，风险也很大，是需要认真考虑的。

(一)新产品的概念及分类

企业的产品开发，就是指开发新产品。所谓新产品，就是指在产品性能、结构、材质、用途或技术性能等一方面或几方面具有先进性或独创性的产品。先进性是指运用新原理、新结构、新技术、新材料产生的先进性，或是由已有技术、经验技术和改进技术综合产生的先进性。独创性是指运用新技术、新结构、新材料所生产的全新产品，或在某一市场范围内属于全新产品。

新产品按照其与现有产品相比的创新程度和技术特性可以分为以下三类：派生产品、换代产品和创新产品。

派生产品，主要指对现有产品采用各种改进技术，使产品在功能、性能、质量、外观、型号等方面有一定改进和提高的产品。例如，增加电视机的遥控功能，增加电风扇的定时功能。派生产品是创新程度最小的一类产品，只需在新产品设计和制造流程中进行改动，所需投入的资源较少，是对现有产品的补充和延伸。派生产品对企业的重要性在于能确保企业近期的现金流。不断改进和延伸现有产品线，可以使企业在短期内保持市场份额。一般情况下，企业能够快速地将派生产品推向市场。

有时企业对产品设计稍微进行改动就会大大影响产品的生产流程，因此，企业是否需要推出派生产品，必须全面考虑产品与生产流程的相互影响。

换代产品，主要是指产品的基本原理不变，部分地采用了新技术、新材料、新的元器件，使性能有重大突破的产品。例如，计算机问世五十年来，已从电子管、晶体管、集成电路进入大规模集成电路的第四代产品，目前正在研制第五代具有人工智能的新产品。换代新产品的技术或经济指标往往有显著提高，具有新的用途，可以带给顾客更新的解决方案，拓宽产品族，延长产品的生命周期，保持市场活力。例如，英特尔公司通过不断更替的换代产品保证了利润的持续增长，从286、386、486、奔腾、奔腾2、奔腾3到奔腾4微处理器，每一种换代产品都向顾客表明"英特尔的技术突飞猛进"。又如，汽车行业中主要的车型变化也是产品更新换代的例证，福特公司1964年推出第一代野马后，对这一车型进行改进而不断推出新的换代产品。

换代产品保证了企业利润的持续增长，而利润的增长又为产品更新换代提供了所需要的投资，从而保证了顾客对换代产品的持续的忠诚。

创新产品，主要指采用科学技术的新发明所生产的产品，一般具有新原理、新结构、新技术、新材料等特征。与现有的产品比较，在某些方面没有任何共同之处，有独创性。创新产品往往是因一种科学技术的突破而形成的。例如，汽车、飞机、计算机、半导体、电视机、化学纤维、青霉素等，都是在某个时代开发出的创新产品。

如果能够将创新产品成功地推向市场，企业将成为创新产品的市场先入者，获得先入为主的优势。例如，国际商业机器公司（IBM）于1981年推出了世界上第一台电脑（IBM5150）、日本东芝公司于1985年推出了世界上第一台笔记本电脑，摩托罗拉公司于1973年推出了第一部手机。这些新产品深刻地改变了人们的生活和工作方式。

在创新产品的开发中，管理层必须意识到开发流程的重要性，创新产品对企业保持持续的竞争力是相当重要的，因为随着竞争的加剧以及环境和技术发展的巨大压力，企业现有产品总会过时的。因此，创新产品不仅能够使企业在现有市场上获得成功，也能够在新的市场中获得成功，从而创造更长远的未来优势。

（二）新产品和服务开发的意义

随着全球经济一体化的进程，许多企业在市场竞争中都要面对越来越多的来自国外对手的竞争。先进的计算机技术、通信技术、贸易壁垒的持续降低、运输业的不断发展都是使市场竞争越来越激烈的因素。全球激烈的竞争，全球化信息网络的形成，使得消费者希望市场能够不断地推出新产品和服务，而且这些新产品和服务的市场比以前更快地走向成熟，从而使得这些产品更快地走向商品化，同时，边际利润更快地下降。飞速发展的科学技术，缩短了产品的生命周期，影响了产品生产和服务的流程，计算机辅助设计(CAD)与计算机辅助制造(CAM)使企业大大缩短了产品的开发和制造周期，自动化技术对生产流程产生巨大影响，机器人的应用，降低了劳动力成本，提高了产品质量。于是，企业面临着前所未有的新产品开发和服务及相应的生产和交付流程的巨大压力。

1. 巩固和扩大市场份额

随着新技术的发展和市场竞争的白热化，产品的生命周期开始变得越来越短。一个产品、一种商品型号在市场上畅销几年的时代一去不复返了。因此，企业必须审时度势，不失时机地生产新产品并快速地推向市场，才能在国际化市场竞争环境中更具有竞争力。研究表明，市场先入者凭借先入为主的优势占有市场份额，相较于从竞争对手手中抢夺市场份额要容易得多。

在市场上，谁开发产品快，谁就掌握市场的主动权，就能在竞争中处于有利地位。反之，则处于不利地位，面临丧失市场的危险。例如，今天的个人电脑制造企业如果新产品延迟 6~8 个月推出，就将会丧失 50%~70% 的市场份额。

2. 开拓新的经营领域

开拓新的经营领域是企业竞争力的要素之一，企业在单一产品方向上开发新产品和系列产品虽然可以扩大生产规模，但是，单一产品的市场容量毕竟有限，这样就会限制企业的发展。因此，就需要企业通过开发新的产品进入新的领域，寻求新的发展空间。世界上规模巨大的跨国公司几乎都涉足许多行业，不如此难以形成规模。开拓新的经营领域还可以提高企业抵御市场风险的能力。在市场经济中，各种商品的发展程度是不平衡的，并且具有很大的不确定性，有的产品可以有较长时间的稳定的需求，而有的产品的市场需求却十分短暂。比如电视机，自发明以来市场需求旺盛，经久不衰。而录像机，在 20 世纪 80 年代中期走俏中国市场，但到了 90 年代，VCD 技术开发成功，大有取代录像机之势，当性能更加优越的 DVD 进入市场，VCD 也不过是一项过渡产品。可以想象如果一个企业只有录像机一种产品，那么它的经营风险是非常大的。开发新的产品，进入新的领域，拓宽经营范围，可以降低经营风险。

现在，越来越多的企业认识到了这一市场规律，当第一种产品取得了稳定的市场份额后，立即开发第二种、第三种产品进入新的领域，既求得新的发展空间，扩大经营规模，又增强了抗风险的能力。

3. 快速响应竞争

如果拥有快速使新产品响应市场的资源能力，即使竞争对手意想不到地突然宣布新产品进入了市场，企业快速地作出适当反应，至少可以减少作为市场晚入者所处的不利地位而带来的竞争劣势。

4. 有利于企业创立行业标准

对于创新型的产品来说，先进入市场的企业可以享有制定本行业标准的特权。这样的做法等于为竞争对手制造了进入壁垒，延迟了业内竞争的到来。例如，微软公司凭借着 Windows 视窗操作系统先入为主的优势，已经成功地成为操作系统软件的行业标准。

二、新产品开发的流程

(一)产品创意

产品创意是新产品开发的前提和基础。往往表现为简单的定性功能描述，可识别诸如未实现的顾客需求，新兴市场，以及未发掘的技术潜力等现有的商业机会。

消费者需求是产品创意的重要来源，以消费者需求为出发点，以市场调研为依据的新产品开发流程能有效降低企业的资源浪费。但化妆品市场竞争日益激烈，顾客需求越来越多元、不明确，企业有时需要"创造"新的市场需求，开发创新型产品，才可最大化开发红利。

产品创意来源除了由市场部开展的消费者研究和市场调研这类例行活动之外，研发人员基于技术前瞻性研究下的意见也至关重要。因为他们更清楚企业产品的优缺点，企业技术储备及未来发展方向，以及供应商共享的全球科技及应用资讯。因此，从研发部门产生优质创意的可能性很大。

(二)可行性分析

创意收集后，由市场部门形成新产品开发建议书，就建议书中的内容组织产品开发，相关职能部门召开可行性分析会议，也称"会前会"，针对产品创意进行筛选，剔除那些明显不合理的创意，减轻后期开发过程中的负担，降低后期开发过程中的不确定性。下面以化妆品为例，分析内容包括以下几个方面。

(1)配方可行性分析：在现有配方水平下，拟开发产品的剂型、功效等能否实现，并确保最终产品的安全性、有效性和适用性？

(2)生产可行性分析：企业是否具备生产该产品的相关设备与条件？如需外协，是否有相应的储备资源？

(3)成本可行性分析：在可接受的材料、包材、生产、运输、时间等成本范围内，可否实现产品的生产？

(4)法规可行性分析：是否具备特殊用途或非特殊用途化妆品备案条件，拟加入的成分是否可用于化妆品中等？

(5)概念可行性分析：在企业现有消费群体的认知范围内，产品的科技概念是否能被接受？若概念过于超前，如何转化为消费者可以理解的概念进行市场教育？

(三)立项准备

通过可行性分析会议审核的开发建议，市场部拟写"新产品开发立项书"，经产品委员会审批后，标志着该产品可正式进入开发阶段。

首先成立开发小组，明确产品经理及开发小组成员。由产品经理负责，编写产品开发计划书，包括配方、概念、包装开发等内容，并制定开发进程表，以便根据计划开展和检查本项目的开发工作。

产品开发计划书的通过标准应以产品的重要性进行区分：A类产品为公司投入较大的爆品或明星系列，需由产品委员会签批；B类产品为普通新品，只需主要职能部门领导签批；C类产品主要为老品调整，如微调配方、香型等，由产品经理签批即可。

（四）新产品开发

1. 配方开发

研发部需要与市场部频繁沟通，经过若干次送样、反馈、调整后，直至被市场部接受。但考虑到不同批次的原料可能会导致各批次产品的不完全一致，研发部还需要对市场部确认的内料做肤感差异限度考察实验，确认消费者无法感知肤感差异的黏度范围，用于确定料体的规格书。

2. 概念开发

产品概念是对产品外观、功能和特性的描述，是对消费者的深刻理解以及追随产业技术发展潮流的共同结果。

产品所具有的概念往往由皮肤科学、产品剂型、功效肤感、成分故事四个部分有机组成。可根据品牌的定位和市场推广策略进行选择。

概念开发也包括同期的教材制作。教材主要包括培训讲师用于培训销售团队的教材、销售现场用于消费者教育的销售信息（话术）及该产品的一句话卖点。教材编写的重点是将产品的核心特点和蕴含的科技概念以通俗但不乏感染力的形式正确传递给目标消费群体，确保最终消费者对产品的理解与开发初衷保持一致。

最后配合产品说明书文案与其他宣传品一起，将产品概念精准、广泛地传播。

3. 消费者验证

配方基本确定后，还应进行消费者试用，邀请符合目标消费群体皮肤特征的志愿者参加，调查样本不低于30例。在规定的周期内，满意度高于75%，即可通过配方测试，否则需要重新调整配方。

除感官评价之外，功效评价实验室还应借助专业设备，诸如面部图像/轮廓分析仪、皮肤水分测试仪、皮肤弹性/皱纹分析仪、测色仪、激光共聚焦显微镜、多光子显微镜等，进行客观的产品长效功效评估，确认产品具有与宣称相匹配的功效。

（五）上市准备

大规模生产之前，需要进行试生产。试生产的目的在于确定生产设备、生产工艺及灌装工艺，同时这也是一个排错的过程。试生产通过后的内料为料体标准品，可用于稳定性、相容性、安全性、功效性评价，以及灌装线测试。

标准品经市场部签字确认后，即可启动非特备案流程。备案通过后，方可进行大规模生产。

在此过程中，研发部门还有一项很重要的工作——产品风险评估。由于受产品开发周期不断压缩的影响，新产品在开发过程中，有时无法对产品的稳定性与相容性进行全面的考察，这就需要研发部门基于理论与长期累积的经验，评价产品潜在的风险，只有评估风险是可控并可接受时，才可生产。

（六）上市及上市回顾

产品最终进入市场，并不代表产品开发流程的结束。研发部需完成产品开发总结报告书，将开发之初的计划与最终结果进行比较。开发过程中包含的科技类创新还应转化成专利，转化为企业的自主知识产权。研发部还需要通过市场部对消费者实施调研，调查消费者对产品本身的使用体验和相关反馈，以在日后工作中对产品进行改善，在配方升级中实现产品品质提升，获得更多的消费市场份额。

三、新产品开发创意来源的获取

企业在发展过程中会遇到这样的难题：一方面，企业必须开发新产品；另一方面，开发新产品的失败率又高得惊人。那么，企业面对该难题，应该如何应对？

企业应充分理解消费者、市场、竞争者，并为消费者提供价值，才有可能成功推出新产品。除此之外，企业必须认真执行开发计划，为寻找和开发新产品建立起系统的、以顾客需求为导向的新产品开发过程。

新产品开发重点在于创意，也就是说新产品开发从产生创意开始。产生创意是指系统地寻找新产品开发的设想。优秀的企业会产生成百上千个想法并从中筛选出个别的出色创意。全球著名的IBM公司就启用了一个名为"创新头脑风暴"的在线手机平台。该平台可以在全球范围内收集IBM雇员和消费者的想法，进而产生新产品或提供新产品服务。这个巨型头脑风暴设备收集了来自104个国家的超过37000个创意，然而，IBM公司仅仅从中开发了10种产品或服务。

新产品开发面临的首要问题是寻找新产品的创意，好的创意是新产品成功的关键，缺乏好的新产品构思已经成为许多行业新产品开发的瓶颈。从企业开发新产品的实践来看，新产品创意的来源主要有以下几个方面。

（一）新技术

新技术在新产品开发中占有重要地位。这里所指的新技术可能是全新的技术，也可能是从其他行业引进到本行业来的新技术。例如，手机的多功能化几乎使用了现在所有上升行业的技术，如计算机、数码相机、网络、音乐识别、游戏、电子、信息、新材料等。

（二）消费者

消费者在产品创新中担当着主要角色，他们不仅是潜在需求的来源，而且还常常提供满足这种需求的方法。很多令人拍案叫绝的新产品概念，其原创都来自广大的消费者。虽然消费者不太可能提供一个完整的创意，但是他们可能想出一些解决问题的办法，向企业提出某种未被满足的需求，成为企业产品创新的来源。例如，许多家用电器的改进都来自顾客的提议。

在欧洲，单身人士抱怨几乎所有的新产品都是为已婚家庭设计的，他们在寻找符合单身人士生活的新产品时非常苦恼。荷兰飞利浦公司在一次市场调研活动中发现了这一巨大的潜在市场，通过深入的消费者调研，飞利浦推出了一系列基于单身人士需求的小型化家电产品，获得消费者广泛欢迎。

海尔集团在消费者终端访问中发现，用户在使用冰柜时常常因为冰柜太深，取食品很不方便，对此抱怨很多。海尔并没有忽视消费者的抱怨，市场部迅速将消费者信息反馈到技术研发部门，于是一款带抽屉的层级冰柜诞生了。

（三）生产与服务

生产中的创新常常被忽视。这里的生产主要是指生产过程或工艺的改进对新产品创意的贡献。模块化生产方式的出现使多品种、少量化生产得以实现。但是随着消费者行为越来越个性化，人们追求个性化的产品符合自己的个性，企业为了适应这种个性化消费需求的特点，在生产规模上不得不实行多品种、少量化生产。

此外，企业在提供服务的过程中，有时候也会产生创意。企业从保修的记录中可以发现产品质量或者功能与消费者需求的差距。因此，很多企业非常重视销售人员的报告和提案带来的信息，同时也很重视保修记录。

（四）竞争者与其他公司

竞争者的产品与创意一直是新产品开发创意的重要来源。企业应时刻关注竞争对手或相关企业新产品开发的新动向。由于新产品大多数并不是全新的产品，而是改进或者增加产品线的新产品，因此竞争对手的任何动向都对本企业的产品战略有很大的影响。同时，其他行业对自己不构成威胁的公司的创意也是新产品创意的来源之一，创意常常从一个行业流向另一个行业。以下是一则相关案例。

从 2004 年开始，IBM 每年给全世界不同行业的高管进行一次商业扫描式的调研。在最近一份报告里，IBM 发现，在过去若干年之内，有许多"互联网＋"式的颠覆性创新。当前最有力的竞争者来自何方？IBM 调研显示，72％的受访者认为竞争者来自同业的锐意创新者。在 5 年前或 3 年前，从业者担心的更多的是技术挑战或者跨界竞争者。结合历次调研，IBM 提出"锐意创新者"论："传统银行应该利用好现有的技术，创造自己新兴创新发展的机会。"比如 2018 年 4 月建设银行金融科技子公司的成立，令整个行业瞩目。银行一改曾经因保守而受互联网技术公司冲击的现状，开始进行产品、服务上的创新。

（五）供应商

分销渠道和供应商也是新产品创意的重要来源之一。他们不仅提供了市场的实时反馈和需求信息，还能够通过其独特的业务模式和观察到的市场趋势，为产品创意的诞生提供灵感和指导。通过与分销渠道和供应商的紧密合作，企业可以更好地了解消费者的喜好和行为习惯，从而更精准地把握市场需求，为新产品的开发提供有力支持。

（六）公司员工

公司内部员工的创新活动一直是新产品开发团队的创新来源之一。创意可能来源于公司的所有部门，因此，具有创造性、开放性和互相学习的企业氛围是创新的重要环境。海尔公司的企业文化是创新，海尔鼓励员工提出新创意，每一天都有员工提出新创意并被记录在案。

《幸福》杂志曾经报道过丰田汽车公司的构思奥运会，从 1976 年开始每年举办一次，在 1980 年共有 1300 名雇员参加了竞赛。柯达、美利肯和其他一些公司给年度提出最佳创意的员工以奖金和奖励。

最有启发的建议通常来自同顾客打交道，解决顾客实际问题的雇员。麦克格瑞在 1972 年提到过，一位钻头制造商的服务部门发现，许多钻头之所以被烧坏，是因为顾客们把它当作电动的螺丝起子使用，于是在钻头上附加了一个扳手装置，就创造出一种新产品。

四、新产品开发创意的商业分析

为了开发划时代的新产品，首先应审视当前的商业模式。并且基于当前的商业模式提出新产品开发所必要的课题（项目）。在这里，商业模式可视为导出项目的创意构思的原动力。

商业模式的定义有着各种不同的表达方式，以下阐明两种概念。第一，企业创造价值及传达方式的概念性框架。基于这种商业模式下开发的新产品，创造了新兴市场或者源于顾客赋予现有事业的高价值战略性支援。第二，在激烈的市场竞争中，阐述了如何创造价值与利益的方法，这种商业模式包括各种要素，在为新产品开发提供机会时，每个要素都起到了充分的作用。因此，在商业模式下开发新产品，首先要分解商业模式的个别要素，然后掌握每个要素在整体中的相互协调作用。

（一）商业的定义

首先，分析自身的商业模式之前，有必要重新审视现有的商业模式。一个企业的经营也取决于企业如何看待商业而有所不同。还有根据企业如何定义经营业务，其相关目标顾客、竞争企业、竞争优势等要素也随之不同。如果 MP3 的商业定义为外观设计，那么其竞争力关键在于设计方面。强调大小、音质、功能等方面的新产品，不会引起顾客的青睐。因此，完美的设计需要创造性的思维。当前，诸多企业把商业定义展开为如下变化方向。

事业名称	商业定义变化方向
电影院	复合文化空间
建设行业	住宅：权威事业
一般家具事业	装饰事业
床，沙发，办公用家具	精密产业
鞋类	设计，安逸的核心事业
百货商店	信息事业
学业	幼儿事业
眼镜，宝石，手表	时尚事业（设计）
宾馆	情绪产业
配送	安全事业
银行，证券，储蓄银行	投资事业
移动通信服务	内容，信息事业

（二）商业模式的要素分析

商业模式的要素主要包括给谁提供？提供什么？何时、何种途径提供？何种形式提供？如何提高收益？如何维持差别化的竞争力？创新的机遇也在以上6个要素中呈现。例如，西南航空公司在任何时候都可以满足乘客没有提前预约的条件下为乘客提供不通过枢纽机场的直达航班。并且，在机舱内不提供就餐，有效控制清扫时间而最大限度地减少飞机的起降落时间，乘务员给乘客提供有趣的笑话和猜谜语来代替就餐时间，给乘客创造了愉快的旅途。因而，在航班速度、航班频度、亲切度等方面提高了差别化竞争力，建立了新型商业模式的典型案例。

（三）对商业模式提出疑问

将分析商业模式而获得的每个要素视为新产品开发的潜在对象是非常重要的。为此应该在新的观点上关注商业模式的每个要素，苦思如何为创造新价值找出再设计方案。一般情况下，对几年来一直保持无变化，或者改善缓慢，或者几乎没有发生变革的商业模式，有必要实施全方位的分析。我们需要对商业模式提出一系列的疑问：谁是我们的顾客，怎么提供价值，怎么提高收益，怎么确保差别化的竞争力……

第二节　新产品开发的战略管理

一、新产品开发战略概述

（一）新产品开发战略的概念

"战略"源于古代兵法，属军事术语，意译于希腊一词"state gos"，其含义是"将军"，词义是指挥军队的艺术和科学，也意指基于对战争全局的分析而做出的谋划。在军事上，"战"通常是指战争、战役，"略"通常是指筹划、谋略，联合取意，"战略"是指对战争、战役的总体筹划与部署。我国古代兵书早就提及过"战略"一词，意指针对战争形势做出的全局谋划。企业战略是企业面对激烈变化、严峻挑战的经营环境，为求得长期生存和不断发展而采取的竞争行动与管理业务的方法。企业战略由经营范围、资源配置、竞争优势和协同作用四个要素组成。战略有广义和狭义之分。在广义的战略定义中，战略的概念包含着企业的目的。美国哈佛大学商学院教授安德鲁斯认为，战略是由目标、意图或目的，以及为达到这些目的而制订的主要方针和计划所组成的一种模式。这种模式决定了企业正在从事的，或者应该从事的经营业务，以及决定了企业所属的或应该属于的经营类型。而以美国著名管理学家安索夫为代表的狭义战略观点阵营认为，企业目的的确定过程与战略制定过程虽然互相有联系，但它们是两个截然不同的过程。安索夫根据自己在美国洛克希德飞机公司等多家大型经营公司里多年的管理实践及在大学里的教学和咨询经验，于1965年发表了著名的《企业战略》一书，提出了自己的企业战略观，即企业战略是贯穿于企业经营与产品和市场之间的一条"共同经营主线"，决定着企业目前所从事的或者计划要从事的经营业务的基本性质。这条"共同经营主线"由四个要素构成。

（1）产品和市场范围是指企业所生产的产品和竞争所在的市场。

（2）增长向量是指企业计划对其产品和市场范围进行变动的方向。

（3）竞争优势是指那些可以使企业处于强有力竞争地位的产品和市场的特性。

（4）协同作用是指企业内部联合协作可以达到的效果。

对新产品开发战略的界定，主要有以下三种观念。

第一，新产品开发战略是企业新产品开发战略决策，具体包括企业新产品开发的长远目标，以及为达到目标而制定的经营方针和对企业资源的分配等战略决策。该观念指出了新产品开发战略的基本性质。

第二，新产品开发战略是企业的新产品开发战略规划，它包括规划企业新产品开发目标及为达到目标所必需的资源的取得、使用及处理方针。该观念阐明了新产品开发战略的基本内容。

第三，新产品开发战略是企业的产品—市场战略，其代表人物安索夫认为，战略一词要限定在"产品—市场战略"的意义上使用，应在一定的经营领域内开发新产品与市场，撤出不适宜的产品与市场，有计划地提高本企业现有的产品与市场的地位。这种观念指出了新产品开发战略的基本要素。

综上所述，新产品开发战略可界定为：新产品开发战略是企业在市场条件下，根据企业环境及可取得资源的情况，为求得企业生存和长期稳定的发展，对企业新产品开发目标、达成目标的途径和手段的总体谋划，它是企业新产品开发思想的集中体现，是一系列战略决策的结果，同时又是制订企业新产品开发规划和计划的基础。

（二）新产品开发战略的特点

1. 全局性

所谓战略就是指企业的管理者决定实现的一整套目标，以及为实现这些目标而制定的一种政策或规划。其特点是，突出了本企业各种资源与外界机会的结合，实现了机会与潜在冒险性的结合；它的整个决策行动由高层领导直接控制；具有较长的时间概念；着重于总的概括性谋划。而新产品开发战略，简单地说，就是做什么才能指导企业新产品开发，使企业得以生存和发展。因此，新产品开发战略是指导整个企业新产品开发一切活动的总谋划。它的全局性特征不仅表现在企业自身的全局上，更表现在要与目标市场所在地的经济、技术、社会发展战略协调一致。

2. 前瞻性

新产品开发战略是一项立足企业现状，规划未来企业产品发展方向的决策。战略制定者须高瞻远瞩，针对未来的宏观环境、消费者、企业和竞争对手的变化趋势而制订新产品开发战略。

3. 系统性

美国学者曾用中医理论来解释系统观念，他说如果患者感到头痛，那么西医则是针对头部进行检查、开药，而中医则可能采用按摩脚部的穴位或治疗某个内脏器官的方式来治疗头痛，中医的做法告诉我们人体是一个有机的整体系统。新产品开发战略是由一系列相互联系的要素综合构成的一个有机整体，需要以系统的观念去分析、解决问题。应充分考虑企业的使命、外部环境、企业可得资源，避免因某些要素的过弱而导致新产品开发的失败。诺基亚手机在中国市场曾经偏执地生产直板手机，而拒绝研发翻盖式新款手机，这一不考虑消费者偏好的新产品开发方式使得其在中国市场上的份额一度下降。就新产品开发战略本身来说，包括三个层次：第一层次是公司级战略；第二层次是事业部级战略；第三层次是职能级战略，又叫职能级策略。它们之间的关系如图 2-1 所示。

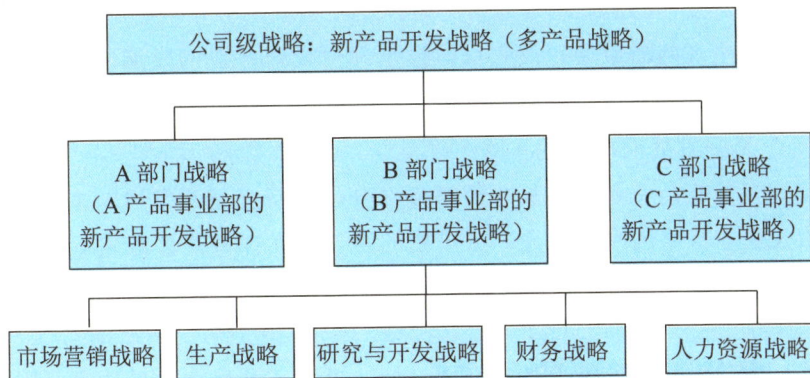

图 2-1　大型企业新产品开发战略系统

从图 2-1 可以看出，下一级战略是上一级战略的具体和展开，它要保证上一级总体战略目标的实现，但又可根据自身条件和要求确定目标和措施，有一定的相对独立性。

各级战略都要充分调动人、财、物、信息、时间等一切资源优势，同时把计划、组织、领导、协调、控制、激励等各种管理功能综合运用起来，达到企业总体优势，以实现公司级战略。

4. 竞争性

在激烈的市场竞争中，通过不断开发满足消费者需求的新产品而取得竞争优势，是企业制订新产品开发战略的目的。企业新产品开发战略要针对来自环境及竞争对手等各方面的冲击、压力、威胁和困难，为迎接这些挑战而制订长期行动方案，只有当行动方案与强化企业竞争力量和迎接挑战直接相关时，才能构成新产品开发战略的内容，新产品开发战略就是在激烈的竞争和严峻的挑战中产生并发展起来的。因此，企业在制定新产品开发战略时须密切关注竞争者的状态，针对市场竞争格局制订相应的新产品开发战略将确保企业有的放矢。

5. 相对稳定性

新产品开发战略是对企业在较长一段时间内，产品开发方向或领域的规划，以此指导企业的生产经营活动。相对稳定性是企业维持正常生产经营活动的保证，如果新产品开发战略朝令夕改，就会使企业经营发生混乱，从而给企业带来损失。当然企业新产品开发实践又是一个动态过程，指导企业新产品开发实践的战略也应该是动态的，以适应外部环境的多变性，当然，新产品开发战略须注意把握与外部环境保持互动的度。所以，新产品开发战略应具有相对稳定性的特征。

6. 风险性

企业做出任何一项决策都存在风险，新产品开发战略决策也不例外，市场研究深入，行业发展趋势预测准确，设立的远景目标客观，各战略阶段人、财、物等资源调配得当，战略形态选择科学，制定的新产品开发战略就能引导企业健康、快速地发展。反之，仅凭个人主观判断市场，设立目标过于理想或对行业的发展趋势预测偏差，制订的战略就会产生管理误导，甚至给企业带来破产的风险。

（三）新产品开发战略的作用

新产品开发战略是企业整体战略的组成部分，对新产品开发活动来说，新产品开发战略不仅发挥着战略的一般作用，更重要的是，它发挥着总体战略不可替代的特殊作用。新产品开发战略的特殊作用主要有限制转向和指导开发全过程两个方面。

1. 限制转向

新产品开发战略确定了新产品开发的目标，界定了开发活动的边界，限定了开发的方向，即限制转向。限制转向包括两层含义：一是要限制企业把资源投向不适合本企业参与的开发方向，或发展潜力小的机会；二是要鼓励企业开拓特别适合本企业的具有良好发展潜力的机会。这种限制转向作用能够使企业更好地发挥自身优势。同时集中资源开发市场前景良好的新产品。当然，新产品开发战略也不是一成不变的，战略的转变也会导致新产品开发方向的转变。图 2-2 形象地描绘出了限制转向作用。明确的新产品开发战略可使企业避免外界的诱惑，注意发挥自身的长处，坚持在企业具有优势的领域发展，以免使企业掉进新产品开发失败的陷阱。

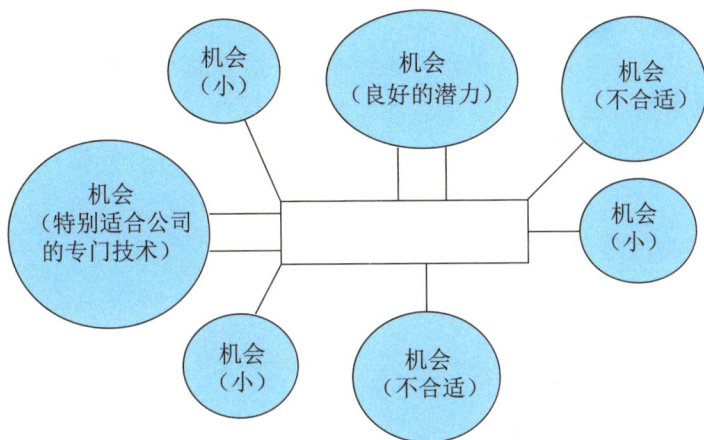

图 2-2　限制转向作用

2. 指导企业新产品开发全过程

新产品开发活动是由一系列逻辑关联较强的步骤所构成的一项活动。在这一复杂的活动中，如果没有战略对整个活动过程加以统一指导，开发活动的各个阶段就可能被割裂开，形成不了有机的联系，降低开发的成功率。

新产品开发战略指导新产品开发过程这一作用体现在以下几点。

第一，根据新产品开发战略，可以建立相应的开发组织。

第二，新产品开发战略能够指导新产品构思的收集，促进新产品概念的形成。新产品开发战略如果强调技术推动，则可以从技术开始收集构思；如果强调市场需求推动，则可从市场开始收集构思；如果重点放在优化生产，则可以从制造过程中收集构思、形成概念。

第三，新产品开发战略能够引导构思和概念的评价标准的建立。新产品开发战略为概念筛选标准、产品测试标准、市场测试标准和财务评价标准的设定提供了依据。新产品开发战略就像一张新产品路线图，引导开发真正有价值的产品。

第四，新产品开发战略能够指导新产品的市场营销活动。新产品开发战略有助于确定承担风险的大小，指导新产品的市场定位，有助于确定市场投放方式，解决快速回收投资等问题。

由此可见，任何企业的新产品开发活动必须在明确的新产品开发战略指导下进行。如果没有一个清晰的新产品开发战略，新产品开发中的任何重大决策都不能保证是正确和有效的。

二、新产品开发战略形成

(一)新产品开发战略的地位

一般来讲，企业的战略体系包括以下几个方面。

1. 企业的总体战略

这一层次的战略主要集中于企业的经营业务和企业总体发展战略。该层次的战略资源要考虑到所有的业务。而企业总体战略的优势体现在，企业能够集中人力、物力及财力来进行研发活动，并使得各个业务部门共同分享所有的资源和技术，充分保证协调的灵活性。

2. 企业的业务战略

企业的业务战略针对的是企业的产品和市场目标，这一战略会受企业总体战略的约束和影响。这一层次的战略主要集中于企业的产品和市场的业务发展情况。该层次的战略资源主要体现在负责产品和市场的业务部门中。企业的业务战略的优势体现在，由于各个业务部门之间分享不同的资源，因此形成了不同的业务能力，就是说这一层次的竞争战略的针对性比较强。

3. 企业的销售战略

企业的销售战略针对的是特定的产品和市场目标。由于这一层次的战略位于企业总体战略和企业的业务战略之下，因此就会受到以上两个层次战略的牵制。这一层次的战略主要集中在目标市场上，瞄准的是产品线的长度、广度和深度。该层次的战略资源要从所有的业务中加以考虑。企业的销售战略的优势体现在，有着强大的营销组合作为后盾，产品定位十分有效。

4. 企业的新产品开发战略

企业的新产品开发战略既包括企业的发展目标，也包括企业的市场目标，还包括企业其他方面的一些特殊目标。这一层次的战略主要集中于企业的战略竞争领域。企业应对产品的技术和用途及顾客的利益给予充分的关注。该层次的资源按照开发的新产品项目类别和其竞争的领域进行分配。企业的新产品开发战略的优势体现在，新产品开发人员可以按照开发新产品的需求来调配所需的人力、物力及技术资源，能够赢得开发新产品的专门化优势。

由此可见，企业的新产品开发战略贯穿于企业总体战略、企业的业务战略及企业的销售战略三个层次之中。从这个意义上来说，企业的新产品开发战略并不是一个独立的战略。

(二)新产品开发战略形成过程

新产品开发战略形成过程如图 2-3 所示。

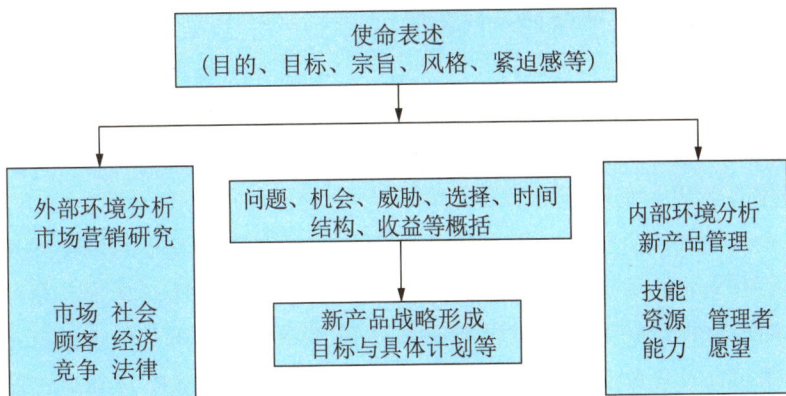

图 2-3　新产品战略形成过程

1. 使命表述

首先应对企业的使命进行总体表述。这种表述部分体现在新产品大纲中，部分是对高层管理人员的想法与观点的描述。使命表述随着制定者思想的变化而变化。一般而言，它的内容应包括描述组织的框架及其限制，以及企业的长期战略。它既应着眼于长期，又要针对当前的状况。

2. 环境分析

战略的制定者需要对影响战略决策的各种因素进行综合考虑。在此阶段，企业要收集各种信息，并对新产品的开发环境进行分析。环境分析通常分为外部环境分析与内部环境分析。

外部环境分析主要涉及与新产品有关的企业难以控制的外部微观力量及宏观力量。微观力量包括消费者或用户的需求状况、竞争状况、市场状况、各种可利用的资源等。宏观力量包括在特定形势下的社会意见与压力、有关的政策法律法规、宏观经济环境、科学技术的发展趋势等。

内部环境分析基本上是一种审计，它主要分析企业内部的各种可控因素，如企业的技能、资源、缺陷、约束力、应变力、态度、发展趋势等。此外，还应考虑管理人员的愿望和倾向，如他们的经营风格、管理方式，对风险的态度，等等。

从以上分析中，我们可以得出一系列的事实、选择和设想。它们会对随后的战略决策过程产生影响。在以上分析的基础上，战略制定者要对新产品开发的威胁、机会、问题、优势、时间结构及可能的收益进行概括。

3. 新产品战略的形成

不论新产品战略采取哪种形式，它都应包括如下基本内容：确定要开发的产品类型与目标市场；制订新产品开发的目标；为达到上述目标的具体行动计划。

此外，还要制订备选方案与应急措施、跟踪计划等，以更有效地应对环境的变化。

（三）影响新产品开发战略的关键变量

影响新产品开发战略的关键变量有两个：一个是公司总体战略计划，另一个是市场营销计划。此外企业文化、公司资源、市场机会等也影响着新产品开发战略的制订。

1. 公司的总体战略计划

企业总体战略是企业发展的总体规划，它决定了新产品的发展方向和前进速度，决定资源在企业现有产品与新产品之间的分配。它对新产品战略的辅助作用主要体现在以下几点：首先，总体战略计划指出了企业的战略竞争领域；其次，总体战略决定了新产品战略的目标，并可以对其进行一般性指导，如增长率、市场占有率的变化目标、行动的紧迫性及业务全面扩张的总体需要；再次，总体战略对新产品战略在风险方面进行指导或限制，如对创新的来源、创新的程度等的确定都受总体战略的指导；最后，新产品战略可从总体战略中取得大部分具体的环境参数，如产品质量水平、对获得专利可能性的要求、系统定义等。

2. 市场营销计划

如果企业的市场营销年度计划遵循企业的一般纲要，那么它会为新产品战略计划提供一些关键信息。首先，在采用产品经理体系的企业中，产品经理肩负着编制产品创新大纲和市场营销计划的重任，市场营销计划与产品创新大纲有时基本上可合二为一；其次，总体营销计划会影响新产品战略模式的选择；最后，营销计划提供了从事新产品活动的人员进行特殊状况分析所使用的大部分真实数据。

3. 企业文化

企业文化是以企业为主体的、广义的、深层次文化，是企业在长期的生产经营过程中形成的一整套独特的关于企业生产经营的价值观、道德规范、行为准则、传统作风、群体意识及整个企业人员的素质，价值观是企业文化的核心。企业文化是企业的无形资产和灵魂精神支柱，具有极大的渗透力和凝聚力。企业决策者的经营思想、战略决策等无一不受企业文化的影响。企业文化不仅影响着企业总体战略的选择，而且直接左右着新产品战略的制订。营销经理在确定产品竞争的领域、新产品开发的目标及实现目标的措施时，企业价值观会左右他选择不同的创新程度、风险偏好、竞争态度、应对环境变化的措施等。

4. 公司资源

公司资源是其选择新产品战略的实力保证，包括了公司人力资源、资产数量、技术水平、产销能力、企业信誉等。公司资源价值的大小是相对于竞争对手而言的，在制订新产品战略时，资源是起支配作用的变量之一。资源在较大程度上决定着企业抵御风险的能力，影响企业选择新产品战略的模式。

5. 市场机会

机会的大小和多少是影响企业选择新产品开发战略的重要因素。比较常见的机会有：市场中存在的某种潜在需求，如随着信息化时代的来临，人们对网络产品的需求在急剧扩张；新技术的应用导致某种产品市场容量扩张；竞争者满足需求的能力不足也会使该领域拥有足够的市场机会；国家或地区新政策和新法规的出台产生新的市场机会。

三、新产品开发战略类型

新产品开发战略的类型是根据新产品战略的维度组合而成，产品的竞争领域、新产品开发的目标及实现目标的措施三维构成了新产品战略。对各维度及维度的诸要素组合便形成各种新产品开发战略。

（一）冒险或创业战略

冒险战略是具有高风险性的新产品战略，企业为了获得巨大的发展而敢于突破现有的条件和市场的限制，投入大量的资源，开发具有高风险的新产品。该战略的产品竞争领域是产品最终用途和技术的结合。企业希望在技术上有较大的发展甚至是一种技术突破；新产品开发的目标是迅速提高市场占有率，成为该新产品市场的领先者；冒险战略的创新度希望是首创，甚至是首创中的艺术性突破；以率先进入市场为投放契机；创新的技术来源采用自主开发、联合开发或技术引进的方式。实施该新产品战略的企业须具备领先的技术、雄厚的资金实力、强有力的营销运作能力。中小企业一般不适合运用此新产品开发战略。

该战略一旦取得成功将会为企业带来巨大的利益，包括企业声誉、现金流、市场占有率等方面。值得指出的是在网络经济中广泛存在的达维多定律——第一个向市场提供第一代新产品的企业，能够自动获得 50％ 以上的市场份额，因此，一家企业如果要在市场上占据主导地位，就必须第一个开发出新一代产品——更进一步说明了冒险战略是有价值的。

（二）进取战略

进取战略要求企业在产品开发方面以较强的进取精神、创造性和外向性主动出击，不拘泥于企业现有的产品结构和资源状况。进取战略的创新度可能达到首创水平，至少部分首创。在新产品投放市场的时机选择上，多数确定为率先进入市场。进取战略是以一定的企业资源进行新产品开发，不会因此而影响企业现有的生产状况。新产品创意可源于对现有产品用途、功能、工艺、营销策略等的改进，改进型新产品、降低成本型新产品、形成系列型新产品、重新定位型新产品都可成为其选择。也不排除具有较大技术创新的新产品开发。该新产品战略的风险相对要小。

（三）紧跟战略

紧跟战略是指企业紧跟本行业实力强大的竞争者，迅速仿制竞争者已成功上市的新产品，来维持企业的生存和发展。许多中小企业在发展之初常采用该新产品开发战略。紧跟战略具有以下几个方面的优点。

1. 风险较小。由于采用领先型新产品开发战略的企业已经过自己的努力，解决了产品创新过程中一系列的技术难题，特别是经过实践证明市场对这一新产品具有良好的反应，这样紧跟者或模仿者就可以大大减少技术开发与市场开发中的失误和风险。尽管紧跟者或模仿者仍然会遇到对已有产品性能改进在技术上的困难，但这与一项全新技术的研制开发是有很大区别的。

2. 成本低。因为新产品的概念开发方面的成本已经由领先企业承担，紧跟者可以大大减少开发费用，缩短开发周期。

3. 产品性能可以略胜一筹，更具竞争能力。尽管紧跟者是对领先者产品的一种模仿，但毕竟这种模仿有前车之鉴，模仿者完全有机会取其所长，避其所短，开发出性能、质量、价格均较领先者优越的"新产品"。

4. 新产品营销方面可以采取更好的策略。紧跟者可以借鉴领先者在新产品进入市场时营销策略上的经验和教训，避免所犯错误，采用更好的策略，而将所仿造、改进后的产品更顺利地推入市场。

紧跟战略的主要缺点在于所面临的市场竞争比较激烈。因为其所生产的产品一投入市场就面临已有产品的竞争，改变已有产品品牌在消费者心目中形成的"先入为主"的印象，意味着本企业的产品必须比已有产品的性能和品质更高一筹，或者营销实力更为雄厚，否则很难取得市场份额。同时，采取紧跟战略的企业并非一家，而可能是多家企业，所有采用此战略的企业，几乎同时进入市场，其竞争必然十分激烈。

实施该新产品战略的关键是紧跟要及时，全面、快速和准确地获得竞争者有关新产品开发的信息是仿制新产品开发战略成功的前提；对竞争者的新产品进行模仿式改进会使其新产品更具竞争力；强有力的市场营销运作是该战略的保障。

（四）防御战略

保持或维持企业现有的市场地位，有这种战略目标的企业会选择新产品开发的防御战略，通过有选择地开发一些风险较小且不改变企业基本产品结构的新产品，以保持企业现有的市场地位和竞争能力。该战略的产品竞争领域是市场上的新产品，新产品开发的目标是维持或适当扩大市场占有率，以维持企业的生存；多采用模仿型新产品开发模式，新产品开发的主要来源是市场营销，即借助对市场需求的分析来开发新产品或改进现有产品，其创新度多为模仿，对资源要求不高，可以自主开发为主，也可采用技术引进方式，产品进入市场的时机通常要滞后。新产品开发的频率不高，实力一般，资源较少且处于成熟产业或夕阳产业中的中小企业常采用此战略。例如，某地一些小规模的洗发水生产商以低价格赢得了部分市场，为了应对宝洁、联合利华等公司的竞争压力，就采取防御战略，被动地推出一些新产品以维持现有的市场份额。

四、新产品开发大纲

（一）新产品开发大纲概述

新产品开发大纲是新产品开发的纲领性文件，是新产品战略的具体表现，企业进行新产品开发活动将以此大纲为指导。今天所用的新产品开发大纲的基本要素很早就已经开始出现了。然而，今天公司的开发大纲相对于早期规则要复杂得多。尽管这样的开发大纲经常是相当保密的，但是仍然有人进行了一些初步性的研究。其中最重要的发现是：一份报告可以完全给定一个企业的所有新产品活动的综合性大方向。在过去，一项政策也许只能适用于所服务的一个市场，或相应的组织模式，或技术创新的承担。但是，当今的公司把这些要素放在一起通盘考虑，从而制定出全方位的战略，这对于着眼于公司利润最大化的特定的产品创新来说，无疑是十分必要的。

（二）新产品开发大纲内容

新产品开发大纲的具体内容主要包括产品竞争领域、新产品活动目标与实现目标的规划三个方面。

1. 产品竞争领域

产品竞争领域可以界定新产品开发活动的基本方向和范围，起到限制转向的作用。可以通过产品、最终用途、顾客群和技术等多维组合来界定新产品战略竞争领域。

（1）产品。通常指明新产品的市场定位，即确定新产品属于哪个行业。可以利用产品大类、产品种类或产品等级来定义战略竞争领域。这种方法被生产轿车、家用电器、啤酒等产品的公司广泛采用。一些公司专注于耐用品或一次性用品的经营，而另一些公司可能局限于高档耐用品或低档耐用品的开发经营。

（2）最终用途。明确规定新产品的功能或用途，可鼓励更多的创新思想。最终用途一般比产品维度更深入、更自由。产品与用途之间存在着多重关系。不同的产品既可以有不同用途，也可以有相同的最终用途，如有线电话与无线电话。而同一产品也可以有不同的最终用途，如计算机可以用来进行数据处理和计算，也可以用来进行文字处理与个人服务。因此，即使产品种类相同，不同的最终用途也会导致产品结构和性能的差异，如大型计算机与个人电脑的结构、性能差异很大。

用最终用途来界定竞争领域可以获得更广阔的开发空间。例如，如果中国铁路公司致力于"运输服务"开发而不只是"铁路"开发，这就意味着中国铁路公司开发的产品包括铁路、汽车和轮船等诸多方面。

再如，经过一段时间的收购，瑞克公司的业务也扩展到新的行业，从计算机软件到灌溉设备。公司计划只开发本行业，或仅仅进入那些它可能居领先地位的新行业——这意味着它将在最初擅长的石油钻探设备和服务领域内继续驻足。

（3）顾客群，即确定目标顾客群。可基于用户状况、心理统计变量、人口统计变量、地理统计变量来确定目标顾客群。企业开发新产品是为了满足顾客需要，因此，企业应根据顾客的特点来界定竞争领域。

①用户状况。新产品的用户状况可以分为原有用户和新的用户，如一种改进的洗涤剂就是针对原有用户。同时，新产品可以针对集中化的目标市场，也可以面向分散化的目标市场，即同时针对几个细分市场。年龄、性别、区域等人口统计特征可用于

市场定位。

②心理统计特征。消费倾向、生活方式、购买风格等心理统计特征可用来细分市场。例如，新产品可以面向收入丰厚的买主(如宝马的购买者)，也可以针对追逐时尚的人群(如福特的福克斯轿车的购买者)。

③人口统计方面。人口统计变量的使用也很普遍。最常见的人口统计变量似乎是市场定位，确定创新是为了某个国内市场(也许是国内市场的一部分，也许是全部国内市场)，还是为了国外市场。市场定位变量经常只是隐含在公司的报告中。其他常用的人口统计变量还包括年龄、性别等。许多独特和少见的人口统计变量也得到了应用。

④分销状况。例如，在食品行业，皮尔斯伯里公司经常把"超级市场"加入其大纲中，而其他公司则把自己的注意力集中于"食品、药品或是大宗商品批发"，霍尔马克公司开发了一系列产品，专门为那些偶尔出售该公司礼品的小型夫妻店的"谨慎有余的人"服务的。石油公司仅开发"在我们零售服务站销售顺利的新产品"。另外也存在一些不是很普遍的情况：企业依靠特定的批发商或代理商，开发这些中介商能够很快售出的产品。当然，贸易也是一种替代手段。

(4)技术。新产品开发可以利用现有技术，也可以采用新技术。如果企业实行根据自己实力经营的定位战略，则倾向于利用自己已有的先进技术来开发新产品。技术可分为科学技术、经营管理技术和市场营销技术等类型。许多公司利用科学技术来界定竞争领域，如施乐公司利用静电复印技术来开发新产品。而另一些公司则利用质量控制技术等经营管理技术或实物销售系统、宣传广告技术、包装技术等市场营销技术来开发新产品，如邮电公司、银行开发的多种配送服务和理财咨询服务。

(5)多种维度的组合。企业通常通过多种维度的组合来界定战略竞争领域。

①各种维度的组合形式。各种维度组合的常见形式主要有：主要用于消费品的产品——市场矩阵，主要用于工业品的技术——用途矩阵，以及产品—用途矩阵和技术—顾客矩阵等。有些公司也利用三维或三维以上的变量来界定战略竞争领域。例如，在生产高度紧张、生活节奏快的日本，洗浴行业用技术、顾客群和产品三个维度界定了一个战略竞争领域：利用电脑自动控制技术为洗澡时觉得用手调节水温、不停地转动身体角度是个极大麻烦的"懒人市场"开发自动洗澡机。

②组合维度的选择。界定战略竞争领域的维数越多，竞争领域的区分就越精确，其范围就越窄。这样就导致新产品的针对性越强、竞争力越高，但同时市场机会也就越小。反之，战略竞争领域的维数越少，竞争领域的区分就越模糊，开发方向就越不明确。这样会导致新产品的竞争力降低，但市场机会可能会增大。因此，组合维度的选择需要对产品竞争力和市场机会进行权衡。

2. 新产品活动的目标

开发新产品是为了满足企业一些特定的目标。不同企业的新产品开发目标是不同的。新产品开发的战略目标可以分为三大类型。第一类目标涉及企业的销售额或利润额，属于发展目标；第二类目标与企业的相对竞争能力或竞争潜力有关，属于市场目标；第三类目标与企业的特殊状况有关，属于特殊目标。

（1）发展目标。新产品开发的发展目标是指增强未来的竞争能力，促进未来的销售额和利润的增长，发展目标主要有四种类型，即迅速发展型、受控发展型、维持现状型和受控收缩型。

①迅速发展型。这类目标要求企业迅速开发出新产品，迅速地将开发出来的新产品投放到市场中，让企业尽快地扩大生产规模，以更快的速度占领新的市场。对于那些能够迅速成长的市场和产品来说，由于其得到回报的概率会大于那些成长相对缓慢的市场和产品，因此将这一类的产品定位为迅速发展型是较为合适的。总之，这一类目标的最大特征就是"求快"，在整个开发新产品的过程中企业都应该保持一种"闪电式"的作风。

②受控发展型。受控发展型目标不像迅速发展型目标同样要求新产品开发企业以速度取胜，受控发展型目标从节省投资和降低风险角度出发，逐步开发新产品、扩大生产规模和占领市场。受控发展型目标主要考虑产品开发速度与市场接受程度同步，与市场竞争状况的变化相适应，力求稳定发展，因而是多数企业采用的战略目标。总之，这一类目标的最大特点就是"求稳"，要求企业在稳定中发展，因此对于那些不愿意承担高风险的企业来讲，是一个不错的选择。

③维持现状型。维持现状型发展目标寻求对现有产品的持续改进，实行逐步更新的产品开发，以维持竞争力。这一类企业的最大特点就是"求保"，它是那些安于现状的企业的追求目标，适用于一些变动不是很大的新产品开发。

④受控收缩型。受控收缩型目标是指从产品开发中及时抽回资金，有计划地逐步转向其他领域或业务。这种目标在传统产品领域的产品开发中比较常见。

不论采用何种发展目标，发展目标主要是为了促进企业资源的合理分配，把握企业的发展速度。

（2）市场目标。随着新产品开发机制的日益成熟，企业开发新产品的能力将会得到一步步提升。这样新产品投放市场后将会很快赢得自身的竞争优势，而新产品竞争优势的增强又会使得其在未来市场上的地位得到提升。

由此可见，新产品开发企业想要确定本企业的市场目标就可以参照对企业构成竞争威胁的大小来判断。

比较常见的新产品开发的市场目标可以分为以下几种。

①开拓新市场。如果原来的产品市场需求已经趋于饱和状态，这时再花很多的精力去开发市场准入比较艰难的产品，实在是一件费力不讨好的事。正是考虑到这个原因，许多企业将市场目标定位在开拓新的市场上。通过开发全新的产品，创造新的市场机会，占领新的市场。例如，海尔公司通过收购和新产品开发，打入彩电、空调和计算机行业等。

②提高市场占有率。如果原来的产品市场还存在着很大的利用空间，企业就没有必要去开发全新的产品。因为利用原有市场中成熟的竞争力远比培养一种新的竞争力方便得多。这一类目标是一种进攻型的市场目标，可以通过开发创新程度大或差别优势大的竞争产品，或开发竞争对手的替代产品，来争夺对方的地盘，扩大市场份额。

③维持市场占有率。这是一种防御型目标。主要通过开发替代型新产品来维持产品的市场竞争力，保持市场份额。

④放弃市场占有率。如果原有的产品市场已经不再适合企业对其做进一步的投入，企业则可以毅然地将其放弃，转而进行其他领域的业务计划。企业不应该把精力浪费在过时的业务上。通过放弃那些不再具备成长潜力的产品业务，企业可以释放其所需的资源和减少成本，将注意力集中在那些更具发展前景的业务单元上。

(3)特殊目标。

①多元化。多元化目标是通过开发新产品来分散经营风险，增强市场适应能力的。多元化主要有纵向多元化、同心多元化、横向多元化等多种形式。

②季节性调整。新产品开发是为了避免季节性生产与销售的波动，保证资金正常运转，如淡季产品的开发。

③加速回收投资。新产品开发是为了充分利用企业剩余的生产能力或现有技术，加快投资的回收。

④提高产品质量水平。一些企业要求新产品必须具有高质量水平，满足一定的质量标准。

⑤维持或改变企业形象。索尼、宝洁公司要求新产品开发应符合企业的创新形象。

(4)利润目标。大家也许看出，上述的目标体系遗漏了一个方面——财务目标。所有公司的高层领导都要规定公司的使命，这个使命是公司一切活动的核心。然而，使命指出的仅仅是方向，而不是精确的目标。例如，"本公司将努力在食品行业中得到不断的发展"，或者"我们在金属制品技术方面的一项雄心勃勃的规划，使得本公司将倾尽全力去促使利润持续增长"。使命描述了目标和方向，因此是定性表述，而定量化是公司计划的短期目标，如公司的年度计划明确地指出了公司的利润目标。

产品开发人员也会被同样的问题所困扰，因为他们必须在企业的总体使命的范围内活动。而且，新产品开发大纲的每一个产品总体规划，通常具有方向性。有时，管理人员发现在总体要求与现有项目之间存在着差距，因此指派产品创新人员去消除这一特定的资金亏空。但是通常这样的活动针对产品创新的整体，而不是每一个具体的开发大纲。一般产品开发大纲仅仅是方向性的，因为在开始时知道的东西太少，以至于无法给出具体的利润目标。而且每一项新产品在开发的过程中，自然而然地要对其盈利性作出认真的评价。

许多管理理论的文献都支持这一观点：公司的目标在于利润的最大化。但是对于中层及以下的人员来说，雇员的行动似乎并不遵循这一目标。从整体上讲，雇员的行为似乎表明，公司的目标就是保持和加强公司及其产品的连续性。因此，新产品开发大纲作为将最高层管理者的意愿转化成相应的命令的有效手段，使得中层管理人员进行新产品的开发，那么新产品开发大纲中，发展和市场占有率成为两类最主要的目标就不足为奇了。

3. 实现目标的规划

实现目标的规划主要由以下几部分组成。

(1)关键创新要素的来源。关键创新要素的来源主要有三个方面。

①市场方面。市场是新产品的一个关键创新要素来源。当新产品开发是市场拉动型，即由需求推动来开发新产品时，市场研究是新产品成功的一个重要因素。首先，从竞争产品中获取新的知识和构思。其次，通过市场定位或市场分片来产生战略思想。虽然生产线上只有一种产品适合需求，但产品一旦向市场推出，创造性的活动也就随之产生了。再次，特许权扩大战略，即利用商标、销售实力和交易地位来建立新产品的竞争优势。例如，把已成功的商标应用到新产品上，进行品牌延伸，利用销售人员的信誉和企业分销系统的有利地位来促进新产品的销售等都能够提升新产品的竞争优势。最后，是利用各种有效的营销研究手段(如顾客类型、市场调查、市场分析)来研究用户的需要、态度和认识等作为新产品创新的来源。

②生产方面。改进生产工艺、进行质量分析和成本分析也是新产品设想的重要来源。有特色的生产工艺是新产品的主要来源之一，它可以通过制造方法的优化促进产品创新。半导体集成电路的创新就主要取决于工艺方法的进步。质量分析有助于发掘现有产品的缺陷，寻求产品创新的途径，许多改进型新产品就是诞生于这一途径。成本分析和成本控制有利于创造出性能比较高的改进型新产品。

③技术方面。来自市场的新产品构思多数属于改进型新产品，而全新产品的关键创新要素源于技术开发。技术开发包括基础研究、应用研究。基础研究，即探索新的科学技术，从而创造全新的产品，电视、电话、计算机等全新产品都源于基础研究。应用研究，即把现有的技术应用到新的领域或开发新的功能，如计算机技术和机械技术相结合的数控机床源于应用研究。技术开发既可以在企业内部进行，也可以从外部获得。外部技术来源主要有联合开发、许可证交易和收购等方式。化工和制药公司的新产品开发利用外部技术比较多。

(2) 确定创新的程度。在一个创造性的过程中，第一步应该是抵制模仿的诱惑。企业能够采用的创新类型基本上可分为先导型、适应型和模仿型三种。

①先导型。意味着首次进入某一领域，率先进入市场。它包括艺术性的突破、杠杆性创造和应用技术三种形式。艺术性的突破会导致产生新的业务甚至新的行业，但很少见，像3D打印机、微单、HPV疫苗等产品第一次出现在市场上就属于技术性突破。杠杆性创造包括新结构、新外形、新特点——利用有价值的知识和技能在产品用途方面获得重大进展，如圆珠笔、食品冷藏车、激光手术刀的开发等。应用技术是工

程技术在从未涉足的领域的常规运用，是风险最小的新产品开发，往往采用一项新技术来实现一个特定的功能。应用技术的首创产品有轻便自行车(轻型材料的应用)、测量仪器的数字显示装置(数字显示技术的应用)、电视信号的光纤传输系统(光纤技术的应用)等。

②适应型。适应型创新的特点是，吸收别人的先导性创新成果，对其以某种方式进行改变，使其对于市场和市场部分具有更大的价值。先导型产品首次投放市场时，总有不足之处，提供了适应性的改进机会。通过对先导型产品进行改进，来提高产品的市场吸引力和竞争力，以提高产品价值。例如，市场占有率居第二位的率先紧跟者也能获得丰厚的利润，其获得的市场占有率一般能达到先导者市场占有率的一半。适应型创新最常见的方式是技术、功能和外形，还有市场定位。

③模仿型。模仿意味着对一项创新不加改变地照搬照抄。第一种模仿型创新是利用市场的区域优势或特定市场的特许权，来模仿新产品。例如，一些公司采用市场掌控战略来开发新产品。第二种模仿型创新是分片特许。例如，一家面向本地区销售的企业，希望它在这一地区生产的任何产品，都能被最大限度地接受。大多数商业银行也采用了分片特许的方式，即少数富于创新精神的银行开辟新的业务以后，数百家银行立即行动，竞相成为所在地区第一家从事这项业务的银行。其他分片特许的模仿，是源于各种常见的人口统计和心理统计。第三种模仿型创新是低成本模仿，即以比先导者和适应者更低的产品成本进行模仿和生产。这种战略比较适合市场容量足够大的产品。当市场容量较小时，价格竞争的空间一般也较小。有些国家工业长期实行低工资和高生产率的政策，从而为模仿型低成本战略开辟了广阔的前景。模仿型创新需要一些条件，如生产灵活性(设备能迅速转产)、迅速复制产品的开发能力、高水平的市场营销力量和产品快速投放市场的能力等。

(3)时序/时机选择。时序指企业在进入市场时希望采取的时间顺序。有三种时序可供选择：率先进入，即率先将某种新产品投入市场，采取冒险战略或进取战略的企业常会这样做；敏感反应，首先对现有新产品的前景进行估计，然后紧跟市场机会大的新产品领先者进入市场，力争成为率先紧跟者，这种公司须具有较强的研究开发能力和柔性生产能力；后期进入，即在新产品已经获得成功以后才进入市场，该选择只适应新产品市场潜力大或需要进一步改进的场合，后期进入新产品市场的企业如不具备低成本的生产能力和某些特许权扩大的能力，将很难在新产品市场上有所作为。

(4)特殊方面。在新产品开发战略的制定中，企业所面临的方方面面的影响因素不可能一一列举，企业时常还会采取一些特殊的行动规划，如避开某些妨碍企业创新的职能、避开法规、获得高质量、获取专利、避开竞争对手等。

第三节 新产品市场化策略

一、新产品品牌策略

新产品研发成功，就像刚出生的婴儿，没有名字，性格特征也不明显。同样的道理，新产品市场化之前，要先给新产品命名，并提炼其产品特征或诉求点，塑造品牌个性，使其与同类竞品相比，与众不同，对顾客产生一定的吸引力。给新产品品牌命名的同时还需要考虑采用哪种品牌策略，通常情况下，企业新产品市场化过程中所采用的品牌策略主要有"多品一牌"策略、"一品多牌"策略和"一品一牌"策略，不同的策略存在不同的利弊和适用条件，企业应结合自身的实际情况进行决策。

(一)新产品品牌命名

给新产品品牌命名是一项颇具挑战性的工作，是真正意义上的智能凝结、创意优劣的分水岭。这是因为有太多的著名品牌由此诞生，更是因其名称神奇般地带动了一个新品牌的茁壮成长，比如华为、农夫山泉、宝洁等品牌便是如此。

定位大师艾·里斯说过，名称是把品牌吊在潜在顾客心智中和产品阶梯上的挂钩。在新产品市场化过程中，企业要做的第一项重要营销决策，便是为新产品取个好名称。什么样的名称会被称为好名称呢？不是叫得大叫得响的，好的名称要满足许多条件，如国际性、现代感、简洁、音韵和谐、大气、不重复、寓意深刻、有品位和文化内涵丰富等。

(二)"多品一牌"策略

"多品一牌"策略也叫单一品牌策略，它是指企业将自己原有的品牌沿用到不同类别的产品上，形成几类产品一个牌子。以此为理论依据的实践成功者不乏其例。青岛海尔集团公司利用"海尔"之名先后向市场推出了洗衣机、电冰箱、冷柜、空调器、微波炉、热水器、抽油烟机等20个门类5000个规格品种的产品系列，使"海尔"成了中国出色的家电品牌。

"多品一牌"策略确实具有多种优势。首先，企业在利用自己已经树立起来的市场形象介绍新产品时，容易赢得消费者好感，人们"爱屋及乌"的心理会使新产品受到市场格外的青睐；其次，企业使用数年、数十年的老牌子，顾客熟悉，消费群体稳定，给新产品冠以老品牌更容易被消费者认可、接受；最后，借用原有品牌比重新培育一个陌生的新品牌经济划算，企业可以节省一大笔品牌宣传推广费用。

然而，利益和风险始终是并存的，且二者是对等的。企业在实施品牌延伸策略过程中，假如上市的新产品不能令人满意，那么，这不但会使消费者对新产品不买账，还会损害老产品的品牌形象。此外，品牌过度扩张容易模糊品牌的市场定位，使某一品牌名称不再被联想为特定种类的产品，这种情况叫品牌淡化。如果使用时机掌握适当，分寸把握适度，可以使新产品搭乘老品牌的声誉便车，一荣俱荣。反之，如果使用不当，特别是超限度使用，则容易落入品牌延伸的陷阱，一损俱损。

(三)"一品多牌"策略

"一品多牌"策略指的是企业在同一类型的产品上使用两个或两个以上的品牌，简称多品牌策略。上海家化是多品牌策略的成功应用者，仅护肤品就有"友谊""美加净""明星""露美""清妃""高夫""凤凰"等新老品牌十多个。

对于生产企业来说，采用多品牌策略最直接的好处就是多占货架。假如一个企业有一个品牌的洗发水，在货架上只能摆半尺长，另一个企业有 4 个品牌的洗发水，在货架上就能排 2 尺长，相形之下，后者自然会有较高的"中选率"。此外，企业运用多品牌策略还能为消费者提供比较和挑选的余地。在消费需求日趋多样化、差异化、个性化的时代，尤其需要企业细分市场，根据目标市场的消费群体有针对性地推出新品牌，以满足消费者的不同需求及"喜新厌旧"的消费心理。与单一品牌策略相比，多品牌策略的每一个品牌市场份额可能都不太高，但由于众多品牌加大了市场覆盖面，从而提高了总体市场份额。再者，多品牌策略可以使企业降低市场风险，某一品牌的失败不至于殃及其他品牌的产品。就企业内部而言，实施多品牌策略能够促动企业树立品牌经营理念。宝洁公司推行"品牌经理"制度，每一品牌都有专人负责，使同类产品的不同品牌管理者之间展开竞争，有利于激扬士气、提高效率、塑造品牌个性。

当然，多品牌策略的使用是有条件的。首先，企业要有实力。因为每培育一个新品牌都需要企业为之付出长期的大量的投资，过多的广告宣传费用投入往往使企业感到承受着很大的风险压力，在财力上和心理上都不堪重负。其次，市场要有容量。实施多品牌策略的前提是细分市场，这就要求市场应有一定的规模，以便使细分后的子市场容量足够大，销售额足以支撑其品牌推广费用。最后，产品要有差异。企业推行多品牌策略的战略意图是以不同的品牌分别去占领不同的子市场，争取市场份额总和最大化。如果各个品牌下的产品之间没有明显的差别，且价位接近，就会造成各子市场的相互重叠。结果是，企业的总体目标市场并未扩大，这就背离了实行多品牌策略的初衷。

(四)"一品一牌"策略

所谓"一品一牌"策略，就是企业的每一类产品都单独采用不同的品牌，也叫类别品牌策略。

类别品牌策略主要适用于以下四种情况。

①产品类型差别较大的企业。如美国斯维夫特公司生产火腿和化肥。对于这样两种截然不同的产品，当然不能使用同一品牌，以免消费者产生心理障碍或造成市场定位混乱。

②生产规模较小的企业。当企业处于初创时期，新产品尚未形成庞大的生产规模时，宜于采用"一品一牌"策略，而不应过多地开发新品牌。因为每一个新品牌的培育都需要资金实力的支撑。

③目标市场规模较小的产品。企业选定的目标市场如果容量不大，也不要急于再创建新品牌。一个小规模市场的产品销售额怎能承受多品牌推广费用？

④需求差异较小的产品。一种产品需求差异小，就意味着不必对这个市场进一步细分，那么也就用不着针对各细分市场采取多品牌，"一品一牌"足矣。

（五）不同品牌策略的适用范围

企业采取类别品牌策略的同时并不妨碍其他品牌策略的使用，即多种策略并行。仍以拥有品牌大家族的宝洁公司为例，其"佳洁士"牙膏、"玉兰"油、"护舒宝"卫生巾、"帮宝适"婴儿纸尿裤均为"一品一牌"；"舒肤佳"香皂和浴液是"多品一牌"；洗发水、洗衣粉则是"一品多牌"。

"多品一牌"策略较适合于电器、工具及原材料等生产企业，这是因为，人们对这一类商品的购买和消费往往是偏理性的，他们在购买时关注的是技术、质量、性能、价格和服务。单一品牌策略的使用条件是将一个品牌名称尽量用在相同类型、相同档次、相同消费者群体的系列产品上，以保证品牌定位的准确性。相对而言，"一品多牌"策略更适合于日用品、化妆品、服饰、食品及饮料等生产企业。对于这一类商品，消费者除了考虑品质、功能、利益之外，往往还注重潮流、感觉、体面等抽象的内涵。随着社会多元化、个性独立化的发展趋势，随着物质生活水平的不断提高，消费者对产品带来的心理满足感越来越重视，感性消费的产品种类也就越来越多。"一品一牌"策略似乎是前两种策略的折中，如果企业经营的产品类别相差甚远，而每一种产品又没有进一步细分市场，最好的选择是一品一牌。

二、新产品沟通策略

新产品开发出来以后，企业需要采用恰当的沟通方式向目标顾客传播，让企业通过间接和直接的方式与消费者最大范围和最深程度的沟通，使消费者不仅认识新产品，而且产生购买行为，认同新产品。通常可采用的新产品沟通策略有广告、人员推销、销售促进和公共关系，依据新产品的类型不同，所采取的沟通策略也有所不同。

（一）新产品广告策略

广告通常包括五个基本要素：目标、媒介、信息、费用、测量。

广告目标即在一个特定时期内，对于某个特定的目标受众所要完成的特定的传播任务和所要达到沟通的程度。新产品的广告目标是做信息性的广告，告诉目标顾客新产品是什么，相对旧产品有什么独特的产品功能利益或情感利益。对广告媒体的选择除需考虑新产品特征、消费者的媒体习惯、新产品销售范围、媒体的知名度及广告主的经济承受力等要素外，还需考虑媒体的创新性。新产品广告信息的编码是指说出产品新的利益，消费者对信息的接受特征表明，接受新信息的过程一方面时间较长，另一方面会产生更多不同的认知。如果能用消费者熟悉的信息编码来解释产品的新利益，将会起到事半功倍的效用。

新产品广告费用的投入需作长期打算，企业通常会认为，对新产品的广告投入应加大力度，等市场有反应后即可以减少广告投入。品牌与消费者的沟通是一个不间断的过程，消费者一旦听不到品牌的声音，就会转移到其他品牌的选择上去。诚然新产品上市时需要大强度的投入，但一定要注重新产品广告的可持续性。对新产品广告的市场效果需进行及时的测量、跟踪及检测新产品广告的市场效果是新产品上市管理过程中的重要一环。

1. 全新产品广告策略

全新产品的广告主要在于诉求新产品带来的前所未有的利益，以此达到吸引消费者的注意力，激发消费者潜在需求的目的。根据消费者对信息的认知规律，在进行全新产品利益诉求时，最好采用对比的方法，即比照旧产品的产品利益。

全新产品最初通过高频率的广告告知消费者有此新产品，强调产品的"新"，其新的诉求点能为消费者带来前所未有的利益，从而让消费者认识该产品。在消费者认识该产品之后，通过广告宣传告知消费者关于产品的性质、成分、功能、如何使用等信息，让消费者了解相关的产品知识，减少恐惧心理，最终让消费者接受该新产品，以此来培养潜在的顾客。全新产品市场风险较大，因此在选择广告媒体时需要考虑到企业自身的实力及广告为全新产品带来的效益问题。一般全新产品选择较为权威的媒体以提高其可信度，同时广告的投放量很大，力度较强，才能增加其成功的可能性。

2. 改进型新产品广告策略

市场中改进型新产品相对而言多一些。这种产品由于是在原有产品的基础上进行改进，因而改进型新产品的广告主要是对新的概念进行诉求，告知消费者新产品改进的方面，如在结构、功能、品质、花色、款式或者包装等方面，改进后的产品为消费者带来更多的利益及更好地满足需求。改进型新产品的广告需要告知原有的目标顾客群，有关产品改进之处，保留原有顾客，同时吸引新的顾客。

3. 模仿型新产品广告策略

模仿型新产品在市场增长迅速和足够的市场空间下会有较大的发展。模仿型新产品的广告就需要在这个市场中诉求差异性，让消费者通过广告形成差异化的认识，让消费者认为其产品品牌是同类产品中最好的，强调品牌差异，从而选择购买该品牌的产品。

4. 形成系列型新产品广告策略

在原有大类的基础上扩充新的品种、花色和规格等形成系列型产品，其广告需要强调品种的齐全。广告通过强调品牌，保持老顾客对原品牌的记忆，同时促发一些新的需求，市场上的化妆品往往以系列产品形式出现。某化妆品公司针对消费者美白亮肤的需求和补水保湿的需求分别推出不同系列的产品，广告除了宣传新的系列产品外，也表明这个品牌旗下产品的全面性。在宣传新的针对消费者不同护肤需求的系列产品的同时，突出品牌的理念，使这个品牌进一步吸引了消费者的注意，增强了消费者的记忆。

5. 降低成本型新产品广告策略

降低成本型新产品以较低的成本提供同样性能的新产品，这类产品与原有产品几乎没有什么本质的区别。广告主要进行价格诉求，提醒消费者关注其产品降价或者打折的信息，同时产品的功能、品质没变甚至还有所改进或提高。

6. 重新定位型新产品广告策略

品牌重新定位就是对品牌进行再次定位，旨在摆脱困境，使品牌获得新的增长与活力。重新定位型新产品广告策略也就是说企业的老产品进入新市场的时候需要进行广告宣传。重新定位与原有定位有截然不同的内涵，它不是原有定位的简单重复，而是企业经过市场的磨炼之后，对自己、对市场的一次再认识。这类产品需要在产品商业化运作中进行创新，找准新产品对市场的诉求点，采取非常有创意的广告进行宣传。

（二）新产品人员推销一般策略

1. 试探性策略。这种策略主要是在不了解顾客的情况下使用，是一种运用刺激性手段引发顾客产生购买行为的策略。推销人员需要事先设计好能够引起顾客兴趣和购买欲望的推销语言，通过渗透性交谈进行刺激，在刺激中观察顾客的反应，然后采用相应的措施，进一步刺激和了解顾客的真正需要，从而引导顾客的购买行为。

2. 针对性策略。这种策略主要是在了解顾客的情况下使用，有针对性地对顾客进行宣传，以博得顾客的兴趣和好感，从而达到成交的目的。这种策略要求销售人员建立顾客资料档案，掌握顾客个性化的需求，在与顾客沟通的过程中，结合新产品的诉求点进行讲解以迎合顾客的需求。

3. 诱导性策略。这种策略是推销人员激起顾客的需求，诱发、引导顾客产生购买行为。这种策略对推销人员要求较高，既能因势利导，诱发、唤起顾客需求，又能够不失时机地宣传和推销产品，满足顾客对产品的需求。

（三）新产品销售促进策略

新产品上市不仅需要与终端的消费者沟通，也需要与帮助将新产品销售给消费者的渠道成员一起进行促销活动。新产品的促销活动需要将对二者的促销活动结合起来，运用渠道的推动力量和终端的拉力，来打开市场。

1. 针对渠道成员的新产品销售促进策略

（1）返利。返利的方法有许多种，包括实物返利、费用返利、扣点返利、现金返利等。其中，实物返利指的是当经销商进货时按一定比例赠送新产品实物。按照实物返利的比例，不赠送产品，而是换算成相应的费用，用于经销商在铺货、陈列及促销或其他规定方面的推广，这种费用返利的方式目的在于引导经销商学会正确的推广方式，对市场基础的建设，特别是上市初期比较有利。

（2）现金卡。分每张设奖和按比例设奖两种方式，在每箱产品中随机投放，凭卡可兑换现金、实物或抵扣等。每张设奖的方式适用于销量小的新产品，而按比例设奖的方式适用于销量大的新产品。采用这种方式主要是为了使批发商和零售商保证新产品顺利到达终端，从而提高新产品周转速度和通路占有率。

2. 针对终端消费者的新产品销售促进策略

（1）免费品尝。免费品尝的形式是在针对消费者的促销活动中运用得最多的，这主要也是针对快速消费品。我们在超市会看到乳品的免费品尝、啤酒的免费品尝、方便面的免费试吃等活动，洗发水等会发放相应的小套装免费试用。例如，蒙牛乳业进军深圳市场最重要的手段就是采用免费品尝的方式，通过街头拦截，对一些小区派送的方式，蒙牛产品很快进入了千家万户。蒙牛这一种十分普通的促销方式成功化解了竞争对手的围追堵截，使得蒙牛在深圳市场销售大大提高。

（2）赠送礼品。耐用消费品主要采用赠送礼品的方式。新产品上市之初往往赠送礼品让消费者更加愿意去尝试和购买产品。所赠送的物品一般与新产品本身相关，如现在有房地产公司提出"购买房子，赠送空调"的说法，空调和房子都是属于生活的一部分。

（四）新产品公共关系策略

公共关系是指通过获得有利的公众宣传，建立良好的公司形象，应对或消除不利的谣言、传闻及事件，从而与公司不同的客户建立良好的关系。公共关系的主体是企业、机关、团体等社会组织，此外也包括外部的利益相关者如顾客、竞争者、金融部门、新闻界、政府等。公共关系的主要目的是正确处理与社会公众的关系，建立良好的社会公众形象和社会声誉。企业进行公关活动，建立相互理解和信任的关系，实现企业内部信息的沟通。新产品沟通可以利用公共关系本身所具有的高度可信性、消除防卫性和低成本的特征进行沟通宣传。

三、新产品包装策略

在现代商业社会中，包装不仅成为产品一个最重要的元素，同时还成为城市流行文化的重要载体。在终端产品中可以看到现代包装的千变万化与五彩缤纷。而在新产品要素竞争中，包装所代表的品牌文化与价值体系也越来越为消费者所重视。我们见到消费者在产品终端流连忘返，不仅是享受现代物质带给消费者物质满足，也是在追求现代包装带给消费者精神愉悦。产品包装创新往往带给消费者前所未有的清新与提示，企业为满足消费者对于包装文化需要，不断在包装设计上推陈出新，创造了蔚为壮观的包装文化。

（一）新产品包装要素

新产品在包装设计上有没有规律可以寻找？企业在新产品创新中对于包装的运用技巧如何？特别是快速消费品，在产品包装创新上有哪些基本元素？

1. 颜色

颜色是新产品重要的胎记之一，新产品的颜色、新产品行业属性及新产品传播调性其实是统一的一个载体，在运用中必须具备十分吻合的特征。甚至于有些企业只要将本来不被消费者注意的颜色进行创造性识别、传播，可能就会创造一个富有活力的新产品。但是，对颜色在中国消费者心目中的预设意义一定要有远见，防止出现完全背离消费者认知的颜色定位。

2. 包装材料

包装用材也是组成新产品核心竞争要素的战略性元素，包装用材随着现在材料开发领域不断扩大而变得越来越为广大消费者所追捧，包装用材对于彰显新产品品位与风格具有十分重要的外在作用。

3. 包装的文字与视图创意

包装文字与视图创意是形成包装文化的又一重要因素。特别是包装中的文字使用，中国独特的方块式文字，使得中国企业产品包装中的文字运用成为最具中国特色的包装素材。

汉字的字体有数十种之多，各种字体有其形成的历史与代表的文化，因此，消费品包装在文字选择上或张扬，或严谨，或保守，或洒脱，或飘逸，或空灵。文字的灵动代表了中华文化与现代商业智能的完美结合。但是，我们却发现，中国企业在做产品时对西方的字母标准比较推崇，而对于中国文字本身的灵性缺少必要的传承，造成消费者对于中国文字传递的产品调性往往比较茫然。视图的角度选择与调性选择方面越来越倾向于卡通，反映出人们对于日益复杂图形的恍惚与迷茫。

4. 包装的版式与规格设计

包装版式与规格是现在新产品构建差异化的重要手段。尤其是在快速消费品行业，包装版式带给企业新产品往往是具有决定意义的市场销售推动。现在可以看到白酒、烟草、日化等产品各种规格齐全，消费者购买十分方便，在产品上市最初，很多企业在意识上还是比较落后，产品包装大小往往就是一个产品成功上市的法宝。

（二）**不同类型新产品包装策略**

包装是新产品无声的推销员，特别是消费类新产品的包装。在消费者品牌意识尚未形成之前，人们对新产品的选择在很大程度上依赖新产品的包装。

全新产品在包装上需诉求其新颖和独特，让消费者能够很好地认知。因此，如何凸显产品的新颖，吸引消费者的眼球，让消费者来认知这种新产品最为关键。改进型产品一般采用与原先类似的包装，同时做些改进，其包装不仅提示老顾客，而且突出改进的一面来吸引新顾客。模仿型新产品在包装上需要与其他类似产品实现差异化，突出品牌。重新定位型新产品一般采用更新的包装，与产品新的定位和市场一致。

四、新产品价格策略

在营销组合中，价格是唯一能产生收入的因素，是实现企业总体战略目标的手段和保证。因此，新产品定价是一个谨慎而科学的管理过程。在开始确定新产品的定价目标时，必须解决公司需要这一特定新产品达到什么样的价格目标，也就是新产品的产品、技术、目标群等一系列定位。如果企业已经选择了新产品的目标市场，进行了市场定位，确定了营销组合，价格将是相当明确的。假设一种新型高档豪华小轿车，外观高雅，造价昂贵，采用国际领先技术，定位金领群体，那么，它必然价格不菲，一般工薪群体望尘莫及。

(一)企业市场营销战略目标

1.追求市场地位

一般企业对市场地位的追求分为四种情况：创造新的市场机会、扩大现有市场占有率、保持市场占有率、争取中间商。市场占有率是企业竞争状况和经营能力的综合反映，市场占有率越高，产品销量越大，企业的市场地位越高，产品和品牌在消费者心目中的地位越稳固，也越能提高企业的盈利水平。而前三种情况反映的正是企业对市场占有率的孜孜不倦的追求。另外，建立和保持与中间商良好的合作关系对绝大多数企业来说是影响新产品营销目标实现的重要因素之一，而企业在处理双方关系时必然涉及经济利益，其中价格最为敏感。所以在具体定价时要考虑到中间商的合理利益，双方共同制定价格或给予合理折扣。

2.追求利润

微观经济学中，企业利润最大化有两种标准：总量标准即总收益与总成本之差最大，或边际收益等于边际成本时利润最大化。企业要实现利润最大化与价格紧密相关。只有制定科学合理的价格才能实现企业当期或长期的利润最大化。也有一些企业追求投资回报率，会制定预期利润率作为投资回报率的保障。但在现实的营销活动中，企业追求的最大利润或预期利润率又受到种种限制，难以如愿以偿。所以，有些企业只将它们作为参照标准，根据客观环境的变化再不断修改，以企业感到满意的盈利标准作为具体的定价目标。还有些企业为达到较高的市场占有率、反击竞争对手等会采取保本定价甚至亏本定价的策略，也是短期内企业可以接受的。

总之，新产品的定价受到企业各种营销战略目标的制约，同时也成为新产品定价的依据。

(二)影响新产品定价的因素

影响新产品定价的主要因素除了产品的定价目标以外，还有如下因素。

1.产品成本

产品成本是构成产品价格的主要部分，也是决定产品价格的最低界限，据资料统计，目前大部分工业品成本在出厂价中的比例平均达到了70%。在经济学中成本一般有两种分类：固定成本与可变成本，边际成本、总成本与平均成本。研究固定成本与可变成本主要为了确定成本变动与产量变动之间的关系，对成本进行动态分析。而研究边际成本、总成本与平均成本可使企业根据边际成本等于边际收入的原则，以寻求利润最大化时的均衡产量，也可以使社会资源得到充分利用。

2. 市场需求

公司可能采取的每一种价格都会导致一种不同水平的需求及由此对不同的营销目标产生的不同效果，因此需求一般有两个变量，即一种商品的价格水平及此价格水平上人们愿意接受并有能力购买的商品数量。价格和需求量一般成反比关系，就是价格越高，需求数量越少，反之亦然。但有时需求曲线的斜率也呈正数，如一种香水提高了价格反而销量更大，因为消费者认为更昂贵的价格意味着更体现品位的香水。然而价格定得太高，需求量还是会下降。在不同的市场上存在着不同的商品的价格变动，市场的反应又有所不同，这就涉及了经济学中又一概念——价格弹性。一般来说，缺乏弹性的商品，提价会使销售收入增加，降价会使销售收入减少；富有弹性的商品，则呈相反方向变化，提价会使销售收入减少，而降价会使销售收入增加。一般影响价格弹性的因素有：竞争的激烈程度、替代品的多少、产品必需程度、消费者购买力的高低等。

3. 竞争产品状况

直接竞争产品的价格和所提供的东西若与新产品相似，那么新产品的定价必须低于竞争者，否则无法真正占领市场；如果新产品是优越的，企业才可索要更高的价格，这是企业定价的起点。并且企业在定价时也必须考虑竞争者的反应。

（三）新产品一般定价方法

1. 撇脂定价法

用从鲜奶中撇取乳酪来比喻高价产品从消费者中赚取高额利润，其一般适用于不易模仿、受专利保护的全新产品、改进型产品或重新定位型产品，消费者需求迫切，随着时间逐步推移，价格可分阶段逐步下降，以利于从其他细分市场吸引新的需求弹性较小，没有竞争者或竞争者较弱的情形。这种定价法优点主要表现在：主动顾客群；适应性强，可与生产能力相适应，可限制需求量迅速扩张而造成供不应求的局面；能从市场中迅速吸取利润，较快收回成本；还有利于在消费者心目中树立企业、品牌和产品形象。但其缺点也很明显，价格高，不利于扩大市场，也容易招致竞争者，导致恶性竞争。杜邦公司是这种定价法的主要实施者，对尼龙、莱卡等最初制定一个根据新产品与有效代用品的比较利益而决定的较高价格，但仍使目标顾客认为值得使用而产生较大销量，当销售量逐步下降以后再降低价格来吸引价格敏感的顾客，这样使杜邦公司获得大量的最大额收入。

2. 渗透定价法

和撇脂定价法相反，渗透定价法的目的是争取最大的市场占有率和目标消费者。

它有许多优点：新产品能迅速被市场接受，快速打开销路，使成本随着生产的发展而降低，并且由于利润率低使竞争者望而却步，降低竞争的激烈程度。当新产品没有显著特色，竞争激烈，需求弹性又较大时，适宜采用这种定价方法。但是使用这种方法的前提是新产品必须有一个巨大的潜在市场，企业也有较大的生产规模和大型营销经验。如金佰利国际集团旗下的舒而美系列女性用品针对这一市场品牌众多的特点，在高质量的前提下，制定较低价格，此价格甚至比大众消费品牌安而乐更低，以此来占领市场，在很短的时间内迅速赢得消费者。但这种定价法会造成由于价格定得过低，而使品牌形象难以树立，甚至低得让消费者怀疑其存在质量问题。

（四）不同类型新产品定价策略

1. 全新产品定价策略

那些不易被模仿，受专利保护，消费者需求迫切，竞争者较少的全新产品一般采用撇脂定价法。当全新产品是耐用品时，主要也采用撇脂定价法。而全新产品为一般的消费品，竞争又比较激烈时主要采用渗透定价法。手机、平板电脑、蓝牙耳机等新产品最初上市的时候其价格相对较高，购买的人群也比较少，而现在这些数码产品已经成为一种较为大众的消费品，其价格相对于刚研制成功时来说已经降低很多。

2. 改进型新产品定价策略

随着新产品包装、规格、性能等方面的改变，这类新产品往往会因产品的重新定位、渠道的重新选择、成本的增加等原因适当提高原有产品的价格，但价位一般与原有产品一致。

3. 其他类型新产品定价策略

当模仿型新产品无显著特色，竞争激烈，有巨大潜在市场，企业有较大生产规模和大型营销经验时，一般采用渗透定价法。模仿型新产品一般会考虑竞争对手的定价，然后采用一个适合该新产品的价格。成系列型新产品的定价一般会沿用原有产品的定价策略，与原有产品保持一致。降低成本型新产品由于成本的降低往往会打出低价的概念，比原先产品价格要低一些。而重新定位型新产品依据所进入市场具体行情，当该市场已经存在强大的竞争对手，往往采用比竞争对手略低一些的定价策略；当品牌本身具有较高的知名度，且企业实施的品牌有战略要求的情况下，可以采用企业一贯的定价原则。

五、新产品渠道策略

现代市场营销理论和实践证明"谁控制了渠道，谁就赢得了客户"。新产品入市阶段，其产品本身的易腐性、季节性、质量、体积等因素决定渠道的长短。消费者本身的数量、分布情况、购买心理、文化程度、态度等因素也会影响渠道的选择。企业本身的能力和愿望决定着新产品渠道的设计和策略。最佳的渠道是以最小流通费用，取得最大利润和控制效果。因此，分销渠道对新产品的快速扩散十分重要。

（一）影响新产品营销渠道策略的因素

1. 产品性质

产品性质包括很多方面，如产品的生命周期、易腐性、季节性、流行程度、体积、质量、价格、附加服务、购买频率等。一般而言，便利品的密集分销与长渠道相互关联。而特殊产品在特定区域的选择性分销决定了渠道较短。

2. 消费者特点

渠道设计在很大程度上同样受消费者特点的影响。消费者的特点多种多样，譬如消费者的数量、分布状况、购买心理、文化特征、态度倾向等。当企业进入一个大规模或消费者分布广泛的市场时，一般选择长渠道以满足其随时购买，反之则可采取较短渠道。

3. 企业经营状况

企业本身的规模、能力与信誉等直接影响渠道的选择，因为这涉及企业能否控制销售渠道，中间商是否愿意与企业合作。若公司的财务状况良好，营销管理能力强，则可承担一部分或全部的渠道管理的营销职能，若企业内部状况不允许或没有直接管理渠道的愿望，则可委托中介机构管理，当然这些中介机构是要与你分享利润的。

4. 市场环境

从微观环境看，新产品的分销渠道最好与其代用品采取不同的渠道，新产品经理必须有一个概念就是渠道的选择也可以创新。另外，零售商规模的大小也与渠道选择密切相关，如果某市场上零售商规模大，进货多且频率高，制造商完全可以不通过批发商而直接卖给零售商，采取较短的销售渠道；相反，如果中小型零售商数目多，竞争激烈，则通过批发商的长渠道，以取得较高的营销效益。从宏观环境分析，经济形势对企业营销渠道的决策也有较大影响。在通货膨胀的形势下，市场需求降低，企业的关键是控制和降低产品的最终价格，避免不必要的流通费用，因此大部分企业都采取短渠道销售。若经济形势良好，企业选择营销渠道的主动权会更大一些。

（二）不同类型新产品的渠道策略

1. 全新产品和开拓新市场的新产品渠道策略

全新产品的出现意味着将要开拓一个全新行业，而进入新市场的新产品也一样，这个营销渠道的建设首先面临的问题就是采用直接销售还是间接销售。直接营销渠道即我们一般所说的厂家直销，这种渠道对验证和开发顾客兴趣来说是一种很重要的方法。如果事先已研究过了目标消费者，则可以只与那些预期顾客取得联系，快速发掘新产品的潜力。若采用信函或电话的方式，那么销售范围受限制较小。直销的最大优点就是节约流通成本，提高了利润率，并且不受中介渠道的各项限制，延长新产品市场推广的时间。但若要占领较大市场，则启动费用和成本同样很大，企业孤军奋战使风险增大，顾客接触新产品的方式和途径也很单一，常常无法亲自感受它的存在。

如果新产品具备以下一条或几条特征，采取直接渠道比间接渠道有优势：运输和储运复杂、批量采购订货很多、质量的担保很重要、产品的客户化程度很重要、技术的复杂性导致对信息的要求很高。

若采取间接渠道，将会面临是自建还是依靠流通商现有渠道的问题。与流通商合作，他们有完善的销售体系，可以在一个有效的地理范围内销售新产品，从而极大地扩展产品影响范围。有的行业流通商还会在产品基础上再增加服务，如编入当地存货目录、财务支持、提供当地售后服务等。但他们也是流通商，这就意味着要分利，他们还会根据产品具体的市场情况，推迟接受新产品或不作促销地接受新产品，这些方式的运用都取决于流通商是否有利可图和能盈利多少。并且如果流通商已经接受了竞争对手的产品，那就很难再让他们接受你的新产品。这还只是一方面，另一方面选择行业流通商意味着将不能进行渠道创新，而传统的销售模式不一定完全适合全新产品的需求，在这一点上必须认真考虑，不能仅仅因为节约成本、降低风险就委曲求全。

销售模式确定后就要开始艰苦卓绝的建设活动了，就像燕子衔泥一样，一点一点地构建自己的王国，一点一点地赢得自己的竞争优势。

2. 改进型和模仿型新产品的渠道策略

这类新产品的出现意味着产品已步入成长期，竞争将会愈演愈烈。对于新进入的厂家，跟进全新产品的销售模式当然可取，若是在渠道的建设中采用一些新的元素就更好了，这不仅适合自己的实力，也是差异化的一种体现。

3. 形成系列型或降低成本型新产品的渠道策略

这两种新产品的销售一般采用企业已经建立起来的销售网络，这是企业的资源，推出这两种新产品的目的之一就是充分利用现有资源，利用企业原有品牌和销售渠道，以较小的边际成本取得最大利润。格力电器以"区域股份制销售公司"模式开启其销售渠道合伙人制模式。这一模式使原本属于外部独立商业组织的经销商群体，一夜之间成了专营格力产品的生力军，其熟悉各自所在的区域市场，并善于利用一切资源建立和维护格力空调在竞争中的优势地位。

第四节　新产品的知识产权保护

一、创新保护的必要性

从我们与经济发达国家的差距看，经济与社会发展再靠过去那种挖潜资源、廉价劳动力投入和简单来料加工是越来越难以为继了，科技进步，竞争加剧，创新已成为经济社会发展的动力源，也是我国实现科学发展、建设创新型国家的必然选择。知识产权为生产和销售产品提供可能性，它与技术、市场三位一体，协同发展，是与技术、市场同等重要的资源。近年来知识产权的重要性、话题性、国民普及度一再提高，而它在技术创新中的作用也日益朝向更深入更多样的方向发展。

创新的价值在于知识，而知识产权的保护，无疑是对创新价值的维护，是创新的强大推动力。创新中必然有挫折和风险，创新与技术专利保护缺失的风险。专利特别是核心发明专利是进入市场不可或缺的通行证，更需要知识产权的保护。经济全球化，使资本、信息、技术和人才等要素在全球范围内流动与配置。但是西方并不会因为经济全球化而放弃贸易保护，经济危机时尤甚。

（一）企业知识产权保护

随着世界范围内知识产权保护水平不断提高，知识产权在世界经济和科技发展中的作用日益凸显。许多国家，尤其是发达国家已把知识产权保护问题提升到国家政策方针和发展战略的宏观高度，把加强知识产权保护作为其在科技经济领域夺取和保持国际竞争优势的一项重要战略措施。

知识产权保护制度的本质特征是鼓励创新，它通过依法保护知识产权权利人的合法权益来激发人们的发明创造热情。在知识产权制度下，知识产权具有显著的生产力特征。

（二）利用知识产权促进技术创新

知识产权制度设计为企业的发明创造、智力创新成果提供了有效的法律保障机制；为企业技术创新注入动力，能够有效激励发明创造；知识产权制度建立了技术（专利）信息的传播机制，为企业技术创新提供了信息资源；可以大大节约技术创新成本，有效缩短技术创新周期；知识产权制度设计，建立了企业的市场营销导向机制；知识产权制度的建立，有利于规范企业的生产经营行为，创造诚实守信、公平竞争的市场环境；企业的生产经营活动要受到知识产权的制约，企业的技术研究开发、市场营销活动要以尊重知识产权、保护知识产权为前提；知识产权保护使得企业面临的技术创新障碍不断增多，生产经营活动中面临的知识产权侵权风险越来越大。

创新是推动社会进步，历史前进，促进人民生活水平提高，调整各产业格局的强大动力。创新的形式丰富多样，创新常常和创造、创作、发现、发明、专利、作品等概念相互关联。创造性的判定，即必须同时具备独创性和首创性。可以说，企业的技术创新活动与知识产权工作息息相关，要实施有效的技术创新，必须时刻关心知识产权问题，要将对知识产权的战略性运用贯穿于企业技术创新的全过程。

企业在技术研发环节中，科研选题、立项、研究、开发各环节都涉及技术情报、信息的利用，尤其要重视专利信息的利用。有效利用专利信息，可以分析掌握本技术领域的整体水平、发展趋势、主要竞争对手、主要技术或关键技术所在，有利于准确选题，避免专利侵权、重复研究，提高开发起点，节约研发成本和时间。

（三）企业知识产权和技术创新相互作用

决定企业综合实力的一个关键因素是企业的科技创新能力，具有强大的创新能力企业就会发展强大，反之没有创新能力则必定会失败，这是由市场经济的自由竞争决定的。但是如果企业仅仅注重创新却不注重企业的知识产权保护，则企业的创新成果很难给企业创造应得的经济效益。

当代的企业发展中，企业应该同时注重科技创新和知识产权保护，并将两者很好地结合起来。知识产权保护对企业的技术创新有积极的促进作用，同时企业没有科技创新，知识产权保护制度也就成为无本之木。因此需要建立知识产权制度保障企业的科技创新，企业需要加强自身的科技创新能力，提高自身的知识产权保护效果，使科技创新和知识产权保护相互作用相互促进。

知识产权保护是保证技术创新成果权利化、资本化、商品化和市场化的基本前提之一。技术创新成果需要知识产权的保护，知识产权保护的完善反过来又大大激励和推动了技术创新，成为技术创新促进科技进步的关键。知识产权是企业控制技术、树立形象、获取竞争优势的手段。

二、知识产权概论

1. 知识产权的概念

知识产权是人们依法对自己特定智力成果、商誉和其他特定相关客体等享有的权利，是指自然人、法人、其他组织享有的基于智力活动创造的成果和经营管理活动中使用的标志等而依法享有的专有权利。

首先，知识产权的客体不是有形物质，而是智力成果或商誉等非物质性客体，区别于物权。其次，只有符合知识产权法规定的特定形态和特征的知识形态才可能成为知识产权的客体。最后，知识产权的客体并不一定与智力创造有关，如把自然界的图案作为商标。

知识产权的范围：著作权、专利权、商标权，以及新型知识产权。

2. 知识产权的特征和性质

（1）知识产权的特征：知识产权的特征是指知识产权相对于物权而言所具有的特征。

①客体具有非物质性。作品、发明创造、外观设计和商标标识等获得了物质载体并不等于享有物质载体所承载的客体的知识产权。

②专有性，是指非经知识产权人许可或法律特别规定，他人不得实施受知识产权专有权利控制的行为，即独占性和排他性。

③地域性，是指除非有国际条约、双边或多边协定的特别规定，否则知识产权的效力只限于本国境内；必须分别向对方的国家重新申请。

④时间性，是指有多数种类知识产权的保护期是有限的，一旦超过法律规定的保护期限就不再受保护了。

对于商业标记、商业秘密等非智力创造成果或非公开性信息而言，由于其原本就不是他人进行创作或创造活动的基础，或者原本就不能为公众所获得，所以可以一直进行保护，但对于注册商标需要在法定期限内进行续展才能获得持续的保护。

(2)知识产权的性质：知识产权调整的关系主要是民事主体之间等价有偿的财产关系，权利的行使主要取决于民事主体之间的意思自治，所以知识产权是私权。知识产权属于私权并不意味着知识产权的行使完全不受国家公权力的调整和干预。

(3)知识产权法的基本原则：鼓励和保护智力创造活动；促进智力成果推广应用；维护国家利益、社会公共利益；立足于国内兼顾国际惯例。

三、专利

(一)专利法律制度概述

1.专利权的概念：专利权是国家根据发明创造人或设计人的申请，以向社会公开发明创造或设计的内容，以及发明创造或设计对社会具有符合法律规定的利益为前提，根据法定程序在一定期限内授予发明创造人或设计人的一种排他性权利。

2.专利权的特征

(1)独占性更强。

(2)以向社会公开技术为条件。

(3)经审查后才能依法定程序授予。

(4)地域性等限制更加突出，仅要求各个缔约国在专利申请方面对来自其他缔约国的申请人实行国民待遇，并未要求各缔约国获得的专利权。

3.专利制度的作用

(1)鼓励发明创造。

(2)促进发明创造投入实际应用。

(3)提供技术信息和资料。

4.专利制度与发明奖励制度

(1)所有权归属不同：后者所有权归国家。

(2)获得程序不同：前者有法定程序，后者行政隶属，逐级上报。

(3)对技术领域的限制不同。

(4)涉外情况不同，后者仅限于国内。

(二)专利权的客体

1.发明

(1)发明的概念：发明是指为解决较为重大技术问题而对产品、方法和改进提出的新的技术方案。

(2)发明的构成条件：①必须是正确利用自然规律的结果。②必须是一种技术方案。③能够被较为稳定地重复实施。

(3)发明的种类：①产品发明。产品发明是指通过智力劳动创造的，能以有形形式表现的各种制成品或产品。②方法发明。方法发明是指把一种物品或者物质改变成另一种状态或另一种物品或物质所利用的手段和步骤的发明。③改进发明。或针对产品，或针对方法。对改进发明的事实需要获得基础发明专利人的许可。

2. 实用新型

(1)实用新型的概念：实用新型是指对产品的形状、构造或者其结合所提出的适于实用的新的技术方案。

(2)实用新型的特征：①实用新型必须是一种具有形状或者构造的产品。②该形状、构造或组合能够解决技术问题。

(3)实用新型专利和发明专利的区别

①两者的专利性要求不同。较之发明专利而言，实用新型的创造性水平较低。

②两者的保护范围不同。获得发明专利保护的可以是产品发明、方法发明，也可以是改进发明。而实用新型专利保护的范围仅限于对产品的形状、构造或者其结合所提出的适于实用的新的技术方案，实用新型不涉及新方法。

③两者的申请审批程序不同。实用新型专利申请手续比较简便，只需初步审查，不进行实质审查。而对发明专利申请既要经初步审查，还要经过公开和实质审查方可作出授予专利权的决定。

④两者的保护期限不同。实用新型专利保护期限为10年，发明专利的保护期限为20年。

3. 外观设计

(1)外观设计的概念：外观设计是指对产品的形状、图案或者其结合以及色彩与形状、图案的结合所作出的富有美感并适于工业应用的新设计。

(2)外观设计的特点：外观设计、发明与实用新型有本质区别，法律并不要求外观设计解决任何实际技术问题。

①外观设计是对工业产品外观的设计；要求图案固定可见，并且是对产品的整体设计。

②外观设计是对产品形状、图案和色彩的设计；色彩不能单独构成外观设计。

③外观设计富有美感。如果一种对产品形状的设计既富有美感，又是一种技术方案，设计人可以选择申请实用新型或外观设计。

4. 不予授予专利权的对象

(1)违反法律、社会公德或妨害公共利益的发明创造；获得专利并不等于专利人就可以自行实施专利。

(2)依赖以违法方式获取或利用的遗传资源完成的发明创造；并依赖该遗传资源完成的发明创造。

(3)向外国申请专利前，未依法报请保密审查的在中国完成的发明或者实用新型。

(4)专利法特别予以排除的对象。

①科学发现。②智力活动的规则和方法。③疾病的诊断和治疗方法。④动物和植

物品种。(细菌、真菌和病毒等微生物在专利法上既不是植物也不是动物,因此,如果有产业用途即可授予专利权。培育方法也受保护)。⑤用原子核变换方法获得的物质。⑥对平面印刷品的图案、色彩或者二者的结合作出的主要起标识作用的设计。

四、著作权

(一)著作权法律制度概述

著作权是民事主体依法对其作品及相关客体所享有的专有权利。我国著作权法规定版权与著作权系同一语。著作权有狭义和广义之别,前者仅指对作品的权利,后者则除了对作品的权利外,还包括相邻客体的权利,即邻接权。

(二)著作权的客体

1. 作品的概念

著作权法所称的作品,是指文学、艺术和科学领域内具有独创性并能以某种有形形式复制的智力成果。即,首先,作品必须是人类的智力成果;其次,作品必须是能够被他人客观感知的外在表达;最后,只有具有"独创性"的外在表达才是作品。

2. 独创性

独创性不是首创也不是独一无二。

(1)独创性的"独"。

独创性的"独"是指"独立创作,源于本人"。劳动成果在两种情况下符合"独创性"中"独"的要求:第一,劳动成果是劳动者从无到有独立创造出来的;第二,以他人已有作品为基础进行再创作,而由此产生的成果与原作品之间存在着可以被客观识别、并非太过细微的差别。

(2)独创性的"创"。

独创性的"创"是指一定水准的智力创造高度。应具备最低限度的智力创造因素。

(3)独创性与侵权认定。

"接触+实质性相似":在著作权侵权诉讼中,即使被告的成果与原告作品实质性相似,但若被告能够举证该部分并非原告独创,而是源于第三人,那么原告的诉讼请求也不能成立。

3. 不受著作权法保护的对象

不受著作权法保护的对象(不受著作权保护并不意味着不受其他法律保护)。

(1)思想:思路、观念、理论、构思、创意、概念;(注意思想与表达的分界、混合原则与场景原则)思想无版权。

著作权并非只保护表达形式,不保护内容。著作权是只保护表达,而不保护思想。

如果一种"思想"实际上只有一种或非常有限的几种表达,那么这些表达也被视为"思想"而不受保护,这就是"混合原则"。在文学作品中,如果根据历史事实或者人们的经验、观众的期待,在表达某一主题的时候,必须描述某些场景,使用某些场景的安排和设计，那么这些场景即使是由在先作品描述的，在后作品以自己的表达描写相同场景也不构成侵权。

（2）操作方法、技术方案和实用功能；某些物品既具有实用功能，又具艺术美感。只有当实用艺术品中的艺术成分能够在物理上或观念上独立于其实用功能而存在时，著作权法才对该艺术成分加以保护。

（3）事实及对事实无独创性的汇编；客观事实本身不受著作权法保护。著作权法不适用于时事新闻，但如果其不是单纯的"单纯事实消息"，而是加入了以文艺手法创作的新闻评论，则其中具有独创性的表达仍然受保护。

（4）被法律禁止出版、传播的作品。

（5）法律、法规、政府决议、决定、命令、法院判决等具有立法、行政、司法性质的正式文件。

（6）竞技体育活动；其展示的是运动力量与技巧，而非以展示文学艺术或科学美感为目标，不能成为作品。

（7）公有领域的作品。

4.作品的分类

（1）文字作品：小说、诗词、散文、论文等以文字形式表现的作品。

（2）口述作品：即兴的演说、授课、法庭辩论等以口头语言形式表现的作品。

（3）音乐、戏剧、曲艺、舞蹈、杂技艺术作品。

（4）美术、建筑作品：建筑作品并不包括平面建筑设计图和建筑模型。

实用艺术品受保护的条件：实用功能与美感必须能够相互独立；能够独立存在的艺术设计具有独创性；应该达到较高水准的艺术创造高度。

（5）摄影作品：借助器械在感光材料或其他介质上记录客观物体形象的艺术作品。

（6）影视作品：摄制在一定介质之上，由一系列有伴音或无伴音的画面组成，并借助适当装置放映或以其他方式传播的作品。

（7）图形作品和模型作品。

①图形作品：为施工、生产绘制的工程设计图、产品设计图，以及反映地理现象、说明事物原理或者结构的地图、示意图等作品。其由点线面和各种几何图形组成，饱含设计者眼中的严谨、精确、简洁、和谐与对称之美。如他人未经许可按照设计图建造或者制造出了工程或产品，是否构成著作权侵权要看该工程或艺术的美感与其实用功能是否能够分离。

②模型作品：为展示、实验或观测等用途，根据物体的形状与结构，按照一定比例制成的立体作品。

（8）计算机软件。计算机程序及有关文档。

第三章　创业团队与创业机会

第一节　理解创业者与构建创业团队

一、创业者角色与特质

（一）创业者

创业者是指某个人发现某种信息、资源、机会或掌握某种技术，利用或借用相应的平台或载体，将其发现的信息、资源、机会或掌握的技术，以一定的方式转化、创造出更多的财富、价值，并实现某种追求或目标的过程的人。

创业者一词是由法国经济学家坎蒂隆于1755年首次引入经济学。1800年，法国经济学家萨伊首次给出了创业者的定义，他将创业者描述为将经济资源从生产率较低的区域转移到生产率较高区域的人，并认为创业者是经济活动过程中的代理人。著名经济学家熊彼特则认为创业者应为创新者；这样，创业者概念中又加了一条，即具有发现和引入新的更好的能赚钱的产品、服务和过程的能力的人。在欧美学术界和企业界，创业者被定义为组织、管理一个生意或企业并承担其风险的人。创业者的对应英文单词为Entrepreneur，Entrepreneur有两个基本含义：一是指企业家，即在现有企业中负责经营和决策的领导人；二是指创始人，通常理解为即将创办新企业或者是刚刚创办新企业的领导人。

总而言之，创业者的含义随着人类社会经济的发展而不断赋予更多的意义，但始终有一点是不会变的，创业者可以通过创新创业教育的培养来提升创业素质和创业能力。创新创业教育已经成为21世纪青年需要拥有的与学术教育、职业教育并列的"第三本护照"。

（二）创业者应具有的素质

1. 欲望

欲望属于一个心理学名词，是指由人的本性产生的想达到某种目的的要求，欲望无善恶之分，关键在于如何控制。欲望是世界上所有动物最原始的、最基本的一种本能。从人的角度讲是心理到身体的一种渴望、满足，它是一切动物存在必不可少的需求。一切动物最基本的欲望就是生存与存在。欲望是人类产生、发展、活动的一切动力。世间一切人类的活动，无论是政治、战争、商业，还是文化、宗教、艺术、教育等，都是人类欲望驱动后的结果。

欲望可以使人成功，也可以使人失败。所以我们将欲望列在中国创业者素质中的首位。创业者的欲望和普通人的欲望的不同在于，他们的欲望往往需要打破人们以往对事物的普遍认识，超越当前，打破常规，才能够实现。而具有强大欲望的创业者往往也会伴随着强大的执行力与冒险精神。

2. 忍耐

忍耐是指把痛苦的感情或内心的感受控制住，不让其表现出来；经受困苦或艰难。在这里把痛苦的感情或内心的感受控制住，也指找准时机，耐心等待。

忍耐是创业者必须具备的素质。一个人能否成大器，与其自身的品质息息相关，一个人越能成大器，越拥有忍耐的能力。创业者一定要有一种坚韧不拔、宠辱不惊的魄力与定力，遇见困难时一定要沉得住气，不轻易畏惧所面临的难题，做好充足的应对，耐心等待，找准时机，弯道超车，进行突破。

3. 眼界

眼界，指目力所及的范围。引申指见识的广度。眼界广者其成就必大，眼界狭者其作为必小。眼界是创业者必备素质之一，就创业者而言，必须见多识广，广博的见识、开阔的眼界，可以很有效地拉近自己与成功的距离，减少不必要的弯路。眼界决定了创业者的创业思路，思路决定了出路。一般创业者的创业思路有几个共同来源：职业、阅读、行路、交友。

4. 明势

作为一个创业者，首先得明势，所谓势者，就是事物的发展趋向。势有大小之分。大者，国家政局的变化、世界格局的重组等；小者，市场的需求、自身的优势等。在政策方面，国家鼓励发展什么，限制发展什么，对创业之成败更有直接的关系与影响。所以创业者一定要跟对形势、研究政策，做对了方向，顺着国家鼓励的层面与方向努力，事半功倍；做反了方向，如某行业国家正准备制定政策进行限制、淘汰，而你偏偏赶在这时撞了进去，则一定会鸡飞蛋打。

5. 敏感

敏感是指感觉敏锐，对外界事物反应很快，皮肤或神经上比较敏感的部分；也指反应很快速，对一件事或某种东西非常敏锐，察觉快速，可很快判断或反应过来。敏感是创业者必备素质之一，创业者的敏感就是指对外界环境如市场、消费者、社会等因素变化的敏锐察觉，尤其是对商业机会的快速反应。

6. 人脉

人脉是"经由人际关系而形成的人际脉络"，经常被用于政治或商业的领域，但其实不论做什么行业，人人都会使用人脉。创业不是引"无源之水"，栽"无本之木"。每一个人创业，都必然有其依凭的条件，也就是其拥有的资源。创业的过程就是创业者建立、整合和拓展资源的过程。而其中最重要的就是人脉资源，创业者应具备构建其人际关系网和社会网络的能力。每个人的身后都有属于自己的人际关系网及人脉资源，如果创业者能在最短的时间内建立起最广泛的人际网络，那就相当于建立了一个庞大的人际资源"库存"，这个"库存"将会在创业成功路上发挥出至关重要的作用。

7. 谋略

谋略是指通过对眼前和长远的问题思考而制定的解决对策和方案。谋略，即计谋策略，是矛盾双方（两个以上的人或集团）为创造有利条件实行全盘性行动的计划和策略，最大限度地运用各种力量，以实现各自的目的。商场如战场，在产品同质化严重、市场竞争激烈的状况下，创业者的才智谋略将在很大程度上决定其创业的成败。谋略，说白了就是一种思维方式，一种处理问题和解决问题的思路和方法。对于创业者而言，谋略没有高低之分，没有好坏区别，只有适用与不适用的问题。

8. 胆量

胆量，意为不怕危险困难的精神，敢作敢为无所畏惧的魄力。创业本身就是一项冒险活动，伴随着风险，因而创业者需要具备强大的心理素质以及胆量、胆识。冒险精神是创业者精神的一个重要组成部分，但创业毕竟不是赌博，创业者需要提前研究国家形势、政策，分析市场需求、消费者心理，这样在经过努力后，才有可能创业成功。

9. 分享

分享是指与他人共同享受、使用、行使。作为创业者，一定要懂得与他人分享，而这里的"他人"，指的就是自己的合作伙伴，即创业团队、公司员工等。一个不懂得与他人分享的创业者，是不可能将事业规模做得越来越大的，甚至创业尚未成功就"财聚人散"了。创业者要想真真正正地实现自己的利益最大化，光有自利是不够的，还必须利他。

10. 自省

自省主要指一种学习能力。创业是一个不断探索的过程，创业者在此过程中难免会犯错。自省，正是认识错误、改正错误的前提。对于创业者而言，自省的过程就是学习的过程、进步的过程。成功的起点乃自我分析，成功的秘诀则是自我反省。成功的创业者有一个共同之处，就是都非常善于学习，非常勇于进行自我反省。

一个创业者在创业的道路上遭遇挫折，处于低谷是很常见的事，这种时候，自我反省能力和自我反省精神能够很好地帮助其渡过难关。对于创业者来说，应该时刻反省自己，唯有如此，创业者才能时刻保持清醒的头脑。

（三）大学生创业与学业

现代社会，选择创业还是学业是摆在广大大学生面前的关键问题。大学生如何选择，是先富"口袋"，还是先富"脑袋"？

对于学生创业，一种意见认为，大学生毕竟还是学生，理当以学业为重，为了创业而放弃学业，从长远看肯定得不偿失；另一种意见则认为，读书只是一个阶段性的手段，就业、创业、为社会创造效益和财富才是最终目的，既然有的学生已经具备了到社会上去一试身手、大展宏图的实际能力，那么他们离开学校，全力以赴投身创业就是一件合情合理的事。

1. 学业是创业的基础，学生应以学为主

大学生创业之所以被冠以"大学生"这一限定词，有其独特的含义。大学生创业是指正处于求学阶段或者刚完成学业，被社会认定为"大学生"的群体所从事的创业活动。因此，这些创业者同时具备的身份是学生，学生是他们创业的重要基石。社会对大学生创业之所以充满信心的一个原因，是大学生创业者具有相对较高的科技创新能力，这与大学学习能帮助其提升综合素质和专业知识技能密切相关。这些专业知识和技能使大学生拥有就业与创业的基本能力，而综合素质能使其在职场、在社会上飞得更高更远，发展更好。事实上，分析近年涌现的大学生创业者的整体情况，不难看出，能够迈出创业步伐的创业者，大多有着较好的学业基础，他们在创新思维、科技发明创造、开拓进取等方面是学生群体中的佼佼者。毫无疑问，正是拥有坚实的学业基础，他们的创业行动才会引起社会的如此关注，关注他们能否将所学所获用于实践，关注他们的实践能否反过来推动、刺激他们的所学。

当前，我国政府大力倡导"大众创业、万众创新"，大学生投身到火热的就业创业中是响应政府号召主动对接"大众创业、万众创新"的一种积极表现。大学生创业成功与否，与其项目的选择关系密切。要使自己的产品和理念在市场运作中具有竞争力，大学生创业项目就有必要结合自己的学业，充分发挥特长。初次创业的大学生，应选择自己特长的项目和行业，如果一味跟风模仿他人的成功模式、成功项目，创业计划项目很难得到风险投资人的青睐，创业也难以取得成功。

2. 读书只是手段，创业与财富以及为社会创造价值才是目的，需要全身心投入

大学生创业之初，由于对市场、对管理、对社会不熟悉，需要投入大量的精力，尤其是作为新成立的企业的负责人，必须投入全部的精力，以"破釜沉舟"的状态与其员工同甘共苦，才能取得创业的成功，如果同时要去完成学业，自然会分散精力，

一个人的精力是有限的，既要做好学生，又要做好创业者，对大多数人而言，是不现实的。对于刚迈出创业脚步的人来说，更是如此。即便在企业步入正轨之后，如果既要同时兼顾学业和创业，也不是一件容易的事。

无论是侧重学业还是创业，其实各种观点都有各自的道理。但是两者其实是有一致性和可协调性的，即有创业意向的学生认为在校所学专业对自己的事业影响不大，则可以适当侧重创业和项目；但是如果在校所学对自己今后一心从事的项目有帮助，则需要在校全身心投入学业当中。

（1）学生在校期间所选的学业和专业，如果对自身所选项目和未来职业规划而言有辅助作用，甚至必不可少，则学生应该而且必须全身心投入此学业的学习当中。既然在校的学业与自己的创业方向是相辅相成的，那么此专业的知识在今后一定会对自身有极大的帮助，需要我们广大创业者在校认真对待，坚决不能放弃学业。而且在校期间一定要对此方面的知识有一个比较系统的学习，如果创业者放弃学习，而全身心投入自己的项目，那么在离校之后很难有时间精力以及资源去自学。比如，如果市场营销的学生创业，想从事新产品的销售和推广，那么他就必须坚持将自己专业成绩提升，并且还需要不断从课外多了解相关知识，多阅读相关营销书籍。市场营销与自己从事的创业项目可以说是息息相关，不仅可以从理论上有系统的了解，还可以从相关老师身上学习诸多案例甚至老师自身的相关经验，这些知识对于初出校园、涉世不深的大学生而言是相当宝贵的，此时如果放弃市场营销的学习，那将是得不偿失的不明智举动。一旦脱离校园，没有了老师的经验分享和指导，学习的效率和成就显然低得多。况且脱离了校园谁又能保证自己还会有学生时期的学习劲头呢？所以一旦放弃这些对自身有帮助意义的专业，就可能意味着永远失去了学习的机会。那么，对于这些有用的课程又该如何有效地学习呢？

①学好专业。首先需要对此课程作深入研究，下苦功夫学好，要真正做这个行业的专才，未来在此行业才有发言权。

②跟随大师。所谓名师出高徒，之所以被称为大师就是因为他们有异于常人的远见卓识，学术成就和做人做事的经验，他们的育人方法也往往高人一等。

③沉浸图书馆。除了跟随大师，还要经常去图书馆。要到图书馆去博览群书，围绕着自己感兴趣的和本专业相关的书籍仔细研究，拓展自身的知识面，未来才不会面临"书到用时方恨少，事非经过不知难"的尴尬。

各大高校目前非常重视创业教育，学校为学生提供演讲、学术、实践、社团、第二课堂、生涯教育、团队训练、岗位见习、创业实践基地等活动训练，深入社会实践基地，了解企业运作，有机整合第一课堂课程教学和第二课堂创业实践活动，逐步唤醒大学生创业意识，挖掘大学生的创业潜能，鼓励大学生们开拓创新，提高创造性思维培养，提升创业受挫力，着力培养大学生的人文素质和创新精神。

大学生创业培育基地 校企协同育人新模式

相关研究报告显示，我国跨境电子商务交易规模以 30% 年均增速递增，随着跨境电商行业的兴起，跨境电商人才的区域性供需矛盾更加突出。

为了破解高校培养和行业需求的矛盾，为跨境电商行业培养更多人才，一些高校进行了积极有益的探索。例如，有些学院借助区域优势和专业特色，依托电商专业及国际贸易等专业，与电商联盟成员企业搭建深度对接平台——跨境电商大学生创业培育基地，积极探索校企协同育人新模式。培育基地建设采取校企合作模式，实训场地、计算机设备等基础设施由学院提供，运营系统和相关产品由企业提供。同时，企业还提供从基本业务流程、市场推广方案、电商营销策略、贸易实训、执业资格考试到创业就业引领的一站式指导。通过基地的全环节实训学习，学生能够在真实的电商运营环境下全方位实践学习跨境电商的业务运营知识，为创业就业打下坚实基础。这种创业培育基地综合实训平台打通了高校联系社会的渠道，通过协同整合校企资源，实现了理论与实践的无缝对接。一方面，同学们不出校门就能够参与企业运营，感受企业文化，在创业方面得到全方位的支持和引导，实现学业与创业的融合；另一方面，企业能够深度介入高校专业教学环节，订单式培养毕业就能上岗的企业紧缺人才，真正做到了校中企，企中校，校企协同育人，以学生成长为核心，以真实创业为实战，旨在提升职业素养和就业、创业能力，为社会输送优质人才，服务区域经济发展，真正实现高校人才培养与企业人才需求的无缝对接，实现校企合作的双赢。

（2）如果在校所学专业与今后所从事的事业和项目完全无关，或者对此知识的学习完全没有兴趣，那么建议可以转入与未来职业规划相关的专业去进行学习，也可以在毕业后考虑进一步深造继续攻读硕士研究生，或者出国留学。

①重点分明，边创业边提高综合素养。当你所学专业与今后想从事的工作和创业完全不相关，但是自己又错过了转专业的时间段，则可以考虑侧重创业，以边创业边学习来提高自己的综合素养。可以专注于自己的创业项目和与创业项目相关知识的学习来拓展课外知识，多参加有意义的社会实践活动，不断充实自己，为今后创业就业打基础。例如，一个大学生将来想开超市，而他的专业是电子物理。那么对他而言，电子物理的课程能通过考试，正常获取毕业证就好，他可以一心一意去实践自己的创业项目，通过课外学习学会经营好超市的相关知识。

②升学可以为创业积累知识、能力与人脉资源。大学生在设计个人创业生涯时，

应该把眼光放长远，保持清醒的头脑，明确自己想要什么，往哪个方向发展，为此狠下功夫，争取所需的资源和条件。升学不但对日后的就业有帮助，对创业也助益不少。在本科、研究生阶段积累的社会资源更紧密，更强有力，更有针对性，因为你的导师和同学这些实力派和潜力股，都是志同道合的圈内人，日后在业内发展自然能互相帮助。而相关的项目资源更是拓展人脉和资本的好机会。这种机会和关系，都是要通过升学才能得到的。

③留学可以更好地激发创业意识，提升创业素养。留学可以接触世界上不同国家的先进技术和教育形式，参加国内外的学术会议和学术访问，在原来的基础上更进一步，可以为将来的就业和创业打好基础，尤其是日后毕业回国发展，这一优势更加明显。国外留学需要面对不同种族、不同文化、不同意识形态的人，必须学会与这些不同的人打交道，同时适应新的生活方式和思想观念，这是人生的一次飞跃，你会觉得眼前的世界变小了，心中的世界变大了。"会当凌绝顶，一览众山小"，个人的胸怀、素养与气质也就发生了质的变化。因此，与人交往的素养和环境适应能力的培养对大学生创业有着极其重要的影响。

④选择先就业再创业可以更多地积累社会经验与创业资本。许多创业成功者建议有创业想法的大学生，并不一定在学校时就选择创业，而应该客观认识自己，合理全面评估自身的主客观条件。如果个人抗风险能力和专业能力能够达到创业的条件，直接创业风险较小。但如果能力不足，对创业环境掌控力较弱，那么选择创业明显是不理智的，应该先选择就业，利用几年的工作积累，丰富个人的社会知识、人脉圈子、各方面的操作经验，日后创业成功概率才会更高。

二、构建有效创业团队

(一)创业领袖

创业领袖是事业成功同时又富于魅力，而被同行们所欣赏，甚至艳羡的创业人士。他们是一群拥有理想，懂得抓住机遇，善于运用自己的头脑和双手为自己创造财富的创业家。正是这些富有魅力的商业巨子，激励了无数创业者。他们那些充满传奇色彩的创业故事，始终是商业圈里津津乐道的话题。

创业领袖是企业的一面精神旗帜，他们的一言一行都影响着企业的荣辱兴衰。企业界都有这样的共识，企业文化是企业的灵魂和精神支柱，是一种战略性的软资源。对创业企业来说更是如此，积极的企业文化既能帮助员工培养同甘共苦的意识，也能更有效地协调员工工作，从而为创业企业打下坚实的发展基础，而企业文化的核心就是创业领袖及其领袖精神，这是创业企业凝聚员工的一笔"不可复制"的财富，更是创业企业生存和发展的无形资产。在许多优秀的跨国企业中，这种领袖精神随处可见。

随着市场经济的快速发展，管理理念的不断创新，企业家不再是单纯意义上的企业舵手，而是企业创业精神的象征。企业家承担着越来越多的角色：企业文化的传导者、企业矛盾的协调者、商业规则的制定者、商业潮流的引领者、商业道德的护卫者。在这种情况下，企业家的影响力不再是普通单向的下压力，而是化成向四面八方的渗透力。事实证明，具备领袖精神的企业家更符合新时代的要求，更能在现代市场竞争中独树一帜，更容易获得成功。创业领袖不仅拥有普通企业家的特质，即有眼光，能看到市场潜在的商业利润；有胆略，敢冒经营风险；有经营能力，善于动员和组织社会资源；有自信，能影响周围的人一起创业，进行并实现生产要素的新组合，最终获得利润；而且还要在以下三方面表现出足够的领袖精神。

（1）对管理团队：善于领导，善于授权，高度信任，懂得激励，勇于承担责任。

（2）对员工：以人为本，尊重员工，值得员工自豪和信赖，关心员工待遇，创造良好的工作氛围和环境。

（3）对股东和投资者：有高度的责任心，勤恳敬业，经验丰富，有卓识远见，懂得抓住机遇，能提供良好的预期效益等。

企业从无到有、从小到大的创业过程，是创业企业家锤炼意志、提升境界、积累经验及培养能力的过程，其中经营境界的升华与经营哲学的领悟，是创业企业家向创业领袖转变的关键一步。对于创业企业家来说，注重培养和塑造领袖精神，远比积累财富更为重要，因为财富需要依靠人去积累，会随着人自身的能力与判断有增有减，而人身上的领袖精神是不会轻易消失的，是能够受益终身的发展资本。

真正的创业领袖能够让团队中的成员清晰：自己想做什么，想拥有什么，想成为什么。他们会激发团队成员未知的动力，帮助成员设定要达到的目标，带领他们战胜内心的懒惰、焦虑、困扰，领导每个人达成自己心底曾憧憬万分，却没敢想象能够真正实现的辉煌目标。这样的创业领袖所在的团队，你会明显感受到整个团队的竞争力和产出能力与普通企业团队的优势差距。在拥有创业领袖的团队中，人们不需要被管理，而需要被这样的创业领袖所领导。一个创业团队有了一个具有王者风范的领袖后，就能组织一个富有远见卓识、能看透局势、制定正确战略的领导集体。有了这个领导集体，就能够组织一个富有战斗力的创业集团，引领新时代创业精神，激励创业者创业成功。

（二）大学生创业领袖应具有的素质

自主创业是一项非常具有挑战性的社会活动，是对创业者自身智慧、能力、气魄、胆识的一种全方位的考验，它对创业者的个人素质和能力有着特定的要求。大学生创业与大学生本人的意志品质、商业意识以及气质、性格、爱好和特长等有着紧密的联系，本书针对大学生创业领袖，如何在大学期间有意识地进行自我培养、自我磨炼、自我提升，从而为之后的创业打下良好的基础来进行讨论。

1. 心理素质

心理素质是人的整体素质的组成部分。以自然素质为基础，在后天环境、教育、实践活动等因素的影响下逐步发生、发展起来的。心理素质是先天和后天的结合，是情绪内核的外在表现。而对于创业者而言，所谓心理素质是指创业者的心理条件，包括自我意识、性格、气质、情感等心理构成要素。作为创业者，其自我意识特征应为自信和自主；其性格应为刚强、坚持、果断和开朗；他的情感应更富有理性色彩。

创业者需要具备成就动机、自信、执着、高情商、冒险精神等特质，这些特质是在生活中沉淀下来的，对创业行为有着深远的影响。

（1）成就动机

成就动机是指个体追求自认为重要的有价值的工作，并使之达到完美状态的动机，即一种以高标准要求自己力求取得活动成功为目标的动机。具有这种动机因素的学生，就能刻苦努力，战胜学习中的种种困难和障碍，取得优良成绩。成就动机强的人对工作学习非常积极，善于控制自己不受外界环境影响，充分利用时间，工作学习成绩优异。创业者就是不甘于事业平庸的一个群体，他们拥有很高的成就动机，乐于面对考验和挑战，希望创造一番事业。

（2）自信

自信是指自己相信自己，是在自我评价上的积极态度。产生自信心是指不断地超越自己，突破自己，战胜自己的过程。成就事业就要有自信，有了自信才能够产生勇气和毅力，这样才有可能战胜困难，实现目标。只有自信才能让生活处处是舞台，让人生越过越精彩。但是自信绝非自负，自大，自傲。自信的建立唯有在诚实和自强不息的基础之上才会变得有意义。大学生创业领袖需要建立对自己的信心和对创业成功的信心，这两种信心需要在不断完成任务的过程中加以强化。心理学有很多方法和技巧可以让人更加自信，但自信源于自身实力，而不是简单的成功学激励，只有自己的知识和能力达到了一定水平才是真实的自信，因此大学生创业者需要在一点一点的进步中获取肯定从而才能够真正地构建有效的自信。

（3）执着

巨大的成功靠的不是力量而是韧性，社会竞争常常是持久力的竞争，创业的成功是大浪淘沙的结果，"剩者为王"，唯有有恒心和毅力的创业者才会笑到最后。就像曾国藩"屡败屡战"的故事就说明了执着的品质对于成功的意义。"屡败屡战"说的是一个过程，成败还没有定论，这就是一种执着的精神。执着的品质是当代大学生群体比较缺乏的，大学生大多都在相对安逸的家庭环境和校园中学习，他们很少经历挫折和大风大浪。因此，立志于创业的大学生一定要有意识地培养自己孜孜以求的精神，从身边小事坚持做起，比如坚持每天起床早读半小时、隔日跑步半小时等这样的计划，这样既可以养成良好的生活习惯，还可以增强自己的体魄，提升自己的素养，又培养了自己执着的精神。

（4）情商

情商通常是指情绪商数，简称 EQ，主要是指人在情绪、意志、耐受挫折等方面的品质。总的来讲，人与人之间的情商并无明显的先天差别，更多与后天的培养息息相关。提高情商是有效控制情绪，增强理解他人及与他人相处的能力。研究显示，一个人的成功，只有20%归诸智商，80%则取决于情商。美国哈佛大学的教授丹尼尔·戈尔曼表示："情商是决定人生成功与否的关键。"情商和领导力有十分紧密的联系，创业领袖提升自己的情商有助于其领导水平的发挥，有助于更好地带领创业团队。

（5）主动性

主动性是指人在工作当中不惜投入更多的精力，善于发现和创造新的机会，提前预判到事情发生的可能性，并且采取行动而去提高工作绩效，避免问题的发生或创造新的机遇。主动性是一种积极的思维与正向信念，主动性是一个人做事的底层思维，人有了主动性，才有成事的可能性，主动性与先天成长环境有关，也可后天培养，有了目标，有了方向，有了改变的动力，就有了更多成才的可能性。

2. 身体素质

传统意义上，身体素质是指人体在活动中所表现出来的力量、速度、耐力、灵敏、柔韧等机能。身体素质是一个人体质强弱的外在表现。身体素质经常潜在地表现在人们的生活、学习和劳动中，自然也表现在体育锻炼方面。一个人身体素质的好坏与遗传有关，但与后天的营养和体育锻炼的关系更为密切，通过正确的方法和适当的锻炼，可以从各个方面提高身体素质水平。随着现代社会无处不在的市场竞争，现代中小型企业的创业与经营十分艰难，创业者长期处于紧张、烦琐、高强度的工作状态，如果身体不好，必然难以维持高强度的工作状态。创业者尤其是大学生创业领袖更需要有良好的身体素质作为支撑，让自己在学生时期就打好身体基础，待到创业过程中才能发挥最大作用。

此外，创业是一件非常艰苦的事情，创业者如果没有充沛的精力和健康的体魄，很容易就会让自己在超常的工作负荷和心理压力下倒下，这样连刚刚创立好的企业也会因为创业者的倒下而面对如履薄冰的经营状况，所以创业者的身体素质决定了创业能够走多远。我们经常会听到一些企业家年纪不大就突然去世的消息，也时常听到一些高科技行业的佼佼者英年早逝，这都是沉重的代价。所以大学生在读书期间一定要坚持锻炼身体，最好可以培养几项兴趣爱好，这样不仅可以在锻炼过程中拓展人脉，还可以通过团队运动学会团队合作从而提升领导力水平。

3. 知识素质

大学生创业面对茫茫商海，仅具备健全的心理素质和健康的体魄是远远不够的，还得需要做好知识和能力方面的储备。大学生创业者的知识素质对创业起着决定性的作用，具有丰富的知识储备和足够的知识跨度的创业者更容易提出创造性的想法以及做出较为正确的决策。具体来说，创业者应该具备行业知识、商业知识和综合知识这三类知识。行业知识是选择创业机会的基础，掌握商业知识能够指导企业的经营管理，综合知识则是建立良好社会关系的基础。

（1）行业知识

当大学生创业领袖决定选择创业这条路时，首先要对所选择的行业进行深入了解，这是寻找创业机会和把握创业机会的关键。只有对该行业做一个全面系统的了解和认识，如行业的发展历程、现状、前沿趋势与竞争格局等，才能正确分析经济形势和事物的发展趋势，用远大和敏锐的眼光，把握事物发展的全局，产生精辟独到的见解，才能认清事物的本质，掌握发展规律，树立并实现自己的创业目标。

（2）商业知识

创业团队有必要掌握市场营销、电子商务、法律、财务管理、决策、谈判与商务礼仪等涉及商务方面的基础知识，通过这些商业知识，创业者在经济活动过程中才能实现价值的增值。掌握这些经营管理中所需要的技能，不仅可以帮助大学生创业领袖提高和改进管理方法，丰富管理经验，还可以不断挖掘新的管理资源，努力提升管理水平，有助于大学生创业者顺利走上创业之路。大学生创业者学习商业知识的途径主要是通过书本学习，其次是从实践中学习和向成功企业家学习。

（3）综合知识

国内应试教育的制度客观上造成了大多数大学生知识面的局限性，以至于很多大学生在走上职业生涯之后，与社会上的人进行有效沟通需要一段时间来适应，因为一些大学生对生活中的沟通话题了解太少或者过于僵化，而这些话题知识是在学校里不曾学习的，需要大学生自己通过新闻、杂志或者生活经验、经历中敏锐地发现、学习和感悟。

在商务交往中有一个现象，人与人之间的非正式沟通比正式沟通花的时间还要长，大约占到70%，话题知识的掌握就直接决定了这70%时间内的沟通效果。创业者有必要在业余生活中对一些非正式沟通话题进行了解和积累，如健康、投资理财、子女教育、休闲旅游、汽车、体育运动、历史文化、时尚科技等。

4. 能力素质

创业者至少应具备如下能力：元认知能力、情绪能力、领导力和抗逆力。

（1）元认知能力

元认知是对认知的认知，具体说，是个人对自己认知过程的知识和调节这些过程的能力。元认知能力强的人学习能力很强，他们对自己的学习和认知过程很了解，因此能够在快速自我思考和自省后产生最优化的学习策略，能够正确认识自己的能力及限度，也很清楚如何克服自己的不足。

（2）情绪能力

成功的企业家懂得处理自己的情绪，同时还比一般人具备更强的同理心，能够换位思考，准确把握他人的需求和想法。体现在创业过程中，他们不仅能够使自己的产品和服务设计得更符合用户需要，还能在和投资人、用户的沟通中赢得更多好感和认可。

（3）领导力

领导力是一系列行为的总和，这些行为能够激励人们跟随领导者去要去的地方。创业公司的领导者更需要有超凡的个人魅力，吸引人们朝向他所描绘的愿景进发，引导团队成员去实现目标。

（4）抗逆力

在面对困难、挫折时，一个人体现出来的适应、复原甚至在逆境中变得更好的能力就是抗逆力。这项能力对于创业者来说尤为重要。任何一家创业公司在成功之前都可能经历无数次的困境、危机，每一次困境都可能成为压倒骆驼的最后一根稻草，也可能成为在沙漠中重生的营养补给。

当然，这并不是说必须完全具备以上这些素质才能去创业，成功的创业者虽然风格各异，但内核相似。他们的特质和能力是创业成功的基础，也是投资人看重的投资条件之一。因此，在开始创业之前，不妨认真分析一下自己；在创业过程中，也不要忘了修炼和提升自己，因为创业者自己就是创业过程中最大的价值和财富。哈佛大学拉克教授讲过这样一段话，创业对大多数人而言是一件极具诱惑的事情，同时也是一件极具挑战的事，不是人人都能成功，也并非想象中那么困难。但任何一个梦想成功的人，倘若他知道创业需要策划、技术及创意的观念，那么成功已离他不远了。

（三）创业团队的组建及组成要素

团队是由基层和管理层人员组成的一个共同体，它合理利用每一个成员的知识和技能协同工作，解决问题，从而达到共同的目标。团队和群体有着根本性的区别，群体可能只是一群乌合之众，并不具备高度的战斗力，如羊群属于群体，而狼群属于团队，但是群体是可以向团队过渡的。创业团队是由两个或两个以上的人组成的，是为进行创业而形成的集体，它使各成员（包括创业搭档团队成员）联合起来，在行为上形成彼此影响的交互作用，在心理上意识到其他成员的存在及彼此相互归属的感受和工作精神。这种集体不同于一般意义上的团队，它存在于企业之中，因创业的关系而联结起来却又超乎个人、领导和组织之外。在企业成立前和创办时，他们具有共同的财务方面的义务及共同承担着对企业未来发展的责任。

1. 创业团队的组成要素

创业团队对于初创企业的成功非常重要。一项针对 104 家高科技企业的研究报告指出，年销售额超过 500 万美元的高速成长企业当中，由创业团队建立的比例高达83.3%；而在另外 73 家停止经营的企业中，仅有 53.8% 有数位创始人。创业者在创业过程中的压力是来自方方面面的，因而寻求"联合创始人"或"合伙人"的帮助是有助于提升创业成功概率的。

一般而言，创业团队需要具备五个重要的组成要素。

（1）共同价值观

共同价值观是指企业组织成员或群体成员分享着同一价值观念。共同价值观是团队的核心和基石，是团队的灵魂，也是维系团队发展的精神支柱；它对创业团队来说更为重要，具有导向、凝聚、约束和激励的作用，会成为创业团队的基因。力求企业长远发展的团队成员很可能在短期内不注重收益。而"以利为先"的团队成员则会将眼前利益放在首位。如此一来，创业团队内便会形成价值观的冲突。与没有共同价值观的人合作，团队内部的关系将充满冲突和不满。尤其是在创业过程中，当遇到困难和麻烦的时候，当利益与原则冲突的时候，这种现象尤其明显。

汤姆·彼得斯曾坚定地指出，共同价值观是组织文化的核心和基石，是组织的灵魂，也是维系组织生存发展的精神支柱。价值观是人们选择行动的判断标准，它能决定管理活动的成效和方向，是组织文化理论的核心概念。大部分公司之所以能够成功，是因为员工能够分辨、接受和执行组织的价值观。

（2）目标及计划

创业公司的目标是积极利用世界的不确定性，在短期内实现快速增长。因此，创业团队应该有一个既定的共同目标，引导团队成员的思想和行为，为全体团队成员导航。没有目标，创业团队就没有存在的价值。目标在初创企业的管理中常以初创企业的愿景、战略的形式体现。目标包括总目标以及各种实现总目标的计划。

在初创企业成立和步入成熟期的时候，创业团队的首要任务是通过努力提升企业的技术实力、增强管理、拓展市场、把握企业发展方向以及规划长远发展。

为了推动团队最终实现这个目标，需要再将总目标加以分解，即设定若干可行的、阶段性的子目标。这里的目标其实也包含了计划。目标和计划有两层含义：一是实现终极的创业目标，这是需要通过一系列详尽的行动方案以及后续的落地实施来实现的；二是保证计划实施的目标进度，令企业在成长过程中不会因外界的突发状况或变化而滞后或受到阻碍。由此可见，目标是计划的最终靶向，而计划是实现目标的过程。

（3）团队成员

有了人才，不一定有事业；但是没有人才，就一定没有事业。人是构成创业团队最核心的要素。两个或两个以上的人就能形成一个群体，当群体有共同奋斗的目标时就形成了团队。在一个创业团队中，不同的成员通过分工来共同完成创业团队的目标。优秀的创业团队的所有成员都应该相互非常熟悉，知根知底。在创业团队中，团队成员都非常清醒地认识到自身的优劣势，同时对其他成员的长处和短处也一清二楚，这样可以避免团队成员之间因为相互不熟悉而造成的各种矛盾、纠纷，迅速提高团队的向心力和凝聚力。

（4）团队定位

创业团队的定位包含两层意思：一是创业团队的定位，包括创业团队在初创企业中处于什么位置，由谁选择和决定团队的成员，创业团队最终应对谁负责等；二是个体的定位，对团队成员进行明确分工，确定各自承担的责任。

（5）权限划分

创业团队当中，主导人物的权限与其团队的发展阶段和初创企业所在行业相关。创业团队内部的权限需要正确划分。这样做的目的是保证创业计划的顺利进行和各项工作的有效进展。在权限划分当中，创业团队应该明确每个成员在企业运营中所要担负的职责以及所享有的相应权限。所谓明确，是指权限的划分不能重叠，也不能空缺。一般来说，创业团队越成熟，创业领袖所拥有的权限相对越小，在创业团队发展的初期阶段，领导权会相对比较集中。对于大学生的初创企业而言，一方面缺乏相关经验，另一方面经济形势瞬息万变，这有可能会使创业团队不断地出现人员方面的调整，而各成员的权限也在这个过程当中随之而变化。

2. 创业团队的组建过程

创业团队的组建是一个相当复杂的过程，不同类型的创业项目所需的团队不同，那么创建步骤也会有区别。在创业初期，尤其是大学生创业的过程中，创业团队的组建会存在各种各样的问题，可能是先有了团队之后才去创业，也可能是一个人先有了创业的想法然后再组建创业团队等。因此，在创业初期，团队的组建不一定完全遵照以下过程；但是，在创业团队逐渐完善和成熟的过程中，大都遵循了这样的过程。也就是说，创业团队组建的起点可能不同，但是到头来遵循的过程还是大体一致的。一般创业团队的组建过程包括以下六个步骤。

（1）明确创业目标

明确团队目标是至关重要的，创业团队的总目标就是通过完成创业阶段的技术、市场、规划、组织、管理等各项工作从而创造新价值，实现企业的从无到有、从起步到成熟。而总目标确定之后，为了推动团队最终实现这个目标，需要再将总目标加以分解，即设定若干可行的、阶段性的子目标。

（2）制订创业计划

在确定了总目标以及阶段性子目标之后，紧接着就要研究如何实现可行性的、阶段性目标，这就需要制订一系列详尽的创业计划。创业计划是在对创业目标进行具体分解的基础之上，以团队为整体来考虑的计划。创业计划确定了在不同的创业阶段需要完成的阶段性任务，通过逐步实现这些阶段性的子目标，从而最终实现创业的战略目标和愿景。

（3）选择创业合作伙伴

选择创业合作伙伴是创业团队组建中最关键的一步。关于选择创业团队成员，应考虑两个方面的核心问题。一是着重考虑互补性，即考虑其能否与其他成员在能力或技术上形成互补。这种互补性既有助于强化团队成员之间的彼此合作，又能够保证整个团队的战斗力，更好地发挥团队的作用。一般而言，创业团队至少需要管理、技术和营销三个方面的人才。只有这三个方面的人才形成良好的沟通协作关系后，创业团队才可能实现稳定高效的长期关系。二是考虑人员规模，适度的团队规模是保证团队高效运转的重要条件。团队成员太少则无法实现团队的功能和优势，而过多又可能会影响有效信息的传达，还可能使团队分裂成许多小团体，进而大大削弱团队的凝聚力。

（4）划分职权

为了保证团队成员执行创业计划、顺利开展各项工作，必须预先在团队内部进行职权划分。创业团的职权划分是根据执行创业计划的需要，具体确定每个团队成员所要担负的职责以及相应享有的权限。团队成员之间的职权划分必须明确，既要避免职权的重叠和交叉，也要避免无人承担空缺而造成工作上的疏漏。此外，由于还处于创业过程中，面临的创业环境又是动态、复杂的，会不断出现新问题，团队成员也有可能不断更换，因此，创业团队成员的职权应根据需要不断进行调整。

（5）构建创业团队制度体系

创业团队制度体系体现了创业团队对成员的控制和激励的力度，主要包括团队的各种约束制度和激励政策。一方面，创业团队通过各种约束制度（主要包括纪律条例、组织条例、财务条例、保密条例等），指导其成员避免做出不利于团队发展的行为，对其行为进行有效的约束，保证团队的稳定秩序；另一方面，创业团队要想实现高效运作，要有有效的激励机制（主要包括利益分配方案、奖惩制度、考核标准、激励措施等），使团队成员能看到随着创业目标的实现，其自身利益将会有怎样的改变，从而达到充分调动成员的积极性、最大限度地发挥团队成员作用的目的。要实现有效的激励，必须把成员的收益模式界定清楚，尤其是关于股权、奖惩等与团队成员的利益密切相关的事宜。需要注意的是，创业团队的制度体系应以规范化的书面形式确定下来，以免带来不必要的混乱。

（6）调整融合团队

完美组合的创业团队并非自创业一开始就能建立起来的，很多是在企业创立一段时间以后，随着企业的发展而逐步形成的。随着团队的运作，团队组建时在人员匹配、制度设计、职权划分等方面的不合理之处会逐渐地暴露出来，这时就需要对团队进行调整融合。由于问题的暴露需要一个过程，因此，团队的调整融合也应是一个动态持续的过程。在完成了前面的工作步骤之后，团队的调整融合工作专门针对运行中出现的问题，不断地对前面的步骤进行调整，直至满足实践需要为止。在进行团队调整融合的过程中，最为重要的是要保证团队成员之间经常进行有效的沟通与协调，培养和强化团队的凝聚力，提升团队的精气神和士气。

（四）团队成员的角色划分及类型

1. 团队成员的角色划分

企业初创时期团队的人数很少，但必要的分工却不能缺少。创业团队组建时，需根据团队类型及结构物色成员，实行分工协作。一个协作团队只有具备了范围适当、作用平衡的团队角色，才能充分发挥高效的协作优势。

研究显示，创业团队中的角色通常有9种类型，如表3-1所示。在创业团队组建的时候，成员的权限和定位应该根据其自身的优势和劣势来分配，从而实现人尽其才。

表3-1　9种团队角色描述

角色	角色描述	特点
创新者	解决难题，富有创造力和想象力，不墨守成规。	热情，有活力，对新主意有强烈的兴趣，欢迎并尊重他人的新主意，将问题看成功革新的机会而非灾难，永不放弃任何有希望的意见。
资源探索者	外向，热情，健谈，发掘机会，增进联系。	具有外交才能，善于判断他人的需求； 具有可靠、权威的气质； 对团队工作有一个整体了解； 处理机密事务时小心谨慎。
协调者	成熟，自信，是称职的主事人，阐明目标，促进决策的制定，分工合理。	清楚困难任务之间的联系； 了解事情的轻重缓急； 能够在极短时间内掌握事情的大概； 擅长保持队员之间的联系； 能熟练处理可能发生的麻烦。
完美者	充满活力，在压力下成长，有克服困难的动力和勇气。	对团队中每个成员的才能和个性有着敏锐的判断力，善于克服弱点； 一流的联系人； 善于鼓舞士气，激发工作热情。
监控者	冷静，有战略眼光与识别力，对选择进行比较并作出正确的选择。	严格要求团队遵循严格的标准； 对他人的表现明察秋毫； 发现问题绝不拖延，立即提出，是非分明。
凝聚者	协作的，温和的，感觉敏锐的，老练的，建设性的，善于倾听，防止摩擦，平息争端。	擅长察觉团队成员的情绪变化； 擅长保持与队员之间的联系； 善于倾听，能够提升团队产出能力； 熟练处理人与人之间的摩擦和麻烦。
贯彻者	纪律性强，值得信赖，有保守倾向，办事高效，把想法变成实际行动。	要求最好的答案； 分析方案、找出团队弱点的专家； 坚持错误必须改正，而且铁面无私； 提出建设性意见和建议，指出改正错误的可行性方法。
完成者	勤勤恳恳，尽职尽责，积极投入，找出差错与遗漏，准时完成任务。	思维条理清楚； 预见可能出现的拖延情况，并及时作出预防； 具有"可以完成"的心理，且愿意努力完成，能够重整旗鼓，克服失败。
专家	目标专一，自我鞭策，甘于奉献，提供专门的知识与经验。	完美主义。

事实上，创业团队通常都不会有那么多人，何况一支完美团队的形成也不可能一蹴而就。但是，这份表格给我们提供了一个重要的信息，那就是角色之间的能力互补，我们仍然可以参考这种成功团队的组合结构，尽量按照这个标准去组建自己的团队，去规划和寻找合适的成员。根据各方观点来看，一个优秀的创业团队必须包括带头人和领导者。这样的带头人和领导者其实并不靠资金、技术、专利来决定，而是需要团队成员在共事过程中发自内心地认可。许多创业团队在很短的时间内就解散了，一个很重要的原因在于缺乏一个合格的带头人和领导者。创新意识非常强的战略决策者，决定企业的未来发展方向。具备较强策划能力的成员，要在初创企业中运用SWOT分析法等方法，对企业的优势、劣势、机会和威胁等方面进行分析，对企业未来进行预测，并对企业的管理和远期规划提出意见；擅长发挥执行力的成员则要发挥自己高效的优势，执行企业的具体事务，如与供应商洽谈、进行员工培训、负责广告宣传等。唯有这样，团队成员才能算是比较合格的。一个成员很可能身兼数职，但是，一个团队中不能出现角色重叠。因为只要出现职能重复或职位重复的情况，那么今后必然会有各种矛盾和冲突出现，甚至最终可能导致整个创业团队解散。类似的案例不胜枚举。

2. 创业团队的类型

创业团队并非一模一样，也不是一成不变的。依据创业团队的地位平等性和成员间依赖性的强弱，创业团队可以划分为不同类型，包括风铃型创业团队、环型创业团队、星型创业团队及散点型创业团队，如图3-1所示。有些书中也将前三种类型称为领袖型创业团队、伙伴型创业团队和核心型创业团队。

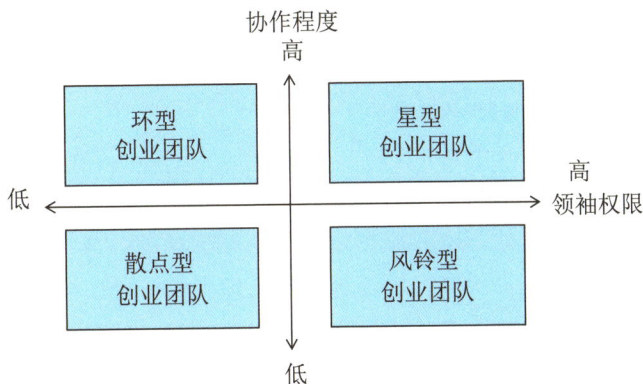

图 3-1　创业团队类型

（1）风铃型创业团队

风铃型创业团队是指存在一个领袖式的主导人物，但成员相互间的独立性较强的团队。团队中的领袖往往是掌握了较强的技术或较好的创意之后，寻找合伙人加入该创业团队的人。而在选择合伙人的时候，领袖会根据自己的判断选择适合的人作为自己的支持者。风铃型创业团队的特点如下。

①领袖的话语权较大；

②作决策速度较快；

③权力集中，导致决策失败的可能性增加；

④在领袖和支持者的意见不统一时，支持者较为被动，但是，如果支持者离开团队，这种冲突对团队的影响相对较小；

⑤不易形成权力重叠；

⑥寻找团队目标的速度较快；

⑦团队的执行力非常强。

（2）环型创业团队

环型创业团队是由怀揣共同的目标且相互依赖的成员组成的团队。这种创业团队没有一个明确的领导，而且它的形成常常是经过成员的共同协商后，将创业理念厘清，最终组合在一起的。对于初创企业而言，每一个伙伴都要找准自己在团队中的定位，并尽到自己作为协作者的职责。环型创业团队的特点如下。

①团队中各个成员的话语权较平等，没有特定的领袖，整体结构较为松散；

②在作决策的时候，往往是大家相互讨论，因而做决策的效率相对较低；

③作出错误决策的可能性较小；

④在各协作者的意见不统一时，成员倾向于采用协商的态度来解决冲突，不过，一旦冲突升级，有成员离开团队，那么将对整个团队的结构产生很大的影响，甚至导致整个团队的涣散；

⑤由于团队成员的平等性，团队当中容易形成权力重叠；

⑥寻找团队目标的速度较慢；

⑦团队的执行力较强。

（3）星型创业团队

星型创业团队集合了领导和成员的相互依赖两种特点。这种类型的创业团队中存在一个核心人物，他并不像"领袖"那样有着绝对的权威，而是在作决策的时候要充分地考虑团队成员的意见。另外，团队成员之间是相互依赖的，成员的地位也是平等的。因此，核心人物更多的是负责协调和统筹等内部管理工作。星型创业团队的特点如下。

①核心人物的选择多数是由团队成员投票决定的，所以具有令人信服的领导地位；

②由于核心人物的存在，团队作决策的速度较快；

③由于核心人物考虑成员的意见，决策失误的可能性较小；

④当核心人物和普通成员发生意见冲突的时候，普通成员较为被动，且冲突升级的时候，普通成员可能会离队；

⑤不易形成权力重叠；

⑥寻找团队目标的速度比较快；

⑦团队的执行力非常强。

（4）散点型创业团队

散点型创业团队是指团队中不存在权威的领导，同时成员之间相互独立，工作中并不相互依赖的团队。这种创业团队的内部存在较严格的规则以约束和聚合团队成员。这种类型的创业团队往往出现在创业初期。

团队中仅仅有一个模糊的创业目标。也就是说，这种团队提出的创业概念是笼统的、有待讨论的。随着理念日渐清晰，散点型创业团队往往会向其他类型发展。一个创业团队如果一直保持着松散的状态，对企业的长期发展是很不利的，散点型创业团队的特点如下。

①各成员的话语权较为平等；

②团队作决策的效率较低；

③作出错误决策的可能性较小；

④成员之间发生意见冲突的时候，往往会平等协商、积极解决问题；

⑤有可能形成权力重叠；

⑥寻找团队目标的速度较慢；

⑦团队的执行力较弱。

创业团队的划分不是绝对的。因此，一个创业团队的类型有可能介于两种类型之间。另外，就像散点型创业团队会向其他类型演变一样，其他三种类型的创业团队也有可能互相演变。在企业发展的特定阶段，创业团队在不同类型之间演变对企业来说是非常有利的。实际中，大学生在创业时往往会选择风铃型或环型创业团队，待企业越来越成熟，才将团队转变成星型。

（五）创业团队的管理及股权分配

1. 创业团队的管理

团队不是人与人简单地组合在一起，而是当人们在一起组合后且拥有共同奋斗的目标时就形成了团队。创业团队管理强调的就是整个团队的利益、战略目标和凝聚力，团队中的每一个成员围绕着共同的目标而发挥自己最大的潜能，而管理者的任务则是为员工创造积极、高效、和谐的工作环境，并帮助他们获得成功。

（1）团队目标管理

团队目标管理是以目标为导向，以人为中心，以成果为标准，使组织和个人取得最佳业绩的现代管理方法。团队目标一般分为计划、执行、检查、总结四个阶段。计划指目标分解和确定，执行指目标实施，检查和总结则包括形成考核结果、实施奖惩、总结经验。

①团队目标的设置

团队目标的设置是团队目标管理的关键，团队目标错误，则管理的结果一定会南辕北辙。因此，团队目标的设置一定是一个谨慎的过程，是一个形成合力的过程，是一个合乎规律的过程。

第一，准备阶段。团队成员做好每一期的工作总结，找出本期工作中存在的问题，总结出所取得的成绩，初步计划下期的工作内容及工作重点。同时，团队主管就整个团队的业绩达成情况作类似的报告，并且对出现的情况加以分析说明。总结之后，团队主管与其他有关管理者一起协商，选择和确定自己团队的业绩目标。管理层在制定目标时，根据所掌握的信息，并考虑其他因素，如以往情况、行业趋势、竞争、特殊事件等内外部环境因素，用科学的方法和工具进行分析，最后制定期望水平适度、可行性较高的团队目标。

第二，目标初步分解。目标的分解过程遵循参与决策的方式，由上而下和自下而上相结合，通过共同参与确定具体目标，并对如何实现目标达成一致。假设团队的本期目标比上期增加了20%作为基期目标，然后适当增加或减少业绩量来确定自己的目标，这时得到的个人目标总和往往比制定的团队目标要高。参与决策的主要优点是能够诱导个人设立更困难的目标，其目的就是使个人发挥出潜能，共同参与将对业绩产生积极的影响。

第三，建立团队文化。建立与团队目标相适应的团队文化，可以起到提高成员满意度和鼓舞士气的作用，从文化制度上来保证团队目标是最有效的措施。首先，力争在团队内部形成一种敢于挑战、勇于拼搏、追求卓越、积极向上的文化氛围。比如，企业及时评出"金牌业务员""优秀员工"并张榜公布和宣传，同时给予必要的物质奖励。其次，形成互帮互助的工作氛围，及时评出"最热心"的成员，给予一定的精神和物质奖励。这类活动有利于团队形成强大的凝聚力。最后，进行必要的负强化工作。比如，采用末位淘汰制是把双刃剑，如果过激，会挫伤员工的积极性，降低职业满意度。所以，有必要重新培训末位员工，帮助其早日找到适合自己的位置，以体现企业人性化的管理理念。

第四，目标深度分解。团队成员结合自己的目标，透彻理解团队的竞争策略，找出自己的思路与团队整体思路之间存在的差异与分歧，分析原因，对自己的目标作进一步的细分、安排与落实。

第五，拟订工作计划。召开确定工作计划的团队会议，每人就自己的计划与其他成员进行研讨，反复修正计划，增加计划的可操作性与执行力，充分考虑执行阶段的监督与控制。通过强化沟通和反复论证，团队成员一起拟订出既能从全局上把握团队整体的发展方向又能深入实践操作的目标一致且高度清晰的工作计划。

②团队目标的实施

为实现有效控制，必须建立科学的控制体系。团队与个人自我控制、自我管理的能力应当努力提高，并与相互控制、相互管理结合起来，以保证目标执行万无一失。

第一，自我控制与自我管理。目标管理的最大优点是能用自我控制的管理来代替由别人控制的管理，并使得员工能在某种程度上有控制自己的成就。自我控制意味着更强的激励：一种要做到最好的愿望。它意味着更高的成就目标和更广阔的眼界。

第二，监督与咨询。《孙子兵法》云："将能而君不御者胜。"在目标的实施阶段，主管的监督控制要坚持"重结果更甚于手段"的原则，充分授权，并明确其责任，不再事无巨细地干预成员的实践，给他们更大的空间发挥自己的才能。在企业中，管理者应抓住关键的销量与重点产品的业绩进度，以及计划工作的执行进度，以其为预警指标。对那些偏离计划的员工，要及时沟通和调整；对表现优秀的员工，则采取无为而治的态度。营造出一种互相帮助的工作氛围，团队每名成员不断提升工作能力，共同进步。

第三，反馈和指导。在实践操作中，往往有"将在外，君命有所不受"的情况，但团体成员应有意识地在每次任务完成之后，及时将信息反馈给主管领导以使其及时了解团队成员的动向。反馈和指导有正式和非正式之分。正式的反馈包括定期召开小组会，共同讨论成员工作和完成任务的情况，当出现问题时，根据成员的要求进行专门性的研讨，以及定期的书面报告往来。非正式的反馈和指导则不受时间、场合的限制。在实际工作中，反馈和指导能培养和提高员工的能力。实践与研究表明，及时的、具有建设性的反馈和指导往往是帮助员工完成任务最有效的方式。这是因为，大部分管理者曾经是这一行业最出色的人员，也是整个目标项目规划者之一，对外界环境的变化掌握得更为全面。阶段性的评价反馈，可帮助员工了解什么是好的，以及需要做出哪些改进。另外，平等、开放、活跃的反馈性讨论，也有助于激发员工的内在潜力和灵感。

第四，信息管理。信息是管理的最基本要素。在目标管理体系中，信息管理扮演着举足轻重的角色。确定目标，需要获取大量的信息为依据；目标执行，需要加工、处理信息；实施目标的过程，也是信息传递与转换的过程等。信息是目标管理得以正常运转的纽带，信息传递直接影响管理者与团队成员之间沟通的有效性、及时性和准确性。团队成员需要了解管理层的态度和组织对他们的真实期望，需要了解实际目标。这些都需要加强信息的采集、沟通和加工。所以，信息工作是目标管理得以正常运转的基础。

第五，团队目标的激励和考核评估。达到目标，仅靠主管的监督是不够的，还需要建立健全的目标考核体系来对工作行为进行引导、约束和激励。有的组织对业务的绩效考核目标过于单一，导致个人目标与组织发展方向极不协调。组织需要与实践上的协调一致，并通过激励来引导个人行为。

对目标进行考核，就是把实现的成果同原来制定的目标相比较。检查目标实现的进度、质量、均衡、落实情况，还有目标对策（措施）的落实情况，及时发现问题，解决问题，按照目标管理要求进行最终评价与奖励。任何一个目标的达成、项目的完成，都必须有一个严格的考核评估。对目标完成度高、成效显著、成绩突出的团队或个人按章奖励，对失误多、成本高、影响整体工作的团队或个人按章处罚，真正达到表彰先进、鞭策落后的目的。

（2）领导与执行

①领导者行使权力的模式

领导者行使权力的模式有以下几种。

第一，压低权力型的领导者。这种通常都是菜鸟主管，也许是刚晋升主管，或者是总不习惯自己领导者身份的人。压低权力型的领导者希望能赢得别人的友谊，能让人喜欢，因而经常不自觉地放低身段，希望能让部属有平易近人的感觉。压低权力型的领导者往往有很大的危机，因为他的话会逐渐失去应有的力量，甚至由于太害怕得罪人，而减缓决策的速度与力度，最后成为一个员工心目中优柔寡断、没有肩膀的没用领导者。

第二，放大权力型的领导者。这种人会夸大自己的权力，工作中态度强硬。和压低权力型的领导者相反，其典型的行为是责骂人毫不留情，而且相当自我、强势，好像全世界只有他是对的一样。

第三，尊重权力型的领导者。这种上司通常使用"我们"作为沟通模式，能妥善协调上下关系，以顺利完成工作目标。他愿意鼓励部属提出自己的想法，照顾员工并适时提出奖励。尊重权力型的领导者通常拥有真正的自信，所以能广纳雅言。同时，这种上司自我督促的自觉性非常强，能减少自我中心的行为及判断。

②影响执行力与执行的因素

执行力指的是贯彻战略意图，完成预定目标的操作能力。对个人而言，就是把想干的事干成功的能力；对团队而言，执行力就是战斗力；对企业而言，就是经营能力，就是将长期战略目标落到实处的能力，如何把想干的事干成功，对于企业来说有三个关键点。

第一，好的机制是执行成功的一半。现代企业管理机制的搭建十分重要，作为团队的管理者，为了使执行工作能达到好的效果，应该致力于管理机制的建立和不断优化，在执行一项任务前，首先应该确定：谁来执行？怎么执行？谁向谁汇报？汇报频率是多少？执行目标是什么？如何考核？

第二，监督与考核是有效执行的前提。执行要达到效果，监督考核必不可少，一个企业一旦没有考核机制，出错率就会越来越高，优秀的人和事就会越来越少，最终导致企业的衰败。"千里之堤，溃于蚁穴"。其问题就在于缺乏一个防微杜渐的考核机制。

第三，执行有赖于企业科技化水平的提高。现代企业的管理，随着智能化办公系统、客户关系管理系统、企业资源计划系统等科技化、信息化手段的应用，每一次的科技进步，都将使企业执行的难度减小，执行的规范化、精细化程度提高。

每个企业都希望自己的员工像《致加西亚的信》中的罗文一样，将使命执行到底。培养员工的执行精神，是件很好的事情。不过根据二八定律，一个企业的优秀员工通常只占 20%，那么，作为管理者，更重要的任务应该是让普通员工也能很好地执行任务，实现企业的目标。假设能通过科技化的手段将罗文送信过程中的重重困难减掉，那这项重任将是很多员工都能胜任的。所以，作为团队的管理者，在培养成员执行力精神的同时，还要想方设法地引入科技化的手段，简化流程，使执行简单化，从而使普通员工也能完美执行。

③内部沟通

人无时无刻不在和别人进行着沟通。所谓沟通，就是为了设定的目标，把信息、思想和情感在个人或群体间传递，并达成共同协议的过程。一个组织的沟通效果决定了组织管理效率，在企业的经营管理过程中，如果能做好组织沟通，就能对促进企业目标的实现起到事半功倍的效果。然而，事实上，每个人对沟通的理解是不一样的。对沟通的不同理解造成了沟通的困难和障碍，最终导致沟通的失败。不能进行有效沟通，是人与人之间交往的最大障碍，是造成工作效率低下的重要原因之一。

a. 沟通的三大要素

在沟通的定义里，包含着沟通的三大要素。

第一，沟通目标要明确。只有大家有了明确的目标才叫沟通。

第二，共同协议要达成。沟通结束以后，一定要形成一个双方或者多方都共同承认的协议，只有形成了协议才算完成了一次沟通。如果没有达成协议，那么这次不能称之为沟通。实际的工作过程中，常常见到大家在一起好像沟通过了，但是最后却没有形成一个明确的协议。这说明双方之间存在沟通障碍，沟通尚未完成。在和别人沟通结束的时候，一定要有人来做总结，这样才是一个有效的沟通行为。作为大学生创业者在学习和生活中一定要学会正确的沟通技巧，这样才能事半功倍。

第三，沟通信息、思想和情感。沟通的内容不仅仅是信息，还包括更加重要的思想和情感。表示具体情况的信息通常是非常容易沟通的，而思想和情感往往不太容易沟通。工作过程中形成的矛盾，大多数是由于思想和情感无法得到很好的沟通而引起的，由于对沟通的理解程度不同，又没有达成一致，最终造成了工作效率低下，甚至导致了团队目标的失败。

b. 沟通方式

沟通方式多种多样，常见的有以下几种。

第一，面对面交流。面对面交流是最常见的沟通交流方式，上下级之间布置、报告工作，同事之间沟通协调问题，都采用此方式。

第二，电话。上下级之间、同事之间借助电话这一传播工具进行的有声交流。

第三，内部局域网。随着网络技术的发展，很多企业都建立了自己的内部局域网，根据不同的职位设置了信息阅读权限。通过这一媒介，员工与公司进行线上互动交流，效果十分明显。

第四，意见邮箱。这也是一种上行沟通的方式，企业员工对公司有什么意见和建议都可以通过投递线上邮箱这种方式与企业管理者进行沟通，企业应对此给予高度重视，对员工的意见或建议要及时地反馈。

第五，命令。上级管理者对下级员工布置工作、安排任务都可以称作命令。命令分为口头命令和书面命令两种。有的企业创造了总经理任务通知书，也是一种很好的书面命令，事实上它已具有文件的性质。

第六，文件。公司下发有关文件，是典型的下行沟通。对于与员工利益密切相关的或者需要员工共同遵守的文件，必须与员工进行彻底沟通。公司的文件一般情况是下发到各个部门，各部门必须认真组织学习，并对学习效果进行测评，以确保文件内容沟通、执行到位。

第七，会议。根据需要，这种沟通方式可分为董事会、经理层会议、部门会议、全体员工大会等；根据开会周期，可分为周例会、月例会等；还有各种各样的专项会议，如财务会议、表彰会议、安全会议等。无论何种会议，都要求讲究会议效率。开会要有结果，不能议而不决。随后还要抓好执行、跟踪、检查、评估、反馈等环节。

第八，业务报告。报告分为口头报告和书面报告两种。类似于报告的沟通方式还有请示向上一级主管提出意见或建议等。无论是口头还是形成书面文字的都是上行沟通，一般需要批复或口头上给予反馈，从而形成上下信息交流上的互动。

第九，内部报刊。有条件的企业可以通过办内部报刊来增进企业与员工之间的沟通。

第十，广播。这是一种看似比较随意的沟通与交流方式，当然也可以包含严肃的内容，但大多数情况下是很轻松的。

第十一，宣传栏。这一传播媒介对大中小企业都很适用。宣传栏可大可小，内容可长可短。

第十二，微信群。微信群不仅是朋友间闲聊的工具，更可能成为推进公司发展的利器，微信工作群中沟通更便捷、效率更高。

第十三，团队活动。团队活动是让团队成员之间互相了解的平台之一。社交活动也是，正式组织或随意安排都可以，如演讲比赛、专题培训、联欢会等。还有一些特殊安排，如为某位成员庆祝生日等其他个人生活方面的事情。还有一些游戏活动，通过这些来调节，可以让成员更好地相互了解，培养感情，融合成一家人。融洽的感情在关键时期会起到重要作用，能帮助团队乘风破浪、共渡难关。

上述沟通方式基本属于语言沟通。其实，非语言沟通也应引起我们的重视。比如，面对面交流中的双方的穿着、举止以及相关礼仪也非常重要，会直接影响沟通的效果。员工对办公环境、办公气氛的感受，其实也是一种沟通。对无声沟通的重视，有时会达到更加意想不到的效果。

④绩效考核

绩效考核是企业绩效管理中的重要环节，是指考核主体对照工作目标和绩效标准，采用科学的考核方式，评定员工的工作任务完成情况、员工的工作职责履行程度和员工的发展情况，并且将评定结果反馈给员工的过程。绩效考核是现代组织不可或缺的管理工具；是团队维护中的一项重要工作，是一种周期性检讨与评估员工工作表现的管理系统。初创企业的管理者与员工在沟通的基础上，帮助员工量身定制绩效发展目标，然后通过过程的沟通，对员工的绩效能力进行辅助引导，帮助员工不断地实现绩效目标。在此基础上，作为一段时间绩效的总结，管理者通过科学的手段和工具，对员工的绩效进行考核，确立员工的绩效等级，并从中找出其绩效不足的原因，进而制订改进计划，帮助其提升自身的不足，使其朝更高的绩效目标迈进。其实，绩效管理是管理者与员工的双向沟通的过程，目的就是帮助员工提高绩效能力，确保员工的努力与公司的战略目标一致，使员工与企业实现同步发展。

一个完善的绩效考核体系一般具备下列五个流程：设定绩效考核目标；持续不断地沟通；记录员工的绩效表现，形成管理文档；绩效考核；绩效考核体系的诊断和提升。

a. 绩效考核的类型

第一，效果主导型。考核的内容以考核结果为主，着眼于"干出了什么"，重点在结果而不是行为。由于它考核的是工作业绩而不是工作效率，所以标准容易制定，容易操作。但是它具有短期性和表现性等缺点，对具体生产操作的员工较适合，但对事务性人员不适合。

第二，品质主导型。考核的内容以考核员工在工作中表现出来的品质为主，着眼于"他怎么干"，由于其考核需要忠诚、可靠、自信、主动、有创新精神、有协助精神等，所以很难具体掌握。这种类型的可操作性与效果较差，适合对员工工作潜力、工作精神及沟通能力的考核。

第三，行为主导型。考核的内容以考核员工的工作行为为主，着眼于"如何干""干什么"，重在工作过程，考核的标准容易确定，操作性强，适合于对管理者、事务性工作者的考核。

b. 绩效考核的方法

第一，等级评价法。等级评价法是绩效考核中最容易操作和普遍应用的一种方法。根据工作分析，将被考核岗位的工作内容划分为相互独立的几个模块，在每个模块中用明确的语言来描述完成该模块所需达到的工作标准。将标准分为多个等级选项，如"优、良、合格、不合格"，考核人根据被考核人的实际工作表现，对每个模块的完成情况进行评估，最后再给出总体评价。

第二，目标考评法。目标考评法是根据被考核人完成工作目标的情况来进行考核的一种绩效考评方式。在开始工作之前，考核人和被考核人应该对需要完成的工作内容、时间期限、考核的标准达成一致；在时间期限结束时，考核人根据被考核人的工作状况及原先制定的考核标准来进行考评。目标考评法适合企业中实行目标管理的项目。

第三，序列比较法。序列比较法是对相同职务员工进行考核的一种方法。在考核之前，先确定考核的模块，但是，不确定工作标准而是根据他们的工作状况排列顺序，工作较好的排名在前，工作较差的排名在后，再将每位员工几个模块的排序数字相加，就是该员工的考核结果，总数越小考核成绩越好。

第四，相对比较法。相关比较法也称配对比较法，与序列比较法相仿，相对比较法也是对相同职务员工进行考核的一种方法，不同的是，它是将员工进行两两比较，任何两名员工都要进行一次比较。两名员工比较之后，工作较好的员工记"1"，工作较差的员工记"0"，所有的员工相互比较完毕后，将每个人的成绩相加，总数越大，绩效考核的成绩越好，与序列比较法相比，相对比较法每次比较的员工不宜过多，范围在5～10人即可。

第五，小组评价法。小组评价法是指由两名以上熟悉该员工工作的管理者组成评价小组进行绩效考核的方法。小组评价的优点是操作简单，省时省力；缺点是容易使评价标准模糊，主观性强。为了提高小组评价的可靠性，在进行小组评价之前，应该向员工公布考核的内容、依据和标准。在评价结束后，要向员工讲明评价的结果，小组评价最好和员工个人评价相结合，当小组评价和个人评价结果差距较大时，为了防止出现考核偏差，评价小组成员应该首先了解员工的具体工作表现和工作业绩，然后再作出评价决定。

第六，重要事件法。考核人在平时要注意收集被考核人的"重要事件"，这里的"重要事件"是指被考核人的优秀表现和不良表现，并对这些表现形成书面记录。普通的工作行为不必进行记录。根据这些书面记录进行整理和分析，为考核提供依据，最终形成考核结果。该考核方法一般不单独使用。

第七，评语法。评语法是指由考核人撰写一段评语来对被考核人进行评价的一种方法。评语的内容包括考核人的工作业绩、工作表现、优缺点和需要努力的方向。评语法在我国应用得非常广泛。由于该考核方法主观性强，所以最好不要单独使用。

第八，强制比例法。强制比例法可以有效地避免由于考核人的个人因素而产生的考核误差。根据正态分布原理，优秀员工和不合格员工的比例应该基本相同，大部分员工属于工作表现一般的员工。所以，在考核分布中，可以强制规定优秀员工的人数和不合格员工的人数。比如，优秀员工和不合格员工的比例均为20%，其他属于普通员工。强制比例法适合在相同职务员工较多的情况下使用。

第九，情景模拟法。情景模拟法是一种模拟工作的考核方法。它要求员工在评价小组面前完成类似于实际工作中可能遇到的问题的考核，评价小组根据完成情况对被考核人的工作能力进行考核。它是针对工作潜力的一种考核方法。

第十，综合法。综合法顾名思义就是将各类绩效考核的方法进行综合利用，以提高绩效考核结果的客观性和可信度。

2. 创业团队的股权分配

创业过程无疑是艰难的，只有创业团队齐心协力、同舟共济，团队才能稳步向前发展。股权分配是创业团队建设中重要的一环，不仅要明确团队价值观，还要建立明确的规则,最终让各股东达成共识。随着社会经济日益发展和法制逐渐完善,创业者对创业团队内部利益分配的态度也在慢慢转变。因此,以前的观念现如今已经被"股份+期权"的合约观念所取代了。无论是家族企业还是合作创办的企业,能够发展壮大的并不在多数。因此,无论创业团队成员的关系是何种形式,在进行组合的时候,利益分配的问题都需要提前做好详细的约定。对于初创企业来说,创业团队需要扮演管理层和股东两种角色。因此,初创企业无须考虑股东与管理层之间的权益平衡。

在创业团队的股权分配的研究当中,诺姆·瓦瑟曼提出了由团队成员角色、成员关系和权益三个要素构成的"3R 系统"理论,如图 3-2 所示。"3R 系统"理论详细阐明了创业团队成员之间的关系、角色和权益之间如何联系并互相影响,最终形成一个动态平衡。这里重点介绍"关系"和"角色"是如何影响"权益"分配的。

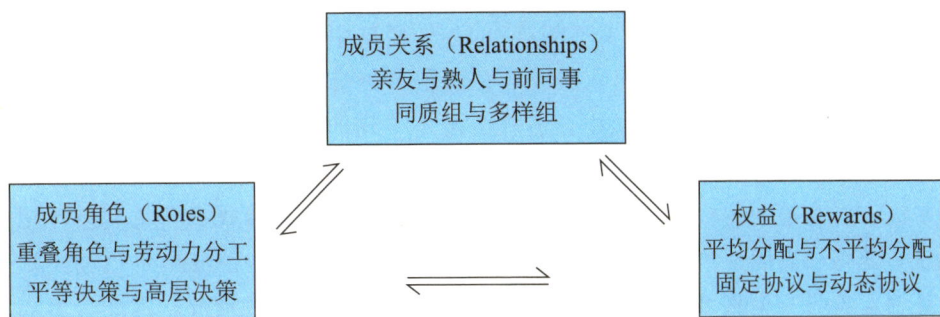

图 3-2 创业团队的"3R 系统"

(1)成员关系对股权分配的影响

团队成员之间的关系不但会影响成员在团队内的职务,还会影响初创企业的股权分配这一常常引起争议的决定。联合创始人在创办企业之前的差异如果低于一个特定的标准,那么成员之间就会平均分配股权;而这种差异一旦高于这个标准,那么成员之间的股权分配就将是不平均的。然而,决定这个差异的一个重要因素就是联合创始人在创业之前的关系。股权理论认为,社会因素(即关系)和经济因素(即权益)之间是有着紧密联系的,根据团队成员之间在创业前的关系的不同,创业团队可以分为社会关系取向和商业利益取向两种类型。

社会关系取向的团队更注重维系成员之间的关系,而不把商业利益放在首位;而商业利益取向的团队更注重商业利益,而不是个人关系。在谈及股权分配问题的时候,即便成员们对团队的贡献不尽相同,前一种类型的团队依然会根据社会关系的逻辑来平均分配股权;而后一种类型的团队会依据个人对团队贡献的大小来分配权益——他们将分配的优先权给予个人贡献和商业表现突出的成员。由此可见,某种股权分配方式在一个创业团队内非常合理,可是在另一个创业团队内却可能非常糟糕。这是由创业团队的取向所决定的。对于创业前是亲友关系的团队而言,他们倾向于遵守社会关系的原则，因此，平均分配股权才能保证团队的稳定性；对于创业前是工作关系的团队而言，他们倾向于遵守商业利益取向的原则，因此，按照个人贡献和商业表现来分配股权才能保证团队的稳定性，如表 3-2 所示。

表 3-2 创业前关系、股权分配原则和团队稳定性之间的关系

创业前关系 股权分配原则	亲友	同事
平均分配原则	稳定	不稳定 违反商业利益取向
公平分配原则	不稳定 违反社会关系取向	最稳定

（2）成员角色对股权分配的影响

在"角色"不明确（即成员分工不明确）的创业团队中，联合创始人往往很难确定成员对团队贡献的大小。因此，团队的股权分配很可能会遵守平均分配。然而，在团队梯级和"角色"很明确的创业团队中，股权分配不平均的可能性便大大增加。例如，创业团队中的首席执行官、联合创始人通常比初创企业中的其他人获得的股权多。对于后者来说，对名与利的权衡一定是很审慎的。股权分配也会对成员角色起反作用，也就是说，获得较多股权的人可能会对创业团队施加较大的影响。成员角色和股权分配之间还存在着另一个重要且长期的相互影响。股权是一项稀缺资源，因此，当成员角色分配较为明确的时候，股权分配也会更加合理。而为了避免将稀缺的股权交给权力重叠的创始人，初创企业可以用股权去吸引企业缺乏的人才。如此一来，企业的权益架构就会与成员角色的匹配度更高。因此，创业团队内早期的股权不合理分配会为企业日后寻求人才制造掣肘。初创企业在股权分配问题上不应举步维艰，因为只要创业团队足够重视这个问题，分析自身情况，那么就会发现合理分配股权并非难事。创业企业的股权分配本质上并不复杂，但创业者确实应该给予相当的重视。若能在前期花费少量时间把相关问题理顺，能起到事半功倍的效果，助力企业的良性发展。

（六）高效创业团队

1. 高效创业团队的特点

（1）开放

世界是一个开放的系统，创业团队要在社会中生存和发展，没有与外界的信息交流的话，就是一个封闭小团体，没有活力，没有生机。新团队成员的加入、新技术的引进、新专家的指导，会为企业带来很多的信息和资源，使企业发展的机会更多，发展也更加迅速。创业团队的目的是开创新的局面，这往往意味着开发新的技术、开拓新的市场、应用新的经营管理思路、创立新的组织形式、引入新的流程方式等。这种开放性要求创业团队必须是一个具有创新观念和强大能力的集体，而且对创新气氛培养的重视远高于对规章纪律的重视。

（2）平等

创业团队内部往往具有高度的平等性，但这种平等并不是股权和各种权力的绝对平等，而是立足于公正基础上的平等，是建立在团队成员对团队贡献程度基础上的平等，是建立在承担责任和担当义务基础上的平等。对于一个合作机制较强的创业团队来说，"共创、共享、共担"是成为合伙人共事的理念。所以，平等性是团队的重要特征。事实上，无数团队的案例也证明，绝对的平等不仅不利于初创企业的发展，反而会阻碍其发展，原因是权力过于分散，导致决策困难和缓慢，最终造成在运营中无法及时把握机会。所以，能够激励成员发挥特长、出台公正的政策和制度是创业团队急需建立和实现的。此外，公正性也是保证创业团队稳定和长远发展的基础。

（3）互补

一个表现良好的创业团队通常具有良好的团队互补性。一部分团队成员可能会比较偏向技术，一部分成员则会偏向内部经营管理，而另一部分团队成员可能强于销售渠道的开拓。创业团队成员有可能在思维方式上有所不同：有些人内省，能够很好地思考自身或初创企业发生的问题，思考解决问题的办法；有些人则显得外向，能够很好地拓展企业发展所需要的资源。团队的互补性还体现在团队人员在统计学变量上的差异，例如性别、年龄等因素的不同，也会影响到创业团队的有效性。

（4）协作

相较个人创业来说，创业团队的最大优势就在于它的协作能力。初创企业遇到的风险和困难是多方面的，所以，团队成员的分工协作有利于规避风险和杜绝隐患。从另一个角度讲，团队成员能力的互补性也需要由团队协作来实现。

2. 组建高效创业团队的原则

创业者在组建创业团队的时候，都希望自己的创业团队是最高效的。通过整个创业团队的共同努力，可以快速实现创业成功的目标。在组建创业团队的过程中要注意哪些事项？本节将介绍创业团队组建的基本原则——MPTRS 原则，即使命、过程、信任、互补、共享原则，如图 3-3 所示。

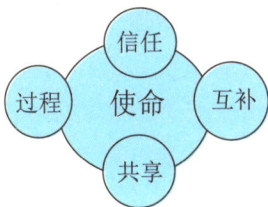

图 3-3　高效创业团队的 MPTRS 原则

（1）使命

使命是建立在共同的理想和价值观基础上的目标，是愿景与期望，使命感与责任感，是超越金钱之外的精神追求。能够走到一起并组成团队的创业者，都是怀揣着共同的理想和愿景的人，而不是单单追逐眼前利益那么简单。

对于创业者而言，更多的是去追寻、去创造一个自己渴望的美好世界，他们也在寻找"同类"，也就是具有共同价值观的人。电子数据系统公司和佩罗系统公司的创始人罗斯·佩罗说过，在创建团队的时候，他总是首先寻找乐于胜利的人，如果找不到，就去找憎恶失败的人。复星创始人郭广昌建议创业者，在决定谁可以成为你的合作伙伴的时候，最重要的是要找到一种感觉：关于你人生的基本价值的信条，他跟你一致不一致，从这个观点上你就可以筛掉一批人，有的人对钱太斤斤计较，根本就不用去考虑。这当中强调的恰恰就是共同的价值观。最重要的一点在于，创业不是一项朝九晚五的工作，是一个需要充满热情的执着投入的过程。支撑创业者努力拼搏的就是工作热情，这种热情源于内心的价值观和信念。

（2）过程

过程是实现目标的过程。世界上并不存在瞬间就能实现目标的魔法，唯有通过自己的不断努力，才有可能实现目标。通过许多成功的创业团队的经验，可以发现它们的共性，那就是这些团队都建立起了可执行的团队愿景，使得整个团队凝聚力强、执行力强以及目标明确一致。

引导团队走向高效的原则是：目标清晰、齐心协力、制度明确、分担责任。实现和体现这个原则的则是奋斗的点点滴滴，是过程，也是团队成员必须经历患难与共的时光，是铭刻在他们心中的难忘的点点滴滴，又或者是共同拼搏的过程，共同出行的愉快，是经历失败后的痛哭，取得成功时的欢笑。这都是属于他们共同的故事并且最终逐渐凝结成为一个创业团队的文化与精髓，渗透每个团队成员的内心。

（3）信任

信任是背靠背的信任，可以使团队成员在此基础上"共命运，同进退"。创业者必须为员工营造一种氛围，让员工有归属感和安全感。管理学中普遍认为"刘备团队"是一个完美团队。刘备、关羽和张飞的创业团队在得到以诸葛亮为首的文官团队的倾力辅佐之后，建立了根据地，图谋一统天下。他们联孙抗曹，巧取荆州，最后建立了与孙权和曹操形成鼎足之势的蜀国。刘备、关羽和张飞这些创业团队成员之间的坚不可摧的情谊让他们克服任何困难，也完美阐述了以义制利的含义。这样的信任是创业团队的最高的追求目标。对于创业团队来说，合作精神就是协作精神的精髓。团结的队伍才能实现预设的目标，并营造出富有进取精神的氛围。要形成真正的良好氛围，关键在于成员彼此之间的信任。没有信任就没有尊重，也就没有相互关怀和支持，更没有凝聚力。

（4）互补

互补是创业团队成员的性格、技能、知识能力等方面的相互补充。根据我国近几年关于大中小型企业发展的研究数据，迅速崛起并发展壮大的企业当中，有高达70％的企业是由团队而非个人创立的。由此可见，团队的整体素质对于创业成功是至关重要的。因此，团队成员之间的性格、技能、知识能力等的相互补充是提升创业团队素质及帮助创业成功的重要因素。成功的创业团队中，成员各司其职、缺一不可。团队的分工也需要明确，为防止出现问题后，成员之间互相推诿。

（5）共享

共享不仅指在团队成员之间的股权分享，还包括荣誉分享。只有患难与共，才能真正诞生奇迹。事实上，分享正成为趋势和潮流。"80后""90后""00后"的创业者与"50后""60后"的前辈相比，更具有分享精神。企业内部更加平等、轻松、愉快、简单直接。他们也会更坦率地分享企业发展的故事，包括内部发生的冲突和矛盾。

第二节　发现与评估创业机会

一、寻找创业机会

如果说好的创业机会是创业成功的关键，那么识别创业机会就是创业成功最重要的第一步。

（一）创业机会的内涵

创业机会，又称商业机会或市场机会，是指具有较强吸引力的、较为持久的有利于创业的商业机会，创业者能够通过这种商业机会为客户提供企业的价值主张，并有效地传递有价值的产品或服务，最终收获价值。

创业机会主要包括技术机会、市场机会和政策机会。技术机会是指技术变化带来的商业机会，主要源自科技方面的创新及突破。市场机会是市场需求方面的变化产生的商业机会。政策机会是指当下政府出台的相关政策方面的调整所产生的商业机会。

（二）创业机会的主要来源

创业机会受外环境和内环境的变化，市场的不协调，信息的滞后、领先或缺口等因素的影响。

创业机会的定义很多，包含的要素也各不相同，但是，这些定义都非常重视市场需求和产品（或服务）这两个要素。所以，我们也可以把创业机会定义为可以开发的市场需求和满足这个需求的产品（或服务）。创业机会所指的市场需求可能是众所周知、显而易见的，也可能是潜在的、不明确的；所说的产品（或服务）也许是很成熟的产品，也可能只是一个初步的想法。产品提供方式可以是线上的，也可以是线下的。在机会发现过程中，也许先看到市场需求，然后寻找相应的产品；也可能是先有技术甚至初级产品，再去设计和开发新的市场。想创业的人也许拥有一定的资源和能力，也许一无所有。但无论是哪种情况，需求和产品都是创业机会的两个核心要素。创业机会是创业活动的根本驱动力，创业过程是从寻找创业机会开始的，如果没有创业机会，创业活动就没有了动力。因此，怎样寻找创业机会是创业活动的关键，其根源在于事物的变化（包括产品、服务、市场等方面），创业者可以通过其事物本身的特点发现创业机会，具体而言，创业机会的来源可以分为以下5种类型。

1. 来自问题的创业机会

创业的目标就是要满足顾客群体的需求，而顾客需求没有满足前就是问题。寻找创业机会要善于去发现和感受自己与他人在需求方面的问题或生活中所遇到的不便。

2. 来自变化的创业机会

创业的机会大都产生于不断变化的市场环境，环境有了变化，市场需求和市场结构必然会有所改变，这样的变化可能会给各行各业带来不同的商机。变化是创业机会的重要来源，人们常常通过这些变化，来发现创业机会。市场环境变化主要包括技术变革、政治和制度变革、社会和人口变革、产业结构变革。

3. 来自发明创造的创业机会

发明创造为生活提供了新产品、新服务，从而更好地迎合顾客需求，同时也带来了创业的机会。在人类发展史上，每次重大的发明创造都会引起产业结构的重大挑战和变革，造就无数的创业机会，如大数据的诞生、手机像素的提升、各类直播平台的出现成就了网店、直播带货等创业机会。这就说明即使不发明新的东西，也能成为参与新的销售模式和推广新产品的人，从而获得创业机会。

4. 来自竞争的创业机会

如果能发现并弥补竞争对手的缺陷和不足，这也有可能成为创业机会。看看周围的公司，如果能比它们更快、更可靠、更便宜地提供产品或服务，那么就能比它们做得更好，这也许就是一次商机。

5. 来自新知识、新技术的创业机会

新知识可以改变人们的消费观；新技术可以进一步满足人们的需求，甚至使人们产生新的需求进而引导消费。例如，当生产微型电子计算机的技术形成后，中国的企业也获得了生产计算机的创业机会，联想等企业就抓住了这样的机会。

▸▸ 案例分享

过去50年中几大趋势带来的创业机会[①]

表3-3列出了过去50年中几个具有影响力的大趋势带来的创业机会，当今世界，

---

① 孙洪义：《创新创业基础》，63—64页，北京，机械工业出版社，2016。

科学技术发展一日千里，社会文化生活日新月异，新的趋势无处不在。高铁技术、大数据技术、纳米技术、生物技术、航天技术、新能源技术以及5G技术等不断涌现，给人类开启了新的理想目标。"农业革命通过耕种延伸了我们的胃，工业革命通过机械和电气延伸了我们的肌肉，互联网和信息革命延伸了人类的大脑"，每一次新技术的出现都给人们的生活带来翻天覆地的变化。比较是发现新的理想状态的另外一种方法。距离变得越来越近，世界也变得越来越扁平，越来越像一个村落。经济领域也有很多重大的发展，中国提出"一带一路"倡议，金砖国家崛起，非洲大地觉醒，这些都毫无疑问是机遇的温床。如果你学习的是某个科技领域的相关专业，毫无疑问你会了解更多科学技术的新趋势；即便你学习的不是这类专业，从创业者的角度关注和观察世界趋势的发展，一样也可以发现创业机会。

表 3-3　过去 50 年中几个大的趋势和因此带来的创业机会

趋势	创业机会
婴儿潮	早教，婴儿游泳馆，纸尿布，玩具，儿童服装，童车
肥胖人士增多	减肥行业的兴起，健身器材，健康俱乐部，轻食
双薪家庭	午、晚托，家政服务（例如育儿，家庭清洁，食品准备等）
亚健康人群增加	保健品，膳食营养师，健康娱乐产品，心理咨询

（三）从问题中寻找创业机会

1. 寻找创业机会最直接的方式是寻找问题

上一个小节，我们了解了创业机会主要来源的 5 种类型，分别是来自问题的创业机会、变化的创业机会、发明创造的创业机会、竞争的创业机会以及新知识、新技术的创业机会。这个小节中我们着重对来自问题的创业机会深入展开，之所以针对这个创业机会进行拓展，主要是因为成功的创业者大都认为，实际的工作经验是获得创业机会的重要源泉，然而在校大学生和刚刚毕业的年轻人往往缺乏的就是实际工作经验。那么大学生和刚毕业的年轻人该如何寻找创业机会？本章节会根据实际情况，详细介绍从问题着手寻找创业机会的方法，即怎样从日常生活中遇到的问题来寻找创业机会。

为什么发现问题能够帮助我们寻找到创业机会？因为创业的本质就是通过解决用户的问题来满足用户的需求。当用户面临问题时，正是说明他们的需求还没有得到满足。如果没有足够的实际经验，直接寻找创业机会是很不容易的。而从发现问题和需求来入手寻找创业机会相对容易得多。这个方法尤其适合没有经验的大学生寻找创业机会。因此，对于大学生来说，发现问题是寻找创业机会的第一步。即便是有经验的创业者，在找到一个创业机会之后，甚至这个创业机会是以技术发明为基础的，都要反过来分析是否能为用户解决问题。

无论什么类型的创业活动，发现问题是寻找创业机会的第一步。研究其他成功的创业案例，几乎毫无例外，这些企业都是通过解决用户的问题而走向成功的。我们的日常生活、工作和学习中都存在这样那样的问题，以发现问题来寻找创业机会是现代国际创业教育和创业实践的最新趋势。简而言之，发现问题是寻找创业机会最直接的手段。一些创业案例可能会给我们带来这样的误区：发现问题和确定创业机会仿佛是灵光乍现。其实创业从一开始就需要耐心，并不是只要发现了问题就能找到创业机会。从发现问题、描述问题、澄清问题、问题评估到需求评估再到机会类型评估，是一个漫长而复杂的过程。这个过程即使是一个有丰富创业经验的人或团队可能都需要几个月甚至几年时间来完成，其间需要很多次反反复复地评估和修改。对于大学生和刚步入社会的年轻人来说，一步一步、踏踏实实地学习、演练及复盘是非常有必要的。我们开展创业教育并不建议仅凭经验和直觉，而是理论知识和实践相结合，成功案例和具体方法相结合。图 3-4 是从发现问题到创业机会识别的基本流程。下面将分别介绍发现问题、描述问题、澄清问题、问题评估、需求评估和机会类型评估等概念和相应的方法。

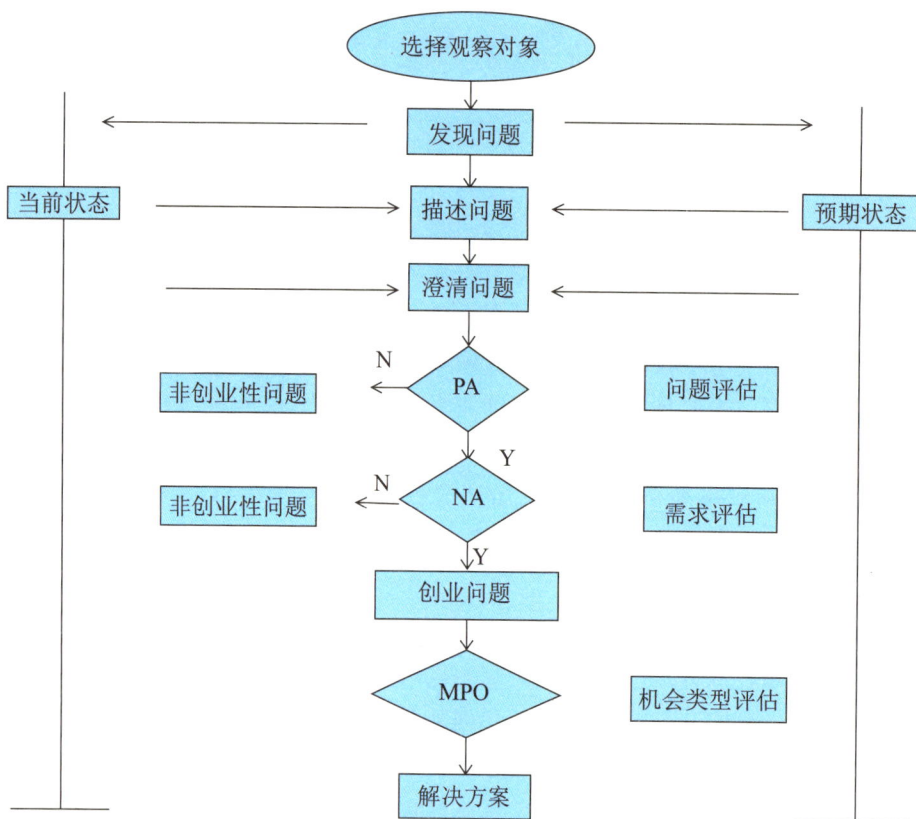

图 3-4　从发现问题到创业机会识别的基本流程

2. 发现问题

在现代汉语中,"问题"这个词有两个不同的含义,非常容易混淆,必须区分开来。问题的第一个意思是因为不知道或者不理解而要求回答或解答的题目。提出问题指的就是第一种意思,一般用问句的形式来表达。问题的第二个意思是处在一种困境、麻烦、不顺利、失败等负面的状态,需要解决这样的矛盾、疑难。发现问题指的就是第二种意思,一般用陈述句来表达。本书尽量用"提问"或者"提出疑问"来代替常说的"提出问题",避免和"发现问题"所混淆。提出疑问和发现问题是不同的,但是它们之间却是有联系的,提出疑问有质疑的成分,可以帮助我们发现问题。德波诺认为,发现问题和解决问题同样重要,但是前者比后者更为困难。在一场有 5000 人参加的国际发明大赛上,他发现参赛者解决问题的水平都很高。但是,他们发现问题的水平却低得令人惊讶,甚至大多数参赛者都不知道通过他们的发明能解决什么问题。物理学家费里曼·戴森也说过,当你有一个问题去解决的时候,工作已经比较简单了,难的是怎样找到一个问题。提出疑问和发现问题在现代教育的内容中都是极其缺乏的。现代教育通常情况是:老师提出问题,学生回答问题。学生很少有机会提出自己的问题和见解,而学生的疑问大多也是怎样解答老师给出的问题,更没有机会去发现问题。即便是在研究生阶段,很多课题也是由老师事先确定的。创业教育相对于普通教育则完全不同,提出疑问和发现问题才是创业教育的主要内容,具体教育方式是以学生为中心的主动学习。创业者需要自己提出疑问并发现问题,进而提出解决方案,并从中寻找发现创业机会。观察和提问是发现问题最直接、实用的方法。这种方法尤其适合没有多少创业经验的在校大学生和刚步入社会的年轻人,因为观察和提问不需要很多的实际经验。有经验的创业家都是有意无意地运用多年的经验积累来发现问题和创业机会的。观察和提问在创新创业教育中起到至关重要的作用,观察和提问是发现问题的第一步。

(1)提问的 4 种方式

提问有不同的方式,既可以直接询问相关人员或者用户,也可以自己问自己。有关问题管理专家把提问分为封闭式提问、开放式提问、澄清式提问和诱导式提问四种方式。以观察提款机为例。

① 封闭式提问:你每个月从提款机提取的钱是 1000 元～2000 元吗?

② 开放式提问:你每个月从提款机提取多少钱?

③ 澄清式提问:你说使用提款机不方便,具体指的是哪个方面?

④ 诱导式提问:你使用提款机的时候觉得方便吗?

(2)观察和提问的方法

巴甫洛夫曾经说过,应该先学会观察,不会观察,你就永远当不了科学家。同样,创业家也需要学会观察。观察和提问是在校大学生和刚步入社会的年轻人发现问题的主要手段。观察并不是漫无目的地看,而是带着目的性地去看、主动地去提出疑问,以便发现问题，说白了就是"找茬"。本书所用的是 12 个维度（7W5H）观察现象和提出疑问的方法，如表 3-4 所示。无论哪个维度，斯普拉德利都建议观察者要换位思考，以同理心设身处地、感同身受地从用户（或者所涉及的人）的角度来观察。心态和意图的不同，所观察到的问题和感受也是不同的。表 3-4 以观察提款机为例来说明怎样利用 7W5H 来观察、提问并发现问题。

表 3-4　利用 7W5H 提出疑问和发现问题（以观察提款机为例）

英文	中文	维度	提出疑问	潜在问题
What	什么	目标、目的、结果	提款机还可以做什么？可以查看信用卡吗？可以付电影票吗？可以付学费吗？可以提取零钱吗？可以回收零钱吗？	提款机不能提取零钱 提款机不能回收零钱
Where	在哪里	空间、地点、范围	可以在其他地方吗？可以在商场里面吗？可以在家里面吗？可以像自来水管一样通到小区和家里吗？	部分商场和小区里面没有提款机
Which	哪个	事件、活动	哪家银行的提款机？其他银行可以吗？其他理财渠道可以吗？	线上银行不能提款，手机没有连接提款机
When	什么时候	时间	是 24h 可以使用的吗？24h 都安全吗？半夜提款怎么办？什么时候来的人多？有高峰期吗？	夜间提款不安全 高峰期排队时间长
Who	谁	人物、用户、伙伴	谁来提款？什么样的人多？什么样的家庭，阶层？个子矮的人可以吗？	老人取钱不方便，孩子拿到家长的银行卡取钱很危险，被偷的银行卡也能取钱
Whom	谁	对象	提款给谁？谁是主要服务对象？	没有考虑残疾人提款
Why	为什么	原因	为什么提款机只有一面可以操作？为什么到提款机取钱？	有时排队时间很长
How	怎样	状态操作	输入密码方便吗？忘记密码怎么办？指纹、虹膜可以识别吗？	提款机识别方式单一
How much	什么程度	程度成本	空间很拥挤，拥挤到什么程度？速度很慢，慢到什么程度？	室内提款机空间有限
How many	多少	数量	取多少钱？多大币值的组合？多少人受影响？	提款机不能提取零钱 提款机不能回收零钱
How long	多长时间	时间	每次取钱要等多久？	高峰时排队太久
How often	多少次	频率	用户平均每月取多少钱？来多少次？	取款机有金额限制

　　运用观察和提问方法时，有 4 点需要注意。①一方面，并不是每个维度都一定会存在问题，要根据观察的对象和现象的具体情况而定；另一方面，有些维度可能是相互关联的，也许会找到一组相关的问题。②并不建议所有人同时观察同一个对象，而

是要根据自己的兴趣来自由选择观察的对象。在创业教育中，不要期待老师告诉你去观察什么，而是要自己主动去选择感兴趣的观察对象。③观察对象未必是教科书上所建议的用户或商家，可以是家人、朋友或者任何感兴趣的人，他们可能会成为你的潜在用户。日常生活中充满了可以观察的对象，可以在学校观察，可以在家里观察，也可以去企业和社会观察。④观察和提问不局限于实物和现场。电影里、大数据里、用户调查报告里、微信群里、社交网络里、书本里、报刊里，都会有你的观察对象。

（3）发现问题的动力和阻力

发现问题不仅依靠方法和工具，创业者的理念、态度、知识和经验都能成为发现问题的动力。发现问题的第一个动力是有一颗助人为乐的心。很多创业的案例都是从对身边的人的关心中发现的问题和创业机会，同理心更是现代创业教育所推崇的教育理念。发现问题的第二个动力是批判性思维。批判性思维是对现实状态公正、客观地分析和评价，批判性思维就是要有敢于打破现状的精神。发现问题的第三个动力是好奇心。只要有好奇心，到处都有可能发现问题和机会。发现问题的第四个动力是想象力。未来的新技术和美好世界很多都来自想象的憧憬甚至神话，无人驾驶、远距离图像信息传输等技术都是从科幻走向现实的。发现问题的第五个动力是热爱生活。大量的创业问题都源于对生活的热爱，生活成就了创业，创业丰富了生活。

除此之外，实际经验和科学素养也是发现问题的动力。传统创业教育认为，实际经验是发现问题的主要动力。年轻创业者要利用一切机会，不断积累和丰富自己的实际经验，尤其是向企业家学习创业，才能把握实践的机会。科学素养也是发现问题的动力。经济合作与发展组织认为，科学素养是运用科学知识，确定问题和作出具有证据的结论。在知识经济的时代，科学知识和实际经验同等重要。

因此，大学生想创业就要努力学好理论知识，成为理论知识和实际经验都具备的新时代的创业者。压力是最好的动力，在得过且过、知足常乐的环境中是很难发现问题的，这样的环境是发现问题的第一障碍。现实生活中，有些人面对问题时选择视而不见，有些人遇到问题选择绕过或者应付了事，有些人根本就看不到问题。这样的人是不可能发现问题和机会的。只有有心人才会看到问题，才能发现问题，也才能在问题中找到机会。

创业者必须是一个有爱心、充满着好奇心和想象力的人，一个不满足于现状的人，一个热爱生活、热爱知识、敢于实践的人，这样的人才是具有创业意识和创业精神的人。这是一名创业实习生要学习和培养的观念和态度。看到别人成功了，很多人也许会遗憾地表示自己也曾经想到或者看到过这个问题。你看到的问题就是你的创业机会，而别人看到的问题则是别人的创业故事，就和你没有关系。狄更斯说，机会不会上门来找人，只有人去找机会。创业是一项典型的机不可失、时不再来的活动。有企业家说，当新生事物出现的时候，一般经历四个阶段：第一看不见；第二看不起；第三看不懂；第四来不及。要想看得见、看得起、看得懂、来得及就需要具有创业者的意识、精神、知识、方法和能力。培根说过，只有愚者才等机会，而智者则创造机会。主动寻找问题和偶然看问题得到的结果是截然不同的，代表不同的态度导致不同的结果。被动等待和偶然看到是远远不够的，因为创业者甚至是用户有时候未必完全知道和清楚市场的需求，偶然看到的显性问题和机会只是冰山一角，还有大量潜在的隐性问题和机会在水面之下，需要创业者用理论知识、方法、工具和敏锐的观察力去主动发掘。法国雕塑大师罗丹曾说，世界上并不缺少美，而是缺少发现美的眼睛。同样的道理，生活中从来就不缺少问题和机会，缺少的是发现问题和机会的敏锐眼睛。如何从危机中找到自己的"机"，化危为机，如何在萧条的环境中存活下来，如何在艰难中获得成长，而不是受每天网上负面评论的人影响，加入抱怨的人群之中，你若加入抱怨，则将永远没有机会，你要将别人的抱怨、投诉、仇恨或不靠谱的地方变成你的机会。真正的强者，当善于从顺境中看到阴影，从逆境中找到光亮，时时校准自己前进的目标。那些善于抓住机会的创业者，不仅不会败于危机，反倒会逆风飞翔，成于危机。

3. 问题的描述、澄清和评估

现代社会普通人总是急于给出问题的解决方式，令人遗憾的是我们之前的教育并没有充分重视怎样表达和描述一个问题，所以教育家杜威认为，如果把一个问题描述清楚了，就已经解决一半了。科学家爱因斯坦也非常重视问题的界定和描述。有一次，他被问到，如果你有 1 小时去拯救这个世界，你将如何安排这 1 小时？他的回答是："我将花费 55 分钟去定义这个问题，然后用剩下的 5 分钟去解决这个问题。"爱因斯坦还说："明确地表达一个问题往往比解决这个问题更重要。解决问题只不过需要数学或者实验技能，而从一个新的视角发现一个新的问题，却需要创造性和想象力。这才是科学进步的真正标志。""我没有什么特殊的才能，不过是喜欢刨根问底地追究问题罢了。"爱因斯坦这句话说的虽然是科学研究，但是对创业也具有指导意义，显然，正确描述问题往往比解决问题本身更不容易。

（1）问题的定义

事件所处的当前状态与预期状态之间的差异以及该差异引起的不满和期待，这是"问题"这个概念的一般定义。

（2）问题的描述

描述一个具体事件的当前状态、预期状态、它们之间的差异以及该差异带来的对当前状态的不满意和对预期状态的期待。对当前状态的不满意只是问题的一个要素，是发现问题的开始。当前状态、预期状态和差异是定义一个问题的三个核心要素，无论发现问题、分析问题还是解决问题，都离不开这三个要素。

发现问题就是通过观察、提问和差异分析找到当前状态、预期状态、它们之间的差异以及该差异引起的不满和困境。

分析问题就是进一步理解和明确当前状态、预期状态以及它们之间的差异及影响因素。

解决问题就是找到方法消除当前状态和预期状态之间的差异，以达到预期状态的目的。

必须指出，不是所有的问题都是创业机会。有些问题是偶然和短暂的，或会自动消失，或者通过现有的方法干预可以矫正到预期状态。例如，刮大风时建筑物会出现轻微倾斜，风停后就会自动恢复。又如，水管漏水是一个急迫问题，找人把漏水的地方修理好，就可以恢复常态了。这样的问题属于一般的管理问题或工程技术问题，而不是创业问题。创业问题需要当前状态与预期状态之间的差异具有严重性和持续性等特点。如果一个问题具有一定的严重性和持续性，当前状态与预期状态的差异导致用户对当前状态极度不满意，并因此而产生困惑、担忧、抱怨、痛苦，甚至造成损失和伤害，而目前市场没有新的解决方案，其解决方案可以体现在完整独立的产品或服务里面，而且有足够的用户期待这个产品，即有足够的市场需求，这样的问题才是真正的创业问题。创业问题也是亟待解决的迫切问题或者用户痛点。寻找创业机会一定要先找到创业问题。

（3）问题的澄清和重新描述

在发现一个问题之后，要反复推敲和分析这个问题是否准确和清晰，不要急于给出解决问题的方案，这个过程就是问题的澄清和重新描述。就像一个病人去看病，虽然他知道自己头痛，但并不代表他对自己的当前状态完全清楚，医生还需要依据相关的检查报告来分析和诊断病情。很多问题之所以需要进一步澄清，就是因为用户有时候不仅不清楚预期状态，很可能对当前所处的状态也未必清楚。所以，澄清一个问题首先需要明确问题的当前状态和预期状态，其次才能确定它们之间的差异，最终才能实现用户的期待。中央教育科学研究所高等教育研究中心特约研究员、北京经济技术社会研究所所长甘华鸣根据问题状态的明确程度，把问题分为四种类型：①当前状态和预期状态都明确；②当前状态明确，预期状态不明确；③当前状态不明确，预期状态明确；④当前状态和预期状态都不明确。这里用出国留学的问题来解释怎样澄清和重新描述一个问题，如表3-5所示。如果一名学生来到留学咨询机构说遇到留学方面的问题，需要帮助。毫无疑问这是一个需要解决和帮助的问题。但是，这也是一个很不清晰的问题，需要澄清和仔细描述，否则留学机构不知道提供什么样的具体服务。对不同性质的问题，解决方法不同，创业机会也不同。

表3-5 根据当前状态和预期状态的清晰度程度来澄清问题

预期状态 当前状态	预期状态明确	预期状态不明确
当前状态明确	确定型问题： 我在准备留学考试，而且要去美国留学。	目标型问题： 我在准备留学考试，但是不确定要去哪个国家。

预期状态 当前状态	预期状态明确	预期状态不明确
当前状态不明确	现状型问题： 我不是很确定是否要去留学，但是如果我有机会去留学，我肯定去英国，因为我喜欢哈利·波特和他的魔法学院。	双盲型问题： 我不确定现在应该准备留学考试还是在国内读研，也不确定将来去哪个国家留学，或去国内哪所学校读研。

①确定型问题

确定型问题是指当前状态和预期状态（即目标）都明确的问题。这就像老师把问题给学生，而学生不需要去寻找问题一样。典型的是数学问题，例如，老师给出一组变量，学生将其代入一个公式，就能得到一个预期的结果，而且是统一、标准、无误差的结果。有的学生选择出国留学的时候，对当前状态和预期状态都很清楚，例如，我在准备留学考试，而且要去美国留学。对于这类确定型问题，主要问题在于从现状到目标的实现方法和过程。

②现状型问题

现状型问题是指现状不明确，预期状态明确的问题。要解决问题，必须先确定现状。例如，老师让学生设计一个汽车模型，三天后交作业，但是没有确定用什么材料、什么工具以及从什么时候开始，学生必须自己制订一个计划以确定时间、材料和分工。以留学为例，我不是很确定是否要去留学，但是如果我有机会去留学，我肯定去英国，因为我喜欢哈利·波特和他的魔法学院。

③目标型问题

目标型问题是指当前状态明确，预期状态不明确的问题。解决问题的思路也是不明确的。很多应用题都属于这类问题，因为只给出问题的描述，不清楚答案，应用公式和结果也不确定。例如，很多大赛给学生提供一组材料或原件，要求学生设计一个机器人，这就需要学生自己找到目标。以留学为例，我在准备留学考试，但是不确定去哪个国家。

④双盲型问题

双盲型问题是指当前状态和预期状态都不明确的问题。例如，老师让学生两天后交一份自由命题的作文。这就需要学生自己命题，自己确定目标，自己设计和规划作文的内容，自己收集资料。以留学为例，我不确定现在是应该准备留学考试还是在国内读研，也不确定将来去哪个国家留学，或去哪所学校读研。

这四类问题中，除了第一种问题是相对确定的，其他三种问题都有不确定因素，需要进一步澄清和重新定义。甚至到了创业机会的确定阶段，也同样需要进行多次澄清和调整。只有问题描述清晰了，解决方案才能更加具体，与问题更加匹配。

（4）问题的评估

创业机会里面一定包含一个或多个问题，但是反过来问题却不一定成立。不是所有的问题都反映了用户的痛点，也不是所有的问题和痛点都能构成一个创业机会。这就好像人们并不是每次感觉不舒服都要去医院一样的道理。有些问题是临时的干扰问题，很快就会自然消失，没有持久性；有些问题则可以用普通管理的方法去解决。创业失败的一个主要原因就是所发现的问题根本就不是一个创业问题。"大问题做大生意，小问题做小生意"的观点未必正确。有些问题看似不大，但却足以创业。你发现的问题是一个创业问题吗？如果你有一个解决方案（产品），它是用户希望拥有和期待的吗？创业者必须先回答这些问题，而这就需要对问题做一个初步的评估，这一点尤其重要。表 3-6 是根据问题的严重程度和持续性进行问题评估的矩阵（Problem Assessment Matrix，简称 PA 矩阵）。

表 3-6　评估用户痛点严重程度和持续性的 PA 矩阵

严重程度　持久性	1. 不严重	2. 有点严重	3. 严重	4. 很严重	5. 非常严重
1. 时间不长					
2. 时间有点长					
3. 时间长					
4. 时间很长					
5. 时间非常长					

其中，两个维度的评估数值相加所得称 D-D 值。D-D 值至少在 6，所发现的问题才是一个创业问题，也就是说，这个问题必须是严重和持续的。问题的初步评估并不等同于创业机会的评估，后面小节将介绍创业机会的详细评估。

（四）需求类型和创业机会

只要你满足消费者需求，你就能获得成功。一个真正的创业问题应该反映市场需求，市场需求是抓住创业机会的核心之一。但是，需求林林总总、千变万化，因此，面临的机会也会有所不同。当发现一个问题或需求之后，我们需要对其深入理解与剖析，并且确定需求的类型以及明确这个问题或需求是否真实存在。

1. 狩野模型和需求类型

需求是各式各样和千变万化的。我们在这里可以用狩野模型来分析不同的需求。东京理工大学教授狩野纪昭把满意度与不满意度两个指标同时引入对用户满意度的评估，建立了狩野模型。这个模型分析了当某种需求"有"和"无"的不同组合情况下，用户的满意程度和不满意程度。根据狩野模型，从创业的角度把用户需求分为四类，即多余需求、基本需求、兴奋需求和期待需求。这四种需求的分类如表 3-7 所示。下面以酒店服务为例，来具体解释这四种需求。

表 3-7　根据狩野模型划分的四类需求

无 ＼ 有	无所谓	很满意
无所谓	多余需求	兴奋需求
很不满意	基本需求	期待需求

（1）多余需求

多余需求是指那些对满意度没有明显影响的因素和需求，也称无差异型需求。对于无论有没有对用户都无所谓的产品或服务，有，是画蛇添足，没有人会感到感激和开心；没有，也没有人会去抱怨和注意，没有人投诉。有些多余的服务或产品反而适得其反引起用户不满吃力不讨好。例如，酒店退房时要求客人填写意见调查表、服务员突然敲门送报纸或者热水、配送其他旅游广告等。

多余需求概念在营销学和创业学中往往容易被忽视，理由是多余需求是不存在的，没有必要关注。然而，导致创业失败的一个主要原因正是创业者识别的所谓需求是不存在的、没有必要的甚至是多余的。创业机会识别的一个常见的毛病是"己所欲，施于人"，这是创业者需要格外注意的。创业机会的识别和确认必须针对特定的时间、地点、用户、社会以及政策法律环境，找到用户真正的问题和需求，正所谓好的创业机会也适用于因地制宜。

（2）基本需求

基本需求也称必备型需求，是用户对企业提供的产品或服务因素的基本要求，是用户认为"必须有"的属性或功能。简单来说就是我们的"衣、食、住、行"，这些是一个人最基本的需求。当产品或服务不满足用户需求时，用户很不满意；当产品或服务满足用户需求时，用户也可能不会因此表现出满意。对于基本需求，即使超出了用户的期望，用户充其量感到满意，也不会对此表现出更多的好感；但只要稍有疏忽，未达到用户的期望，则用户满意度一落千丈。对于用户而言，这些需求是必须满足的，是理所当然的。例如，现在的酒店都有空调，如果空调正常运行，用户不会为此而对酒店的质量感到满意；反之，一旦空调出现问题，无法运行，那么用户就会很不满意，抱怨、投诉也会随之而来。酒店床上用品、牙刷、毛巾等也是基本的需求。

（3）兴奋需求

兴奋需求又称魅力型需求，是指用户并没有期待的需求，若不提供此需求，用户满意度不会降低；若提供此需求，用户满意度会有很大的提升。对于兴奋需求，随着满足用户期望程度的提升，用户满意度也急剧上升；反之，即使在需求不被满足时，用户也不会因此表现出明显的不满意。这就要求企业提供给用户完全出乎意料的产品或服务，使用户产生额外的惊喜，从而提高用户的忠诚度。就像商场通常在消费者购买商品的同时开展抽奖活动，额外送出一些礼品。例如，一些著名的奢侈品牌企业定时针对客户进行产品的质量跟踪和回访，并且针对 VIP 客户，逢年过节前都会送上印有奢侈品品牌标识的礼盒，让 VIP 客户感到惊喜。对此，即使另一些企业未提供这些服务，客户也不会因此而感到不满意。再比如，高级酒店给入住的顾客赠送水果、升级房型或在生日赠送蛋糕，或对紧急事件的特殊关心和对出现意外的补偿，都是兴奋需求，会提高用户的满意度和忠诚度。

（4）期待需求

期待需求也称意愿型需求，是指用户的满意状况与需求的满足程度成正比关系。期待需求没有基本需求那样苛刻，其要求提供的产品或服务比较优秀，但并不是"必需"的产品属性或服务行为。如果企业提供的产品或服务水平超出用户期望越多，用户的满意度就会越高，反之亦然。这是提高用户满意度的关键。在市场调查中，用户谈论的通常都是期待需求。例如，酒店的价格、卫生条件、卫浴设施、周边环境、空气质量、早餐质量等都属于期待需求。这些要素如果出现问题，用户满意度会下降；如果这些需求都能得到很好满足，则满意度就会提高。

2. 需求是不断变化的

市场需求不是一成不变的，而是因地而异的；不同的客户需求有别，不同的项目目的不同，需求是随时都在变化的。原来的期待需求经过一段时间逐渐培养了用户的使用习惯，增强其依赖性，这个时候该需求就开始向基本需求过渡了。同样，原本建立在期待需求上的兴奋需求也因为期待需求的落地，变得不再遥不可及。20 年前手机是兴奋需求，现在则成了基本需求。另外，需求也是因人而异的。对于大学生来说，学生食堂的一日三餐是基本需求，山珍海味则是兴奋需求；然而，对于百万富翁来说，每日山珍海味也许只是基本需求。高端手机对大多数学生而言可能是兴奋需求；而对一部分家庭殷实的学生而言则是基本需求。因此，创业失败的一个原因是没有做到与时俱进地看待需求的变化。而有些人创业成功，恰恰是看准了特定的市场需求。下面这个案例就说明了擦地这种日常生活中最基本的需求，因找准不同的人的不同需求，而产生的创业机会。

（五）创业机会的分类

对一个潜在的创业机会，在观察和发现问题并找出解决方法之后，我们就需要进一步明确这是什么类型的创业机会。对于同一个问题，创业机会的类型不同，解决方案也会存在差异，需要用到的资源、知识产权保护方式、产品研发投入、承担的风险等都会随之而变化。重要的是，理解创业机会的类型能够帮助我们分析这个机会是否有可行性，是不是真的可以落地。常见的创业类型包括生存型创业和机会型创业。生存型创业是指创业者为了生存，没有其他选择而无奈进行的创业，也可以称为自我就业型创业；而机会型创业是看到市场上有某种机会，为抓住这个机会而创业的类型。创新型创业通常被认为是机会型创业。虽然这两种创业类型被广泛引用，但是它们没有充分反映出创业机会的特点和内涵。因此，本书以市场需求和产品对创业机会进行分类，以便清晰地阐述创业机会的实质。

1. 市场—产品—机会矩阵

创业机会的核心是市场需求和满足需求的产品（或服务）。本节把安索夫矩阵与布鲁雅特和朱利安的创业价值分类整合为市场—产品—机会矩阵（Market-Product-Opportunity Matrix，简称 MPO 矩阵），把创业和创业机会细分为四类，如表 3-8 所示。下面对这四种创业类型和相应的创业机会进行介绍。

表 3-8　市场—产品—机会矩阵

产品 市场	明确的 （现有产品）	不明确 （创新产品）
明确的 （现有市场）	复制型机会 （复制型创业）	增值型机会 （增值型创业）
不明确 （新的市场）	模仿型机会 （模仿型创业）	风险型机会 （风险型创业）

（1）复制型创业

复制型创业是指在现有经营模式基础上简单复制的一种创业模式，比如各类学习班、私立学校、民营医院、洗衣店、饭店、经济型酒店、网店等都是典型的复制型创业。分店、连锁店、加盟店也属于复制型创业。这样的企业比比皆是，各种成功的例子也有迹可循。所以，这样的创业机会被称为复制型机会。这样的创业机会比较容易识别。无论哪个城市都会有市场的供需问题，所以这也是一种显性创业机会。看到这样的问题，也就找到了创业的机会。虽然显性创业机会相对容易识别，但并不意味着所有人都能看到或者想到。显性创业机会的识别主要取决于创业者的创业意愿，创业者想创业的意愿是创业的根本动力，怀揣着创业的梦想就不难找到这样的创业机会。特别注意的是，显性复制型创业并不容易成功，因为市场和产品都是已知和明确的，门槛较低，竞争随之也会很激烈。所以，必须找到供需之间确实存在问题的行业，只有选择才能够生存和持久。如果这个市场已经饱和，就要认真评估，谨慎加入。

很多生存型创业都属于复制型创业，有些门槛相对比较低。但是，复制型创业未必都是开店等简单的生存型创业，很多需要高科技的企业也可能是复制型的，例如计算机、电动汽车等，都可能是复制型创业机会。对于高科技企业的复制，竞争会更激烈。IBM 很早就垄断了大型计算机市场，利润丰厚。因此，很多企业都试图复制大型计算机，一度有七家计算机公司和 IBM 竞争，但是没有一家成功，倒是在后来小型计算机和微型计算机领域打败了 IBM。这就是另外一种创业模式——模仿型创业。

（2）模仿型创业

模仿型创业是指创业者看到他人创业成功后，采取模仿和学习而进行的创业活动，是对已经成功的创业模式进行的改良，从一个市场移植到新的市场，或者从一个地方移植到另外一个地方，所以这样的机会也被称作移植型机会。比如，QQ最初模仿了国外的ICQ，再结合中国人的习惯和市场进行改进和完善。其他类似的例子包括网上支付、网上书店、手机打车等，大多是复制后通过一定的改良和改进而最终形成的。模仿型创业机会的识别需要有广泛的视野和阅历，年轻人要多学习，多观察，多了解，提升自我识别模仿型机会的能力。

复制型创业和模仿型创业从产品的角度来看，主要区别是复制型创业基本复制市场类型和产品，而模仿型创业会根据市场反馈对产品做微小的改进或渐进式创新。中国地域辽阔，不同地区有不同的特产和地域风情，这些特点为我们提供了很多可移植的创业机会。但是，在很多异地风味菜式的餐馆中，原材料、口味和原产地并不完全一样，通常都进行了一些改良，这样会更符合本地人的口味，在国外很多的中餐厅也和国内的餐厅不一样。这就不是简单的复制，而是要有一定的特色。成功不是轻易能被复制的，只能进行借鉴。所以，模仿方式比简单的复制更复杂，尤其是在一个文化、地域不同的新市场中。

其他创业模式也可能涉及商业模式的创新，而商业模式的创新经常被模仿，因为大部分商业模式是没有知识产权保护的，不过涉及技术的模仿和移植就不是那么容易实现的了，需要购买专利或者支付技术转让费。生产山寨产品或冒险模式不是我们创新创业教育所鼓励的，寻找创业机会的前提是要尊重知识产权和专利，做到合法、合理、合情。无论是商业模式的模仿还是技术上的移植，本质上都是满足用户的需求，解决新市场用户当前面临的问题或潜在问题。这种类型的创业是把已知的产品转移到新市场的过程。所以，了解本地市场的需求和问题，了解发达地区的成功模式和技术，就是识别这类创业机会的重要因素。

（3）增值型创业

增值型创业是通过提供一种全新的或者大幅改进的产品来满足用户需求的创业方式。创新的产品会比原有的产品提供更高价值或更高性价比，所以被称为增值型创业。以教学为例，很多初创企业提供全新的教学用品，甚至是突破性的创新产品，来满足教学的需求。例如，白板替代了黑板，PPT配合投影仪替代了白板，而慕课大有可能替代现有的PPT加投影仪的教学形式。

增值型创业主要依靠新产品的开发，解决现有的问题，比如为了解决学生上课睡觉和玩手机的问题，很多配合课堂实时教学的手机软件应运而生。在我们的日常生活中，另一个增值型创业的例子是手机打车软件。出租车行业是有着较长历史的传统行业，它的发展似乎只能进行复制型创业。这个行业已基本处于饱和，然而，有时等候出租车时依然有很多人排着长队，在交通高峰时段尤其如此，而在比较偏僻的地方也会很难打到出租车。手机打车软件发现了用户的这个问题和需求，并为用户提供了方便快捷的打车和付款方式，给传统的出租车行业带来了冲击，甚至被称为一个破坏性的创新创业。增值型创业既需要创业者拥有坚实的专业技术知识和创新能力，也需要具备敏锐的观察力和发现所在市场的各种问题和需求的能力。

（4）风险型创业

风险型创业往往指利用某种技术或社会发展趋势带来的创业机遇而创造出全新的产品、全新的市场甚至全新的行业。机会型创业的其中一种就是风险型创业。风险型创业是借助新趋势而开拓的新的创业机会。这样的趋势包括技术变革、社会变革、政治和制度变革、人口结构变化和产业结构变革等。例如，半导体技术的出现给人们带来了意想不到的新产品；手机、卫星通信、个人计算机等在问世之前，无论产品还是用户都是不存在的。风险型创业的市场和产品都是不确定的和高度创新的，所以风险性很高，失败概率很大。风险型创业必须借助一个大的趋势，不然很难达到一定的规模。因为风险型创业的机会大部分是借助技术和产业结构的变化趋势，所以，关注某个领域的重大进步，深入学习和了解某个行业的技术发展，关注新闻和时事报道，参与时事政治讨论等，都有助于发现潜在的风险创业机会。风险型创业是隐性创业机会，不是发现机会，而是创造机会。创造机会、预见未来的问题是创造创业机会的前提。例如，人口老龄化、城市化进程、乡村振兴战略、航天技术、新能源技术、高铁技术、基因工程技术等都可能带来新的创业机会。表3-8的四种创业机会类型是理论上的概括，实际上，一个创业企业有可能介于两者之间，或者更接近某个类型。以创新程度为例，并不是每个企业都是完全创新型或者完全复制型的。虽然我们鼓励创新型创业，但是不排斥其他类型的创业。表3-9对四种创业机会的特征、识别难度、创业风险和自主创新程度进行了比较和总结。无论识别难度风险，还是自主创新程度，都是相对而言的，而不是绝对的。同一个创业机会对于不同的创业者来说，因为拥有的资源和经验的不同，所感受和承担的风险也不同。所以，大学生评估创业机会，必须认清自身的客观条件，不能完全参考理论标准或者成功创业者的标准。

表3-9　四种创业机会的比较

机会类型 项目	复制型机会	模仿型机会	增值型机会	风险型机会
特征	高度显性	中度显性	中度隐性	高度隐性
识别难度	低	比较低	比较高	很高
创业风险	低	比较低	比较高	很高
自主创新程度	很低	比较低	比较高	很高

2. 同一个问题的四种创业机会

市场—产品—机会矩阵（MPO矩阵）提醒人们，同样的问题，也有不同的解决方法。因此，创业机会和方式可能完全不同，要根据自己的资源和市场上的竞争状况来选择和开发。MPO 矩阵还提醒大家，当发现一个创业机会的时候，要先看是否已经有相同或类似的产品和企业；如果有，要先检索会不会引发侵权，以及怎样避免侵权。利用 MPO 矩阵，不仅能看到一个机会，也许还可以发现和创造不同的新机会。1989 年，美国斯坦福大学有一个名叫默巴克的学生，他利用闲暇时间承包了学生公寓的打扫工作。第一次打扫学生公寓时，默巴克在墙角、沙发缝、学生床铺下面扫出了许多沾满灰尘的硬币。默巴克牢牢地记住了这个问题。两年之后他毕业了，很快成立了自己的"硬币之星"公司，推出了自动换币机，并与一些连锁超市建立合作关系，共同经营换币业务。只用了 5 年时间，默巴克的公司就在美国 8900 家主要连锁超市中设立了 10800 台换币机，并成为纳斯达克的上市公司。默巴克也从一个两手空空的学生，变成了万人瞩目的大富翁。表 3-10 利用 MPO 矩阵以硬币回收的问题为例，来说明同一个问题在不同地区的创业模式。

表 3-10　利用 MPO 矩阵介绍回收硬币问题的四种创业机会

产品 市场	现有产品 （明确的）	创新产品 （不明确）
现有市场 （明确的）	复制型机会 问题：本地没有硬币回收机 机会：在本地商场安装回收机	增值型机会 问题：本地没有硬币回收机 机会：设计流动硬币回收机
新的市场 （不明确）	模仿型机会 问题：本地银行没有硬币回收机 机会：模仿并开发类似产品用于银行	风险型机会 问题：商场街道有很多丢弃的硬币 机会：收集被丢弃的硬币用于动物保护

▸▸ 案例分享

复制型机会[①]

在国外，家里的各个角落可能有很多被丢弃的硬币，这是一个很大的浪费，是一个明显的问题。需要兑换硬币的市场需求是明显的，满足这一需求的产品和服务模式也非常明确。默巴克的例子已经很清楚，也很成功，只需复制现有的模式就可以了，也就是把现有的硬币回收机安装在本地的商场。这种模式非常简单，容易实现，也有先例，但目前还不普及，还有很大的市场空间。其问题的难度在于必须得到商场的同意。因此，需要与商场合作，而且可能需要与商场分成。也许商场不给其他人这样的

---

① 孙洪义：《创新创业基础》，61—62 页，北京，机械工业出版社，2016。

机会，而是自己利用这个机会。但如果商场没有资金，也许就是一个可以利用的机会。硬币回收机的生产厂家最合适利用这样的机会；对于硬币回收机的代理商和维修商，这也可以是一个创业的机会。

▸▸ 案例分享

模仿型机会[1]

目前成功的模式都是在商场安装硬币回收机，那么其他场地可以吗？还有其他市场吗？和取钱机结合放在银行可以吗？把零钱直接转入自己的账号可以吗？不是所有人都愿意带着一大堆硬币去商场吧？用零钱给电话充值可以吗？以前银行的硬币处理基本依靠手工，效率较低。所以，银行可以安装专门的硬币处理机器。中国人民银行营业管理部从 2012 年 5 月开始实施北京市现金服务贴心工程，将在北京全市范围内统筹安排自助硬币存取款机的布局，搭建硬币存取自助服务网络。

▸▸ 案例分享

增值型机会[2]

我国香港市民的家里同样积累了大量硬币。为了解决这个问题，香港金融管理局制订了"硬币收集计划"，专门研发了两部流动"硬币回收车"，于 2014 年 10 月 6 日起走访居民区，方便市民将手中的硬币换成钞票或给八达通卡充值，过程不另收费。车内还设有捐款箱，市民也可将零钱捐给公益组织。香港特区政府之所以只采用了两部流动"硬币回收车"，而没有采用美国的硬币回收机，主要原因是自从八达通卡在香港被广泛应用于地铁、餐厅、商场和书报亭之后，小额硬币使用率越来越低，将来也许不会是一个长久的严重问题。

▸▸ 案例分享

风险型机会[3]

在国外，除了家里到处可能都有硬币，其实在户外和商场也有很多硬币。如果你

---

[1]　孙洪义：《创新创业基础》，61—62 页，北京，机械工业出版社，2016。
[2]　孙洪义：《创新创业基础》，61—62 页，北京，机械工业出版社，2016。
[3]　孙洪义：《创新创业基础》，61—62 页，北京，机械工业出版社，2016。

在路边看到一枚硬币，你会特地捡起来吗？大概有很多人都会为了赶路而漠视。但是，美国佛罗里达州的斯奈德先生，10年来不停地捡拾市区内被丢弃的硬币，并将这些存下来的硬币全部捐献给动物保护团体，只为了拯救街上的流浪猫。他10年来捡拾的硬币，总计2.1万多美元，将近13万元人民币。斯奈德先生的举动是一个全新的模式：他的"客户"是动物拯救组织，他的"产品"不是协助市民兑换硬币，而是硬币本身。虽然斯奈德先生所做的只是个人的慈善行为，但是有潜力发展成一项社会创业。

从上面的案例可以看到，在确定一个创业机会之后，创业类型不同，创业过程和所需要的资源也千差万别。所以，创业机会类型的判断也是机会识别的必要举措，必须在创业机会评估和商业模式设计之前就确定创业机会的类型。即便在创业机会评估之后才确定创业机会类型，在后续环节中也可能会有改变和调整。我们会发现，从发现问题、澄清问题、问题评估、需求评估到机会类型评估，确实是一个相当复杂而漫长的过程。

▸▸ 案例分享

杨陇海与他的"懒人帮"

杨陇海出生在农村的单亲家庭，从小跟奶奶生活在一起。2011年考上大学以后，因为家里条件困难，他的生活费和学费都没有着落。入学后，有一次他同寝室的同学请他帮忙带午饭，而且接下来的生活中他也发现不同寝室的同学会因为自己有事情走不开，请他帮忙带晚饭或者代劳打印材料等。正因为他发现了生活中难免会出现请人代劳的事情，创业就这样从送外卖服务开始了。杨陇海和一群志同道合的同学一起，成立了"懒人帮"，将"懒人帮"代帮服务印成了一张名片在校园分发，然后借大学生创业实践孵化基地为自己办公场所，接到订单后，他们先到目的地代买或者取用东西，再送给顾客。根据代劳事务的复杂程度及综合难度来收取费用，代劳费5元~100元不等。这一模式完全依靠团队体力及协作来维持业务运转。唯一的好处是现金流充沛：餐费或者打印费用由他们代收，餐馆、打印店一周结一次款。后来，他在全校所有宿舍楼层都设置了一个"懒人帮"帮主，正是这样的创业模式不仅帮助杨陇海赚到了大学四年的生活费，还为他的毕业设计奠定了基础，也为他今后的创业路积累了一定经验。

二、评估创业机会

创业机会主要是指具有较强吸引力的、较为持久的有利于创业的商业机会，创业团队与投资者均对创业前景有极高的期待。创业者更是对创业机会在未来所能带来的丰厚利润满怀信心。不过我们都知道，不是所有创业者的创业梦都能实现，大多数创业者最后都是"竹篮打水一场空"。事实上，新创业获得成功的概率不到1%。成功与失败之间，除了不可控制的机会因素之外，许多创业机会在刚开始的时候，可能就已经注定了失败。对于一些进入市场把握时机不对、先天条件不好，或者具有致命瑕疵的创业构想，创业者如果能提前做好客观的评估，那么许多悲剧式的结局就不至于一再发生，创业成功的概率也可以大幅提升。因此，创业者需要对众多的创业机会进行筛选，找出真正适合自己的创业机会。

（一）优质创业机会的特征

一般而言，有价值的创业机会具有以下特征。

1. 在前景市场中，前5年的市场需求会稳步快速增长；

2. 创业者能够提供客户认可的产品和服务；

3. 机会必须对创业者有吸引力；

4. 创业者可能创造新的市场需求；

5. 特定机会的商业风险是明朗的，且至少有部分创业者能够承受相应风险。

除了上述特征外，还可以通过一些实例的对比，更深入地了解对于不同类型企业，什么样的创业机会可以成为优质的商业机会，如表3-11所示。

表3-11　不同类型企业创业的几个实例对比有利于谁

机会的特点	有利于谁	理由	例子
非常依赖于信誉	现存企业	人们更愿意从他们了解和信任的企业那里购买产品	奢侈品，如珠宝店
需要大量资金	现存企业	现存企业可以使用已有现金流来生产新产品或服务	芯片、医药、房地产
建立在独立创新的基础上	新企业	新企业能够开发独立创新而不必复制现存企业的整个系统	互联网
利用能力破坏性创新	新企业	现存企业的经验、资产和流程受到威胁	人工智能、生物技术、电子商务
存在于人力资本当中	新企业	拥有知识或技术的人能够生产出满足顾客需求的产品或服务	厨师、文化传媒

面对有价值的创业机会，特定创业者需要回答四个问题：一是创业者能否获得自己有但他人缺少的资源；二是遇到竞争时，是否有能力与他人抗衡；三是是否有条件创造新增市场；四是创业者是否能够承受利用该机会所产生的各种风险。

（二）创业机会评估的内容

创业机会评估可以降低创业风险和减少创业失败，其内容主要包括八个方面。

1. 行业和市场

在创业中创业想法是否有市场是一个很关键的问题，这个市场是由有购买能力以及愿意购买产品或服务的消费者组成。市场的大小（消费者对产品和服务的需求量）和增长速度也是要考虑的重要问题。理想的情况是有一个巨大并快速增长的市场，在这样的情况下，哪怕只是占有一小点市场份额也会有一个很大的销售量，想要成为创业者就需要收集这类信息。

一些潜在的创业者认为这项工作十分困难，他们总会这样安慰自己：市场数据（市场的特征、大小和竞争者等）经常和真正潜在的商业机会南辕北辙，不能客观真实地反映商机。换句话说，如果市场数据很容易获得，并且能清晰地反映潜在的商机，那么就可能会有更多的创业者进入市场，相应地，竞争压力就会增大，创业机会就会随之减少。我们可以获取一些公开发表的信息（也叫次要信息），这些信息来源包括互联网、报纸、杂志等公开信息。除了上述来源之外，通过人们之间的交流也是可以收集到信息的（也叫作初级调查），如来自消费者和供应商的信息。

2. "机会窗"的大小

机会常被称为一个"窗户"。也就是说，它是真实客观存在的，但它不是永远对创业者敞开的。随着时间的推移，市场以不同的速度增长，市场变化越大，确定市场的难度也就更大，因此把握时机很重要。另一个问题就是要了解"窗户"打开时间的持续性，能否在"窗户"关闭之前把握住机会。

3. 创业者的个人能力和目标

对于任何投资创业的人而言，是否愿意承担风险是一个重要的问题，也就是说个人的动机是成功创业者的本质特征。因此，除非一个人真的想要创办一个企业，否则他是不愿意承担创业风险的。

潜在的创业者是否具备创业必需的能力（包括心理素质、知识素质和能力素质），如果不具备，他是否能够通过学习来提高这些能力。创业所要求必须具备的条件和创业者本身具备的条件是否一致或相符，这不仅对于创业成功与否十分重要，也关系到创业者在创业过程中的体验与收获。

4. 团队管理

在许多风险投资尤其是涉及大量资金且具备高风险、成熟、激烈的竞争等特点的投资中，团队管理是一个重要的衡量尺度。团队在相同或相关行业、市场中的技能和经验通常决定了企业的成败。这就说明了风险投资者（为企业提供资金的人）为何非常强调管理因素的原因，他们总是这样说，与其投资一个产品或服务优异但管理不善的企业，不如投资一个产品或服务一般但管理较好的企业。

5. 竞争

一个能吸引人的机会必须具备某些竞争优势，例如，在市场中与同类产品相比成本更低或质量更好。换句话说，如果一个企业不能避免潜在竞争者进入市场，或者企业本身有很多进入市场的壁垒，那么这个机会就没有任何吸引力了。

6. 资金、技术和其他必需的资源

掌握可用的资金、技术和其他必需的资源将决定是否可以利用某个机会。如果某个想法、产品或服务在某个地区有一定的市场，但准入条件很难被满足，或需要突破保护壁垒、具有合同优势，也就是说存在着进入市场的障碍，那么这些障碍就是决定投资或不投资的重要因素。

7. 环境

企业的外部环境对于机会的吸引力有着深远的影响。我们所讨论的环境不仅仅指自然环境，还包括政治、经济、地理、法律等社会环境。政治的不稳定性，导致一些国家的商业机会不具备吸引力，特别是投资额高并且投资回报周期很长的投资，更加依赖国家政策。类似的环境还有货币通货膨胀、外汇汇率波动和司法系统不健全等，这些都是不利于吸引投资的。哪怕回报率很高，在缺乏可用的基础设施和服务（如道路、水电、通信等）的环境下也会影响这些地区商业机会的吸引力。

8. 可行性研究和创业计划

讨论和调查上述因素的过程就是经常提到的可行性研究。投资者和贷款人都会要求以创业计划书的形式来陈述相关问题。因此，一个市场论证严密、文字表述清晰、内容简洁有效的创业计划书是必不可少的。

（三）审视个人抓住创业机会的概率

评估创业机会还需要认真审视自己，思考自己是否为创业做好了充分的准备。在创业机会面前，每个大学生都应该认真、仔细地思考和回答以下问题。

1. 是否为创业做好了心理准备

万事开头难。创业开始的头三年，也被称为企业的初创期，这个时期不仅要有实现创业梦想的强烈欲望，还要能忍受创业初期的寂寞。不论多么好的项目，都会经历一个潜伏期才会有盈利，这就需要创业者保持平和的心态。很多成功的企业家在成功之前和大多数人一样平凡，与众不同的是他们有着乐观主义精神、坚定的自信和顽强的毅力。挫折和困难也曾光顾过他们创业的最初，但最后都被他们成功地战胜了。

有资料表明，在新办企业开业后的第二年，约有一半的企业会倒下；到了第三年，存活下来的企业也仅剩三分之一；到了第八年，存活的企业仅3％。我们通过分析近几年青年创业的案例，可以得出这样的结论：创业成功者大多是意志坚定、不甘落后、不畏艰险、自强不息的人；创业失败者，大多是对创业过程中出现的困难估计和准备不足，在市场变化、突发事件来临时，不能很好地调整自己的心态从而放弃了继续创业的决心。

2. 是否为创业做好了知识准备

创业是一个漫长而艰难的实践过程，这就要求创业者必须是一个多面手，能不遗余力地面对各种问题，因为一旦踏上创业的征程，就好比创业的帆船已经起航，必须用坚强的毅力坚持下去，只有这样才能到达成功的彼岸。为了企业能够更好地生存，创业者就得不断地学习。是否会分析市场？是否懂得企业管理？是否会策划营销策略？是否熟知财务报表？这些都是创业者应该掌握的基础知识。学中干、干中学，创业其实就是不断学习、不断提升自我综合素养的一个过程。

3. 是否为创业做好了能力准备

创业也是分阶段的，不同的创业时期对经营者有着不同的要求。当事业取得阶段性成功时，创业者一定要保持清醒的头脑，不要骄傲自满。是否具有团队协调能力？是否会识人、用人？是否善于发现和了解市场？这些能力是创业者在创业过程中日积月累得来的，因此，只要有勇气和信心，持之以恒地学习和锻炼，能力就会慢慢提升。

（四）评估创业机会的方法——创业机会导航

创业机会导航的目的是帮助新创企业、成熟企业、投资者等掌握创业机会战略并找到自己的主战场。它提供了一个操作简便的结构化决策框架，涵盖了在制定制胜战略时需要考虑的三个主要问题：①我们拥有哪些创业机会？②哪些创业机会最吸引我们？③我们应该关注哪些创业机会？

创业机会导航由三部分组成，与以上三个重要问题相对应：创业机会集合（见图3-5）、吸引力地图和敏捷聚焦标靶。

1. 创业机会导航第一步：创业机会集合

（1）利用工作表1确定创业机会集合

首先我们来进行创业机会导航的第一步——创业机会集合，回答第一个问题：我们拥有哪些创业机会？

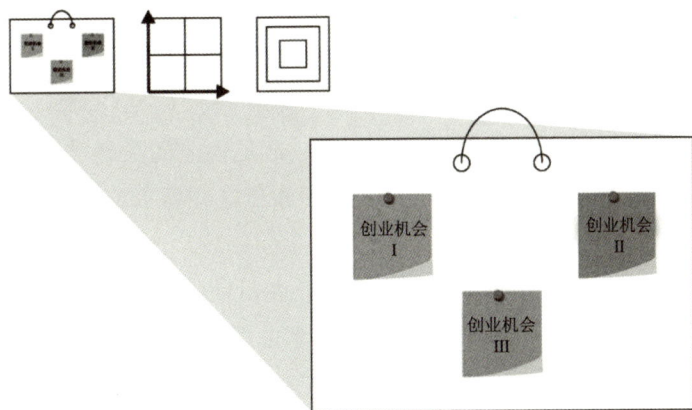

图 3-5　创业机会集合

帮助我们回答这个问题的工具是以下这个表格——工作表1(见表3-12)。

表 3-12　工作表 1

在通过前面的"从外挖掘"和"以己为本的创业探索"后，我们找到了自己的商业"蜜罐区"，这个"蜜罐区"是一个大范围的指向。

接下来，我们需要做的就是利用工作表1在这个大范围内进一步缩小范围，确定属于我们的至少两个创业机会。

工作表1协助我们找到一组创业机会，它包括以下两个简单的步骤。

步骤一：思考企业具备的核心能力或技术要素。不考虑它们在具体产品中的应用，只列出这些要素能够实现的内容或功能以及它们的主要特征。

步骤二：找出这些技术要素能够实现的不同功能。不管是用不同方式对其进行组合还是加入新技术，思考需要这些功能的目标用户群，进一步细分这些用户，以识别更多机会。

（2）完成工作表1的步骤一：核心能力和技术

①思考自己具备的核心能力或技术要素

清楚了解自己具备的核心能力或技术要素，这是创业的关键和基础。因为只有清楚自己具备怎样的核心能力或技术要素，才能够知道这些能力或技术能够有什么帮助，它们具备什么特征，它们能够实现什么功能。

具体来说，核心能力和技术要素指的是创业者目前拥有的所有资源和才能以及正在开发或计划开发的资源和才能。回想前面所学的内容，在进行"以己为本的创业探索"的过程中对自己资源和才能的思考和总结，一定要从原预想的具体产品或用户需求中抽离出来，思考自己通用的或具有针对性的核心能力。

例如，核心能力可以是创业者或企业所掌握的重要技术，或是已经开发的稀缺资源抑或是创业者拥有的一项特殊技能。根据不同技术的独特功能或根据不同技术的结构设计，可以把它们分解成多个核心要素。

②填写你的核心能力或技术要素

下面我们根据一个案例，来学习填写工作表 1 的第一步骤。

首先认识一下创始人萨尔和盖尔。萨尔和盖尔是好朋友，一直想要共同创办一家企业，盖尔是一名软件工程师。2011 年的一天，上级派盖尔去印度检修一台无法正常运行的机器，为此他要飞到几千公里外的地方。当他到达那里走进房间的那一刻，他听到了一个清晰的响声，通过这个响声他立马就判断出机器的问题不在于软件，而是机器故障。

就在这时候，一个想法突然出现在他的脑海中，为什么不开发一种技术，通过"听"机器的噪声来诊断故障呢？

在进行了调查后，萨尔和盖尔发现开发这种技术虽然困难重重，但是可行。然而，在他们刚开始着手这个项目时，萨尔和盖尔很快意识到在生活的环境中到处都存在各类机器——从复杂的生产线到简单的家用电器。

那么他们选择哪种类型的机器呢？应该关注哪些创业机会呢？

跟随这个案例，我们进行第一个步骤——核心能力或技术要素的分析。

该公司开发的技术，是利用一台探测镜的硬件设备记录超声波和振动。其工作原理是，首先利用算法，将所需检测的机器的记录与其以前的记录以及企业服务器上搁置的其他类似机器的记录进行对比分析。然后，他们将诊断结果和治疗建议发送给用户。用户界面是精心设计过的，可以让用户利用移动设备和网络来操作系统，并根据需要制定分析报告。

先不考虑他们可以"听"的机器类型及其目标用户，萨尔和盖尔可以将以上核心技术要素概括为以下三种。

a. 他们拥有一个硬件设备，记录某个机器的噪声，这个硬件包括振动传感器和超声波传感器，体积小，易携带，并且采样速度快。

b. 他们将要开发诊断平台的"大脑"——算法，可以在数秒内监测一台机器运行是否正常。这个算法能够对比类似机器的新数据和现有数据，以实时监测任何变化。机器的噪声将被记录和保存在企业的服务器上，所以，算法有大数据作为支撑。采用机器学习的方式，这个算法会变得更强大、更智能。同时，随着它积累了越来越多的信息，还可以创建故障字典。

c. 团队将开发一种使用便捷的用户界面系统。这个系统允许用户在任何移动设备上操作系统，通过移动设备和网络平台管理和制定诊断结果。

萨尔和盖尔对以上三种技术要素进行了特点描述。相应地，工作表 1 的前半部分是这样填写的：

在工作表1的前半部分，按以下方式列出这三种技术要素并描述其特点。

⚙ 硬件设备	⚙ 算法	⚙ 用户界面
振动传感器和超声波传感器	监测变化	使用便捷
体积小	实时分析	适用于任何移动设备
便于携带、耐用	适用于大数据	在线操作系统
采样速度快	创建故障字典	管理和制定诊断结果

（3）完成工作表 1 的步骤二：功能和用户

①功能和用户的连接

在了解了核心能力和技术要素后，要简要地描述它们能够实现的功能。这个步骤非常关键，不仅因为它有助于了解自己具备的独特技术和能力，还有助于形成弹性认知，即培养一种从多个角度看问题的心智能力。

这里再次强调一下"创业机会"的定义：将资源和能力应用于特定用户群的组合。也就是说，创业机会是指功能和用户的组合。在发现创业机会的过程中，考虑的是潜在的功能和潜在的用户连接，这两个方面的纽带是需求功能，旨在解决特定用户的特定需求。

工作表 1 中的步骤二，就是要解决功能和用户之间的连接问题（见图 3-6）。

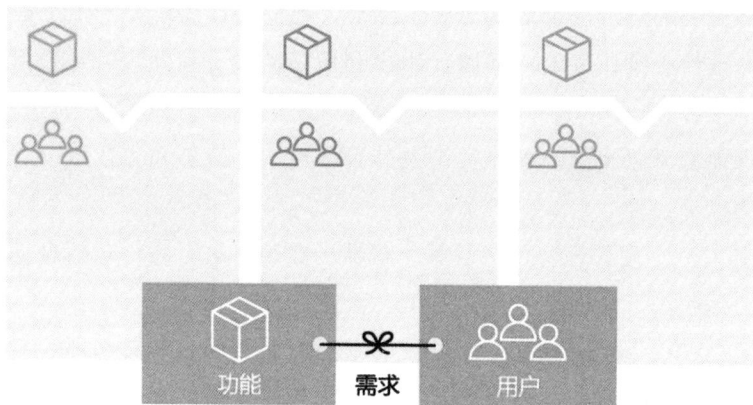

图 3-6　功能与用户之间的连接

对于一些企业来说，这可能是较容易完成的任务，但对其他企业来说这就是一项重大挑战。挑战不仅仅指发现新的功能和用户，而且要放弃某些长期持有的观点，秉持开放态度，无界限思考，展现创造力，用轻松的方式跳出惯性思维去寻找创业机会。真实情况可能会和预想的相差很远，但重要的是在探索过程中，找出各种新的创业机会。

下面通过案例，来更好地理解"功能"和"用户"是怎样进行连接的。

Inka Robotics[①]

即使开发一种关联性较强，也就是具有针对性的技术，仍然可以大范围地找出多种机会选择组合，Inka Robotics 就是一个典型例子。这家新创企业开发了一款由计算机视觉技术控制的自动文身机器人，旨在利用这项革新性技术的低价、安全和卫生来改变文身事件，企业在扩大范围搜索新创业机会时发现，这款机器人还可以用到不同的医学器械及数控机床上。

②潜在功能和潜在用户

什么是潜在功能？

一旦列出了核心能力和技术要素，就应该开始运用创造性思维思考，尝试对所列出的核心能力和技术要素用不同的方式进行重组，以识别潜在功能。

功能，就是指用核心技术和能力开发出来的具体用法和效用。根据工作表 1 的前半部分的一些或全部核心能力或技术要素，寻找潜在的功能。

如何挖掘潜在功能？

挖掘潜在功能有两种方法。方法一：从两个角度描述某个产品的功能，一是不考虑具体的用户的功能，二是考虑已有的具体用户和广泛的市场领域。方法二：与其他技术相结合，以此增加新的功能，提高对新用户群体的吸引力。

什么是潜在用户？

在完成了潜在功能的描述后，我们来进行潜在用户的挖掘。要知道，功能的目的是要满足用户的特定需求。所以当发现潜在功能时，就应该考虑到哪一类群体会需要这类功能，这些需要潜在功能的群体，就是潜在用户。在挖掘潜在用户时，要尽量广泛思考，思考哪类群体可能会需要你所研发的功能。

如何挖掘潜在用户？

在挖掘潜在用户时，我们可以通过"放大"或"缩小"来拓宽思路，找到更多用户群。放大潜在用户群，识别子用户群，或者缩小范围，以识别更多的用户群，找到其他细分市场。以下案例体现了目标用户锁定中的放大过程。

---

① ［瑞士］马克·格鲁伯、［以］莎朗·塔尔：《正向创业》，38 页，北京，电子工业出版社，2019。

ForNova[①]

ForNova 企业主营网络扫描技术和链接解决方案。这家新创企业开发了视觉扫描软件,软件可以模仿人类行为,"读取"类似于价格、图像、描述和评级等内容。通过这种方式,它可以收集在线数据而不受代码、语言或布局的影响。

在了解它的服务对象是消费者(B2C)还是企业(B2B)的过程中发现,放大 B2B 领域,它们可以服务电子商务企业或分类网站;在分类网站里,它们可以关注旅游市场或零售市场,放大后显示旅游市场又可以细分为酒店和航空,如图 3-7 所示。总之,这个放大过程有助于识别更为广泛的潜在用户,了解如何对其进行分组。

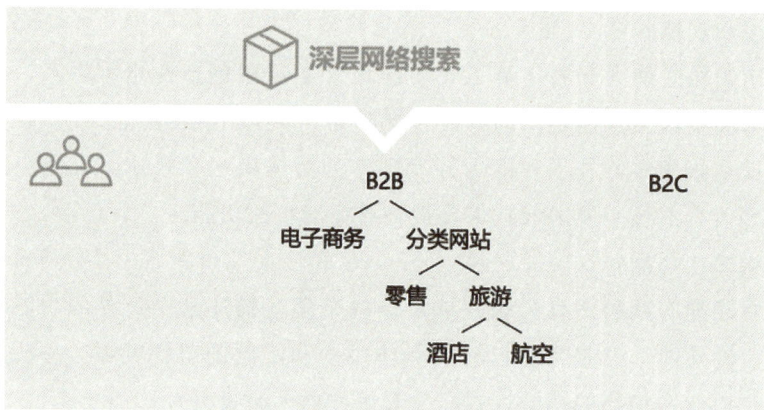

图 3-7 深层网络搜索

(4)结果:确定创业机会集合

①回顾创业机会导航工具

整个创业机会导航工具分为三个部分——创业机会集合、吸引力地图和敏捷聚焦标靶,分别引导我们回答我们拥有哪些创业机会、哪些创业机会最吸引我们、我们应该关注哪些创业机会这三个问题。

②描述核心能力和技术要素

依据分析,案例中的萨尔和盖尔将三种技术要素进行了特点描述。

③确定潜在功能和潜在用户的连接

萨尔与盖尔的技术可以用于商业机器、家用电器和医疗方面的预测性维修,每种

① [瑞士]马克·格鲁伯、[以]莎朗·塔尔:《正向创业》,41 页,北京,电子工业出版社,2019。

功能都指向了较大的市场空间。下面是绘制出的关系图（见图 3-8）。

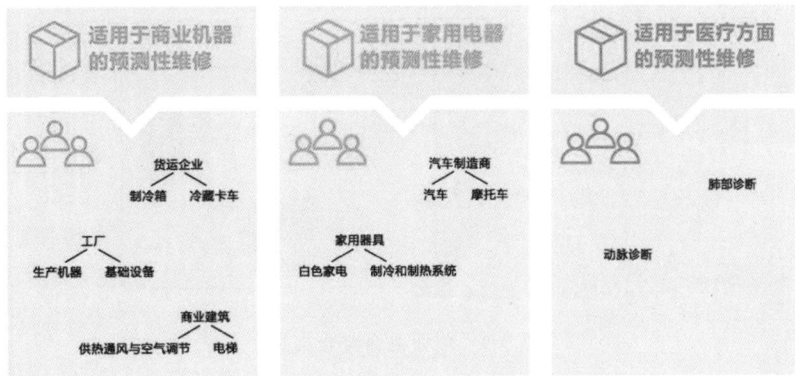

图 3-8　三种预测性维修的深层网络关系

接下来对于用户部分，每种功能都对应了不同的细分市场，如商业机器所包含的用户群有工厂、商业建筑和货运企业。

每个用户群都需要进行细分，以使用户群体最大限度地同质化。例如盖尔和萨尔对商业建筑领域进行了放大，他们了解自己的业务可以涵盖电梯、供热通风与空气调节系统的维修。

在考虑潜在用户的过程中，萨尔和盖尔甚至发现了他们的这款诊断技术不仅适用于工业机器，还适用于人类身体。但最终，他们发现自己企业提供的服务在机器维修方面会产生颠覆性的影响，而在医学领域已经有很多大企业准备尝试提供预测性医疗保健产品了。另外，政府对医疗设备有着严格的管制。因此，他们经过综合考虑，觉得工业、机器领域潜力大、挑战小。

所以，萨尔与盖尔选择聚焦于工业、机器领域的预测性维修，放弃了医疗、保健市场。

④确定创业机会集合

发现过程极其重要，以开放的态度尽可能多样化地发现创业机会，每个创业机会集合里有 3～5 个创业机会为佳，有的新创企业在进行第一轮筛选前识别的创业机会高达 50 多个，所以不要过早放弃。

完成了工作表 1，可以接着完成创业机会导航的第一个工具——创业机会集合（见图 3-9）。要注意以下几点：确保对每个创业机会的清晰命名；用便利贴代表组合中的每个创业机会；将它们贴在指定领域。

这些都有可能成为极具价值和发展潜力的机会。这是一个动态过程，如果新的机会引起了你的注意，可以随时在组合中加入这个机会。如果有些机会失去了其价值，那也可以放弃这些机会选项。

下面，继续随着萨尔与盖尔的案例，来完成创业机会集合工具。

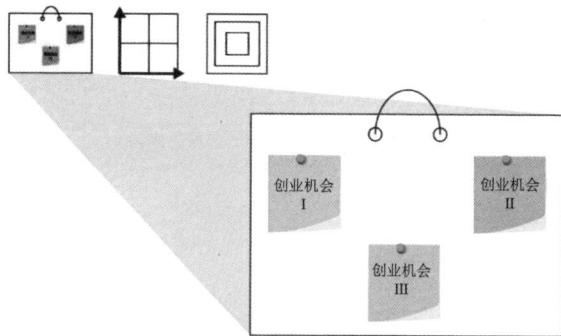

图 3-9 创业机会集合工具

萨尔与盖尔的团队找到了很多有潜力的创业机会，经过粗略的初始筛选后，他们决定深入挖掘最吸引他们的市场——商业建筑的供热通风与空气调节系统、生产机器、制冷箱、汽车和白色家电，如图 3-10。

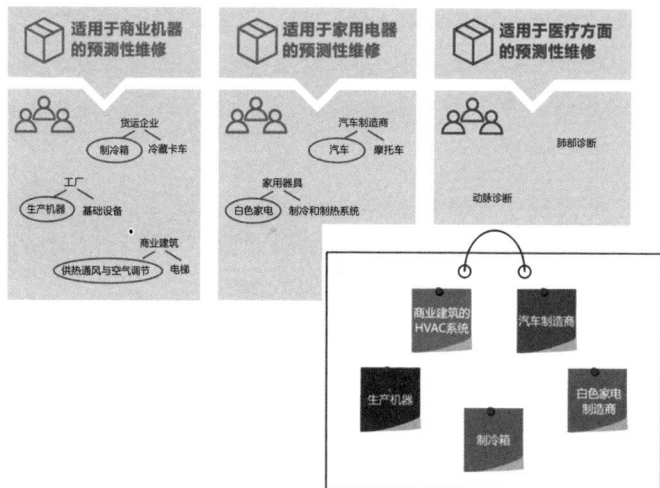

图 3-10 初始筛选后的创业机会及其集合

2. 创业机会导航第二步：吸引力地图

（1）利用工作表 2 确定"吸引力地图"

在完成了创业机会导航的第一步即创业机会集合以及回答完第一个问题"我们拥有哪些创业机会"后，找到了属于自己的创业机会集合，这些所有的集合对于创业团队来说，都是非常宝贵的。但是，由于精力有限、资源有限、时间有限，必须在这些创业机会集合中找到主要机会并全力以赴，确定备选的创业机会从而保障创业顺利进行。

所以，接下来需要完成创业机会导航的第二步即吸引力地图，来回答第二个问题"哪些创业机会最吸引我们"。

吸引力地图是从潜力和挑战两个维度去评估目前所拥有的机会（也就是创业机会集合中的机会）的。根据这两个方面完成对创业机会的评估后，就可以把拥有的创业机会放在吸引力地图上了。吸引力地图就像是向导，可以引导你找到适合你的机会选项。

工作表 2(见表 3-13)帮助我们确定吸引力地图。

表 3-13　工作表 2

与创业机会集合有工作表 1 的协助一样，吸引力地图也有工作表 2 的协助。工作表 2 从两个方面对每个创业机会进行评估：潜力和挑战。

每个方面由三个不同因素组成，我们要对每个因素进行独立评级，然后综合得出每个创业机会的最终等级，最后根据最终等级将每个创业机会贴到吸引力地图的相应位置。

在进行评估时，一张工作表对应一个创业机会。

为了更好地对拥有的机会进行评估，需要完成以下三个方面的准备工作：目标用户的世界；市场环境；执行过程中的重要事件。

要了解以上三个方面，需要尝试回答以下问题。

①了解目标用户的世界

站在用户的角度考虑，发现问题是了解创业机会本质的关键：

你可以给用户带来的价值主张是什么？

你需要解决用户的哪些困扰？

你的解决方案为什么会优于现有的方案？

用户价值会带来哪些影响？

哪些重要趋势会对用户产生影响？

只有清楚了解了这些问题，评估才能发挥最大作用。

②了解市场环境

你并不是自己一个人在竞争，所以你需要详细了解你的竞技场：

你适合哪类市场？

谁会成为你的阻碍，谁有与你合作的动机？

你的竞争者们能够提供什么，他们会做何反应？

你是否具有较强的竞争优势？

③了解执行过程中的重要事件

你具备什么资源和能力（核心技术、人力资源、知识产权、盟友、合伙人、资金等）？

在对创业机会集合进行评估前，萨尔和盖尔详细研究了他们的创业机会，他们明确知道这个初始决策的重要性，尽可能收集所有相关信息，以作出正确的选择。

他们严格遵守了精益创业方式的所有关键要素，在遴选出的创业机会上逐一测试了他们的假设。萨尔和盖尔进行了访谈，展示了实体模型，做了问卷调查，参加了几场会议，目的就是了解每个机会选项的用户世界和市场环境。慢慢地，他们掌握了各个市场的生态系统和价值链，深入了解了他们能够为每类用户提供的价值主张。

他们记录并更新了每个市场的相关知识，找出未验证市场所要进行的下一步行动。这个学习过程加上系统性的评估标准，能够使他们从直觉决策上升到理智决策。

（2）完成工作表2的潜力评估

①整体了解潜力评估

潜力评估的目的是要知道这个机会对于你来说有多大的价值，究竟有多值得，因此，对于潜力的评估很关键。

评估的是这个机会，并不是评估你自身实现这个机会的能力，这一点很重要。下面放大工作表2的潜力部分（见图3-11）看看具体需要怎样完成潜力评估。

一个创业机会的价值创造潜力是由三个重要因素决定的：购买的必然理由；市场容量；经济可行性。

②潜力的重要因素1：购买的必然理由

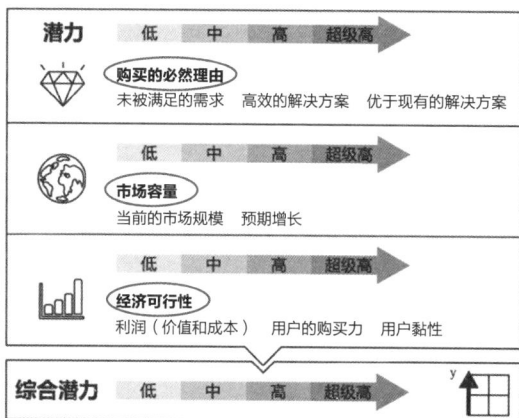

图3-11　工作表2的潜力部分

什么是购买的必然理由？如果没有人想要购买这个产品，那它就毫无价值可言，所以我们首先需要了解在某个创业机会上是否有人真的想要你所提供的产品，如果购买的必然理由不充分，那就是此路不通，因为需求并不会因你的产品的出现而大幅上升。

如何对"购买的必然理由"进行评估？深入思考三个主要问题：是否真的存在"未被满足的需求"？我们是否能够针对这个需求提供"高效的解决方案"？我们提供的解决方案是否大幅度"优于现有的解决方案"？

以上三个问题的真实答案有助于评估潜在用户购买产品的理由的充分程度。

"未被满足的需求"是否真的存在？

a. 需要解决或完成的确切问题/需求/工作是什么？这个需求是功能型的、社交型的、情感型的还是基本的需求？

b. 谁有这样的需求？试着列出一位普通用户的特征。谁是经济型买家？谁是你的用户？

c. 目前，他们如何解决这个问题？他们是否真的在努力解决这个问题？

d. 提供的产品能够带来什么改变？它的主要优势是什么？这些优势是经济型的、功能型的、情感型的、自我表达型的还是社交型的？如果是经济的（如提高关键成功因素的生产率/降低成本），试着给出价值和投资回报的确切数据。

e. 你提供的产品是"应该有""必须有"还是"愿意有"？

f. 制作和购买的可能性——用户能够自己制作吗？

我们是否能够针对这个需求提供"高效的解决方案"？

a. 你能够解决这些用户的所有需求并提供整套解决方案吗？

b. 你能够为使用你的解决方案的用户创造出其他需求吗？这些需求是你目前无法解决的吗？

c. 在解决这些需求或完成某项任务方面，你具备哪些优势？

d. 在解决这些需求方面，你具备哪些影响发挥的劣势？

我们提供的解决方案是否大幅度"优于现有的解决方案"？

a. 用户目前还有哪些其他解决方案？

b. 与其他解决方案相比，你具备哪些优势？为什么用户要优先选择你的产品？

c. 与其他解决方案相比，你具备哪些劣势？为什么用户要优先选择其他产品？

d. 你的解决方案具备的优势，对用户而言是否真的有价值？

切记要时刻考虑用户，要从用户的角度对这个因素进行评估。重要的不是你的想法，而是用户的需求或者更重要的是他们的需求能否验证你的观点，走出办公室多与潜在用户讨论这个创业机会。

深入考虑了这些问题后，你就能够对"购买的必然理由"这个因素进行评级了。如果你认为这种做法有帮助，你还可以逐一对此因素进行评级，然后综合它们的等级得出最终等级。

奥格瑞如何评级——"购买的必然理由"①

现在用萨尔和盖尔创办的奥格瑞来了解这个因素的评估过程。

他们慎重考虑的一个创业机会就是商业建筑的 HVAC 系统。他们认为，预测性设备维修可以有效监测 HVAC 系统，有利于大型商业建筑的经理或服务供应商开展工作，这款产品不仅可以消除故障，还可以延长系统的使用寿命，降低运行成本和能耗。

为了评估这个市场的购买的必然理由，他们对很多潜在用户进行了访谈，详细对比了同类型的解决方案，他们发现现有的预测性维修方案在实施过程中需要大量的投资，这与 HVAC 系统故障维修成本不成比例。奥格瑞可以提供成本相对较低的解决方案，而且不需要前期投资。所以，在这个市场中，预测性维修的需求确实存在。但是用户本身没有意识到预测性维修的可能性，所以，奥格瑞需要让市场了解这种未被满足的市场需求的存在，激发潜在用户对此产品的需求。

在高效的解决方案方面，HVAC 系统属于标准化系统，奥格瑞能够开发一款完全满足用户需求的产品，并且对于大多数类型的故障，都能够报警和提供相应的解决方案。当时没有任何解决方案，是根据市场定制的，所以，他们的产品会大幅度地优于市场上已有的预测性维修方案。

总之，他们将购买的必然理由评定为"中—高"级，特别是在用户没有意识到存在这种未被满足的需求的情况下。

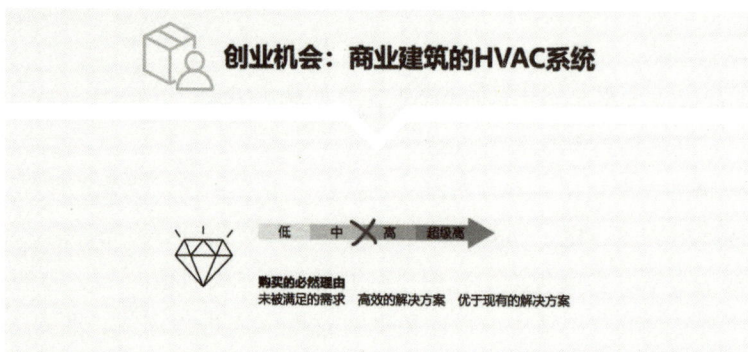

③潜力的重要因素 2：市场容量

什么是市场容量？

---

① ［瑞士］马克·格鲁伯、［以］莎朗·塔尔：《正向创业》，63 页，北京，电子工业出版社，2019。

市场容量也就是产品销售的范围和产品潜在价值。在了解市场容量时，我们需要估算近期确实有或可能有这种需求的用户的数量，以及他们愿意支付的费用。

市场规模是预测创业机会潜力的关键指标。但是，不大的市场也许是一个不错的备选项，因为它有可能会成为进入更大规模市场的敲门砖。

如何对市场容量进行评估？

深入思考两个主要问题：当前市场的规模有多大？它有多大的发展空间——"预期增长"的空间（见图 3-12）？

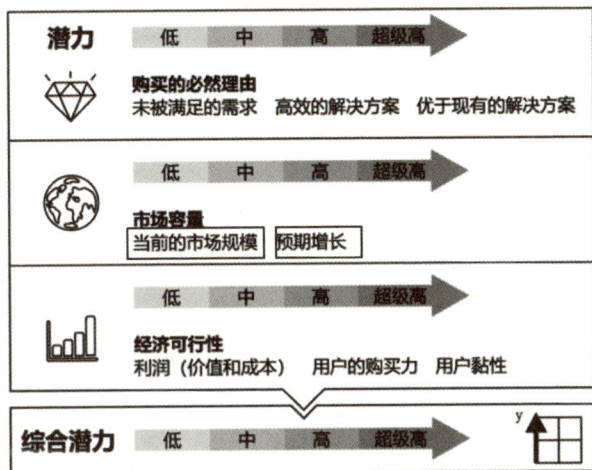

图 3-12　影响市场容量评估的因素

客观地回答以上两个问题是预测市场容量的基础。以下问题可以指导你判断市场容量。

了解当前市场规模。

a. 有多少用户需要你的解决方案？根据已掌握的数据，可以采用自下而上或自上而下的方式预测潜在用户的总数量。

b. 有多少用户实际使用或购买你的解决方案？这是初步筛选用户的方式，或者可以考虑潜在市场规模和可服务市场范围。

c. 这些用户每年会购买多少产品？每位用户的年收入是多少？结合这两个数据，预测市场总规模，也就是在他们都会购买产品的情况下，评估这个市场有多大。

d. 可以预测问题的规模，也就是用户每年会支付多少钱用于处理想要解决的问题。

建议将市场规模分解为两个因素：数量和收入。这两个测量指标相辅相成，有助于更清楚地了解市场容量。

预期增长。

a. 市场是处于成熟阶段还是发展变化阶段？近两年是否有所增长？

b. 接下来 2~5 年内，预计用户需求或数量会增长多少？

对市场容量进行评级。

深入考虑了这些问题后，就能够对市场容量这一因素进行评级了。如果你认为这种做法有帮助，还可以逐一对此因素进行评级，然后综合它们的等级得出最终等级，如图 3-13 所示。

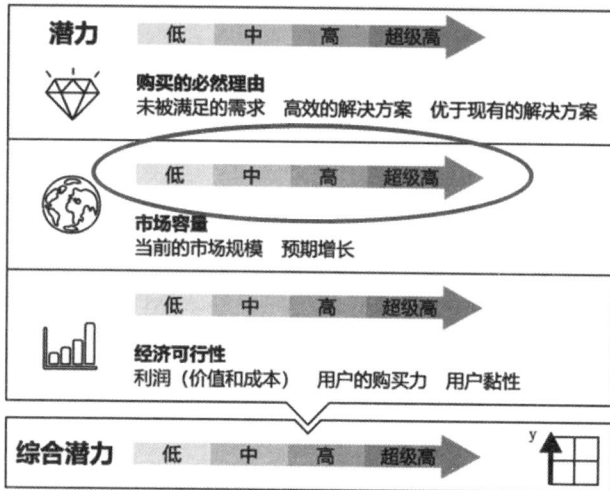

图 3-13　对市场容量进行评估

下面用商业建筑的 HVAC 系统市场的案例说明市场容量的评估过程。

世界上装有 HVAC 系统的商业建筑不计其数。即使奥格瑞最初把目标仅锁定在美国市场，那也有数百万这样的商业建筑。

奥格瑞的创始人预计每栋建筑的年收入大约在 5000 美元，无论是从数量还是从收入上看，这都是一个规模庞大的市场。

同时，研究分析员预测，由于全球建筑项目数量的增长，HVAC 全球市场在未来几年将呈稳定增长的态势，年增长率约为 7%。

因此，这个创业机会的市场容量被评定为"高"，如图 3-14 所示。

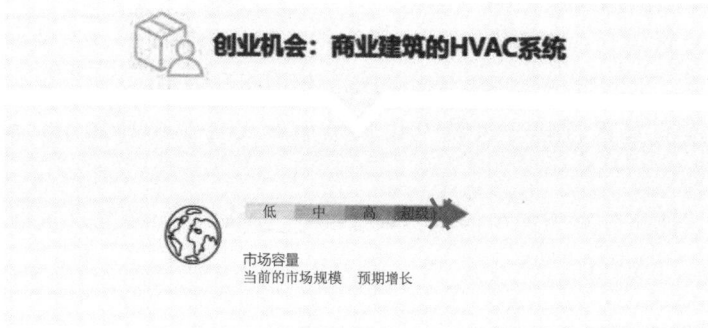

图 3-14　被评定为"高"的市场容量

④潜力的重要因素 3：经济可行性。

什么是经济可行性？

经济可行性指的是影响创业机会经济价值的基本因素。经济可行性反映的是这个机会可能创造的经济效益。

如何对经济可行性进行评估？

利用详细的财务计划对经济可行性进行评估并不可行，因为现在这个评估是在初期，因此，这个计划涉及的大部分信息到目前为止都太模糊。但是，通过考虑以下三个主要问题，你可以得到一个相对清楚的创业机会：你是否会有可观的利润，用户是否可以负担既定的价格，用户黏性有多大（见图 3-15）？

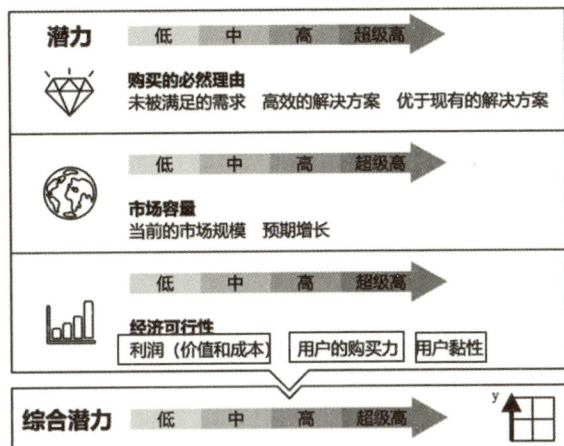

图 3-15　影响经济可行性评估的因素

客观地回答以上三个问题，有助于了解创业机会的经济潜力。以下问题可以引导你找出答案。

● 利润率（价值与成本）

a. 用户愿意支付的预估价格是多少？

b. 产品/服务的预估成本是多少？

c. 获得每位用户的预估成本是多少？

d. 预估利润是多少？（每位用户的经济潜力）

e. 规模经济、组件的有效性会随时间发生变化吗？

● 用户的购买力

a. 总体来说，用户是否具有较强的经济能力？

b. 对于你用产品/服务解决的问题，用户是否有预算（特别是 Business to Business）？

c. 是否有人在经济上对预算负责（特别是 Business to Business）？

● 用户黏性

a. 用户会多么频繁地使用或重复购买你所提供的解决方案？

b. 用户使用替代解决方案的难易程度有多大？

● 对经济可行性进行评级

深入考虑了这些问题后，你就能够对经济可行性这一因素进行评级了。如果你认为这种做法有帮助，还可以逐一对此因素进行评级，然后综合它们的等级得出最终等级，如图 3-16 所示。要注意，创业机会的经济可行性很关键，因为它最终决定了企业能否生存和发展。

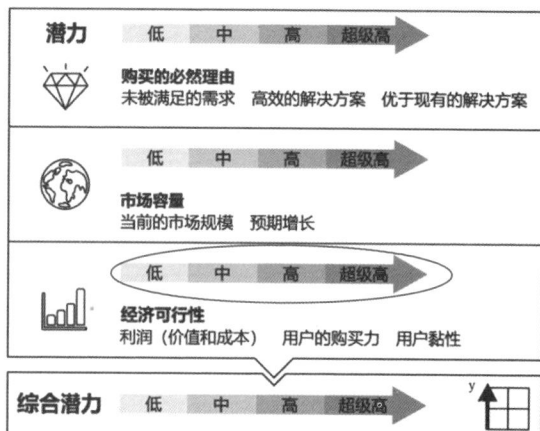

图 3-16　对经济可行性进行评估

我们再次用商业建筑的 HVAC 系统市场来说明经济可行性的评估过程。为估算经济可行性，首先要估算用户能够从奥格瑞提供的解决方案中所获得的价值。研究表明，一个正常运转的预测性维修方案，可以为商业建筑每年节省约 1 美元/平方英尺，最高可以节省运营预算的 13%。奥格瑞创始人根据这些数据得出的价值和价格比例是相对较高的。

由于发展障碍和规模经济程度低，产品的初始成本会相对较高，目标用户有较好的经济基础，能够负担高于这些成本的价格。但用户是否能够保持忠诚，我们却无法判断，因为算法是建立在机器学习基础上的，通过反复倾听同一类机器，可以得到更精确的诊断。一旦竞争产品在市场上出现，如果转换障碍不够高，则有可能流失用户。

总之，根据以上考虑，创业机会的经济可行性等级为"高"，如图 3-17 所示。

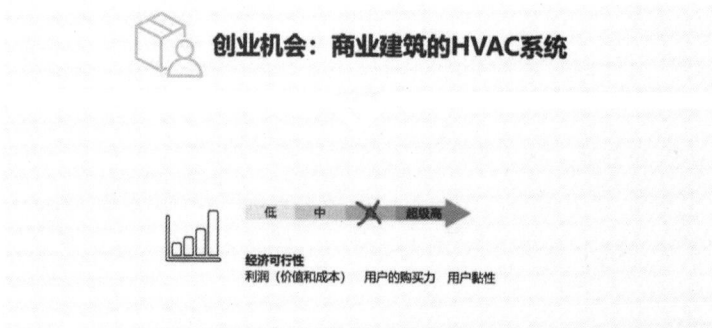

图 3-17　被评为"高"的经济可行性

⑤潜力：综合评级

如何综合评级？

完成对这三个关键因素的分析后，将这三个因素的等级综合起来，就可以得到总的创业机会潜力等级，如图 3-18 所示。

平均等级将用于判断这个创业机会在吸引力地图上的位置：潜力为 y 轴。

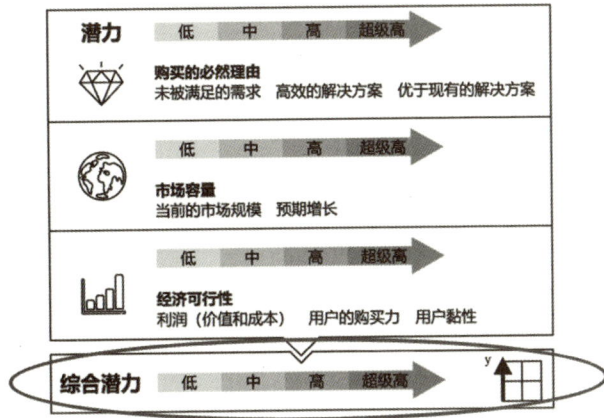

图 3-18　对综合潜力进行评级

所有因素是否具有相同的重要性？必要时可以对不同因素赋予不同的权重。但要慎重行事，如果确实要使用不同的权重，一定要确保在不同机会选项间保持一致。

对于奥格瑞来说，商业建筑的 HVAC 系统的综合潜力相对较高，如图 3-19 所示。尽管需要让市场了解这种产品，但在市场容量足够大、经济又具有较大潜力的条件下，付出是值得的。

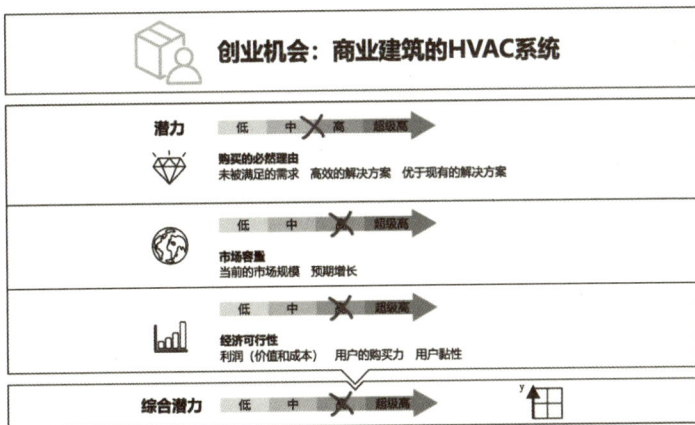

图 3-19　商业建筑的 HVAC 系统的综合潜力评级结果

有的市场虽然容量不大，但其创业机会却可以有巨大潜力。微型机器人医学就是一个很好的例子。该企业其中一个产品就是一个由电磁场控制的自主爬行微型机器人。

利用该突破性技术，可以在神经外科、心脏科、妇科等多个领域实施微创医疗。企业考虑并初步识别的一个创业机会是处理脑积水的自动清洗分流器。虽然针对这项功能的市场容量并不大，但这款产品提供的价值却是巨大的——不管是对患者还是对保险企业而言，产品回报很诱人，而且没有与其竞争的解决方案。这个机会的购买的必然理由和经济可行性处于超级高等级，这也表明了此机会潜力巨大，如图 3-20 所示。

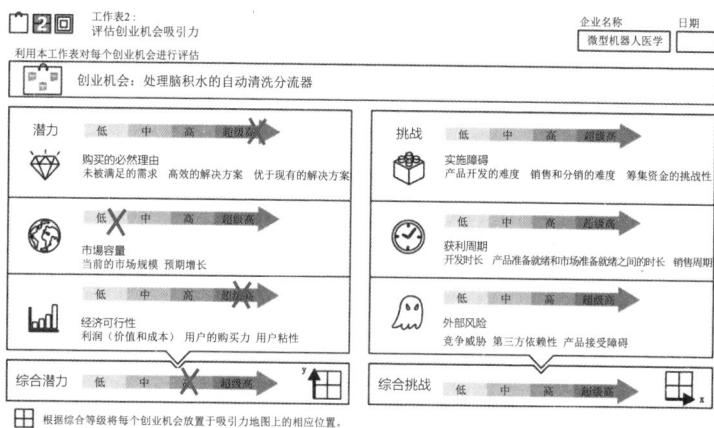

图 3-20　微型机器人医学的综合潜力评级结果

（3）完成工作表 2 的挑战评估

①整体了解挑战评估

前面我们对创业机会进行了潜力的评估，也就是对创业机会能够创造的价值潜力进行了评估。现在，我们开始从另一个维度进行评估，这个维度就是挑战。

挑战对于创业机会的评估很重要，因为你可以对你的机会在市场上获得成功的难易程度进行评估。

要注意，虽然潜力是通过观察创业机会本身来评估的，但这个方面考察的其实是你成功的概率，以及可能面临的主要障碍。

下面放大工作表 2 的挑战部分来看看具体需要怎样来完成挑战评估。

我们通常会根据以下三个主要因素对一个创业机会所面临的挑战进行评估：实施障碍、获利周期、外部风险。

建议对每个因素进行评估，然后综合评定的等级，得出挑战的最终等级，如图 3-21 所示。

②挑战的重要因素 1：实施障碍

什么是实施障碍？

创业的过程中会面临各种各样的障碍，实施障碍主要指的是针对产品的开发、销售

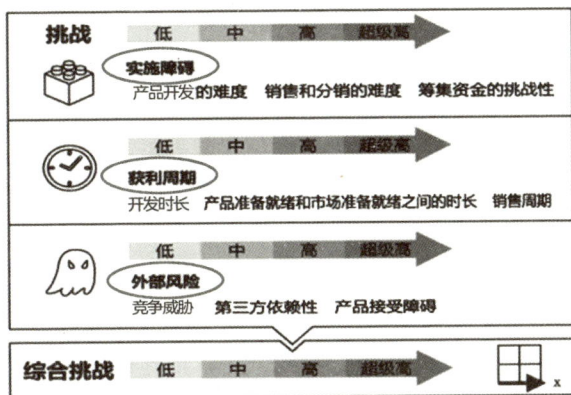

图 3-21　工作表 2 的挑战部分

和资金的筹集等方面的障碍。评估这些障碍，有助于理解与特定创业机会相关的挑战。

如何对实施障碍进行评估？

想要评估实施障碍，首先需要解决以下三个主要问题：产品开发的难度有多大，销售和分销的难度有多大，为这个机会选项筹集资金的挑战有多大（见图 3-22）？

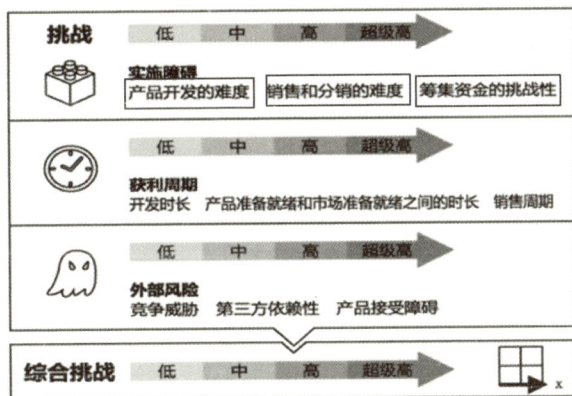

图 3-22　影响实施障碍评估的因素

以上问题的答案，可以让你深刻了解实施过程中面临的挑战，并利用以下问题找出答案。

● 产品开发的难度

a. 必须攻克哪些技术难关？

b. 是否会面对与用户界面和设计相关的挑战？

c. 是否应该遵守所有规章制度？

● 销售和分销的难度

a. 为获取用户，需要利用哪种分销渠道（直销、经销、零售等）？

b. 是否有充足的渠道？

c. 建立渠道需要多长时间？

d. 拥有多个渠道是否重要？

e. 经营/利用分销渠道的成本有多高？

f. 是否已存在有效的销售渠道（针对目标用户群）？

g. 让用户了解产品服务并产生兴趣（也就是获得新用户）的成本有多高？

● 筹集资金的挑战

a. 在用户开始购买产品服务前，需要筹集多少资金？

b. 筹集足够资金的难度有多大？

要注意，创业者常常会充分考虑开发产品服务时面临的挑战，而忽略将其推向市场的挑战。交付产品或服务，有时要难于开发产品或服务，所以一定要深思熟虑。

在了解了特定创业机会下创造和交付产品、服务过程中面临的挑战后，你可以据此判断所需的资金。在估算必备资金时，可以采用自下而上的分析方法：需要多少研发人员及费用是多少？需要什么设备？需要多少营销人员及费用是多少？

如果无法估算此阶段必备资金的确切数额，可以选择大概的范围：低于 10 万美元、低于 50 万美元、低于 200 万美元，以此类推。这种方式可以预测你将要面对的资金挑战。

深入考虑了这些问题后，你就能够对实施障碍这一因素进行评级了。如果你认为这种做法有帮助，还可以逐一对此因素进行评级，然后综合它们的等级得出最终等级，如图 3-23 所示。

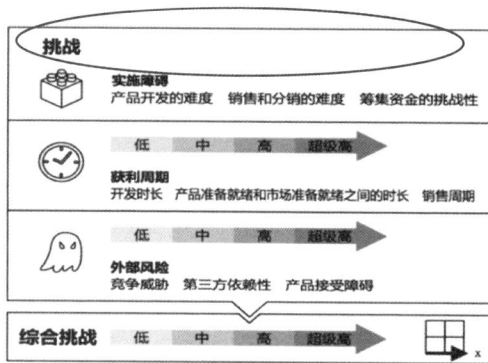

图 3-23 对实施障碍进行评级

我们再次用商业建筑的 HVAC 系统市场来说明这个因素的评估过程。

每台生产设备都具有独特性，而 HVAC 设备的优势在于其标准化。因此，开发一款可以监测 HVAC 系统的噪声和振动的产品相对简单。奥格瑞的创始人认为这可行。

产品成型后就需要将它推向市场，至少在第一阶段，需要一支直销团队，此时分销的主要角色是拉动需求，而不是满足需求。

了解了产品开发和销售挑战后，预计的种子资金大约为 200 万美元。

总之根据以上考虑，实施障碍的等级为"中—高"，如图 3-24 所示。

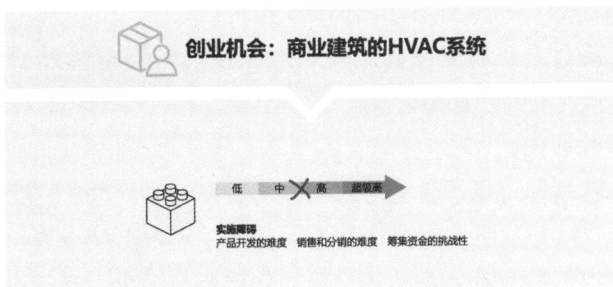

图 3-24　被评定为"中-高"的实施障碍

③挑战的重要因素 2：获利周期

什么是获利周期？

获利周期决定了企业的生死存亡。特别对于初创企业来说，正向现金流就像氧气一样珍贵。这个因素预测了账户中开始产生现金积累的时长。如果周期过长，那你很可能在创业的路上面临重大挑战，也可能会经受巨大的压力。

如何对获利周期进行评级？

想要预测创业机会的获利周期，你需要考虑以下三个主要问题。

a. 预计产品开发时长是多少？

b. 产品准备就绪和市场准备就绪之间的时长是多少？

c. 销售周期预计有多长？

客观地回答以上三个问题，有助于了解与创业机会相关的获利周期因素（见图 3-25）。以下问题可以引导你找出答案。

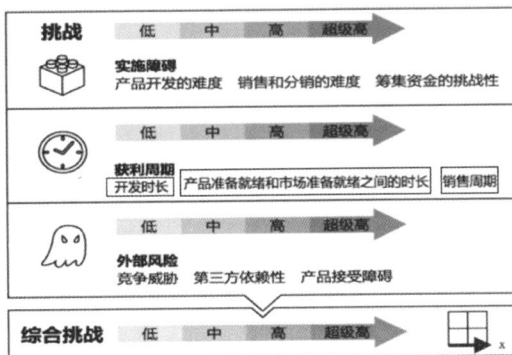

图 3-25　影响获利周期评估的因素

● 产品开发时长

a. 在产品准备进入市场前，需要完成哪些重大任务？（考虑技术开发、设计配件、规章制度等）

b. 完成每个重大任务的时长是多少？

c. 在产品准备进入市场前的这个阶段需要多长时间？

● 产品准备就绪和市场准备就绪之间的时长

a. 产品准备就绪后，我们应该或需要在产品推向市场前做什么？（考虑价值链因素、必备的基础设施、互补产品等）

b. 这需要花多长时间？

c. 在产品准备就绪和市场准备就绪之间，是否存在时间差？这个时间差有多长？

● 销售周期

a. 谁是购买决策的参与者？为达成交易，你需要与多少人进行沟通会面？

b. 是否会有人反对购买此产品或阻碍其进入市场？他们为什么反对？（价格昂贵、产品复杂、原系统需要改变等）

c. 达成交易的预计时长是多少？

d. 交易确定后，预计的执行时长是多少？

与企业对消费者市场相比，企业对企业市场更为复杂，销售周期也更长，消费者市场的表现也不同：选择特定产品需要时间，但实际决定购买和准备产品的时间却相对较短。不管哪种情况，对时间的考虑都是至关重要的。

另外，获利周期与实施障碍（上节已作出评估）联系密切，但它们强调的是两个不同的维度，这两个不同维度又是了解创业机会的基本挑战的关键。

收入是判断产品服务是否被接纳的重要因素之一。如果你的新创企业有不同的成功标准（如产品受欢迎程度），可以利用这些标准来预测产品被市场接纳所需的时间。

● 对获利周期进行评估

深入考虑了这些问题后，就能够对获利周期这一因素进行评级了。如果你认为这种做法有帮助，还可以逐一对此因素进行评级，然后综合它们的等级得出最终等级，如图 3-26 所示。

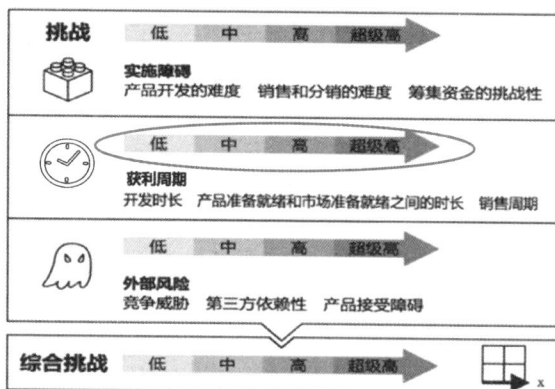

图 3-26　对获利周期进行评级

在评估商业建筑的 HVAC 系统市场时，奥格瑞是按照以下内容对这个因素进行评估的。

因为产品开发似乎可行，而且也没有特殊的法规要求，盖尔和萨尔预测，与组合中的其他创业机会相比，他们可以较快推出一款产品。

对于必备的基础设施，市场本身能够接纳他们的产品，所以，产品准备就绪和市场准备就绪之间，没有预想的时间差。

但销售周期需要一定时间，只是实施工作可以循序渐进地进行，也不需要前期投资。

总之，这个创业机会的获利周期较短，其等级为"低—中"，如图 3-27 所示。

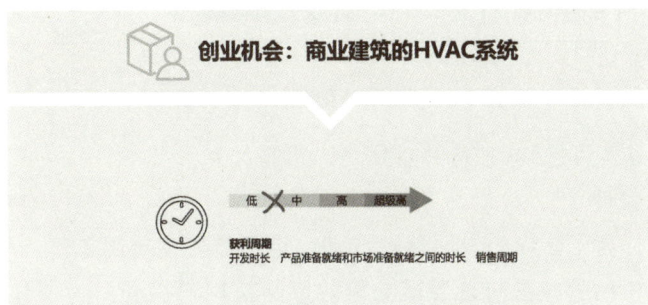

图 3-27　被评定为"低—中"的获利周期

④挑战的重要因素 3：外部风险

什么是外部风险？

外部环境中的许多企业和竞争者会威胁创业者企业的成功。而创业者通常无法控制这种风险，但在判断创业机会价值发挥的难易程度时需要考虑这一点。

如何对外部风险进行评估？

想要评估创业机会的外部风险，首先需要考虑以下三个主要问题。

a. 竞争会给你带来多大威胁？——"竞争威胁"；

b. 你对其他企业或竞争者的依赖程度有多大？——"第三方依赖性"；

c. 你的产品或服务的市场接受度如何？遇到的阻力有哪些？你对此有多敏感？——"产品接受障碍"。

客观地回答以上三个问题，有助于更深入地了解与创业机会相关的外部风险因素（见图 3-28）。以下问题可以引导你找出答案。

● 竞争威胁

a. 谁是你目前的竞争者？请一一列出。

b. 谁会成为你未来的竞争者？

c. 这些竞争者有多强？

d. 对于新入市场者是否有进入壁垒？如专利、规章制度、外部网络等。

e. 与其他竞争者相比，你是否有明显的优势？

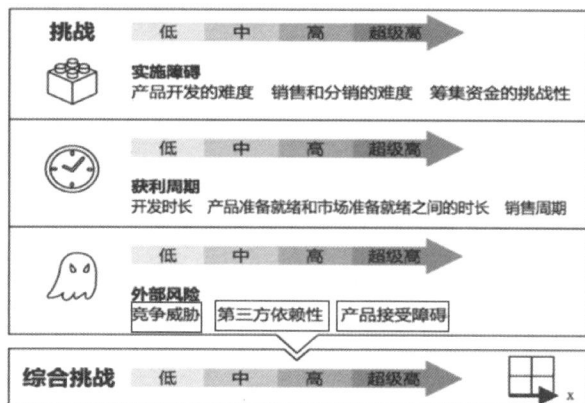

图 3-28　影响外部风险评估的因素

f. 这种优势是否可持续（独特、难模仿、可持续）？

● 第三方依赖性

a. 合作创新：为了让你的发明创造成功，谁还需要参与创新？

b. 生态系统中的哪些参与者会影响你的产品被用户接受？为了让目标用户完全实现价值主张，谁还需要采用你的发明创造？

c. 制度管理：你对政策制定者和监管机构的依赖性有多大？

● 产品接受障碍

a. 用户是否能接受新产品？

b. 你的产品是否和现有方式兼容？是否和现有规定相容？是否和现有系统、标准、基础设施相容？

c. 你的产品有多复杂？

d. 在购买前是否可以试用？

外部风险是创业过程中一个很难应对的因素。特别是在商业环境中，激烈的竞争经常被强调成重大危害。虽然进入一个有着强大防御的战场很危险，但缺少竞争同样令人担心。一种情况是，你所遇见的创业机会并非真实存在（其他人已经发现并进行了开发）；还有一种情况是，你需要担负起唤醒市场的责任，并提供配套元素。所以，在评估与竞争相关的外部风险时，一定要考虑与竞争相比你所具备的优势。优势越大，竞争局面对你就越有利。有人甚至会提到"不公平"竞争优势，这种优势有助于你达成销售协议。

● 对外部风险进行评级

深入考虑这些问题后，你就能够对外部风险这一因素进行评级了。如果你认为这种做法有帮助，还可以注意对此因素进行逐一评级，然后综合它们的等级，得出最终等级，如图 3-29 所示。

在评估商业建筑的 HVAC 系统市场时，奥格瑞是按照以下内容对这个因素进行评估的。

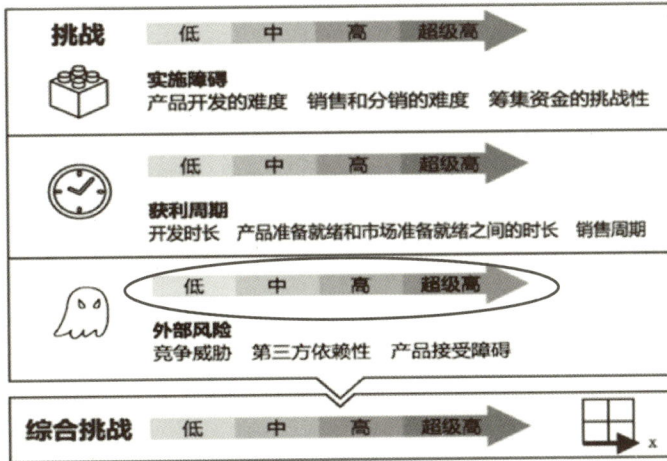

图 3-29　对外部风险进行评级

团队做出的竞争分析表明，现有的诊断解决方案成本过高、操作复杂。初始设备投入高达 5 万美元，而且后期还需投入更多的资金用于聘请具备专业技能的内部员工，必须进行技术培训。而奥格瑞的解决方案操作简单，无须前期投资。这是奥格瑞的竞争优势，通过申请专利和知识、能力的积累，他们也希望能保持这个优势。

除此之外，他们的产品是一项独立的解决方案，也就是说他们并不依赖市场中的其他参与者或任何监管机构。

对于用户接受（新产品/新服务）方面的风险，他们的产品对于具有一定保守性的市场来说是创新和突破。然而，它与现有基础设施完全兼容，方便使用，以上因素综合到一起，减少了产品进入市场时的阻力。

据以上考虑，外部风险等级为"中"，如图 3-30 所示。

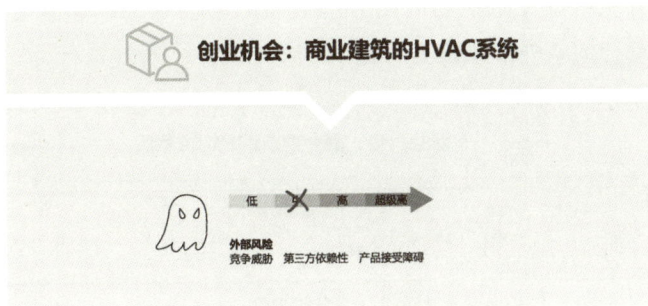

图 3-30　被评定为"中"的外部风险

⑤挑战：综合等级

如何综合评级？

一旦完成了对所有价值获取挑战因素的分析后，就会得到综合等级，如图 3-31 所示。根据你的分析结果，综合等级是在"低到超级高"的范围内。综合等级将用来识别创业机会，在吸引力地图上的位置：挑战为 x 轴。

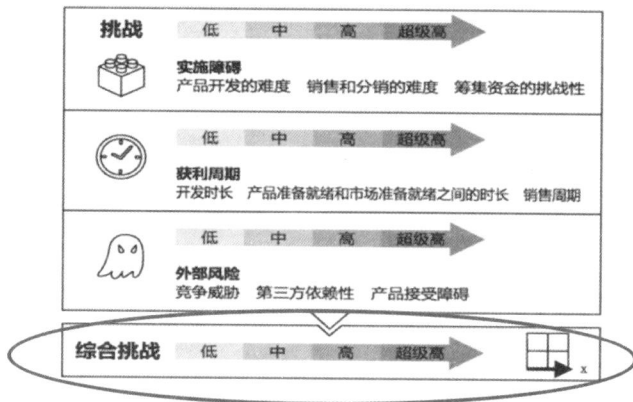

图 3-31　对综合挑战进行评级

注意，平均等级可能会隐藏关于创业机会优缺点的信息，但它提供了一个比较明确的标准。所以，我们一定要注意每个因素的独立分析以及最终得到的综合等级的含义。

所有因素是否有相同的重要性，这是个简单的问题，却有着复杂的答案，建议仔细观察不同的因素，明确它们对你的成功所起到的作用。

如果要给每个因素分配权重，一定要注意各个因素间是相互联系的。例如，实施障碍和外部风险会影响获利周期，尽管它们强调不同的观点和重要的考虑因素。

另外，在评估其他创业机会时，要始终保持一致，为同一个因素分配相同的权重。

对于奥格瑞来说，HVAC 的创业机会的综合挑战等级为"中"，如图 3-32 所示。特别是这个产品具有相对较短的获利周期，这对团队来说是一个非常重要的因素。他们认为实施障碍是可行的，外部风险是可控的。

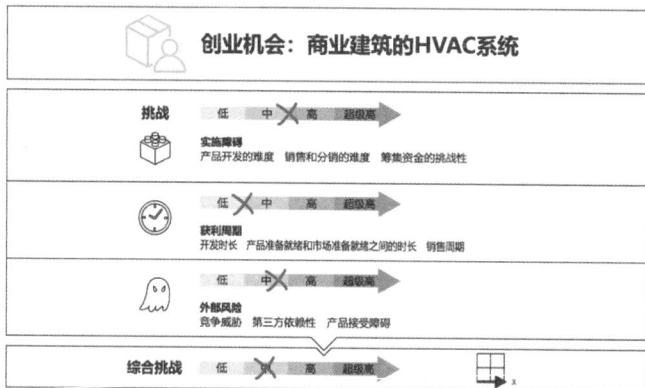

图 3-32　商业建筑的 HVAC 系统的综合挑战评级结果

(4)结果：确定吸引力地图

①回顾创业机会导航工具到吸引力地图

整个创业机会导航工具分为三个部分——创业机会集合、吸引力地图和敏捷聚焦标靶，分别引导我们回答"我们拥有哪些创业机会?""哪些创业机会最吸引我们?""我们应该关注哪些创业机会?"

这之前，我们已经完成了创业机会导航的第一步——创业机会集合。接着，我们从两个维度——潜力和挑战，针对创业机会集合里的每一个创业机会，用工作表2进行了潜力和挑战两个维度的评级。

接下来，我们要做的就是根据每个创业机会的评级结果(潜力对应 y 轴，挑战对应 x 轴)，将创业机会集合里的所有创业机会放进吸引力地图里的对应位置，如图 3-33 所示。

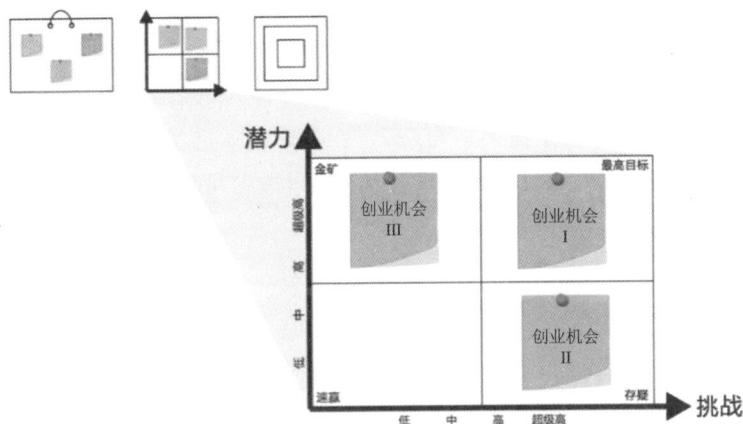

图 3-33　吸引力地图

利用吸引力地图，你可以从视觉上对创业机会进行直观的评估，更好地掌握它们的优劣势，并对其进行比较。视觉化的方式有助于你在一定时间内识别最具吸引力的机会选项，从而对主要的创业机会作出明智的决策。

吸引力地图上的 y 轴代表机会选项的潜力，x 轴代表挑战，根据每个创业机会的工作表 2 的潜力和挑战的评级结果，将创业机会——放到吸引力地图上。

②吸引力地图的分析

吸引力地图上有 4 个区域，如图 3-34 所示。

金矿机会

这个区域的创业机会具有相对较大的价值创造潜力和较小的价值获取挑战。换句话说：你的梦想会实现! 它们位于理想位置，但却相对稀少。金矿机会通常是识别出大量未被满足的需求的结果——在此之前从来没有人去解决这种需求，或者你可能拥有攻克某个难关的独特技术，而其他人不具备这个技术。如果你确实有一个金矿机会，

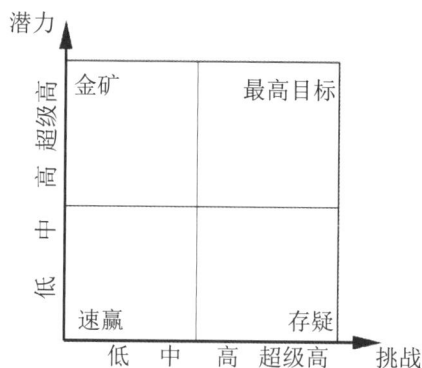

潜力

超级高
高

中

低

| 金矿 | 最高目标 |
| 速赢 | 存疑 |

低　中　高　超级高　挑战

图 3-34　吸引力地图上的 4 个区域

那它就会显现出主要创业机会的特征。

最高目标机会

有一类创业机会，它们具有相对较大的价值、创造潜力和较大的价值获取挑战。通常，真正创新的产品/服务都位于吸引力地图的这个区域，也就是高风险与高回报并存。一些投资者认为，如果相信团队可以攻克或者克服这类机会所带来的巨大挑战，那么这些机会选项很值得去投资。因此，最高目标选项可以作为主要创业机会选项或长期的发展机会选项。

速赢机会

在这个区域里，创业机会具有相对较小的价值创造潜力和较小的价值获取挑战。在风险—收益模式里，它们代表了低风险、低收益的机会选项，它们相对安全地提供了有限的价值创造潜力。这些选项可以提供一个非常漂亮的开头，但需要结合其他机会来增强企业的长期发展潜力。很多创新型企业创立时，短期内都会对准这样的速赢机会，以此作为未来最高目标机会的垫脚石。

存疑机会

这些创业机会具有相对较小的价值创造潜力和较大的价值获取挑战。所以，这是吸引力地图里最不理想的一块区域。在其他三个区域里找到目标创业机会更有利，你可以先搁置存疑的创业机会，因为条件会随时间发生变化，这类机会在未来某个时间也许会变得更具吸引力。

很多企业项目失败就是因为创业者选择了存疑机会，而且大多数情况下他们都没有意识到这一点。研究表明，他们努力创造出的产品会没有或有较小的需求；不具备足够吸引力的价值主张或市场规模有限。

③确定创业机会在吸引力地图上的位置

接下来，我们继续随着奥格瑞这个案例，一起来看看具体该怎么确定创业机会在吸引力地图上的位置。

在上面我们已经对商业建筑的 HVAC 机会分别从潜力和挑战这两个维度进行了评级，

它的综合等级被评定为高潜力和中挑战。因此，这个机会位于吸引力地图的金矿区域。

在作出最终决策前，奥格瑞想要对其他 4 个创业机会进行评估。

第 1 个创业机会是对不同工厂的生产机器进行预测性维修，避免突发故障，减少停运时间，节约能源和生产费用，制造商可以从中获利。

但现实是每条生产线都是独特的，需要大量的定制。所以这个创业机会具有高潜力性和高挑战性（见图 3-35）。

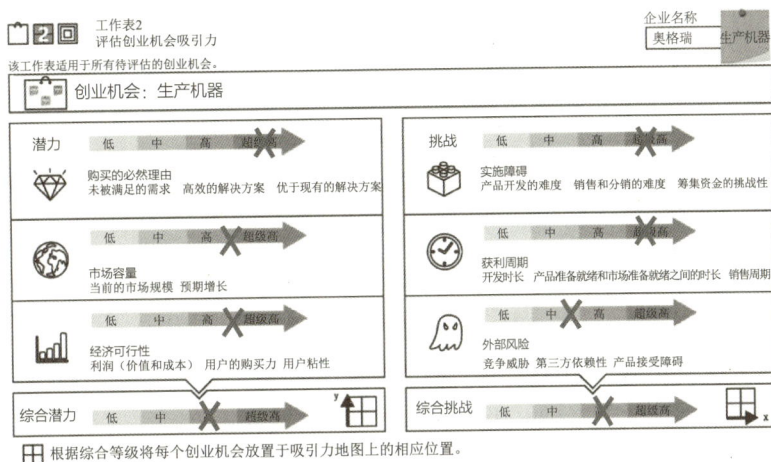

图 3-35　生产机器的创业机会评估情况

第 2 个创业机会针对的是具有制冷箱的国际货运企业。

分析表明，这个创业机会有中潜力，特别是在预测性维修的价值不够大的前提下，而且挑战是可以应对的，所以等级被评定为"中—高"（见图 3-36）。

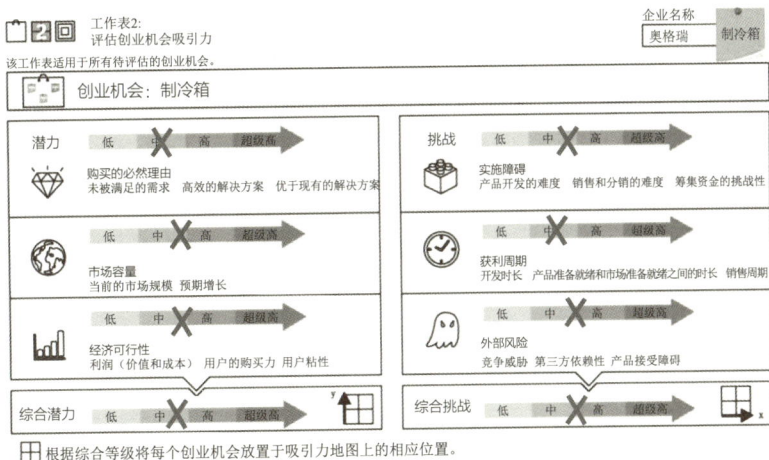

图 3-36　制冷箱的创业机会评估情况

第 3 个创业机会是白色家电。奥格瑞认为，一旦这类家电嵌入了互联网技术，他们就能够向制造商提供服务，在这类家电里安装奥格瑞的设备。

虽然购买的必然理由并不十分充分（机器发生故障的成本相对较低），但市场容量大，经济可行性高，所以潜力的综合等级为"高"（见图 3-37）。

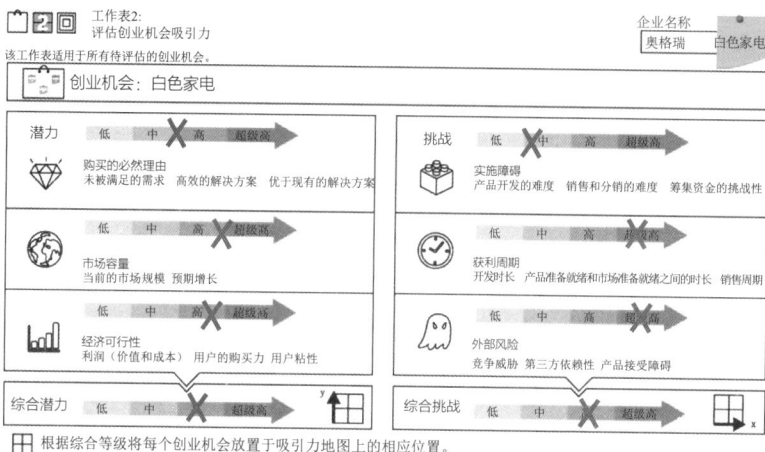

图 3-37　白色家电的创业机会评估情况

市场没有准备好接受这类产品，所以获利周期和外部风险等级为"超极高"，因此，挑战的综合等级为"高"。

奥格瑞创始人想要评估的最后一个创业机会，是为汽车提供预测性维修方案——通过向汽车制造商提供奥格瑞内部安装设备。

这个创业机会具有"超级高"潜力，同时也具有"超级高"挑战，最突出的两个问题是实施障碍和极长的获利周期（见图 3-38）。

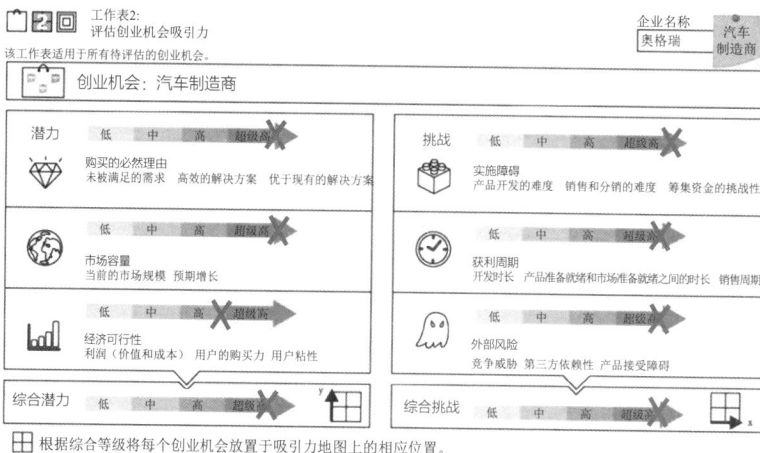

图 3-38　汽车制造商的创业机会评估情况

奥格瑞团队参加学习和评估，可以利用吸引力地图直观地总结出每个机会的绝对优势和相对优劣势。

3. 创业机会导航第三步：敏捷聚焦标靶

(1)回顾创业机会导航工具到敏捷聚焦标靶

我们现在来到了创业机会导航工具的第三步——敏捷聚焦标靶。在进行第三步之前，我们首先一起来回顾一下前面我们已经完成的步骤。

创业机会导航工具由创业机会集合、吸引力地图和敏捷聚焦标靶三个部分组成，分别回答以下三个问题：拥有哪些创业机会？哪些创业机会最吸引你？应该关注哪些创业机会？

第一步，利用工作表1完成了创业机会集合，找到了创业机会。

第二步，利用工作表2完成了吸引力地图。

第三步，依据吸引力地图中所分析的各个机会，确认创业机会战略——应该聚焦在哪个创业机会上？对哪些创业机会保持开放态度？哪些创业机会应该被搁置起来？

利用敏捷聚焦战略，你可以制定出最优战略，在商业过程中获取最大价值。如果将每个创业机会比喻成一座大山，这些大山高高地耸立着并靠在一起，"敏捷聚焦"战略能够在正在攀爬的那座大山和周围的大山之间架起桥梁。这样的话，万一发生变化，就不需要重新从山脚开始攀登了。

创业机会导航工具的第三步，就是辅助制定"敏捷聚焦"战略，这个战略有助于找到需要聚焦进行实施的主要创业机会；同时有助于从所拥有的其他创业机会中找到作为备选项的创业机会和作为发展机会选项的创业机会；最后确定哪些创业机会(备选项和发展机会选项)是需要现在和主要创业机会一起并行实施的，哪些创业机会(备选项和发展机会选项)是需要创业者保持开放的态度的，哪些创业机会(备选项和发展机会选项)是需要被搁置起来的。

下面来分步骤完成"敏捷聚焦"战略。首先进行第一步——选择主要创业机会。

(2)敏捷聚焦标靶步骤1：选择主要创业机会

主要创业机会是准备聚焦的创业机会，也就是将全力实施的那个创业机会。而对于主要创业机会的选择依据，就是吸引力地图，也就是根据创业者所拥有的创业机会在吸引力地图上的位置来确定主要创业机会。

以下是吸引力地图的常见模式，以及它们是如何影响主要创业机会的选择的。

①一个具有明显优势的机会

在只有一个机会位于金矿区域的情况下，如图3-39所示，选择相对简单。其他吸引力相对低的机会仍具重要性，因为它们可能会成为发展机会选项或备选项。

②对角线间取舍

对角线间取舍是一种非常常见的模式，如图3-40所示，在这种模式下，机会选项

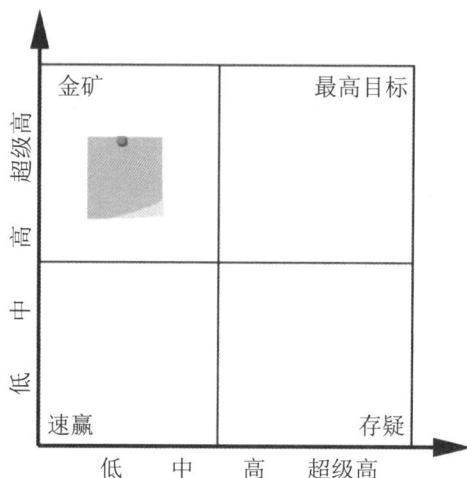

图 3-39　只有一个机会位于金矿区域

分布在"风险—回报"的对角线上：一些是位于速赢区域的"低风险—低回报"机会选项，一些是位于最高目标区域的"高风险—高回报"机会选项。在这种情况下，一个优质的创业机会并不能马上脱颖而出。相反，可以首先选择相对较"小"的机会选项作为未来优质机会的垫脚石，或者也可以第一步就直奔最高目标。与其他模式相比，这个选择取决于个人喜好、对风险的态度、股东的利益及手头已掌握或未来会获取的资源。

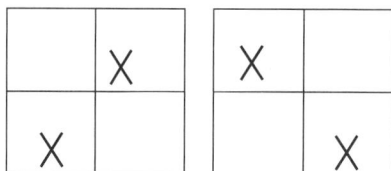

图 3-40　对角线间取舍

③位置相邻的机会选项

在有些情况下，机会选项并非遍布在地图上，而是全部位于相同的区域：金矿、速赢或最高目标。或者，它们也可能分布在地图的中间位置，如图 3-41 所示。在这种情况下，机会选项的潜力和挑战没有明显区别，所以最佳机会选项不明确。

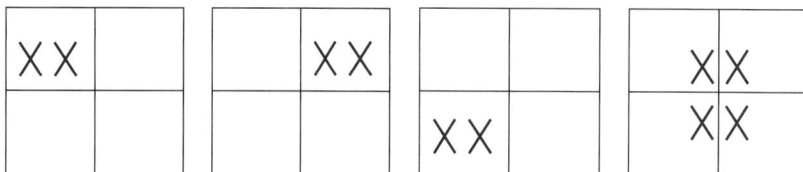

图 3-41　位置相邻的机会选项

在上述情况下，主要创业机会的选择主要取决于个人喜好和股东利益，或者工作表 2 中对创业者来说最重要的具体因素（如获利周期）。另外，一些机会选项可能会比其他机会选项的位置要优越，即使它们相距不远。所以要选择希望相对较大的机会选项，或创业者认为在未来可能变得更具吸引力的机会选项。

④不具有吸引力的机会选项

这种情况也会发生，如图 3-42。在进行了全面深入的评估后，可能会发现所有机会都没有足够的吸引力。如果所有机会选项都位于存疑区域，可以选择回到工作表 1，尝试找出新的创业机会；或者思考如何调整某个机会选项，改善其在吸引力地图上的位置。

虽然有时不可避免，但还是建议不要选择位于存疑区域的机会选项作为主要创业机会。如果准备选择这条异常艰难的道路，最终结果可能会辜负创业者的付出，一定要三思而后行。

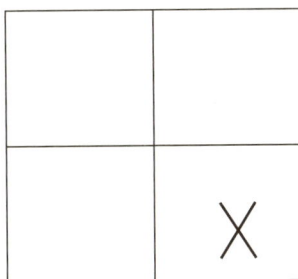

图 3-42　不具有吸引力的机会选项

案例分享

奥格瑞的机会选择[①]

回到奥格瑞的案例，奥格瑞的吸引力地图上有 5 个机会选项。现在应该决定选择哪个作为主要创业机会，这是个有难度的决定，因为每个机会选项都有自己的优劣势。

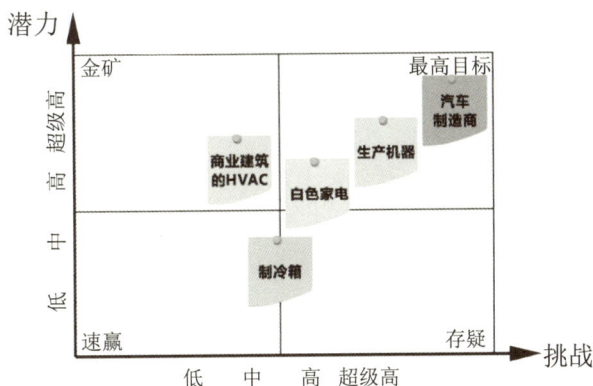

①　[瑞士]马克·格鲁伯、[以]莎朗·塔尔：《正向创业》，119 页，北京，电子工业出版社，2019。

仔细观察吸引力地图后发现，制冷箱对于企业来说新意不够，而汽车行业又跨度较大。商业建筑的 HVAC 系统似乎是唯一位于金矿区域，是最具吸引力的机会选项了。特别是在获利周期这个因素上，这是团队非常重视的因素。

创始人决定首先聚焦于为大型商业建筑的 HVAC 系统提供预测性维修解决方案。因此，依据"吸引力地图"，"商业建筑的 HVAC 系统"，这个创业机会成了"主要创业机会"。

▸▸ 案例分享

KalOptics 的机会选择[①]

再来看一个案例。

这个案例中所有机会选项都紧密分布在地图的中间位置。KalOptics 是一家位于美国的新创企业。该企业的技术提供了一种用于捕捉、控制、编辑拟真纹理材料的方式，这种方式不仅便于使用、成本低，而且可以使电脑打印出的 3D 图像高度还原原图像。

KalOptics 的产品可适用的市场，包括电影中的视觉效果、动画和游戏、广告商及设计师（用于改进室内设计师、服装设计师、建筑设计师和工业设计师的拟真效果图）。经过对这 4 种不同创业机会的深入分析发现，它们之间的潜力和挑战等级相差不大。换句话说，尽管每个机会选项都有其优劣势，但它们却紧密分布在吸引力地图的中间位置。

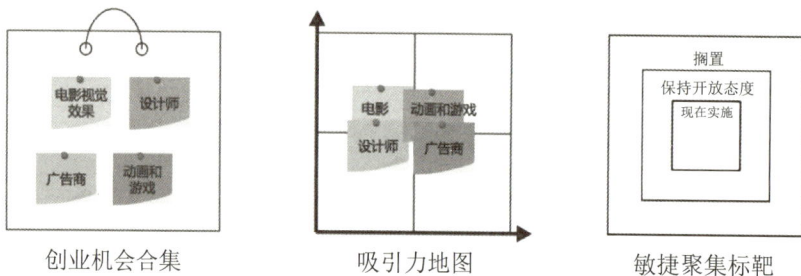

创业机会合集　　　　吸引力地图　　　　敏捷聚集标靶

在这种情况下，这个视觉地图无法为选项"最具吸引力的机会"提供所需的优先排序。所以我们有必要再回到工作表 2，利用工作表 2 中的细节，更详细地区分各机会选项。在 KalOptics 这个案例中，经过对创业机会的评估和与潜在用户的交流，他们明确了一点：电影的视觉效果市场虽然不是最大的，但却是最适合创业的机会，就目前来看，电影制片厂会在电影的视觉效果上投入大量资金，而且也准备接纳 KalOptics 的解决方案了。他们也可以作为应用这种先进技术的"领先用户"，这样其他行业就可以以他们为标准寻找相同的解决方案了。因此 KalOptics 决定把电影制片厂作为最初的目标市场。这就完成了对主要创业机会的选择。

---

① ［瑞士］马克·格鲁伯、［以］莎朗·塔尔：《正向创业》，120 页，北京，电子工业出版社，2019。

（3）敏捷聚焦标靶步骤2：利用工作表3确定备选项和发展机会选项

注意：如果未能明确主要创业机会，那么，每个潜在主要创业机会就应该对应一张独立的工作表。

敏捷聚焦战略的主要目标是用最小的付出来平衡风险、提高价值。为了实现这个目的，需要选择一个创业机会作为备选项，一个创业机会作为发展机会选项，以建立一个以主要创业机会为核心的敏捷机会组合。

主要创业机会（项）：我们需要聚焦的、全力以赴的创业机会选项，主要创业机会在上一个步骤中就已经确定下来了；

备选项：有了备选项，就可以及时调整方向了。它有助于回答以下这个问题：如果没有成功，那接下来该怎么做？

发展机会选项：有了发展机会选项，可以创造新的价值。它有助于回答以下这个问题：如果成功了，那接下来该做什么？

工作表3能够帮助创业者一步一步确定哪些创业机会可以作为备选项，哪些创业机会可以作为发展机会选项。下面，一起来一步一步学习完成工作表3（见表3-14）。

表 3-14　工作表 3

①填写主要创业机会

首先，将上一步骤中确定的主要创业机会写上。接着，将其他的创业机会也分别写下来。工作表3就是其他创业机会依据自身与主要创业机会的关联度来进行填写的。

②评估与主要创业机会的关联度（见图3-43）

为什么要评估与主要创业机会的关联度？

创业者确定了主要创业机会，就会全力以赴地聚焦在这个主要创业机会上面。但是，主要创业机会能否一路走到底是不确定的，如果在这个过程中发现走不通了，就得重新开始另一个创业机会，或者，一路走到底成功了，也需要找其他的选项作为下一个创业的方向。

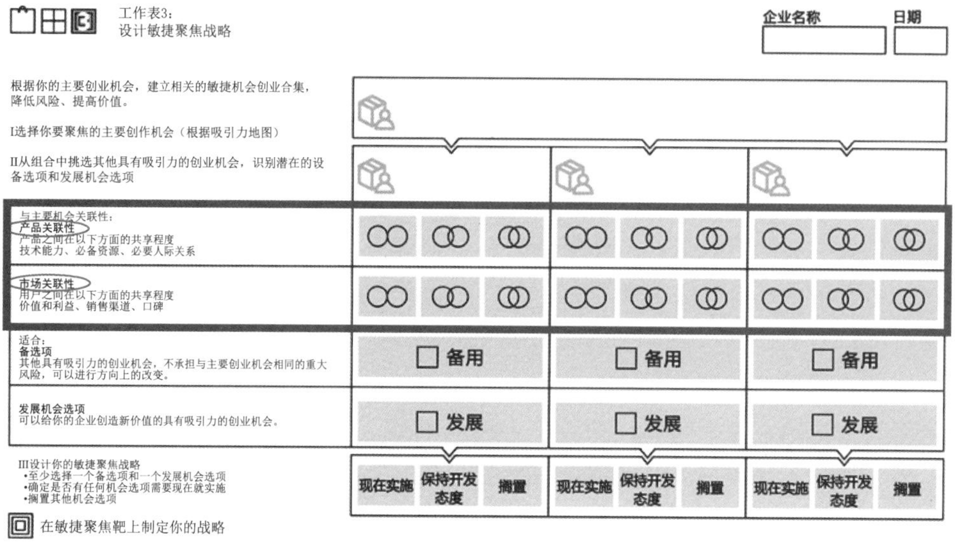

图 3-43　评估与主要创业机会的关联度

那当发现主要创业机会走不通时，创业者就需要一个新的创业机会作为备选项；当主要创业机会已经成功了，接下来就该开始发展机会选项。因此，无论是备选项还是发展机会选项，创业者都应该选择和主要创业机会相关联的选项，这样无论是在资源能力，还是在人际关系网络上都可以有效地应用，这就是敏捷聚焦战略的目的——用最小的付出来平衡风险、提高价值。

怎样评估与主要创业机会的关联度?

备选项和发展机会选项与主要创业机会的关联度越高越有利，这一点很重要。在这种情况下，坚持实施备选项或发展机会选项所需的新的付出就会相对较少。

为了评估将资源和能力从一个机会选项转换到另一个机会选项的能力，创业者需要考虑产品关联度和市场关联度。

产品关联度：开发两种产品所需的资源和能力的相似程度。

市场关联度：两种产品的营销和分销所需的资源和能力的相似程度。

两种关联类型同等重要。但是，大多数创业者都倾向于考虑产品关联度，而忽视了市场关联度。事实证明这是一个严重的错误，因为要在遥远的或不相关的市场中立足需要巨大的付出，这是小型企业无法承受的。

● 评估产品关联度

产品或服务的开发需要特定的能力、资源和人际关系网络。想要确定主要创业机会相关的产品和潜在备用/发展机会选项相关的产品这两者之间的关联度，需要考虑以下问题。

这两种产品在以下方面的相似度。

a. 技术能力（例如，产品的功能和特点依赖类似的技术，有着共同的制度要求）；

b. 必备的资源（如员工、生产设备、知识产权等）；

c. 必要的人际关系网络（如供应商、合作伙伴或价值链上的其他成员）；

产品的综合关联度可以按照以下三个等级进行评定（见图 3-44）。

a. 产品无共同点（无关联）；

b. 产品有某些共同点（一定程度的关联）；

c. 产品有很多共同点（高度关联）。

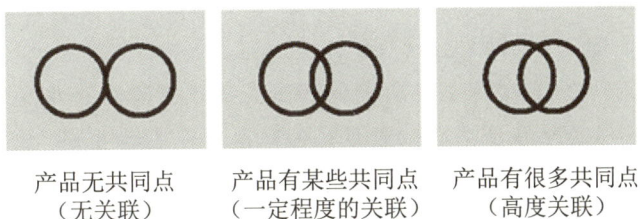

产品无共同点　　　产品有某些共同点　　　产品有很多共同点
（无关联）　　　（一定程度的关联）　　　（高度关联）

图 3-44　产品关联度示意图

● 评估市场关联度

相邻市场的用户根据相似的价值作出购买决策，从相同销售渠道购买，和在作出购买决策时相互参考。

为了了解主要市场用户和潜在备用/发展机会选项用户之间的关联度，需要考虑以下问题。

这两个用户群在以下方面的相似度：

a. 价值和利益（例如，从一个市场到另一个市场，创业者可以利用自己的品牌和声誉）；

b. 销售渠道（例如，在两个不同市场中，创业者可以使用相同的销售渠道）；

c. 口碑（例如，用户在一个市场中的满意度，可以对另一个市场中的产品起到推广作用）。

市场的综合关联度可以按照以下三个等级进行评定（见图 3-45）。

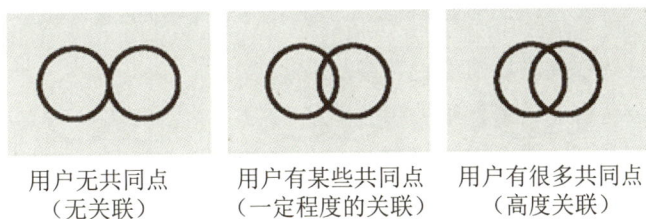

用户无共同点　　　用户有某些共同点　　　用户有很多共同点
（无关联）　　　（一定程度的关联）　　　（高度关联）

图 3-45　市场关联度示意图

a. 用户无共同点（无关联）；

b. 用户有某些共同点（一定程度的关联）；

c. 用户有很多共同点（高度关联）。

奥格瑞是如何考虑备选项和发展机会选项的呢？

奥格瑞的主要创业机会选定后，下一步就需要考虑它们的机会组合及设计"敏捷聚焦"战略。生产机器市场是需要进一步识别的极具吸引力的备选项。从目前来看，汽车和白色家电市场似乎不适合刚刚起步的企业，制冷箱这个机会好像价值也不高。

但是在关注了商业建筑的 HVAC 系统市场后，又有另外两个新机会博得了眼球：商业建筑的电梯和住宅建筑的 HVAC 系统。这两个机会明显与企业的主要关注点紧密相关，可以作为备选项或发展机会选项。

监测住宅建筑中的 HVAC 系统所需的解决方案，与监测商业区域的 HVAC 系统所需的非常相似。尽管产品价格必须更低，但产品关联度却很高。然而这两个市场只在一定程度上有所关联，因为住宅并不一定要依赖相同的服务供应商，所以口碑和营销需要付出更多。

商业建筑里的电梯却有相反的情况：产品有相似点，但也要求具备更多的功能，因为这个产品市场需要遵守一定的规章制度。但由于使用两款产品的用户可以是相同的用户，所以，两个市场是高度关联的。

至于生产机器，他们的产品和市场只有一定程度的关联。了解了这些后，哪些机会适合作为备选项，哪些机会适合作为发展机会选项，一目了然，如图 3-46 所示。

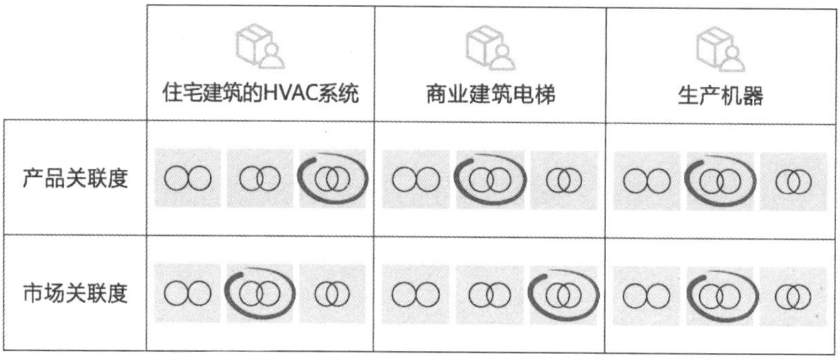

图 3-46　三个企业机会的产品关联度与市场关联度评估

③如何选择备选项和发展机会选项（见图 3-47）

哪些创业机会适合作为备选项？

备选项就是 B 计划。在主要创业机会实施不顺利的情况下，可以利用备选项改变发展方向。备选项应该是与主要创业机会联系最紧密的机会。但是，因为它们会成为 B 计划，所以备选项不能与主要创业机会承担相同的主要风险或依赖相同的主要假设。简而言之，即使是在实施主要战略的过程中失败了，创业者也能够在备选项上成功。

利用吸引力地图，在工作表 2 中完成所有的评估，思考主要创业机会承担的主要

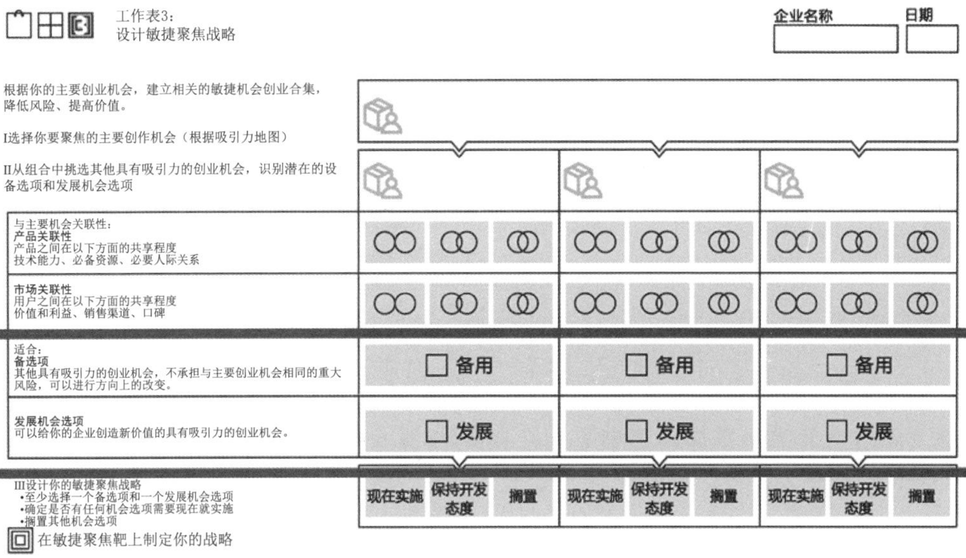

图 3-47　如何选择备选项和发展机会选项

风险和可能遇到的障碍，并与其他机会进行比较。例如，如果主要创业机会的成功很大程度上取决于规章制度，那么备选项就应该不受这种规章制度的限制。

熟知主要创业机会的弱点和主要风险，这一点非常重要，否则在遇到问题时创业者很可能会猝不及防。选择一个合适的备选项，平衡可能出现的问题，创业者就可以自如地应对风险了。

哪些创业机会适合作为发展机会选项？

发展机会选项可以提高价值创造潜力。在主要创业机会的潜力较低的情况下，可以同时实施发展机会选项和主要创业机会选项，或者如果创业者愿意，还可以选择在未来实施发展机会选项。

但不管什么情况下，发展机会选项都应该是具有高吸引力，以及与主要创业机会联系最为紧密的。这样，在实施发展机会选项时，才不必付出更多的努力。要把发展机会选项看作通向成功的战略路线图。如果选择速赢的机会作为主要创业机会，那么发展机会选项应该是最高目标机会。

要注意，有时一个创业机会既可以作为备选项，又可以作为发展机会选项。如果创业机会集合中包括一个与主要创业机会联系紧密且具有吸引力的机会，而又与主要创业机会承担不同的主要风险，那这个机会就既可以作为备选项，又可以作为发展机会选项。在这种情况下，就不需要再选择两个不同的机会了。

在选择时要注意，为了设计一个既权威又有潜力的"敏捷聚焦"战略，创业者需要选择至少一个备选项和一个发展机会选项。但是很多时候，可能同时有多个机会适合作为发展机会选项或备选项。因此，就需要考虑以下几点。

a. 对哪些发展机会选项/备选项保持开放态度？

b. 对哪些发展机会选项/备选项进行"并行"？

c. 将哪些发展机会选项/备选项搁置起来？

因此，创业者需要进行下一个步骤——敏捷聚焦标靶。

▸▸ 案例分享

看奥格瑞怎么选择[①]

对于奥格瑞来说，在成功实施主要创业机会（商业建筑的 HVAC 系统）后，住宅建筑的 HVAC 系统选项和商业建筑的电梯选项都是不错的发展机会选项。

但是主要创业机会的主要风险是对于用户来说解决方案不够有价值，因为奥格瑞必须首先让用户了解这款产品的性能优势。

如果这个问题最终会影响奥格瑞的成功，那它可以改变方向，选择"为生产机器提供预测性维修"这一解决方案。对于这个领域来说，产品价值更大，因此生产机器可以作为奥格瑞的备选项。

商业建筑的HVAC系统								
	住宅建筑的HVAC系统			商业建筑电梯			生产机器		
产品关联度	○○	◎◎	◉◉	○○	◉◉	◎◎	○○	◉◉	◎◎
市场关联度	○○	◉◉	◎◎	○○	◎◎	◉◉	○○	◉◉	◎◎
备选项	☐ 备用			☐ 备用			☑ 备用		
发展机会选项	☑ 发展			☑ 发展			☐ 发展		

▸▸ 案例分享

看 KalOptics 怎么选择[②]

有些机会可以同时作为备选项和发展机会选项，KalOptics 就是一个例子。企业决

---

① [瑞士]马克·格鲁伯、[以]莎朗·塔尔：《正向创业》，129 页，北京，电子工业出版社，2019。

② [瑞士]马克·格鲁伯、[以]莎朗·塔尔：《正向创业》，130 页，北京，电子工业出版社，2019。

▸▸ 创新创业基础：理论与实践   • 186 •

定首先聚焦于力求创造高端视觉效果的电影制片厂。而动画制片厂也需要类似的产品，在作出购买决策时会参考电影制片厂，因此他们自然就可以作为发展机会选项。

然而设计师和广告商的市场，要求一个更简单的产品，受电影行业影响不大。他们无须承担捕捉现实生活或运动对象的技术风险，主要市场的低采用率也不会影响其成功。因此这两个机会都可以作为发展机会选项或备选项。

(4)敏捷聚焦标靶步骤3：确定敏捷聚焦战略

到这一步时，创业者已选出了主要创业机会，也完成了对不同备选项和发展机会选项的评估和选择。

接下来，需要确定敏捷聚焦战略，作出以下决策。计划在这些机会选项中投入多少精力？作出以上决策后，能够确定哪个备选项/发展机会选项适合？

"现在实施"(见图3-48)

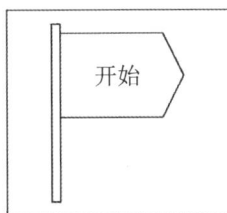

图 3-48 现在实施

"保持开放态度"(见图3-49)

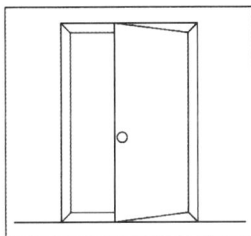

图 3-49 保持开放态度

"搁置"(见图3-50)

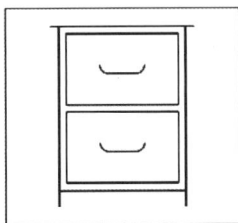

图 3-50 搁置

这就是制定敏捷聚焦战略的意义——聚焦于最具吸引力的创业机会的同时，保持敏捷。需要完成的是工作表3的最后一部分(见图3-51)。

第三章 创业团队与创业机会

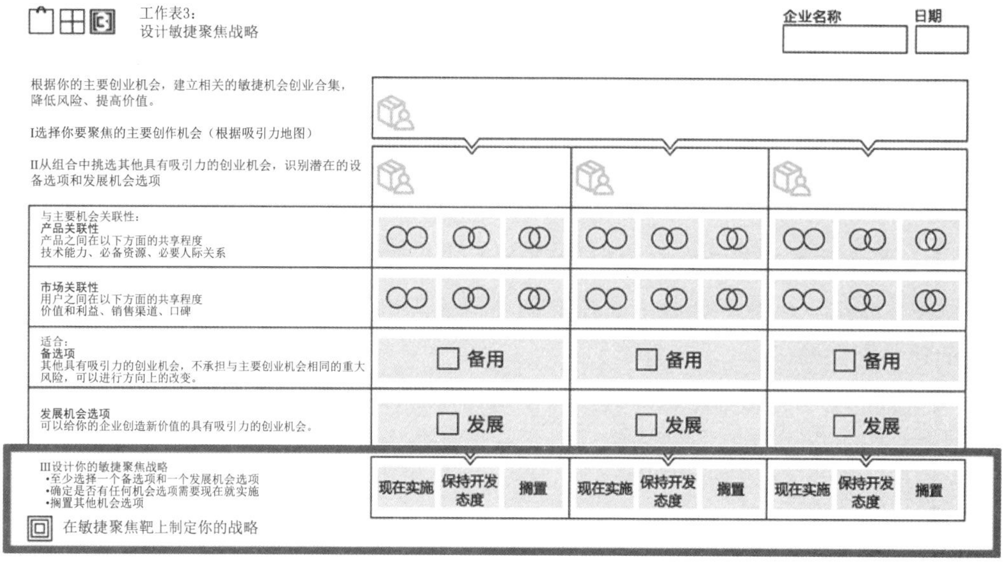

图 3-51　设计敏捷聚焦战略

①对哪个备选项/发展机会选项保持开放态度

对某个机会保持开放态度意味着创业者在这个机会上分配较少的注意力和资源，但需要保证这个机会"活着"，以确保这条路是畅通的。因此，创业者需要做到及时掌握最新信息、具备开发灵活的资源的能力。

②对哪个备选项/发展机会选项实行并行

由于初创企业人力和资金有限，所以这种方式还是具有较大的挑战性的，但是在某些情况下，并行的战略可能会利大于弊，所以还是得采取这种并行的策略。以下两个主要考虑因素可以指导创业者作出决策——是对机会选项保持开放态度，还是当下就让它与主要创业机会并行实施。

这个机会选项对提升企业的业绩有多关键？如果主要创业机会风险高、不确定性高，或者如果它的价值创造潜力并非很理想，那可以通过采用并行战略来提高收益、降低风险。

这个选项与主要创业机会的关联度如何？因为同时实施多个机会会牵扯大量的精力，所以，并行战略只有在机会选项间联系紧密的情况下才可行。这种情况下，创业者可以充分利用自己的资源和能力。

并行战略的一个典型例子就是 Camero——穿墙成像解决方案的提供者和先锋。Camero 的产品可以对隐藏在墙壁或屏障后的静止和运动中的物体进行实时观察。这个极具创新的解决方案适用于情报获取和战术应用，使用对象可以是军队，也可以是执法人员。虽然这两个市场都有巨大潜力，但企业面对的主要挑战是如何接触这些用户，以及如何承受长期的、复杂的销售过程。

为平衡这种风险，Camero 的经理决定同时进入这两个市场：军用和警方。这两个市场要求的产品比较类似，而且这两方都要依靠政府预算，有着相同的价值和口碑，所以市场的关联度很高。这种较强的关联度让 Camero 可以采取并行战略，用极少的付出极大地提高价值、降低风险。

在这个过程的最后一步，创业者应该清楚哪些创业机会是备选项和发展机会选项，以及计划在每个机会选项上投入的精力是多少：现在是要与主要创业机会并行、全力实施这些机会选项，还是对其保持开放态度、只投入有限精力？

③将哪个备选项/发展机会选项搁置

目前，"敏捷聚焦"战略已经形成了，但还有一件事情需要讨论：对于已经进行评估的但没有被选为主要创业机会、备用选项或发展机会选项的创业机会，应该怎么处理呢？

不要放弃它们，先将它们搁置起来——在未来，这些创业机会可能会成为非常有价值的机会选项！

▶▶ 案例分享

奥格瑞——搁置[1]

奥格瑞在这个市场领域迈出第一步后，他们就开始有意识地决定对发展机会选项和备选项保持开放态度了。

他们发现，与商业建筑经理和服务供应商越熟悉，就越能准确地评估这些机会选项。所以，在时机到来时，他们就已准备好迎接调整或变化了。

他们还决定搁置机会组合中的其他创业机会，因为这些机会与他们已选定的方向相差较大。

商业建筑的HVAC系统			
	住宅建筑的HVAC系统	商业建筑电梯	生产机器
产品关联度	○○ ○○ ◎◎	○○ ◎◎ ○○	○○ ◎◎ ○○
市场关联度	○○ ◎◎ ○○	○○ ○○ ◎◎	◎◎ ○○ ○○
备选项	□备用	□备用	☑备用
发展机会选项	☑发展	☑发展	□发展
	现在实施 （保持开发态度） 搁置	现在实施 （保持开发态度） 搁置	现在实施 （保持开发态度） 搁置

---

① ［瑞士］马克·格鲁伯、［以］莎朗·塔尔：《正向创业》，138 页，北京，电子工业出版社，2019。

④结果：确定敏捷聚焦标靶(见图3-52)

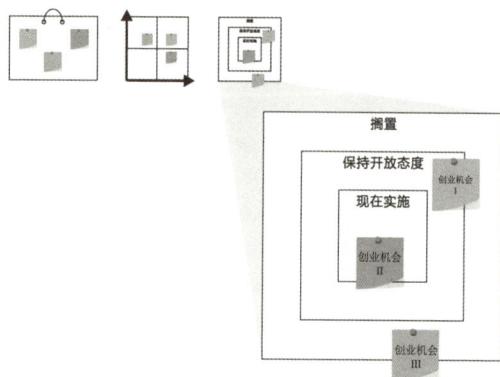

图 3-52　确定敏捷聚焦标靶

在上面，创业者已经完成工作表 3 的所有步骤了，现在已经可以在创业机会导航中描述"敏捷聚焦"战略了。利用标靶标记主要创业机会选项、备用项或发展机会选项及搁置起来的机会选项。

注意：如果决定同时实施两个机会选项，那么将它们放在标靶的中心位置。

▶▶ 案例分享

奥格瑞——确定敏捷聚焦标靶[①]

最后，奥格瑞的敏捷聚焦战略终于形成：他们将聚焦于商业建筑的 HVAC 系统市场，对一个备选项(生产机器)和两个发展机会选项(住宅建筑的 HVAC 系统和商业建筑的电梯)保持开放态度，暂时搁置其他所有创业机会。

他们的战略在敏捷聚焦标靶上描述为下图所示。

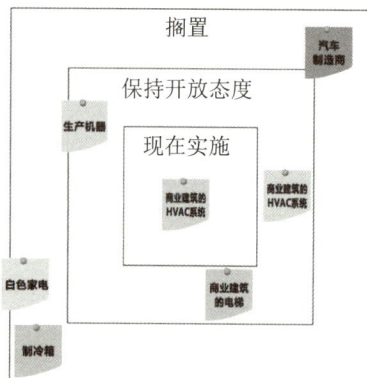

① 　［瑞士］马克·格鲁伯、［以］莎朗·塔尔：《正向创业》，140 页，北京，电子工业出版社，2019。

注意：两个发展机会选项用了不同颜色进行标记——只是为了对未评估的新创业机会进行视觉上的区分。它们也被加入了创业机会集合中，但需要放到吸引力地图的指定位置上。

导航是动态的，在学习和知识积累的过程中，可以随时对这些机会选项进行增减。

▶▶ **案例分享**

KalOptics——确定敏捷聚焦标靶[①]

KalOptics 的创始人也在标靶上描述了他们的敏捷聚焦战略。他们不仅选定了主要创业机会、保持开放态度的机会选项，还计划了市场开放策略：首先从电影制片厂入手，然后逐渐进入动画和游戏市场，最后设计市场、广告市场暂时搁置。

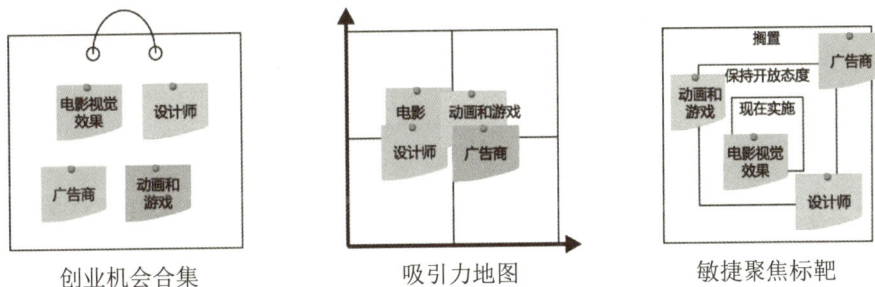

创业机会合集　　　　　　吸引力地图　　　　　　敏捷聚焦标靶

三、创业资源管理

创业资源是指新创企业在创造价值过程中所需要的特定资源的总称，涵盖使创业者创业活动顺利进行的一切支持性资源，主要表现形式为创业人才、创业资本、创业机会、创业技术和创业管理等。对于创业者来说，只要是对其创业企业和项目的发展有利的资源，都可以归纳为创业资源。创业者既要积累个人资源，创造有利于创业的良好条件，也要善于整合各种社会资源。

（一）大学生创业资源盘点

1. 创业者的内部资源

创业者刚开始拥有的内部资源主要是创业者自身具备的知识技术资源及所占有的生产资料等，也就是个人所拥有的有形和无形资产。拥有良好的内部资源，对创业者来说十分重要。创业者内部资源主要包括以下六个方面。

---

① ［瑞士］马克·格鲁伯、［以］莎朗·塔尔：《正向创业》，141 页，北京，电子工业出版社，2019。

（1）现金资产

创业者本人（还可以包括其家庭）随时可以支配的现金和银行存款。请注意是"可以支配"的，所以创业既要取得全家的支持，也要为家庭生活留有余地。容易变现的国债、股票、基金等也可以视为现金资产。

（2）房产和交通工具

这种资源不仅可以作为创业者的硬件资源，还可以作为对现金资产的补充，在必要的情况下，可以作为抵押品向投资人或者银行申请融资及贷款。当然，房产和交通工具首先得具备自由支配的条件，如果这些房产和交通工具是由按揭方式购置的，则会大打折扣。

（3）技术专长

技术专长包括有形和无形两种。有形技术专长：已申请成功的发明专利、实用新型专利和外观专利，或者是某一领域公认的专家，如律师、医生、科学家、设计师、注册会计师、工程师、心理咨询师等。无形技术专长：专有技术、科研成果、配方秘方或者对某个特定行业和领域的深入研究。

（4）信用资源

自己审视一下是否有信用污点，如果没有，估计一下自己能够通过长年累积的信用资源干些什么事，或是有人根据你的信用愿意给你投资，或是有人愿意借钱给你，或是有人愿意为你引路，至少有人愿意在还没有付工资的情况下为你工作。良好的个人信用和诚信资源是创业计划启动的因素之一。

（5）商业经验

商业经验是对市场经济和游戏规则的了解程度，尤其是对即将进入的行业的深入理解程度。行业之间的差异很大，各行业的关键成功因素也都不一样，贸然进入一个行业肯定会成为别人成功的垫脚石。

（6）家族资源

家庭资源包括经济支持、专业指导、学习机会、人脉关系乃至客户资源。即使家族资源非常丰富，也需要获得家族权威者的认可和支持，只有这样才能真正有效地利用好上述资源。

大学生处于资源积累的初始阶段，自身拥有的资源数量少，质量不高，但是想要创业，就必须有一定的内部资源。通过自己实践积累的内部资源最为关键，既能证明创业者的潜在能力，增强创业信心，又能够用于说服家人全力支持和取得投资者的信任。无形资产的获得更是能成为创业者的核心竞争力。大学生创业者若能拥有产品方面的专利技术，则能成为吸引投资和获得学校、政府大力支持的关键；具备良好的个人信用和商业经验，则能更好地凝聚团队，找到创业机会。

积累内部资源需要创业者进行一定的规划和充分的准备，逐步获得创业所需的资源和能力。大学生可以先从自己的兴趣爱好下手，打造个人专长。往往个人感兴趣的事情能够成为未来创业的基础和动力，甚至成为创业的核心优势。

2. 创业者的职业资源

所谓职业资源，即创业者在创业之前，为他人工作时所建立的各种资源，主要包括项目资源和人力资源。从职业资源入手，如充分地利用工作中建立的各种关系，符合创业活动"不熟不做"的教条，尤其是在国内目前还没有普遍认同和执行竞业禁止法则的情况下，选择职业资源入手进行创业，已经成为许多人创业成功的捷径和法宝。不过职业操守仍然是必须维护的基本立场。

大学生在校期间虽然还没有开始工作，但是可以有意识地去整合校园内的相关资源。目前，高校的创业相关资源是比较丰富的，大学生可以通过与高校教师之间建立良好的师生关系，来获得老师的支持甚至借用老师的个人资源。大学生应重点关注对两类教师资源的积累：一是技术专家型，可以为大学生创业提供技术方面的指导和支持，以及借用相关研究设施；二是创业专家型，能为大学生创业的商业方面提供指导和支持。

3. 创业者的人脉资源

人脉资源可能是创业者外部资源里最重要的一点，即创业者构建其人际网络或社交网络的能力。人脉关系在创业之初非常关键，创业者的人脉资源可以分为同学资源和朋友资源。

(1)同学资源

现在同学会很流行，很多大学在各大城市都有同学会或校友会分会，拓展人脉关系是其中最主要的收获之一。同学之间接触比较密切，比较了解彼此，同时通常情况下同学间一般不存在利益冲突，友谊纯洁度更高。对于创业者来说，同学资源是值得珍惜的战略性外部资源之一。与同学相似的还有战友以及同乡资源，同学资源和同乡资源，可并称为创业者最重要的两大外部资源。

(2)朋友资源

同学、战友、老乡可以算作朋友，同样，同事也一样能成为朋友，对创业者来说是多多益善的，俗话说"在家靠父母，出门靠朋友""多一个朋友多一条路"。一个创业者不结交朋友，或者身边没有一些能帮得上忙的朋友，恐怕很难发展。创业专家认为，创业者首要的素质就是人际交往能力。

(3)大学生创业者可以着力建立两类人脉

①创业团队的积累。大学同学因为彼此熟悉和信任，很容易成为未来的创业伙伴，大家抱团打天下，共同承担创业初期的艰辛与困难。同班同学之间的信任关系往往最容易建立起来，并且之后也是非常稳定的。通过参加各种社团、社会实践和创业大赛等活动联系在一起的团队成员，也因有共同的经历而能够形成一个团队。

②创业贵人的积累。创业路上，尤其是创业之初的艰难时期，如果能获得成功者的点拨和激励，得到客户的提携和帮助，都会给创业者挺过创业低谷以信心。大学生

创业者需要在社会人士和高校老师中争取这种宝贵的支持，因为成功人士看重和指引的往往是富有创业精神、勤奋努力的年轻人。

（二）创业资源的整合

资源是创业者创业过程中的关键要素，创业资源整合能力的大小决定了创业的成败。资源整合能力的强弱是衡量创业者、企业家能力的主要指标之一，直接影响新创企业是否能够发展与壮大。并不是每个创业者都具备这样的能力，也并非谁都能轻易学来，它需要创业者经过长时间的学习和积累，而且与创业者的自身素质、管理能力、企业研发能力等密切相关。

1. 创业资源的开发和整合

（1）人脉资源

人脉资源是创业过程中的第一资源，良好的、健康的人脉资源有助于创业者找到投资、技术、产品和渠道等，整合人脉资源是创业成功的基础条件之一。开发和整合人脉资源要注意以下几个方面。

①长期投资性。平时就得注重人脉资源的积累，不要在事到临头才去找人帮忙，做业务也是一样，今天不是你的客户，明天就可能成为你的客户，不要在有需要时才开始建立人脉资源。人脉资源的形成是需要很多的时间和精力的，这也是一种长期的投资。

②可维护性和拓展性。人脉资源是可以通过亲情、友情、关心、合作、交流等进行维护并不断加以巩固的，但需要经常进行维护，同时在维护中要不断发展新的人脉关系。

③有限性和随机性。每个人一生中认识的人是有限的，而真正能够帮助自己的人更是屈指可数。所以每个人的人脉资源是有限的，个人的发展也会因人脉资源的限制而受限。创业者并不一定能从所认识的人当中获取帮助，有能力帮助你的人你可能不认识，这在客观上就要求创业者要不断认识更多的人。

④辐射性。辐射性强调人脉资源的传递特性，你的朋友帮不了你，但是你朋友的朋友却能够帮到你。通过中间人能够调动更多的人脉资源，但是在这里要注意，进行人脉资源的开发与整合时一定要整合健康的人脉资源，要以创业者自身的人格魅力来聚集资源。因此，创业者自身的人格、品质、综合素养等都需要不断地去提升。

（2）人才资源

所谓人才资源指的是人力资源中素质层次较高的那一部分人。新创企业的重点战略就是人才战略，为此新创企业应当爱才、求才、育才、重才，用事业发展吸纳高科技人才，用高科技人才支撑高新技术产品的开发，从而形成一支能支撑企业发展的高素质、优秀人才队伍。

人才资源的开发与整合应注意以下几个方面。

①建立完善的激励机制，激发员工的潜能，让员工的潜能可以发挥到极致。

②加大人力资源建设力度，建立培训机制，多措并举培养人才，让人才在企业中

发挥最大潜能。

③善待员工，这是留住人才的唯一法宝，不仅给予人才精神上的满足，同时也要配以物质上的奖励。

④要量才而用，尽量挖掘并发挥人才的长处，按照人才的才能和特长安排职务，尽量控制其短处，使人才对企业有认同感。

⑤分工明确，做到不重叠，不空缺，职责划分清晰。

⑥与外部力量合作，如一些专业技术培训、知识技能的培养等，将孵化出来的人才为自己企业所用。

（3）信息资源

信息资源是企业生产及管理过程中所涉及的一切文件、资料、图表和数据等信息的总称。当今社会，对很多创业者来说，信息资源是成功的关键。企业在作决策时，会受到来自竞争对手、政府、行业、合作伙伴、客户等内外部环境的影响。对于创业者来说，只有充分了解和分析企业内外部环境，才能做到有的放矢，抓住成功的机遇。对于信息资源，既要开发与整合好外部资源，抓住好的机遇，又要管理好内部信息资源，进行信息资源的规划，建立起高水平的企业信息网络。

（4）技术资源

技术是自然科学知识在生产过程中的应用，是改造客观世界的方法和手段，是直接的生产力。创业技术是初创企业最为关键的资源，它是决定创业资本所需多少、创业产品市场竞争力和盈利能力的根本因素。一个成功的企业要有好的产品，其产品就必须做到专业化，而在同一领域内要实现产品的最专业化，一定要有领先的技术。

对于新创企业而言，在缺乏自身技术资源的情况下，应尽可能地与各大高校及科研院所合作，实现技术成果的转化。另外，要明确开发与整合技术资源只是创业的起点，只有不断地进行技术创新、自主研发，拥有自主知识产权，保持技术领先，才能占领市场，实现壮大企业的战略目标。

（5）资产资源

开发与整合资产资源，不仅仅是解决创业过程中"钱"的问题，更重要的是看战略投资者能为企业带来什么样的资源，如行业背景、市场影响力等。在这个过程中，应当特别注意战略投资者要与企业当前阶段的发展目标相吻合。

在开发与整合外部资产资源时，首先，新创企业要对资产资源有整体性的了解和评估，要全面掌握投资者的基本情况，如资质情况、业绩情况、提供的增值服务情况等，再根据企业的实际情况在众多的投资者中选择合适的投资者。其次，在谈判的过程中，双方要围绕项目的想象空间、企业的发展前景、经营计划和如何控制风险等重点问题进行协商。最后，在签订合同时，创业者和投资人需明确双方的出资额与股份分配，其中包括对投资企业的技术开发设想和最初研究成果的股份评定，以及创业企业的人员构成和双方各自担任的职务。

（6）行业资源

创业企业应对某个行业有充分的了解，同时掌握这个行业的各种关系网络，如业内竞争对手、经销商、供货商、客户、行业管理部门以及科研机构、行业协会、行业杂志、行业展会等，这些对于创业的成功很重要。

另外，同行之间或者产业上下游之间的创业企业应通过策略联盟或股权置换等方式整合资源，使人力资源、研发能力、市场渠道、客户资源等实现优势互补，对内相互支持，对外协同竞争。这种方式往往是由几家创业企业作为核心，同时带动一批创业企业，形成利益共同体。

（7）政府资源

充分开发与整合政府资源，享受政府扶持政策，对于创业企业来说可以达到事半功倍的效果。开发与整合政府资源时，需要及时关注并利用政府的各项优惠政策，包括税收政策、财政扶持政策、融资政策、科技政策、产业政策、中介服务政策、产业扶持政策、对外经济技术合作与交流政策、政府采购政策等。

2. 创业资源的整合过程

创业资源的整合是一个漫长而复杂的动态过程，是创业企业对于不同来源、不同层次、不同结构、不同内容的资源进行选择、汲取、配置、激活和有机融合，使之更具有条理性、系统性和价值性，并对原有的资源体系进行重组，摒弃无价值的资源，形成新的核心资源体系。

资源的整合过程可以分为四个阶段，即资源扫描、资源控制、资源利用和资源拓展。这四个阶段在时间上并不是完全分离的，而是相互影响、相互衔接的。

（1）资源扫描

创业者要弄清自己的资源以及企业拥有的最初资源，将已有的资源辨别出来，包括有形资产和无形资产，如人才、技术、设备等，找到自己的资源优势和不足，同时认清哪些属于战略性资源，哪些属于一般性资源，还要确定资源的数量、质量、使用时间以及使用顺序。

创业者扫描自身已有资源的同时，还要对外部环境进行扫描，及时发现企业所需的资源，确定自己所缺的创业资源可以从哪些渠道获得，谁拥有这些重要资源，并对各种资源渠道获得的难易程度进行排序，进而寻找利益交集；对资源拥有者的利益需求进行深度分析，并与自己所拥有的资源进行比较，找到利益契合点，这通常需要创业者具有相关行业知识和一定的社会关系。在初始创业阶段，创业者会利用与自己关系较近的资源网络，随着业务的发展会逐步扩充到其他资源网络。

（2）资源控制

通过资源扫描通常会发现，创业初始阶段，创业者的个人资源是创业的基础，控制的范围包括创业者自身拥有的资源、通过交易等形式获得的资源以及通过社交网络等形式控制的资源。

创业者自身拥有的资源在很多情况下存在于创业团队中。在一些行业，创业团队成员的社交网络资源和技术对企业的成功至关重要。在获取资源的过程中，创业者要辨别这些资源对实现企业的目标是否有用，并且设计出共赢的合作方案，形成长期有效的互利关系。

创业者通过购买或并购获取外部资源。资源购买主要是通过市场购入所需的资源；资源并购是通过股权收购或资产收购，将企业外部资源转换为内部资源的一种交易方式。创业者要尽可能通过联盟或加盟的方式，利用已有资源和能力去控制那些现阶段无法得到的资源。

对于多数新创企业来说，初始资源禀赋是不完整的，创业者需要取得资源供应商的信任以取得所需的资源，必须通过一定的手段来展示企业成功的形象，并借此鼓励供应商对企业进行资源投资。吸引潜在合作者的决定性因素还包括创业者的声誉、能力等。

(3)资源利用

在已获取和控制大量资源的基础上，新创企业要将这些资源合理有效地进行配置和利用，最大化地体现这些资源的价值。通常未整合之前的企业资源大多是零碎的，必须运用科学方法对各种类型资源进行细化、配置和激活，将有价值的资源有机融合起来，使它们相互匹配、互为补充，发挥它们的最大价值，产生最优效益。

在配置资源之后，新的资源或竞争优势就会形成，企业必须利用这些区别于其他企业的优势来赢得市场。

(4)资源拓展

对资源的拓展是将以前没有建立起联系的资源建立联系，将新获取的资源和已有的资源进行联结融合，进一步开发潜在的资源为企业所用，又被称为再开发，即开拓资源的功能和范围，为下一步的识别、获取、配置和利用资源奠定坚实的基础，这也是企业保持持续性竞争优势的根本来源。

▶▶ 案例分享

善用人者得天下[①]

以中小型企业为中坚力量的成长型企业，是当今国内成长最快的企业，在当代经济发展中占有重要地位。从创立到发展，企业都需要人力、物力、财力等各种创业资源，需要市场、技术等发展资源。可以说，企业家的资源整合能力决定了企业的发展前景。历史上最善于整合资源的就是汉高祖刘邦了，刘邦虽无项羽的勇猛，但刘邦善

---

① 刘红、胡刚：《成长型中小企业价值型财务管理体系的构建探析》，载《财务管理研究》，2023(06)。

于用人。正是凭借知人善任的优势，才让泗水亭长出身的刘邦，最终战胜军事能力远远强过自己的项羽。西方有句话说：你不必发明轮子。这句话的原意是说如果想造汽车，不必自己去发明轮子。推而广之，还可以说，你也不必发明发动机、车身、方向盘……造汽车所需要的一切都不必亲自去发明，只需要发掘你的创意，去"借用"已有的成果即可。一个人的成功也是如此，正如牛顿所说，他是站在巨人肩膀上成功的。刘邦成功的原因在于善于用人，对于当今的创业者来说，除了知人善任之外，还可以整合其他类型的资源推动企业更好地发展。

第三节　应对创业风险

创业机会的评估更多考虑的是机会的正面、需要保障的因素；而创业风险评估是事前考虑创业过程中的负面因素，是更深层次的创业机会评估。很多创业机会不能得到投资者的青睐，或者虽然获得投资但最终依然失败，就是因为事先没有考虑创业机会里潜在的风险。等到这些隐藏在创业过程中的风险暴露出来，再去采取措施应对，可能为时已晚。因此，创业风险与应对策略显得尤为重要。

随着经济社会的发展，越来越多的大学生加入创业的行列。大学生创业虽然有自身的一些优势，但是面临的风险同样不可忽视，包括心态问题、管理风险、资金风险、市场风险以及人脉资源匮乏等。

一、创业风险的含义及来源

1. 创业风险的含义

创业风险是来自创业活动有关因素的不确定性。在创业过程中，创业者要投入大量的人力、物力和财力，要引入和采用各种新的生产要素与市场资源，要对现有的组织结构、管理体制、业务流程、工作方法进行变革。在这一过程中，创业者必然会遇到各种意想不到的情况和各种困难，从而有可能使结果偏离创业的预期目标。

2. 创业风险的来源

创业风险来源于创业环境的不确定性，创业机会与创业企业的复杂性，创业者、创业团队与创业投资者的能力与实力的有限性等。研究表明，由于创业的过程往往是将某一构想或技术转化为具体的产品或服务的过程，在这一过程中，存在着几个基本的、相互联系的缺口，从而导致创业风险的发生。

二、创业风险的类型

(一)项目选择太盲目

实践中，大学生创业的类型模式是多种多样的，常见的有加盟连锁经营型、网络创业型、大赛创业型、概念创业型等，可供选择的企业形态也有多种形式，如个体工商户、合伙企业、个人独资企业、有限责任公司以及股份有限责任公司等。大学生创业积极性高，但创业选择盲目，多数没有进行前期市场调查及论证分析，只是凭自己的兴趣和想象来决定投资方向，又或者看到别人干什么自己也跟着模仿，缺乏针对自己特长及条件的调查分析，企业形态选择盲目。如加盟联合经营型创业模式，虽可以直接享受知名品牌的影响，复制他人的成功经验，并能获得资源支持，降低经营成本，但也存在着虚假宣传、交纳高额加盟费，甚至以合法形式掩盖非法目的等不良现象。大学生创业者一旦被天花乱坠的宣传语所迷惑，也不进行实地考察和市场分析，盲目选择加盟连锁，由此给企业带来较大风险，影响创业成功。

所以，大学生创业者在创业初期一定要做好市场调研，在了解市场的基础上创业。一般来说，大学生创业者资金实力较弱，选择启动资金不多、人手配备要求不高的项目，从小本经营做起比较适宜。

（二）缺乏创业技能

很多大学生创业者眼高手低，当创业计划转变为实际操作时，才发现自己根本不具备解决问题的能力，这样的创业无异于纸上谈兵。一方面，大学生应该去企业打工或实习，积累相关的管理和营销经验；另一方面，大学生应该积极参加创业培训，积累创业知识，接受专业指导，提高创业成功率。

（三）资金风险

资金风险对于创业初期的大学生来说如影相随，解决资金问题是大学生要面对的第一个问题。对于大学生而言，资金主要来源是依靠"借"，向家人、亲戚、朋友借，还有一部分来源可能是风险投资或天使投资，但这对于白手起家的大学生来说可能性很小。创业之初资金的局限性为后期企业运作埋下隐患。企业创办起来后，考虑其资金来源，大学生压力重重，若急功近利，致使决策性的失误常常发生，会造成企业的现金流中断，不能支持企业的日常运作，最终，"心有余而力不足"的大学生不得不放弃发展机遇。

（四）社会资源贫乏

创业不是引"无源之水"，栽"无本之木"。每一个人创业，都必然有其凭借的条件，也就是其拥有的资源。创业的过程就是创业者建立、整合和拓展资源的过程。社会资源包括家族资源，例如家族的资金支持、商业经验、学习机会以及人脉甚至客户资源，更包括自身的职业资源和人脉资源。

由于长期身处校园，大学生直接掌握的社会资源非常有限，而企业创建、市场开拓、产品推介等工作都需要调动社会资源，大学生在这些方面会感到非常吃力。

建议大学生平时应多参加各种社会实践活动，扩大自己人际交往的范围。创业前，可以先到相关行业工作一段时间，为自己日后的创业积累人脉。

（五）管理风险

很多大学生创业面临的风险是管理方面的问题。由于长期接受应试教育，不熟悉经营"游戏规则"，再加上大学生创业者的主要精力是在校园内学习，虽然可能接受过创业方面的培训，但是大部分只是来自书本，过于理想化，缺少实际管理经验。在理财、营销、沟通、协调等方面，大学生普遍能力不足，经营理念淡薄，产品营销方式呆滞、信息闭塞等，不能与复杂多变的市场相适应，不能准确分析市场未来的发展方向。

要想创业成功，大学生创业者必须技术、经营两手抓，可以从合伙创业、家庭创业或从虚拟店铺开始，锻炼创业能力，当然也可以聘用职业经理人负责企业的日常运作。

创业失败者，基本上都是管理方面出了问题，其中包括决策随意、信息不通、理念不清、用人不当、忽视创新、急功近利、盲目跟风、意志薄弱等。特别是大学生知识单一、经验不足、资金实力和心理素质明显不足，更会增加管理风险。

（六）竞争风险

寻找蓝海是创业的良好开端，但并非所有的新创企业都能找到蓝海。更何况，蓝海也只是暂时的，所以在市场经济中，竞争是必然的。如何面对竞争是每个企业都要随时考虑的事，而对新创企业更是如此。如果创业者选择的行业是一个竞争非常激烈的领域，那么在创业之初极有可能受到同行的强烈排挤。一些大企业为了把小企业吞并或挤垮，常会采用低价销售的手段。对于大企业来说，由于规模效益或实力雄厚，短时间的降价并不会对它造成致命的伤害，而对初创企业则可能意味着彻底毁灭的危险。因此，考虑好如何应对来自同行的残酷竞争，是创业企业生存的必要准备。

蓝海是未知的市场空间，红海是已知的市场空间，一般进入市场面临的选择是在蓝海中开辟新的道路，还是在红海中杀出一条血路。蓝海是一种没有恶性竞争充满利润和诱惑力的新兴市场，是一种避免激烈竞争，追求创新的商业战略。

（七）团队分歧的风险

现代企业越来越重视团队的力量，一个企业不仅需要高效的管理经验，也需要团结的管理队伍，创业企业在诞生或成长过程中最主要的力量来源一般都是创业团队，这是创业成功的关键因素。大学生创业者处于特殊的年龄阶段，思维中感性色彩丰富，个性化、自信力较强，甚至自以为是，刚愎自用，不能与他人团结共事。殊不知优势互补、合作共赢是创业成功的不二法则，缺乏团队观念和合作意识是大学生创业最大的风险之一。即使创业团队团结共事合作，一旦团队的核心成员在某些问题上产生分歧不能达到统一时，极有可能会对企业造成强烈的冲击。

事实上，做好团队的协作并非易事。特别是与股权、利益相关联时，很多初创时很好的伙伴都会闹得不欢而散。

（八）核心竞争力缺乏的风险

对于具有长远发展目标的创业者来说，他们的目标是不断地发展壮大企业，因此，企业是否具有自己的核心竞争力就是最主要的风险。一个只依赖别人的产品或市场来打天下的企业是永远不会成长为优秀企业的。在创业之初，核心竞争力可能不是最重要的问题，但要谋求长远的发展，它就是最不可忽视的。没有核心竞争力的企业终究会被淘汰出局。

（九）人力资源流失的风险

一些研发、生产或经营性企业需要面向市场，大量的高素质专业人才或业务队伍是这类企业成长的重要基础。防止专业人才及业务骨干流失应当是创业者时刻注意的问题，在那些依靠某种技术或专利创业的企业中，拥有或掌握这一关键技术的业务骨干的流失是创业失败的最主要风险源。

（十）意识和心态的风险

意识上的风险是创业团队内在的风险。这种风险虽然无形却有强大的毁灭力。风险性较大的意识有：投机的心态、侥幸心理、过分依赖他人、回本的心理等。

绝大部分大学生缺少社会实践经验，缺少人生阅历，更缺少创业经验。很多人是受到中外创业成功的案例、学校的创业教育、各种创业比赛的激励以及媒体的炒作而燃起创业热情的。这里通常存在着两个倾向：一是把创业问题简单化、理想化，普遍意识不到筹集创业资金的困难和创业风险的压力，反而对创业的期望值很高，觉得只要动手就会马到成功；二是认为创业是非常困难的事情，大学生创业几乎无法成功，所以根本不愿意动手尝试。

最后，有些大学生在创业之初，不考虑自身的实力，盲目求大求全，无形之中增加了创业的风险。

其实，大学生创业过程中所遇到的阻碍并不止这些，在企业发展过程中，随时都有可能出现灭顶之灾的风险。保持积极的心态，多学习，多汲取优秀经验，结合大学生既有的特长优势，我们相信，大学生创业的步伐会越走越稳、越走越远。

三、有效应对创业风险的策略

机会从来都是留给有准备的人的。唯有勇敢地正视风险，冷静地分析风险，创业者才会在痛苦的嬗变进程中成就一番事业。

针对以上大学生创业过程中存在的风险，我们提出以下建议。

（一）调整好心态，找到创业的合适切入点

在创业之前，必须脚踏实地、科学地进行市场调研，而不仅仅是进行理想化的推断。避免浮躁心理，选择合适的时机、合适的项目和合适的规模进行创业。对于手中既没有较多资金又无经营经验的创业者，不妨先从小事业做起。"不积跬步，无以至千

里"，小事业虽然发展慢，但用不着为亏本担惊受怕，还能积累经验，为下一步做大事业打下基础。这是很多大学生创业者的经验之谈。

(二)化解资金风险

大学生创业，其资金风险的化解，既要把握外部因素，也要把握自身的主观因素。

外部因素主要是指政府、社会和高校。政府应适时出台和完善一些扶持政策，如政府性创业奖学金、创业基金等；社会要高度关注和支持大学生的创业活动，给予他们必要的就业指导；高校不但要倡导大学生积极准备创业，还要为他们创业积蓄好力量，如设立相关的机构、设立相关的奖项、允许在校期间创办企业等，为大学生营造良好的创业环境。

(三)化解竞争风险和市场风险

风险和不确定性是相对的，不断创新，预见竞争风险并化解风险，是大学生创业的破局之道。大学生作为创业者要相信自己，探索事物的本质，这也正是创业者最基本的素质——敢于创新，不断创新。创业者应当把创新的理念融于新产品的开发，融于新流程的管理，融于新市场的开拓，从而创造新的价值或财富，促进企业的成长和发展。化解风险的创新可以具体化，或是引入一种新的产品，或是采用一种新的生产方法，或是开辟一个新的市场，或是获得一种新的原料，或是实行一种新的企业组织形式等。总之，只要时刻不忘创新，并能够持续推进价值创新，就能将潜伏的竞争风险化解在萌芽状态。

具有预测能力，可以掌握市场发展变化的规律，有力把握其未来发展趋势。对于大学生创业者而言，做好科学的市场预测，可以使企业按照事物的发展规律办事，既减少经营活动中的盲目性，也降低了经营的风险，从而提高了企业的适应性和竞争力。

四、项目失败与成长

(一)大学生创业失败的原因

在过去，很多社会人士和风险投资家并不看好大学生创业项目，原因很简单，就是存活率太低，死亡率太高。但近些年来，随着互联网的发展、创业热潮的兴起和国家政策对创业的大力支持，大学生创业项目越来越受重视和青睐。但即便如此，大学生创业项目死亡率依然居高不下，到底是为什么？

根据这两年对大学生创业的观察和研究，大学生创业的失败可以归为三大原因。

1. 创始人团队的局限性

创始人或发起人在组建团队时，基本都是先把身边的几个好朋友叫过来，大概阐述一下自己的创业想法，把前景描绘得天花乱坠，当心潮澎湃之时，就一拍即合开始干了，但干着干着问题就出来了，团队结构、个人兴趣、价值观等问题互相冲突，有的人坚持不了，有的人忍受不了，而且团队的互补性也很差，所以失败是一开始就已经注定的了。

创业者有了创业项目后，首要解决的是创始人团队的专业化分工问题，比如想要运营校园O2O项目，项目涉及商家谈判、产品开发、文章编辑、产品设计等，那相对应的创业者要有熟悉市场、运营、技术、设计方面的人才。当然，还有最重要的首席执行官（CEO）。如果仅仅是叫上几个好朋友一起干，专业分工是要大打折扣的，甚至是要出问题的。

其次，是创业者的行业认知和价值观问题。行业认知就是对所从事行业的熟知程度，如果自己对所从事行业认识不深，并且没有持续地学习充电，那么路会越走越窄，最后一步步走向失败。而价值观则是指创业者创业的目的和初衷，选择创业是为了挣更多的钱、丰富自己的阅历，还是解决市场上某个自己无法忍受的痛点。这个很重要，如果有的人想挣钱、有的人想丰富阅历、有的人想为社会作贡献，那大家的意见容易产生分歧，结果就是在拖团队的整体进度，可能导致团队分散。想通过一个项目挣钱是没错的，但要明白不是每个项目一投入就马上会有回报的，它需要前期的积累和准备，甚至还有烧钱的可能，而这个时间可能是一年、两年甚至更久。

最后就是团队的创始人。在没有提前说好的情况下，要在多个联合创始人团队中选出一个CEO是很困难的，原因是每个人都认为自己很棒，觉得其他人并没有比自己厉害多少，会互相不服气，不想被谁说了算，都觉得股份要平分、所有大小事情都应该共同决策，所以团队会在内斗和猜忌中发展，结果当然可想而知。

甚至一些团队在这方面非常纠结，产品还没做出来，团队就因为这些问题解散了。所以创始人的心态和格局很重要，谁有执行力、有信心、有想法、格局大就让谁去做，大家只是分工、角色不一样而已，大家只需要想怎样把自己的专业和价值最大限度地发挥出来就行了。只有这样，创业者才会发展得更好，走得更远。

2. 项目的局限性

大学生在选择创业项目时会遇到三个问题：项目方向局限于校园、从个人喜好出发、对未来过于乐观。一般大学生在选择创业项目时都会选择自己所熟知的校园，因为容易落地、方便推广，并且资源相对集中。但弊端就是项目的可扩展性和复制性很差，这是由校园市场的特殊性和人群单一性决定的，而且每个本地市场的竞争对手众多，竞争激烈。

在选择项目时，很多人习惯性地从个人喜好出发，主观地认为自己喜欢的项目、产品，消费者也一定会喜欢，前期缺乏对市场的调查和理性的分析。

有的大学生创业时对项目发展前景过于乐观，对销量及利润率预计偏高，而对自身的运营能力、后续资金的投入、风险控制等因素估计不足。项目的选择其实是非常重要的，要多花些时间去作调查和交流，千万不能怕别人会偷了你的想法。

3. 有效时间的局限性

作为一名大学生，除了平时上课，还有社团、课外作业、休闲等，如果再加上创业，一天的时间基本就没了。选择创业，就意味着学习的时间会减少。如果二者兼顾，基本创不好业，或将导致其他创业伙伴忙得焦头烂额，抑或你们的创业项目平庸无常。如果真想把创业做好，一定要花很多时间。这真的值得每个创业者深思。

如果要在校园里成就一番事业，以上问题不容忽视。既然提出了问题，这里也给出对应的解决方案，以降低项目的失败率。

首先，创业者必须养成每天学习、思考、反思的习惯，利用碎片化时间阅读最新的行业动态，利用整块时间阅读书籍和工作，利用周末的时间与跨行业或与同行业的人交流，从而快速提高自身的创业素养和行业认知，以及提升管理能力、社交能力、眼界和见识等。另外，团队也要成长，如果团队的整体学习能力跟不上，后果是挺严重的，最明显的就是在常识性问题上出现没必要的分歧和争论，很耗费时间。一个公司的CEO如果不能成长，那就不可能带领这家公司走向更远的未来。不过只有CEO的成长是不够的，一旦团队没有跟上步伐，必然出现业务崩溃，最后导致团队可能就慢慢解散了。

其次，在选择创业项目时，先进行详细的市场调查，避免从个人的喜好出发来判断消费者的喜好，同时也要研读一些成功企业的发展历程，避免对未来产生太过乐观的预期，有意识地将项目分阶段进行，比如做学生兼职行业，在校的前一两年针对本校学生市场先发展本校业务，花一年的时间深度了解这个行业，积累管理、运营等经验，一两年后如果觉得该行业具有发展前景，则通过融资扩大规模，引入更专业的人才。

最后，就是将更多的时间投入创业，如果可以，创业者可以租个办公室，和团队一起工作，保证能及时沟通、解决问题、时间是项目成活的保证，一定得规划好时间。

（二）大学生从创业中获得成长

所有的事情都有不确定性，没有百分之百的成功，也没有绝对的失败。也许会出现付出与收获不成正比的现象，但是如果没有为之付出，那么就一定不会有收获。创业这条路有许多预测不到的不确定因素和风险，也许不能一举成功，但创业一定会让你有所成长。如果你选择创业这条路，那么它将来必定可以算是你人生中最珍贵、最深刻、最让你回味无穷的一段成长经历。漫漫人生路，无论你选择创业与否，无论创业成功与否，你都需要对自己的人生做一个详细的规划，找准自己人生的定位与主心骨，结合自身特点与优势，尽可能选择自己喜欢与擅长以及适合的岗位来回馈社会。

以梦为马，不负韶华，无论在人生的什么阶段，都一定要注重学习，增长人生见识与社会经验，在实践中加强磨炼、增长本领、勇于试错，这样才可能实现梦想。

第四章　文创产业与创新实践

在产业不断升级、经济增长方式转型、国际竞争日益激烈的今天，作为文化创新、融合与实践的文化创意产业，正在成为全球经济和现代产业创新发展中的一大亮点，文化创意产业的发展规模和影响程度已经成为衡量一座城市、一个地区甚至一个国家综合竞争力高低的重要标志。

文化创意产业的发展速度之快，规模之大，影响程度之深，不能不说是世界经济发展的一个奇迹，实则也是社会发展的必然。文化创意产业的兴起和发展，不仅改变着人类经济的发展形态，使创意资本成为又一种资本要素，文创产业与文化创新密不可分，也启迪着人类产业结构调整的方向和轨迹，促使经济增长方式转变，让人们的生活方式和生活水平迈上新台阶。

文化创意产业的兴起和发展在中国已有近二十年。其间，文化创意产业的业态和产业链的打造、文化创意产业与传统产业的融合、文化创意产业公共服务平台的创新等都有了阶段性的发展。与此同时，反映文化创新实践发展的相关理论研究也呈现出百花齐放的良好局面。文化创意产业在中国文化创新、经济增长方式转变和产业结构调整过程中都扮演着重要角色。

第一节　文化创意产业概述

一、相关概念

文化创意产业目前并没有明确的定义，与之相关的还有文化产业、创意产业、版权产业等说法，不同国家或地区根据自身发展情况会选择不同的名称。例如，英国及大部分英联邦国家称其为创意产业；美国、加拿大称其为版权产业，其中包含信息和文化产业、艺术娱乐和休闲业中的部分产业；西班牙称其为文化休闲产业；韩国、荷兰、德国等国家称之为文化产业。

（一）文化产业

根据联合国教科文组织的界定，文化产业是指按照工业标准生产、再生产、储存以及分配文化产品和服务的一系列活动。它以生产和提供精神产品为主要活动，以满足人们的文化需要为目标。狭义上，它包括摄影、舞蹈、工艺设计与建筑设计等；广义上则分为核心层、外围层和相关层三类，且包含众多文化子项目，如图 4-1 所示。

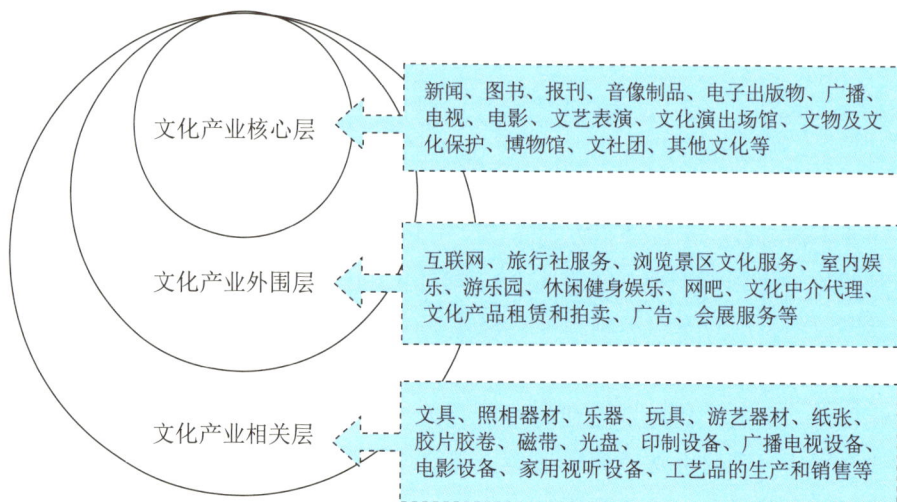

图 4-1　广义上的文化产业分类

2004 年，我国制定了《文化及相关产业分类》，结合我国实际情况对文化产业进行了界定：为社会公众提供文化、娱乐产品和服务的活动，以及与这些活动有关联的活动的集合。随着我国文化产业的改革与发展，我国对文化产业的界定也在不断丰富和调整。2018 年，国家统计局发布了最新修订的《文化及相关产业分类（2018）》，将文化产业确定为 9 大类、43 中类和 146 小类，如表 4-1 所示。

表 4-1　我国文化产业分类

大　类		中　类
文化核心领域	1. 新闻信息服务	新闻服务、报纸信息服务、广播电视信息服务、互联网信息服务
	2. 内容创作生产	出版服务、广播影视节目制作、创作表演服务、数字内容服务、内容保存服务、工艺美术品制造、艺术陶瓷制造
	3. 创意设计服务	广告服务、设计服务
	4. 文化传播渠道	出版物发行、广播电视节目传输、广播影视发行放映、艺术表演、互联网文化娱乐平台、艺术品拍卖及代理、工艺美术品销售
	5. 文化投资运营	投资与资产管理、运营管理
	6. 文化娱乐休闲服务	娱乐服务、景区游览服务、休闲观光旅游服务

大类		中类
文化相关领域	7. 文化辅助生产和中介服务	文化辅助用品制造、印刷复印服务、版权服务、会议展览服务、文化经纪代理服务、文化设备(用品)出租服务、文化科研培训服务
	8. 文化装备生产	印刷设备制造、广播电视电影设备制造及销售、摄录设备制造及销售、演艺设备制造及销售、游乐游艺设备制造、乐器制造及销售
	9. 文化消费终端生产	文具制造及销售、笔墨制造、玩具制造、节庆用品制造、信息服务终端制造及销售

(二)创意产业

创意产业是一个新型的经济学概念,又被称为智慧产业、创造型产业、创意经济。1997 年,英国政府为振兴经济,在国际上首次以政府直接倡导的方式成立了"创意产业工作组",将创意产业正式列入国家发展规划。该小组在 1998 年出台了名为《英国创意产业路径文件》的报告,将创意产业定义为"源于个人创造力、技能和才华的活动,通过知识产权的生成和利用,使这些活动发挥创造经济效益和就业的成效"[1]。

创意产业在我国是一个经济学概念,并非统计学概念,通过梳理国外政策和相关研究报告,创意产业可以被分为五大重点行业,如表 4-2 所示。

表 4-2　创意产业分类

大　类	说　明	内　容
1. 研发设计创意	主要指与工业生产和计算机软件领域相关的研发与设计活动	包括工业设计、工艺美术品设计、软件设计、服装设计、产品设计、包装设计、电脑动画设计、广告设计、研究与试验发展等
2. 建筑设计创意	主要指与建筑、环境等有关的设计活动	包括工程勘察设计、建筑装饰设计、室内设计、城市绿化设计等
3. 文化传媒创意	主要指文化艺术领域的创作和传播活动	包括文艺创作表演、广播、电视、电影制作、音像制作等
4. 咨询策划创意	主要指为企业和个人提供各类商务、投资、教育、生活消费及其他咨询和策划服务的活动	包括市场调研、证券咨询、会展服务、市场调查等
5. 时尚消费创意	主要指在人们的日常消费、生活娱乐中体现创造性及其价值的行业	包括休闲体育、休闲娱乐、美发及美容设计、婚庆策划、摄影创作、娱乐游戏、旅行等

---

① 王秀华:《创意产业的内涵与发展模式》,载《沈阳航空航天大学学报》,2008(06)。

（三）文化创意产业

从字面上理解，"文化创意产业"即"文化产业"和"创意产业"的融合，既强调产业的文化属性，又强调创意和知识产权的核心价值。因此，文化创意产业应为源于文化资源或创意的累积、通过知识产权的形式与运作、实现经济价值和社会价值的行业，是文化、创意与科技的综合。其中，文化产业发展的核心资源和根本特质，决定产业的内容和特质；创意是产业发展的核心动力，决定产业的形式和特色；科技是产业发展的重要支撑，决定产业发展的方向和效率。

2008年，北京市发布《北京市文化创意产业分类标准》，把文化创意产业定义为以创作、创造、创新为根本手段，以文化内容和创意成果为核心价值，以知识产权实现或消费为交易特征，为社会公众提供文化体验的具有内在联系的行业集群。北京市统计局对文化创意产业进行统计，根据《国民经济行业分类》(GB/T 4754—2011)标准界定了文化创意产业的范畴，包括文化艺术，新闻出版，广播，电视，电影，软件、网络及计算机服务，广告会展，艺术品交易，设计服务，旅游、休闲娱乐，以及其他辅助服务。

目前，我国并未从国家层面明确文化创意产业的概念和边界，但北京、上海、成都等文化创意产业资源富集地区，曾先后开展了区域性文化创意产业统计工作。自2018年8月起，北京市不再发布文化创意产业统计数据，而将其统一为文化产业统计概念。

二、文化创意产业的特征

（一）意识形态性

相对于其他产业，文化创意产业的产品输出会对社会思潮和舆论产生一定的影响，具有突出的社会价值和强烈的意识形态属性。

（二）文化性

文化创意产业的灵魂是文化，是对文化资源的一种创造性开发和利用，是对文化对于经济社会渗透力、影响力的一种挖掘和拓展。创意产业有了文化就有了灵气，有了品位，有了更强的竞争力。

（三）创新性

创新性是文化创意产业的本质特点。文化创意产业的创新性是指在文化创意产业的产业结构和运作过程中，文化创意始终贯穿其中。文化创意产业是根植于人的创造力并将人类的创造力转换成财富的产业。文化创意产业是生产创意产品及营销创意产品的过程。创意产品的产生与知识产权制度密切相关，有自主知识产权的创意产品具有不可替代性。这些创意产品被生产出来之后经过一系列具有创意的营销方式进行产业营销，通过创意的生产和销售，进而推动文化价值的提升并催生强大的文化经济。

（四）科技性

文化创意产业与信息技术、传播技术和自动化技术等科技手段密切相关，呈现出高知识性、智能化的特征。一方面，科技为文化创意产业提供了强大的技术支持和发展平台，扩展了创意产品的表现形式；另一方面，文化创意产业为高科技的运用提供了丰富的内容，实现了科技成果的转化和应用，赋予了其新经济的属性。

（五）融合性

文化创意产业作为一种新兴的产业，是经济、文化、技术等相互融合的产物，具有高度的融合性、较强的渗透性和辐射力，为发展新兴产业及其关联产业提供了良好条件。文化创意产业在带动相关产业发展、推动区域经济发展的同时，还可以影响社会的各个方面。

（六）风险性

文化创意产业具有较高的风险：一是市场风险，文化创意产业的市场需求呈现多层次、易变化和不确定等风险，对文化创意产品供给提出了更高的需求；二是政策风险，文化创意产业对政策有较强的依赖性，受政策导向的影响明显，存在较大的政策风险；三是知识产权风险，文化创意产业的本质是内容产业，需要较为完备的知识产权体系保护才能稳定发展，一旦遭遇侵权，将面临严重的损失。

（七）迭代性

文化创意产业是一个高速发展的产业，受市场变化、政策变化、科技变化等影响显著，产品生命周期较短，呈现快速迭代的特点。围绕创意衍生的产业要素要能够迅速重组、迭代，以适应知识和创意的发展变化。

三、文化创意产业生态系统的内涵

（一）文化创意产业生态系统的概念

通过对文化创意产业生态系统相关理论的系统梳理，本书将文化创意产业生态系统定义为以文化创意产业链条为基础，企业、政府、院所高校、中介服务机构等各类文创产业创新主体有机联结，人才、知识、信息、资金等要素在创意主体之间流动，与创新环境密切互动，构成的动态化、开放的统一整体。

（二）文化创意产业生态系统的要素

文化创意产业生态系统的构建分为三个层次，如图 4-2 所示。

1. 创新主体的聚集，与文化创意产业相关的政府、高等院校、科研院所、企业、协会、金融机构等主体在一定区域内形成产业联系。

2. 内生要素的驱动，文化创意产业生态系统的基础是包含文化创意相关人才、知

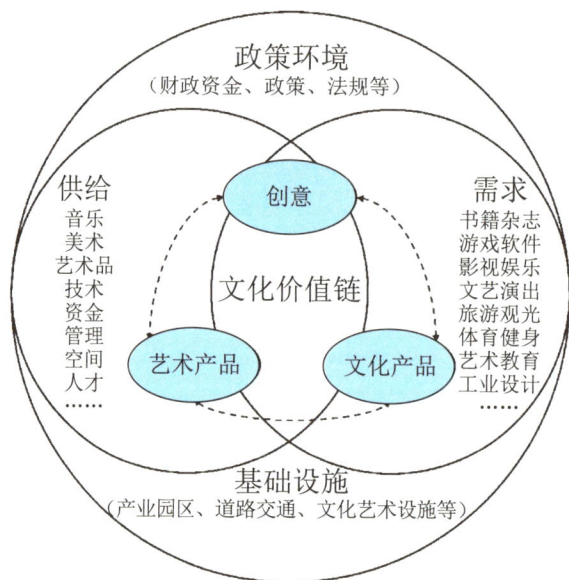

图 4-2　文化创意产业创新链条与生态系统

识、技术、信息在内的创新要素，各类创新主体都对这些要素有所贡献。

3. 外部资源的支撑，文化创意产业生态系统在具备了主体与内生要素之后，还需要外部资源支撑内生要素发生有机反应。外部资源一般包括历史文化资源、产业空间、文化基础设施、金融资源、政策环境、经济发展水平等，如图 4-3 所示。

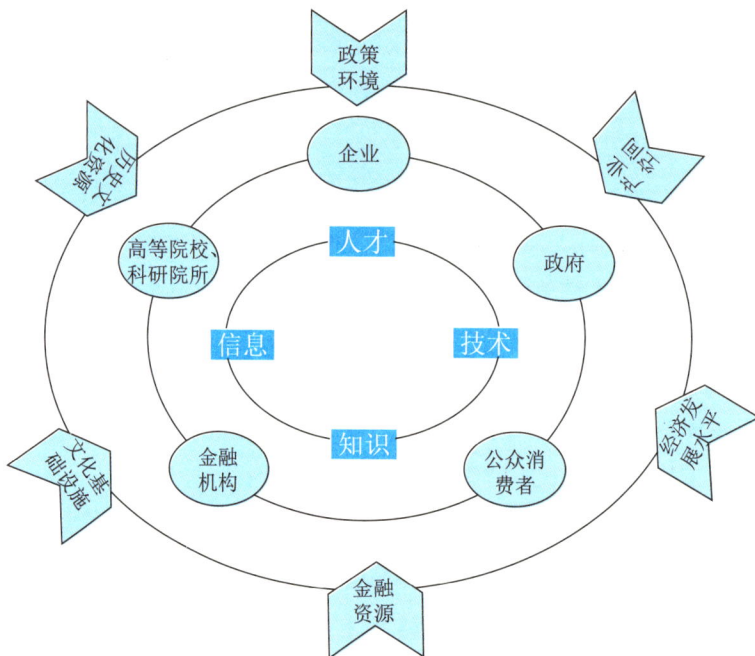

图 4-3　文化创意产业生态系统结构

（三）文化创意产业生态系统的特征

与其他创新产业体系相比，文化创意产业生态系统具有以下特征。

一是动态迭代。由于文化创意产业的创新性、科技性等特点，文化创意产业生态系统围绕创意衍生的产业要素要能够迅速重组、迭代，以适应知识、创意和政策的快速发展变化。

二是业态融合。文化创意产业与其他产业存在多重、高度的多相关联，它既能够为其他产业的创新和发展提供内容支持，实现文化赋能，同时其发展需要依托其他产业作为载体和渠道，领域横跨第一产业、第二产业和第三产业，融合性极强。因此，文化创意产业的生态系统与其他产业种群呈现直接的高度渗透融合。

三是要素流动。文化创意企业强烈依赖人才、知识、文化等资源，对人才、技术、知识产权等无形资产更为倚重，具有鲜明的轻资产属性；加上产业链横向、纵向延展性很强，知识、人才、资本等资源要素体现出较强的流动性。

四是集群发展。文化创意产业对文化基础设施、教育、办公、政策等创新创业软硬件环境要求较高，加上产业要素的轻资产属性和高流动性使文化创意企业极易集聚发展，形成特色化产业集群和功能区。

四、文化创意产业生态系统的运行机制

根据文化创意产业生态系统各个要素和各个层次之间相互关系，文化创意产业生态系统的运行机制包括环境支撑与制约机制、文化资源获取机制、产业协同发展机制以及产业价值传递机制。

（一）环境支撑与制约机制

文化创意产业生态系统的运行与发展必然受到外部宏观生态环境的支撑和制约，外部环境决定了文化创意产业生态系统的发展起点和发展方向，是生态系统运转的基础。根据 PEST 模型，对于文化创意产业所面临的宏观环境，可根据政治、经济、社会、技术四个维度进行分析。

1. 政治环境

文化创意产业生态的运行离不开政治、法律、政策等环境，这些因素在文化产业的发展中发挥着引领、规范和保护作用。

（1）战略引领。1992 年，国务院文件提到"文化产业"。2002 年 11 月，党的十六大报告厘清了文化事业与文化产业之间的关系，首次提出"积极发展文化事业和文化产业"，此后，伴随着文化体制改革的深入发展，国家对文化产业的定位随着经济社会的发展不断调整优化。党的十九大报告指出，推动文化事业和文化产业发展，要健全现代文化产业体系和市场体系，创新生产经营机制，完善文化经济政策，培育新兴文化业态。党的二十大报告指出，健全现代文化产业体系和市场体系，实施重大文化产业项目劳动战略。

（2）产业扶持。在中央对文化产业的不断认识和战略引领下，各级政府、部门出台政策，通过财政补贴、税收优惠、认证奖励、政府服务等多种政策手段，扶持文化创意产业各领域的发展。

（3）法治建设。围绕文化创意产业的法治建设包括三个方面：一是公共文化事务立法，其目的是确定国家在发展公共文化事业方面的责任，并为社会提供参与公共文化事务所需要的条件和环境，包括各种优惠政策和法律保障等，如《中华人民共和国文物保护法》；二是文化管理法，其目的是确定政府行使文化管理职能的权力和责任，规范文化行政行为（登记、审查、处罚等行为），如《中华人民共和国著作权法》；三是文化产业行为立法，其目的是确定文化生产和消费之间的基本经济关系，为社会提供公平竞争环境，如《广播电视管理条例》《营业性演出管理条例》等。

2. 经济环境

文化创意产业的发展高度依赖经济发展水平和健全有效的市场经济体制。经济环境对文化创意产业的支撑和制约主要体现在市场机制、消费水平和文化基础设施供给水平等方面。

（1）市场机制。市场机制指通过市场竞争配置资源的方式，包括供求机制、价格机制、竞争机制、风险机制等。市场机制完善与否决定了产业要素能否实现无障碍地交流互通，能否为文化创意企业、创新创业提供公平开放的机遇，是影响企业生存和发展的重要因素。

（2）消费水平。居民消费水平直接制约了文化创意消费的能力。根据国际经验，人均国内生产总值在1 000美元以下时，居民消费主要以物质消费为主；人均国内生产总值在3 000美元左右时，居民消费进入物质消费和精神文化消费并重时期；人均国内生产总值超过5 000美元时，居民的消费转向以精神文化消费为主的时期。

文化基础设施供给水平。文化基础设施包括电影院、图书馆、博物馆等各类公共文化空间，以及依托文化空间开展的各类文化活动。文化基础设施供给水平直接影响着居民的文化素养和文化消费趋向，反映了一个地区的文化发展程度。良好的文化基础设施供给水平能够滋养和支撑文化创意产业的发展。

3. 社会环境

社会环境指文化创意产业发展所依赖的文化传统、价值观、社会结构、教育水平、风俗习惯等社会因素。这是文化创意产业生态的软环境，为文化创意产业提供源源不断的文化资源和素材，决定了文化产业发展的内涵和特质，对文化创意产业的发展方向和发展水平起着至关重要的作用。

4. 技术环境

技术是文化创意表达和创意产品形成的重要途径。由于文化与科技的融合日益紧密，科技贯穿了文化创意产业链条的各个环节，技术环境对文化创意产业的发展发挥着越来越关键的作用。

（二）文化资源获取机制

文化创意产业的源头在文化资源（文化遗产、文化观念等）和内容创意，而内容创意最根本的源头也在于文化（传统文化、文化观念等）。如何甄别、获取文化资源，将文化资源转化为产业资源并进行产业化开发，是文化创意产业生态运行的基础环节，影响着文化创意的产生、文化创意的形态和文化创意的传播与接受程度。文化资源获取机制主要包括以下三个方面。

1. 文化传承机制

文化传承指文化资源在社会和区域内部的代际传承和承接过程。发展文化创意产业不需要经过特别的许可，任何人在不破坏文化内涵、不曲解文化意义的前提下，都可以通过文化传承获取文化资源。

2. 资源授权机制

资源授权机制指通过知识产权获得对文化资源的排他性独占权利，使用者通过资源授权机制向产权拥有者购买文化资源以获得授权，在授权范围内对其进行加工、创作、销售与传播，从而形成有效的创意产业链。知识产权保护是文化创意产业产生和存在的基础。目前，文化创意产业的知识产权机制是以著作权为核心，以专利权、商标权等为协同的知识产权保护体系，旨在对文化创意产业进行综合保护。

3. 文化传播机制

文化传播是文化资源衍生和扩散的主要机制。通过文化传播，文化资源由文化源地向外辐射传播或由一个社会群体向另一群体传播，实现文化在全球范围的互融、互通、互鉴。文化传播可分为两种类型：一种是纵向传播，表现为同一文化知识、观念、价值规范等的传承；另一种是横向传播，表现为不同文化的接触、采借，与文化输入、文化借用类同。文化传播可以扩大文化资源的辐射范围，并源源不断地衍生出新的文化，为文化产业发展提供新的文化资源和市场空间。

（三）产业协同发展机制

产业协同指各产业主体突破壁垒，在资源获取、知识转移、政策执行、创意设计、产品生产、传播营销、技术管理等环节充分释放、交换、利用彼此间的人才、资本、信息、空间、技术等产业资源和要素，从而实现自身发展和产业发展的机制。文化创意产业生态系统运行的产业协同机制的形成基于以下因素：（1）不同产业生态种群处于不同的生态位；（2）各个种群的社会分工不同；（3）各产业种群不必拥有生产和发展的全部资源和技术；（4）各产业种群之间有相互学习和合作的空间。产业协同发展机制主要通过以下形式得以实现。

1. 协同创新机制

文化创意产业的协同创新指企业、政府、专业机构、创意人才等产业创新主体围绕文化资源开展的创意生成、技术创新、产品和服务开发、商业模式搭建等创新活动，在这一过程中，各创新主体拥有共同的目标，进行多方位交流和多样协作。

文化创意产业协同创新是一项复杂的创新组织方式，其关键是形成以各类文化创意企业和创意人才为核心，以政府、院所高校、专业机构和中介组织等为辅助要素的多元主体协同互动的网络创新模式，通过产业主体、创意主体、政策主体和服务主体的深入合作和资源整合，发挥各自的能力优势，整合互补性资源，实现各方的优势互补，加速文化资源的创意化和产业化进程。

2. 产业融合机制

产业融合是指不同产业或不同行业相互渗透、相互交叉的动态发展过程。文化创意产业与其他产业的融合主要体现为渗透融合、交叉融合和产业重组融合等。由于文化创意产业的产业链长、辐射性强，且具有较强的产业延展性和融合性，因此文化创意产业的边界非常模糊，极易与科技、旅游、教育、医疗、农业等各类产业融合。

3. 产业合作机制

由于文化创意产业的多元性、延展性、复杂性等特点，单一企业或产业主体无法具备产业生态系统的全部资源，必须与产业链上各环节中的创新主体开展分工协作。各主体之间通过建立正式的长期合约关系、项目合作、入股合资等方式进行正式长期的信息共享、交流与合作，各产业合作机制，各产业主体在坚持自身特色定位的同时，可以实现产业主体之间的良性互补、相互承接、降低产业运行的成本，实现规模效应，从而推动文化创意产业生态不断发展壮大。

（四）产业价值传递机制

产业价值传递机制是基于产业价值链形成的。"产业价值链"一词由迈克尔·波特1985 年在《竞争优势》一书中提出。他认为，每一个企业都是在设计、生产、销售、发送和辅助其产品的过程中进行种种活动的集合体，所有这些活动可以用一个价值链来表明。

产业价值链最显著的特征在于其整体性和增值性，即构成产业价值链的各个组成部分是一个有机的整体，相互联动、相互制约、相互依存，每个环节都是由大量的同类企业构成的，上游产业（环节）和下游产业（环节）之间存在着的信息、物质、资金方面的交换关系，是一个价值递增过程；同时，后面的价值增值环节在前面的价值产品的基础上进一步面向新的客户，生产出新的价值产品。

产业价值传递机制主要体现为以下形式。

1. 产业链价值传递机制

产业链价值传递机制指沿产业链各个环节（创意研发设计、生产、流动、营销、交易、消费体验等），经济价值逐级递增。与传统产业相比，文化创意产业作为以轻资产和无形资产为驱动的产业，具有突出的产业辐射性、延展性、融合性，通过知识产权的开发和运用，能够产生高附加值产品，创造巨大财富，产业链的价值放大效应更显著。

2. 产业赋能机制

文化创意产业的价值增值不仅在于自身的增值，还能通过 IP 授权使用、创意植入、合作开发内容等方式，打造"文化＋"产业模式，带动其他相关产业提升产业价值，实现文化对产业的赋能。产业赋能机制突破了传统价值链的线性思维和价值活动顺序的固化模式，使价值链的各个环节、不同的产业种群按照整体价值最优原则关联融合、动态组合，消解了产业的边界，推动各个产业转型升级，如图 4-4 所示。

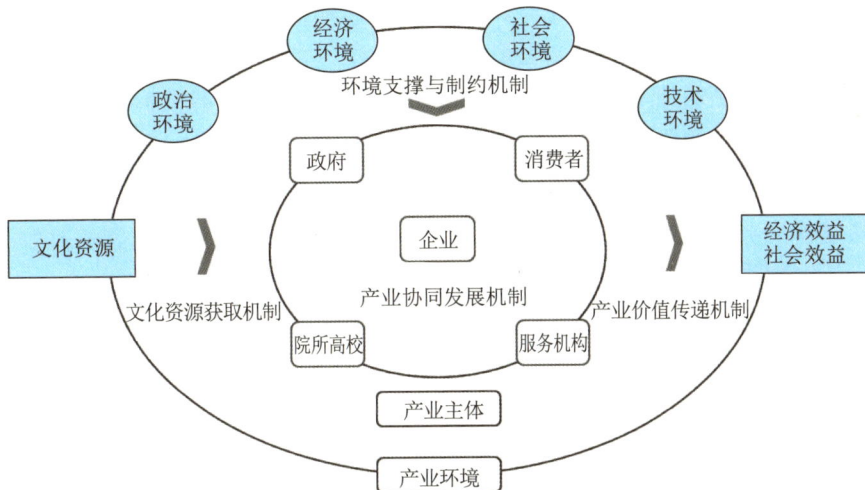

图 4-4　文化创意产业生态运行机制

3. 社会价值传播机制

文化创意产业活动既是生产性的商业活动，又具有鲜明的意识形态属性，文化创意产品具有认知、教育、审美、娱乐等特性和功能，能够显著影响社会公众的思想观念，从而影响人的行为并作用于社会，形成一定的社会文化环境。因此，文化创意产业的价值不仅体现在经济效益上，更体现在社会效益上，肩负着传递正确社会价值观、弘扬中华优秀传统文化的使命。因此发展文化创意产业更要重视社会价值传播机制，力求实现产业社会效益和经济效益的最佳组合。

第二节　文化创意产品的价值内涵

一般的产品是一个整体的概念，包含核心产品、形式产品和延伸产品三个层面，并遵循产品生命周期的规律。文化创意产品是一种特殊的产品，由于文化要素的植入以及新科技的运用，文化创意产品在产品风险、产品价值、产品生命周期、产品流通、产品成本以及产品知识产权保护上，都与传统的产品有着差异。

一、一般产品分析

产品是企业从事生产经营活动直接而有效的物质成果。在市场营销活动中，企业满足消费者需要是通过一定的产品来实现的，企业和市场的关系也是通过产品而连接起来的。因而，产品是买卖双方进行市场交易的基础，对于企业来说，产品是企业的生命，是企业可持续发展的物质保障之一。

（一）产品层次

产品是指能够提供给市场进行交换供人们使用或消费，并能满足人们某种欲望或需要的东西。产品包含有形产品和无形产品。

通常人们对产品的理解是一种具有某种特定物质形状和用途的物体，如钢铁、汽车、食品、衣服等，其实这是对产品的传统看法。事实上，顾客购买某种物品，并不是只要得到一个产品的有形物体，同时还要从产品中得到某些欲望和利益的满足。如人们购买旅游服务，游客通过与旅行社签订协议到某个景点旅游，旅客通过景点旅游，在享受大自然风光中放松心情，满足其精神层面上的需求。又如，影视剧的欣赏，已摆脱基本物质层面的需求，上升至精神层面的需求。

因而，对于产品概念的分析，从市场营销的角度来说，应该从整体性出发。所谓整体产品，是指人们通过购买（或租赁）所获得的需要的满足，包括一切能满足顾客某种需求和利益的物质产品和非物质形态的服务。所以，产品既是有形的，又是无形的。

1. 产品三层次说

一般来说，现代营销学产品的整体性包含三个层次的内容，即核心产品、形式产品和延伸产品，如图 4-5 所示。

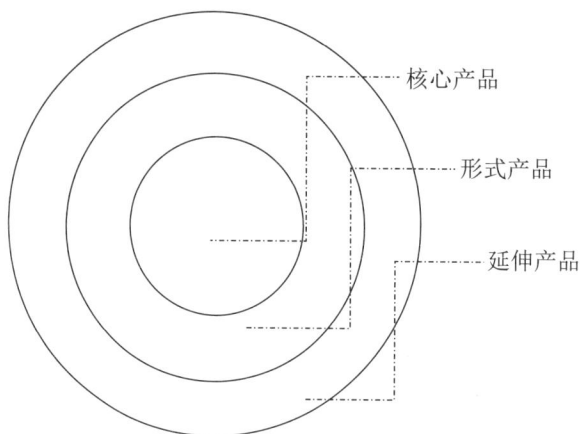

图 4-5　产品三层次说

（1）核心产品

一个产品的基本效用和利益，是顾客真正需要购买的实质性内容，这就是核心产品，也是整体产品最为基本的层面。如果产品对顾客来说没有效用和使用价值，不能给人们带来利益的满足，产品就不会有销路，顾客也就没有购买的欲望。如顾客购买洗衣机的目的是省时、省力，洗衣机若没有洗衣的功能，不能给消费者带来省时省力的使用价值，即使有再漂亮的外观设计，顾客也是不会购买的。

（2）形式产品

形式产品也称有形产品，是指核心产品借以实现的形式。现代营销学将形式产品归结为由五个标志构成，即品质、特征、形态、品牌和包装。有形产品是产品的实体性体现，以产品的形态、品质、特色、包装、品牌等表现出来。产品的基本效用都是通过产品的有形性加以实现的。

（3）延伸产品

延伸产品是指销售产品的同时提供的服务与利益，也可称为附加产品或外延产品，包括安装、培训维修、信贷保障、售后服务等。美国学者西奥多·莱维特曾经指出，新的竞争不是发生在各个公司的工厂生产的产品，而是发生在其产品能提供何种附加利益（如包装、广告、顾客咨询、送货、仓储及具有其他价值的形式）。

与传统的市场竞争所不同的是，今天的竞争主要发生在产品的附加层次上，也就是企业在提供产品的基本效用的基础上，能为顾客带来什么样的附加利益或服务，尤其是超越生产的物理空间而延伸出去的一系列附加服务。这就为企业的营销带来了新的思考：第一，附加利益为企业带来的成本增加问题；第二，附加利益向期望利益的迅速转换，促使企业不断丰富产品附加层次的内容。

2. 产品五层次说

对产品层次的理解和认识，随着市场的发展而不断提升和丰富。莱维特在20世纪80年代提出了产品的五层次说，如图4-6所示。

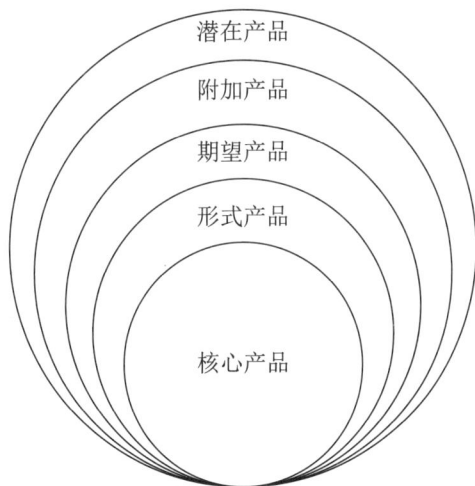

图 4-6 产品五层次说

第一个层次是核心产品，即购买者真正想购买什么；第二个层次是形式产品，也就是将核心产品的利益转化为基本产品；第三个层次是期望产品，即购买者在购买产品时期望得到和默认的一系列基本属性和条件；第四个层次是附加产品，是指提供者提供产品时附加的服务和利益，也是购买者购买产品时希望得到的附加服务和利益；第五个层次是潜在产品，是指现在产品可能发展的前景，包括现有产品所有延伸和演进部分，最终可能发展成为未来产品的潜在状态的产品。

（二）产品的市场生命周期

产品生命周期是把一个产品的历程比作人的生命周期，要经历出生、成长、成熟、老化、死亡等阶段。就产品而言，也就是要经历一个由开发、导入、增长、成熟、衰退到最终被淘汰所经历的时间。

产品生命周期理论，是美国哈佛大学教授费农 1966 年在其《产品周期中的国际投资与国际贸易》一文中首次提出的。这个周期在不同技术水平的国家里，发生的时间和过程是不一样的，其间存在一个较大的差距。这一差距表现为不同国家在技术上的差距，反映了同一产品在不同国家市场上的竞争地位的差异，从而决定了国际贸易和国际投资的变化。

产品在开发研制阶段，就如同人类的胚胎时期，一旦进入市场，就开始了自己的市场生命。任何一个产品从进入市场到被市场淘汰的过程，就是产品生命周期。产品生命周期共经历产品的导入期、增长期、成熟期和衰退期四个阶段，如图 4-7 所示。

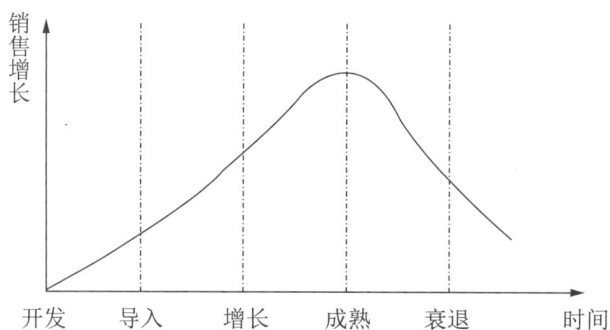

图 4-7　产品的市场生命周期

1. 导入期

在导入期，产品技术尚不完全成熟，性能还不尽完善，消费者对该产品还不了解，此时需求较为隐蔽，产品批量小、单位成本高，尚未建立起稳固的销售渠道，促销费用大，因而此阶段利润较少，甚至亏损。

2. 增长期

在增长期，产品技术已成熟，工艺稳定，消费者对此产品已较为熟悉，因而销量大增，大批量生产形成，单位成本迅速降低，已建立较为稳固的销售渠道，在增长率进一步提高的情况下，销售量亦大增，利润迅速增长。

3. 成熟期

在成熟期，市场需求趋于饱和，销售增长率开始下降，利润增长率也开始下降，全行业出现产品过剩，市场竞争更趋激烈，部分竞争者开始退出，此时企业销量很大，利润多，现金收入多。

4. 衰退期

在衰退期，产品已逐渐被新产品所替代，产品销售增长率由开始下降转为迅速下降，甚至是负增长率，从而销量也开始下降，消费者兴趣已转向其他产品，竞争使价格下降至最低水平，多数企业因无利而被迫退出。

在市场中，大多数产品的生命周期都呈现如图 4-7 所示，但并非所有产品的生命周期都是如此。有些产品一上市就很快进入成长期，有些产品则没有成长期，从投入期直接进入成熟期，还有些产品经过成熟期后，再次进入迅速增长期。探寻其原因，第一，取决于产品的性质；第二，取决于企业的营销战略；第三，取决于企业的产品创意。

研究产品生命周期理论，对于企业正确制定产品决策、及时改进过时产品、开发新产品、有计划地进行产品更新、制定各项经营策略、指导企业经营管理，都具有重要意义。

(三)产品的分类和新产品的开发

1. 产品的分类

根据不同的标准，产品可以分成不同的类别。

(1)根据购买者意图分为消费品和工业品

所谓消费品，就是指那些由最终消费者购买并用于个人消费的产品。

工业品则是指那些为进一步用于行业生产而购买的产品。钢铁厂的铁矿石材料、汽车生产厂家的钢铁材料等都属于这一类。

(2)根据产品的表现形式分为有形产品和无形产品

有形产品就是实体产品，有外观、包装、颜色、形状，如汽车、空调机、冰箱等。

无形产品则是以服务、咨询方式表现的产品，如旅游产品、金融理财产品等。服务与实体产品最根本的区别就在于服务的无形性。这种无形性使得商品在被购买之前是看不见、尝不到、摸不着、听不见或闻不到的。这种特点使得企业在向消费者宣传产品的时候比较困难，如美容服务，在使用此类产品之前是没办法看到其效果的。

(3)根据消费者的消费习惯分为便利品、选购品、特殊品和非需品

便利品是指消费者频繁购买，很少进行比较的产品和服务，如牙膏、牙刷等。便利品的价格通常是很低的，并且被置于很多营销点等待顾客随时购买。

选购品是指消费者对其品牌质量、外观形态、功能等非常在意，并且购买频率不高的消费品，如冰箱、电视机、家具、服装等。选购此类商品时，消费者会花很多的精力和时间，通过收集信息进行比较，最后作出抉择。

特殊品是指产品有特殊性质、品牌识别的消费品，并且消费者愿意花更多的精力去购买的产品，如劳斯莱斯汽车就是特殊品的典型代表。这类商品的消费者有着强烈的品牌忠诚度和偏好，愿意花精力购买，比如到很远的地方购买，并且这类消费者不愿意使用替代品。一般情况下，购买者不会比较相同档次的其他品牌汽车。

非需品是指产品信息无论被消费者知晓与否，大多数消费者不会购买的产品。如大多数的新产品，刚上市的时候，消费者的消费习惯、观念等还没有与新产品相契合，因而，在一段时间内不会购买新产品，并且这一行为不会影响消费者需求的满足问题。

2. 新产品的开发和分类

新产品开发是指从研究选择适应市场需要的产品开始到产品设计、工艺制造设计，直到投入正常生产的一系列决策过程。广义上，新产品开发既包括新产品的研制，也包括原有产品的改进与换代。新产品开发是企业研究与开发的重点内容，也是企业生存和发展的战略核心之一。

新产品可以从不同的角度进行分类。

(1)按新产品创意程序分类

分为全新产品、改进新产品和换代新产品。全新产品是指利用全新的技术和原理生产出来的产品；改进新产品是指在原有产品的技术和原理的基础上，采用相应的改进技术，使外观、性能有一定进步的新产品；换代新产品是指采用新技术、新结构、新方法或新材料在原有技术基础上有较大突破的新产品。

(2)按新产品所在地的特征分类

分为地区或企业新产品、国内新产品。地区或企业新产品是指在国内其他地区或企业已经生产但本地区或本企业初次生产和销售的产品；国内新产品是指在国外已经试制成功但国内尚属首次生产和销售的产品。

(3)按新产品的开发方式分类

分为技术引进新产品、独立开发新产品、混合开发的产品。技术引进新产品是直接引进市场上已有的成熟技术制造的产品，这样可以避开自身开发能力较弱的难点；独立开发新产品是指从产品所需要的功能出发，探索能够满足功能需求的原理和结构，结合新技术、新材料的研究独立开发制造的产品；混合开发的产品是指在新产品的开发过程中，既有直接引进的部分，又有独立开发的部分，将两者有机结合在一起而制造出的新产品。

二、文化创意产品分析

(一)文化创意产品的内涵及其特点

文化创意产业是一个新兴产业，其产生和发展的时间比较短，因而，对于文化创意产品的定义，各有各的说法，尚处在探讨的过程中。

1. 文化创意产品的概念

文化创意产品有广义和狭义之分，广义的文化创意产品，是指人类在历史各个时期的发展过程中，通过其智慧利用自然资源、社会资源和文化资源所生产的全部产品。广义的文化创意产品范围广、内容多，涉及的行业也非常齐全。狭义的文化创意产品，是指在知识经济时代一种源自个人创意、技能和才干，根据社会实践要求，以脑力劳动为主，通过知识产权的开发和运用，自觉创造出的具有象征价值、社会意义和特定文化内涵的产品或服务。

文化创意产业学科所研究的文化创意产品严格地讲是狭义的文化创意产品。因为狭义的文化创意产品具有本身特殊的性质和特点，有别于广义上的文化创意产品。

2. 文化创意产品的特点

文化、创意和高科技元素的植入，决定了文化创意产品使用价值和价值的不确定性、流通过程的共享性和重复利用性、生产过程成本的复杂性、应用过程的增值性和知识产权保护性等特点。对文化创意产品特点的深入研究，有助于探索其价值的实现路径。

创意的特殊性，决定了文化创意产品具有以下方面的特殊性。

(1) 使用价值和价值的不确定性

文化创意产品的特点和其生产制作不同于一般传统产品，这使文化创意产品的价值和使用价值具有不确定性。一方面，文化创意产品的价值是不确定的。从消费者的角度来看，文化创意产品为消费者创造的产品价值，包含着功能价值和观念价值。[①] 功能价值主要是指物理功能，是商品的物质基础，主要指向市场价值。而观念价值是商品中包含的能够符合一部分社会群体精神追求和文化崇尚需求产生共鸣的无形附加物，是文化的附加观念。文化创意产品的价值更多依赖于消费者个人的精神和文化偏好，不同的需求偏好者对同一个文化创意产品可能会从不同的需求角度出发，对其文化价值、艺术价值、娱乐价值或者是商业开发价值做出不同的价值评价，而且只有在认同这种文化创意产品的价值之后，消费者才会作出购买决定。这种依照消费者主观标准对文化创意产品进行评价的特点，使文化创意产品的价值具有不确定性。另一方面，文化创意产品的使用价值具有潜在性和不确定性。文化创意产品的内涵是文化资源与创意结合的非物化形态的观念、内容、符号。消费者购买文化创意产品是因为其所具有的审美价值、思想、内容、愉悦功能等，满足的是其精神文化的需求。如对一部电影的使用，从观看使用中可以直接得到精神上的满足感或视觉上的愉悦等，而对一部电影的版权使用是看不见摸不着的，该电影版权本身并不具有任何价值，可以说它们的使用价值是潜在的，电影的使用价值只有通过版权交易、电影的发行才能体现。因此，文化创意产品的使用价值是潜在的、不确定的。

(2) 流通过程的共享性

传统商品交易中，有形产品如果进行交换，生产者将让渡使用价值，丧失所有权和使用权。但作为具有知识产权的文化创意商品却可以在同一时间内，分别由若干人使用，与他人共享文化创意产品与创意服务，传统产品如洗衣机、汽车、手机等产品，使用的过程实质上就是其价值的消耗过程。但是，文化创意产品知识共享和重复利用

---

① 厉无畏：《创意改变中国》，北京，新华出版社，2009。

的特殊性，以及其产业链各环节的相互联系，使文化创意产品的使用过程不会像传统物质形态产品那样消耗其价值。例如，一个音像制品、一项设计技术的专利，版权人和专利权人既可以自己使用，也可以同时转让给他人使用，或者由若干使用者同时共享这项专利。文化创意产品应用于具体的工艺生产过程中，通过合理有效的运用，其使用价值不仅可以等量地转移到新产品中去，而且可能会创造出新的产品，或改革原有产品，在同样条件下创造出更多更好的价值。

这种知识的独享和共享行为并不会降低文化创意产品的价值，不会影响版权和专利技术的质量，这就是文化创意产品与文化创意服务的非排他性特征。这些特征，使文化创意产品不同于传统产品使用的消耗性，而是可以重复使用，并带来这类产品的重复生产，因而易于形成规模经济效应，能有效降低社会交易成本。

（3）生产过程的成本复杂性

创意作为人类社会一种特殊的知识产品，其生产过程不是一个简单的过程，而是复杂的脑力劳动过程，因而其生产过程成本非常复杂。人的创造力在产品的生产过程中起着主导作用。从瑞士心理学家皮亚杰的"发生认识论"来考察创意的生成，就不难体会脑力劳动在文化创意产品生产过程中的作用以及产品成本的复杂性。一个创意的生成将经历五个阶段：提出问题阶段、创意酝酿阶段、创意孵化阶段、创意生成阶段和创意成熟完善阶段。在此基础上，文化创意产品的生产才有可能。

同一般物质产品的生产不同，决定文化创意产品价值量的是精神生产劳动。由于精神生产劳动具有独创性、不可比性，无法以社会必要劳动时间作为确定价值量的唯一标准，因此，文化创意产品生产过程成本具有复杂性。文化创意产品价值链增值能力呈现先期研究与开发附加值高、中期生产制造利润低、后期营销利润高的"微笑曲线"特点[1]，同时显示了文化创意产品高成本研发、低成本制造、复制产品成本几乎为零的特点，这是传统商品生产过程中所不具备的。这种成本复杂性给产品定价带来了极大的困难。文化创意产品在未被生产出来之前，市场对它的需求是难以判断的，具有高风险性和不确定性。这就决定了文化创意产品难以采用以生产者为导向的、以费用为基础的成本定价模式，而适宜采用以消费者为导向的、以价值为基础的差别定价模式。

（4）应用过程的增值性

文化创意产品的使用过程，不但不会消耗其价值，在一定条件下还可转换为其他的使用价值并带来大量的增值价值。

（5）知识产权的保护性

文化创意产品和其他传统产品一样，在没有被交易以前，商品的价值并未体现，

---

① 由施振荣提出的"微笑曲线"的理论，表明微笑嘴型的一条曲线，两端朝上，在产业链中，附加值更多体现在两端：设计和销售，处于中间环节的制造附加值最低。

只有在交易发生后，商品的价值才会体现。但是文化创意产品交易的内容与一般传统商品交易内容有着不同之处，蕴含在文化创意产品背后的是知识产权交易内容。文化创意产品无论价值有多高，因其复制成本的归零特性，一旦得不到知识产权保护，产业将面临任意仿制和抄袭，产品的价值就很难体现。

作为具有知识产权的文化创意产品又可以在同一时间内分别由若干人使用。与他人共享文化创意产品与服务，就是文化创意产品流通过程的共享性和重复利用性的特点。这是传统商品交易不具备的。传统商品交易中，生产者将让渡使用价值，丧失所有权和使用权。传统意义上尤其是物质产品生产所占有的自然资源特性，形成产品后很难再次完全利用，当然有些物质产品可以通过再生资源的利用，使其进入另一个制造通道。但是文化创意产品由于是对文化资源的再利用和再开发创造，具有非实物形态，同时又具有个人意义的创造性劳动成果。因此，同一文化资源题材可通过创意创造出不同的精神产品，如相同的历史故事，可以创作成电视剧、小说等不同形式的文化创意产品，也可以由不同的创作者从不同的视角在不同的阶段对其进行不同的演绎，生产出不同的文化创意产品。

文化创意产品的知识产权交易具体涉及文化创意产业不同领域创意符号、创意要素、创意所有权、创意使用权等的交易内容，还有特定文化创意产品的著作权、专利权、商标权等交易内容。

知识产权保护是文化创意产品的一个核心问题。文化创意产品的开发具有独创性和成本复杂性，而复制成本却呈现归零性，从而使文化创意产品的知识产权保护问题显得非常重要，也成为文化创意产业发展的一个重要标志。

(二)文化创意产品的不同分类

由于文化创意产业的内容和形式纷繁多样，从不同的角度，可以将文化创意产品划分为不同的类型。

1. 从创意与不同领域的融合来划分

文化创意产业通过分散的个体劳动、简单协作的集体劳动和社会结合劳动来组织生产，由此产生文化创意产品。在从分散劳动一直到社会结合劳动的过程中，创意与不同领域进行结合，因而文化创意产品可分为艺术性文化创意产品和经济性文化创意产品两类。

(1)艺术性文化创意产品

所谓艺术性文化创意产品，是指存在于文化产业领域中的文化作品。艺术性文化创意产品是文化产业化的核心，其创作者往往是来自文化领域(文学艺术、视觉艺术、传媒艺术、表演艺术等)的艺术家们。这些作品包括文字书写、现场表演、视觉印象等，如一部小说、一幅画、一场话剧表演等。

(2)经济性文化创意产品

所谓经济性文化创意产品，是指创意元素融入传统产业生产过程中而出现的产品。

创意元素的植入，极大地提高了产品的附加值，增加了产品的市场竞争能力，从而也扩大了市场的销量。这类产品包括因工业设计、建筑设计、广告和会展策划等创意元素的融入而产生的产品或过程。这类产品具有新颖性、独特性、高附加值性等特点。在这类产品中，产品的物理价值无法避免地构成价格的一部分，但是其所占的比例却随着创意元素的植入而变得越来越小。例如，在全国甚至全世界都盛行的体验旅游，一改传统旅游的单一观景，创意演变为景情相融、观景体验互动的情景旅游和体验旅游。

人们观念中的博物馆，似乎总是陈列着古老的文明痕迹。但现代的博物馆，并不都陈列着老古董。日本宫崎骏博物馆，就是一座展示海枯石烂、定格天真烂漫的博物馆。人们在博物馆中找寻童年记忆，将童年记忆封存。当你进入宫崎骏博物馆的一刹那，仿佛迈入一个奇幻世界，穿梭于此，不觉乏味，反而乐在其中。

2. 从文化创意产品的形态划分

从文化创意产品的形态划分，文化创意产品一般可以分为有形文化创意产品和无形文化创意产品两大类。

（1）有形文化创意产品

有形文化创意产品是指借助物质载体形成的既有物质形态又有文化符号的创意商品，如雕塑、唱片、音像磁带、照片、手稿等，它直接为社会提供丰富多彩的消费品，并构成劳动力再生产所必需的享受资料与发展资料，成为社会总产品的组成部分。

（2）无形文化创意产品

无形文化创意产品是指直接为社会提供服务的创意服务等，如咨询服务、演出服务、教学服务等。创意服务通过把各种各样的实物作为符号加以利用，使其具有某种象征意义，受到消费者的认同，从而具备商品的属性，可以作为商品进入市场流通，并转化为生产力，使用户获得经济效益。

3. 从文化创意产业群层面划分

从文化创意产业群层面划分，文化创意产品可以分为原创类文化创意产品、运作类文化创意产品和延伸类文化创意产品。

（1）原创类文化创意产品

原创类文化创意产品是指处于文化创意产业核心地位，与出版业、电影业、动漫产业等相结合的文化创意产品。内容性、新颖性、文化性、奇特性是原创类文化创意产品的主要特征。比如创意与电影创作结合，便生成了电影业原创类文化创意产品的主要特征。好莱坞著名导演斯皮尔伯格拍摄的《侏罗纪公园》就是典型的原创类文化创意产品。影片将社会百态和科幻现象相结合。超级多媒体梦幻剧《ERA——时空之旅》，深入挖掘和利用中国特别是江南特有的民族艺术元素，综合杂技、音乐、舞蹈、武术等，以时空交错为表现手法，艺术地展现中华民族的悠久历史、灿烂文明。

（2）运作类文化创意产品

运作类文化创意产品是指创意融入已有产业中并处于文化创意产业群运作层面的文化创意产品。运作类文化创意产品融入的产业有音像业、计算机和软件业、工业设计业、建筑设计业、服装设计业、广告业、旅游业等。创意的转移性和创意的生命周期性是运作类文化创意产品的主要特征。创意的转移性是指创意一旦嫁接产业，即不再对创意进行深化，而是注重于与产业融合的形式。创意一旦转移成功，即开始了文化创意产品的生命周期。文化创意产品的生命周期与一般产品的生命周期相同，也经历了导入期、成长期、成熟期、衰退期。其生命周期的长短取决于市场同类产品的出现和新创意的生成。

（3）延伸类文化创意产品

所谓延伸类文化创意产品是指处于文化创意产业群边缘，与服装业、体育娱乐业、会展业、商业服务业等相结合的创意产品。这类产品往往处于产业链的末端，其创意含量相对于原创类和运作类文化创意产品来说要少，但其生命周期比较长，而且其门类之多也是原创类和运作类文化创意产品所不能比拟的。如美国迪士尼，其延伸产品涉及很多行业，有服装业、玩具业等。值得注意的是，运作类和延伸类文化创意产品有时又是交叉的，即运作类文化创意产品具有延伸性，而延伸类文化创意产品具有运作性。

从文化创意产业群的层面进行划分的原创类文化创意产品、运作类文化创意产品和延伸文化类创意产品，其创意含量逐渐变小，而其生命周期逐渐变长，操作性特征亦愈加明显。因而，文化创意产品的生成主要还是集中在原创类文化创意产品。

三、文化创意产品价值的开发和运作系统

随着文化创意产业的兴起，文化创意企业纷纷登场，文化创意产品也迅速出现并成为新颖的消费品。但文化创意产品不是一种传统意义上的产品，文化要素的植入和新科技的运用使其所呈现出的特有属性，使产品价值的实现路径与传统产品有着一定的差异。通过何种途径最大化地实现文化创意产品价值，将成为文化创意企业的营销新战略。

（一）文化创意产品的价值来源

从静态角度考察，文化创意产品与传统产品的差异是因为文化和科技要素的沉淀与植入，而从动态角度考察，可以视为其生产过程的独特性。文化创意产品具有以文化为基础、以创意为源泉、以消费者需求为动力的特点。

1. 文化是文化创意产品生成的基础

文化创意产品对于文化的需求一方面表现为对文化资源的开发和利用，另一方面则表现为需要一个具备一定文化品位并对文化创意产品与服务有消费需求的消费群体。

文化创意产品通过对文化资源的开发利用，使人们在消费产品中达到精神需求的

满足。这种资源并不完全由物质自然界决定，它是可再生、可重复产生并被利用的。但是具体怎么利用则取决于人们对这些资源的认识程度。文化资源越是被人们深入了解，其市场就会越大，它的重复利用的可能性也就会越大。如石库门是凝聚在建筑上的上海居住文化，上海新天地通过对这一建筑旧区的改造，对有百年历史的石库门建筑外表修旧如旧，内部彻底现代化，既适应了21世纪都市人的生活需求，又保留了一个城市的历史风貌。来自世界各国和地区的餐馆、商店、娱乐业投资者纷纷落户于此，不仅把石库门原先的居住功能改变为商业经营功能，使古老建筑既有观赏价值，还具有自我生存和发展的能力，而且创造了一种新的时尚休闲文化生活，成为一个尝试通过文化建设带动经济发展的成功案例。上海新天地目前已经成了一个具有国际知名度的聚会场所，并被纳入了上海文化旅游景点的名片中。上海新天地的缔造者罗康瑞先生说，老房子不是包袱，是财富，城市里的老房子是这座城市的历史和文化的载体，是城市的价值，要保留老房子的特征，又要按现代人的要求对它进行改造，让老房子的价值体现出来，并得到提升。[①]

具有一定文化品位并有消费需求的消费群体，是文化创意产品生成的又一文化基础。根据预测，在人均国内生产总值达到1600美元时，对文化创意产品的消费应占收入的20%。我国人均国内生产总值水平的提高并不一定意味着对文化创意产品消费需求的提高，实质上还存在着消费水平的差异、生活方式习惯的差异和对文化创意产品价值的认识问题。从产品供方来讲，通过产业链的开发满足不同层次消费者的需求和开发出居民愿意消费的产品是关键因素。与传统产业注重改变产品使用价值不同的是，文化创意产品是以消费者的文化需求为导向，关注顾客价值，特别是对文化的认同，通过改善产品的观念获得市场和利润。

2. 创意是文化创意产品生成的源泉

在创意经济时代，人类的创意将逐步成为经济发展的首要推动力。[②] 文化创意产品的生成在本质上是创意的生成，并进行相应的开发。无论是原创类、运作类还是延伸类文化创意产品，都离不开创意以及创意的开发和运用。创意分为两种：文化创意和科技创意。科技创意即科技创新，在于改变产品与服务的功能结构，为消费者提供新的、更高的使用价值，或改变生产工艺以降低消耗和提高效率；而文化创意则为产品和服务注入新的文化要素，如观念、感情和品位等，为消费者提供与众不同的新体验，从而提高产品与服务的观念价值。[③]

3. 消费者需求是文化创意产品生成的动力

当社会处在农业或工业时代，人们对产品的需求只局限于满足基本的衣食住行。

---

① 孙福良、张乃英：《创意上海》，上海，上海远东出版社，2010。

② ［美］理查德·弗罗里达：《创意经济》，方海萍、魏清江译，北京，中国人民大学出版社，2006。

③ 厉无畏：《创意改变中国》，北京，新华出版社，2009。

精神层面需求的产生，是随着人类经济的不断发展、人均 GDP 的不断提高而出现的消费需求的升级。人们追求的目标更高了，自我实现、美的需求成为创意经济时代消费者新的需求目标。这一新的需求层面的出现，促使了文化创意产品的产生，并呈现出多样化的趋势，满足了城市对文化创意产品的需求。

（二）文化创意产品的价值体系

文化创意产品作为知识经济时代的新产物，对其价值的认识尚有一个过程。目前的研究对创意产品价值构成持多样性观点。观点的多样性，说明文化创意产品的价值构成确实与一般商品有着很大的差异。

基于对文化创意产品的生成机理和特点的分析，一般文化创意产品的价值并不是由单一的要素所决定的，如社会必要劳动时间、个别劳动时间或购买者的需求和支付能力、价值效用等，而是由隐性价值和显性价值所组成。由于文化创意产品的本质是文化内容创意，因此文化内容价值是文化创意产品的隐性价值；承载文化创意产品的载体具有不同的形式，因此功能价值、体验价值和信息价值就成为文化创意产品的显性价值或形式价值。

文化创意产品的隐性价值是文化内容，是企业的核心竞争力，是文化创意产品价值的核心部分，更是文化创意产品高价值部分和文化创意产业链的高利润部分。文化内容源于文化资源。丰富的历史文化资源和深厚的人文底蕴无疑是文化创意产品发展的宝藏。从文化资源与价值创造的关系来看，有价值的文化资源是以往人类社会活动的结晶，在参与文化创意产品的生产过程中，文化资源价值既可以部分直接转移到新产品，也可以通过影响力、资源力等间接形式增加新产品附加值。

文化创意产品被消费后的物质载体虽会产生损耗，但文化创意产品蕴含的文化内容价值却会永远被保留甚至发扬光大。例如，中国古典文学作品《红楼梦》和《梁山伯与祝英台》家喻户晓，源远流长，曾经感动着一代又一代的人，也曾经被埋没在历史的尘埃中，但是作品的内容却并没有被磨损，人物形象和故事情节被完整地保留下来。在文化包容的时代，人们将古典文学作品通过各种载体表现出来，如戏剧、电影、电视剧、音乐剧、芭蕾等，使其价值在新的表现形式和载体中不断增值。

文化创意产品的显性价值是承载内容价值的不同形式。文化内容的高价值性，必然要通过一定的载体形式表现，也是能够让消费者感知价值的一部分。消费者对创意产品的感知是多方面的，有对其功能价值的感知，也有对信息价值的感知，更有通过体验感知产品的价值。因而，功能价值、信息价值和体验价值就成为文化创意产品内容价值的外在表现形式。

传统产业注重改变商品的功能价值，为消费者提供新的更高的使用价值，从而获得更高的利润。虽然文化创意产品也注重其功能价值，但文化创意产品在满足消费者功能价值的基础上，还通过改变人们的消费观念价值而获得文化创意产品的价值利润。功能价值体现为客观的具有一定使用功能的商品特性，观念价值是人们在消费商品物理属性的同时，因商品内在的文化属性、象征意义以及个人因消费品所带来的归属感等方面的差异而愿意支付的部分。[①]

如具有相同物理属性的包装，因产品品牌不同价格差异巨大，价格的落差来自名牌包装包含的文化、品位、时尚和身份的象征。[②] 又如，生产汽车的厂商，通过改变汽车的使用功能，提升汽车的使用价值，从而获得利润或占领市场。但观众观看《哈利·波特》则和消费汽车就不一样，虽然观看电影也是为了满足消费者的精神需求，构成文化创意产品的功能价值，但是，两种商品蕴含的需求层面不一样，并且两种商品的功能价值的消耗结果也有很大的差异，即传统产品的功能价值会随着消费时间的延长而逐步降低，文化创意产品的功能价值则不会因为消费而泯灭。

信息价值虽不是文化创意产品价值结构的核心元素，但它对文化创意产品的价值提升具有重要的意义。信息的使用可以通过挖掘、传承和创造的途径进行。比如，西安旅游景点华清池，因流传着唐玄宗和杨贵妃的传奇故事而闻名中外，成为中国第一批重点风景名胜区。可口可乐公司出重金购买了哈利·波特的形象权并在其产品上使用，这使得可口可乐公司的饮料产品被赋予了一层新的信息——即使是魔法界人们也要饮用可口可乐，或者说哈利·波特就是喝着我们的饮料长大的这样一个信息。因信息的转售，文化创意产品的信息价值也因此形成。

体验经济作为一种新的经济形态已显示出与其他经济形态不同的特点。体验性更多强调产品价值的主体性，文化创意产品价值的实现，在很大程度上需要通过消费者的体验而实现。文化创意产品的体验价值首先表现在消费者的参与上，注重消费者和生产者之间的互动，通过他们之间的合作共同为消费者提供适应个性需求的产品；其次消费者不仅要用各个感官感知，更要用心来领会，体验出文化创意产品的文化内涵，从而达到身心愉悦、增长知识、增长才干的目的。体验价值是文化创意产品价值结构中较为重要的一个组成部分。在实际生活中，塑造文化创意产品价值的要件已不仅仅是因为娱乐所带来的，更大程度上讲是因为体验乐趣所带来的价值增值。

文化创意产品的隐性价值即内容价值，必然通过其显性价值而得以实现，其显性价值又能够在一定的条件下促进隐性价值的增长和实现。

当很多国家还未意识到文化内容资源和文化产品形式的创新会对一个国家经济和社会的命运产生巨大影响之时，《阿凡达》的轰动效应表明了这样一种现实：文化内容借助文化表现形式可以带来巨大的经济和社会效应。

（三）文化创意产品价值的实现路径和保障

从产业角度分析，以创意核心产业为主线，创意支持产业、配套产业和衍生产业为辅线而形成的产业系统，是文化创意产业价值实现的产业系统内容。文化创意产业

---

① 胡晓鹏：《价值系统的模块化与价值转移》，载《中国工业经济》，2004(11)。

② 厉无畏、顾丽英：《创意产业价值创造机制与产业组织模式》，载《学术月刊》，2007(08)。

需要产业集群所形成的产业链或相关产业的支持、配套和衍生，才能创造出经济价值和社会价值。这一产业集群价值效应，在很大程度上依赖于区域经济发展条件和区域政府的产业规划和产业政策。

从产品角度分析，在文化创意产品价值的形成过程中，一般产品生产过程中的供求机制、价格机制、竞争机制等价值规律都会作用于文化创意产品的生产和交易，文化创意产品价值生产和实现过程符合一般价值规律。但由于文化创意产品的生成机制和特点，价值系统的隐性及显性部分会随着其附加的创意个性的不同而不断增值，如图 4-8 所示。因此，企业要有效利用文化创意产品的特点，建立文化创意产品价值系统的持续生命力，使文化创意产品的价值实现最大化。

知识产权保护框架

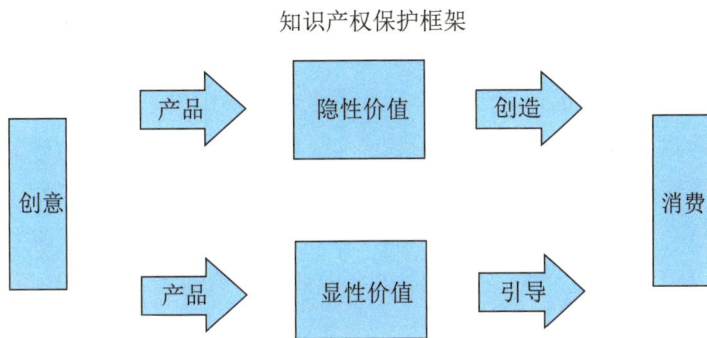

图 4-8　知识产权保护框架下文化创意产品价值的实现路径和保障

1. 挖掘隐性价值以创造文化消费

利用人类的创造力，将文化资源转化为文化内容，充分挖掘产品的隐性价值，以此创造文化消费。

文化创意产品的价值是指产品所具有的精神内涵和内容，形式各异、内涵多样的文化创意产品因其内容而有价值。内容创意是文化创意产品价值实现的核心和基础，并且在文化创意产业价值链中，占据着顶端的地位，在任何情况下，都能够控制产业链的关键部位。因此，文化创意产品的内容创意也成为能够吸引消费者的关键点。与传统产品的内容有着本质的差异。文化创意产品的内容创意可以是抽象的文化概念、文化服务等，以创意为动力，将各种文化资源与信息数字技术相结合，创造出惊人的经济社会价值。

文化创意产品利用文化资源的内容创意，首先表现为由内容创意决定的文化创意产品，由于其相关的文化内容和意识形态倾向，必须关注其产品的文化品位、社会效应和意识倾向，如网络游戏的内容要关注青少年及未成年人的社会教育与健康发展。内容创意必须在文化资源的基础上融合现代意识，并结合现代设计，推陈出新。作为核心基础的内容创意要转化为文化创意产品，生产成本高，且不易计量，需要高技术强力支持。如上海 8 号桥是利用老厂房建设而成的，利用现代设计打造便捷的园区环境，塑造良好的公共服务平台和文化氛围，吸引着创意企业蜂拥而至。又如一分钟动漫制作需要上万元甚至更多经费却不为人所知。因此，必须依赖高技术的紧密联盟，与产业链中各个相关部门、行业的良性互动、风险投资的支持和国家优惠政策的大力推动。与消费社会时尚浪潮化运作相呼应，依托深厚文化底蕴，立足创新性，是实现价值的良策之一。

2. 增值显性价值以引导文化消费

文化创意产品是一种概念产品，能够吸引消费者进行消费的除了其内容以外，其载体形式即显性价值要符合消费者需求，更需通过一定的方式去实现。

停留于创意设计的产品是不能满足消费者需求的，文化创意产品一旦有了内容创意，对其进行产业化开发的生产制造就是产业价值链的重要落地环节。而使用各类传播渠道，运用技术、工艺等科技手段开发产品，是文化创意产品内容的外在具体表现，并通过生产文化创意产品用于流通市场而获取价值。消费者可以从这些具体的形式中感受和知晓产品的信息价值，并体验产品所带来的精神愉悦。

消费者消费文化创意产品的很大原因是对产品所含文化内容的认可或欣赏，是对文化创意产品表现形式的接受，但消费者首先必须知晓产品及其内涵。对于文化创意产品，由于其核心内容是无形、隐蔽及深刻的，需要通过营销推广加以诠释、渲染，以增加文化创意产品的故事性、感受力和娱乐性，使消费者感知、感受、感动，进而产生共鸣，刺激消费欲望。传统产品时代"好酒不怕巷子深"的观念早已遭淘汰，有形产品的营销策略和手段不断创新和升级，对于这种内容的创意隐含在产品之中的商品，是需要捕捉和挖掘才能进行欣赏进而消费的产品。

3. 维护知识产权以保障价值实现

约翰·霍金斯认为，知识产权的保护对文化创意产业的发展至关重要。他把创造型产业界定为其产品在知识产权的保护范围内的经济部门。文化创意产业对知识产权保护的要求很高，知识产权是其生存和发展的关键。

对于知识产权的保护主要依赖于人们对其保护的程度。在以网络技术为代表的信息技术高速发展的时代，信息技术对于知识产权保护来说是一个严峻的挑战。

当社会形成尊重和承认个人创造力价值的时候，将形成对产品原创性的承认和保护的良好社会环境，在社会中形成保护和尊重个人作品和个人创造力的氛围。所以，要进一步完善相应的法律法规，建立对文化创意产业产品无形资产的评估体系，加大对版权、专利、商标和设计等知识产权的保护力度，保护文化创意产业的创作价值和合法利益，营造规范、健康、有序的商业和法律环境。同时，企业和民众也应具备相应的知识产权保护意识。

综上所述，文化创意产品具有以文化为基础、以创意为源泉、以消费者需求为动力的生成机理。文化资源、创意和高科技元素的植入，使文化创意产品具有不同于一般商品的特点，表现在其使用价值和价值的不确定性、流通过程的共享性和重复利用性、生产过程成本的复杂性、应用过程的增值性和知识产权保护性等特点。根据对文化创意产品的生成机理和特点分析，一般文化创意产品的价值是由隐性价值和显性价值所组成的。因此，其价值实现途径在于通过挖掘隐性价值，创造文化消费，通过增加显性价值，引导文化消费，通过知识产权维护，保障价值的实现。

第三节　文创企业商业模式的创新实践

一、商业模式的概念

哈佛商学院教授克莱顿·克里斯滕森认为，商业模式就是创造和传递客户价值以及公司价值的系统。它包括四个环节：客户价值主张、盈利模式、关键资源和关键流程。通俗地讲就是，第一，能给客户带来什么价值？第二，给客户带来价值之后怎么赚钱？第三，有什么资源和能力实现前两点？第四，如何实现前三点？所以简单来说，商业模式就是企业赚钱、盈利的方式或途径。

（一）互联网商业模式的核心

PC互联网的商业模式是通过入口级产品获取用户，把控网络流量，最后通过流量变现来盈利。移动互联网的商业模式是在碎片化的时间里，通过极致的产品和服务来快速吸引、获取用户，并随时随地满足用户个性化的需求，互动性更强，使企业获得更大的优势。

互联网商业模式的核心是流量。传统的商业模式强调实体流量，互联网商业模式强调的是线上流量。互联网商业模式发展之初，商家通过地推、赠送优惠券等营销方式吸引用户使用其产品，虽然营销费用巨大，但是效果十分明显，这使得腾讯、阿里巴巴、百度等互联网巨头几乎掌握了所有用户流量。随着近几年互联网突飞猛进的发展，用户对于互联网产品的消费观念已经逐渐成熟，对于互联网产品的选择更加理性，而且流量入口几乎被BAT等大公司占据，新晋的互联网企业很难再通过简单的营销手段获取大量的用户流量，于是获得流量入口就成为决定互联网企业生存的关键因素。因此，互联网商业模式的核心正在发生转变：内容成为互联网商业模式的另一大核心要素。新晋的互联网企业可以通过精良的内容吸引用户，开辟流量入口，增强用户黏性。

（二）互联网商业模式的分类

典型的互联网商业模式有六种，分别是O2O商业模式、平台商业模式、"工具＋社区＋变现"模式、免费商业模式、长尾型商业模式和跨界商业模式。

1. O2O商业模式

O2O即Online To Offline(在线离线/线上到线下)，是指将线下实体店与互联网结合，通过O2O平台进行下单付款，然后线下进店消费。通过这种方式，可以将店铺信息和口碑在消费者(特别是年轻消费者)中更快、更远地扩散，可以量化消费数据、追踪交易，同时还能较容易地传递面对面的实体服务品牌价值。O2O是互联网与传统商业模式结合的一个非常好的突破口，对于很多传统产业来说，是向互联网行业跨界以实现产业互联网的切入点。

2. 平台商业模式

平台是指将供应商和消费者联系起来，成为连接供给和需求的市场。平台商业模式最核心的功能就是作为市场的中介，将市场中的各方资源整合起来，吸附大量市场信息，快速高效地沟通买卖双方的关系，从而促进交易的达成。

3."工具＋社区＋变现"模式

"工具＋社区＋变现"的三位一体化模式是移动互联网时代催生的新模式。工具、社区和变现三者是"人—留—付"的关系：工具可以作为入口，通过其工具属性、社交属性、价值内容等核心功能来满足用户的痛点需求，从而过滤得到大批目标用户，但它无法有效沉淀粉丝用户，需要通过社交属性培养出自己的社群，然后通过点赞、评论等交互手段，保证用户活跃度，形成社区以沉淀、留存用户，最后逐步开始变现业务，如话费充值、购买电影票和火车票等，实现盈利。

4. 免费商业模式

免费商业模式指的是通过向用户提供免费的服务或者产品功能来积累流量，再以流量为基础来构建自己的盈利模式，从而创造价值的商业模式。当三大运营商还指望靠用户打电话、发短信赚钱时，微信通过图片、语音、视频等多种免费模式实现了用户之间的关系交互。也就是说，微信利用免费的方式带走了传统通信企业的客户，继而转化成流量，然后再利用其他渠道实现盈利。

5. 长尾型商业模式

长尾是由克里斯·安德森提出的，这个概念描述了媒体行业从面向大量用户销售少数"拳头"产品向销售庞大数量的利基产品的转变。长尾型商业模式就是为利基市场提供大量产品，每种产品相对而言卖得都很少，但销售总额能与传统的面向大量用户销售少数拳头产品的销售模式相当的一种商业模式。

6. 跨界商业模式

互联网模糊了所有行业的界限，使跨界成为一种新常态。跨界思维的核心就是颠覆性创新，而且一般都是源于行业之外的边缘性创新，于是很多互联网企业纷纷在传统行业领域内大展拳脚，跨界模式也就应运而生。

（三）文化创意产业的商业模式

在文化创意产业的经营活动中，文化是根，创意是本，商业模式是价值实现的保障。在互联网时代的背景下，互联网成为中国文化创意产业发展的温床。在这个平台上，属于文化创意产业的不同领域正发生交融，因此，文化创意产业的商业模式可以理解为：在碎片化的时间里，通过文化创意产品快速吸引、获取用户，并随时随地满足用户的个性化需求，增强与用户的互动性，最后通过流量变现来获取盈利。

文化创意产业的商业模式具有开放性，文化创意产业的开放商业模式要积极采用外部（用户及合作伙伴）的创意，同时允许更多的创意为他人所用。在这种开放商业模式下，企业要集中在如何能从包含你的创新的知识产权中获取价值。文化创意产业作为凝结一定程度的知识产权的创造性产品和服务的生产、扩散、聚合体系，其核心内容是创新活动，本质特征体现在对创新产权的收益上。知识产权的重要性在于能够保障创意主体持续的创新原动力，从而保证文化创意产业的持续稳定发展。

文化创意产业多以内容为核心，商业模式设计要素在于 IP 贯穿。整个设计环节重点考虑以下几个方面。

1. 生产。通常分为创作和加工两个过程。创作为创意型工作，加工为技术型工作。好的创意与相应的技术合理结合，才能构造出吸引用户的产品。

2. 传播。从最初的发行开始，就要选择好对应的渠道，考虑产品的目标用户群的偏好，进行精准投放。

3. 消费。商家最核心的目的在于盈利，所以消费渠道是重中之重。因此，要设计出合理的流量变现渠道。

在每个设计环节，都应该考虑变现的问题，即引入流量，对流量价值进行变现。

二、文化创意产业的商业模式

目前看来，文化创意产业利用互联网的创业项目主要有以下几种盈利方式。

1. 内容付费

内容包括专业知识、音乐作品、视频等，用户只有在付费之后才能看到或听到内容提供者创作的精美内容。

(1)知识分享的功能。像之前很火的分答、在线等付费问答平台，它们让知识、分享在争议不断中逐渐走红，发展的风生水起。同时，利用互联网的便捷，很多技能分享者把自己的某种长处或技能当作一种特殊的内容，在互联网上为自己盈利。

(2)音乐作品、视频付费已经成为趋势。为文化创意作者的创作内容付费，可以起到保护知识产权的作用。我国知识产权保护在文化创意领域正在逐渐被大家重视。

2. 电商销售

电商是最先出现的变现形式，是衍生盈利点的有效方式，也是最经典的、最常用的方式。通过社群聚集一群有商业产品需求的用户，然后将流量转换为产品或者服务，实现流量变现。

通过生产丰富有趣的内容吸引消费者购买自己的产品。很多内容创业者也想卖东西，但从来不会碰到物流、仓储、客服等问题，因为当初选择用内容进行创业就是想选择比较轻的模式，一旦涉及供应链等较重的模式后，就需要非常谨慎。

3."流量主""打赏"

"流量主"是指公众号运营者将公众号内的指定位置自动交给微信平台作为广告展

示的渠道，按月获得广告收入。这种方式的优点是收入稳定、可靠；缺点是微信广告设置的门槛是关注用户须达两万人，而且"流量主"的收入也有限。

"打赏"是指关注用户认可所发布的原创内容，即可通过赏钱的方式来表达赞赏。"打赏"一般集中在个人特征鲜明的公众号。

不论是开通"流量主"还是"打赏"，都必须建立在内容具有深度的吸引力的基础之上。目前"打赏"的方式，在网络直播中非常盛行。

"流量主""打赏"的背后都有强大的社群作为支撑，而社群是一个极为重要的流量入口。因此，社群越来越受到创业者的重视，互联网内容创业的自媒体们也不会放过这一重要入口。当公众号发展到一定规模后，用户可能会从关注这个公众号或者自媒体的发展到认同这个公众号或者自媒体，此时，你就相当于有了一个自己的小社群，这个社群的基础就是这个公众号或自媒体。基于此，可以通过维护社群并提供附加服务获得变现机会，也可以在社群内开展活动或利用其他营销手段实现变现。

4. 广告

广告是最直接的变现方式。凭借用户数和点击率，就能吸引企业投放广告。当前互联网环境下，广告可分为以下几种。

(1)软文广告。软文广告是相对于硬性广告而言的，是由企业的市场策划人员或广告公司的文案人员来负责撰写的"文字广告"，它将宣传内容和文章内容完美地结合在一起，既让客户得到了需要的内容，也达到了宣传的效果。软文是目前公众号变现最主要的方式。

(2)情景广告。通过让明星在影视节目或生活中穿着自己品牌的服装饰品或使用自己品牌的产品，达到宣传品牌的目的，这类广告属于情景广告。

(3)原生广告。原生广告通过"和谐"的内容呈现品牌信息，不破坏用户的体验，为用户提供有价值的信息，让用户自然地接受信息。原生广告是目前视频类内容的变现方式。

5. 金融

金融变现的方式主要结合平台来进行。通过平台、账期将买家的付款冻结，从而把众多资金汇集到一起发挥其金融价值。金融变现的前提是平台足够大，资金足够多，而且具有资金运作的能力，拥有良好的信用口碑。

三、文化创意产业的典型商业模式

文化创意产业的典型商业模式有两类：IP 模式和平台模式。

(一)IP 模式

1. IP 模式的概念

IP 模式以打造 IP 为核心，将具有潜力的内容进行加工，最终形成独特且生命力持久的优质内容。这一类型是以内容为主，意在打造一个独特的富有吸引力的 IP，围绕该 IP 进行商业活动，打通众多领域之间的壁垒，实现不断跨界交融、衍生 IP 相关产品的模式。IP 作为泛娱乐生态链的串联者，促进各参与产业的融合共生。通过改编衍生，泛娱乐 IP 能够产生持续性价值。

2. IP 模式的核心

（1）客户价值主张。客户价值主张的基本内涵是：为谁，即业务的目标客户，包括消费者、组织客户以及参与该业务价值创造的合作者；客户需要解决的某个重要问题或者某项重要需求是什么，以及问题情境和客户解决该问题后希望达到的状态；企业的提供物，即它创造了何种具有强大吸引力的利益，使目标客户愿意购买。

在 IP 模式下，目标客户就是粉丝，该商业模式依托的就是粉丝经济，因为 IP 造就了一大批粉丝，粉丝通过 IP 获得了情感的共鸣，从而形成共振化的粉丝社区，而内容提供商通过为社区提供品牌化的服务，打造独创的形象或者情节，吸引粉丝使其最终为 IP 衍生品买单。

（2）盈利模式。内容付费、电商、打赏、广告、金融这五种盈利方式 IP 模式都有所涉及。由于 IP 模式是对优质内容进行发掘，围绕该 IP 进行商业活动，打通众多领域之间的壁垒，实现不断跨界交融、衍生 IP 相关产品的模式，而且 IP 在不同阶段、不同领域都可能产生不同的变现模式，所以 IP 模式下的变现方式的组合多种多样。任何一个优质 IP 都对应着若干种不同的变现方式，而不同 IP 根据其自身特点对应的变现方式也有所不同。版权保护是 IP 得以持续盈利的基础，所以内容付费正在成为最主要的盈利方式。

（3）关键资源。IP 模式下的核心资源就是一个可持续开发的好的 IP，因为好的 IP 既拥有影响力，又具有消费力。通过与粉丝接触，IP 及其衍生产品影响用户群体从而扩大影响力；通过粉丝效应，用户为 IP 及其衍生品贡献的付费值创造付费力。IP 价值一旦受到大众认可，其中下游产品的数量和市场规模会持续增加，而周边衍生品市场就会成为新蓝海，从而能够提供充足的 IP 内容。IP 作为最核心、最关键的资源，其内涵价值需要经过长时间的考验：优质 IP 能持续变现，历久弥新；顶级 IP 处于价值链顶端；潜力 IP 的价值需被进一步发掘，市场化的加工、营销使其达到持续盈利的目的；劣质内容则一定会被淘汰。

（4）关键流程。在大创意时代，一个好的 IP 固然重要，但是也需要对各种媒体进行接口，满足各种类型的媒体和人群的需要，其中包括平面、电视等传统媒体，微博、微信等社会媒体，以及自媒体等方面的需求。所有创意都需要进行整合式营销，将活动、广告、公关等连接在一起，并且吸引用户积极地参与进来。这样的 IP 创意才是这个市场真正需要的。因此，IP 模式的关键流程有三个步骤：第一，上游以内容作为支撑，利用优质内容源，吸引原始核心粉丝，所以要具备低成本、多样化的内容生成能力，与核心粉丝加强互动，参与企业主要是文学、动漫、影视开发类；第二，中游具有放大作用，使 IP 的影响力倍增，吸引新的粉丝人群，强化对核心粉丝的影响，所以需要拥有低成本、大覆盖的传播能力，并具备一定的变现能力，主要参与企业是影视、动漫、游戏等企业；第三，下游具有变现作用，下游企业可实现IP价值多渠道再变现，且变现能力强，可快速在标准化产品上代入IP概念，此时参与企业主要是游戏、主题公园、玩具、图书及其他衍生品等类的企业。

3. IP模式的发展与演变

无论网络文学、影视作品、音乐、游戏还是动漫IP，以及在此基础上的跨界，最终都会形成生态产业链。成熟娱乐市场为我们提供了一些成功的范例。例如，以IP授权为连接点、开拓泛娱乐疆土的迪士尼模式，由IP"价值运作"替代IP"挖掘变现"的漫威模式，以及以漫画为起点而发散到影视、游戏、玩具等领域的日漫产业模式，都是可供参考的模型。对于泛娱乐公司而言，与收购优质IP、多元化推广IP和制定IP授权开放策略同样重要的是进行IP的底层设计，顺应泛娱乐的生命周期，从起点接入产业链，布局整个IP闭环生态系统，以价值观和哲学观塑造IP，以慢动作培育IP，而不是采用完全的"拿来主义"。只有这样，才能在泛娱乐退潮后依然屹立不倒。[①]

近年来，我国文创产业打造IP产业链受到广泛关注，通俗类文学作品是最大的IP源泉。目前泛娱乐IP产业有六大热点：一是网络文学IP改编热度不减，文漫影游联动频繁；二是超级文学IP吸睛，优秀小说改编成电影、电视剧后受到广泛好评；三是IP网络剧盛行；四是经典日漫改编手游成常态；五是游戏改编大电影引领新的IP潮流；六是粉丝经济发力周边衍生品。

4. 典型领域的特征

(1)在影视领域，文化创意公司可以将粉丝经济与O2O商业模式融合起来，变现为"互联网IP＋粉丝经济＋影院社交＋O2O营销"这一营销模式，而共振化的粉丝社群则是决定一个作品成败的关键。此外，借助弹幕、短信等形式，粉丝可以与社区内的其他粉丝一起发表观点，实现线上线下的互动。

(2)在音乐行业，粉丝社群的共振效应也使其发展产生了变革。演唱会可以采用"现场演出＋付费直播"这种O2O演唱会模式，在线售出电子门票，在极大地拓展观众数量的同时也满足处于低端消费水平的粉丝的追星愿望。

(3)在其他文化创意领域，也需要与粉丝形成稳定的连接结构，以保持其持续的情感忠诚度，以粉丝的情绪资本为核心，影响用户情绪，实现用户主动参与，最终使其主动营销，从而使得企业盈利。优质的IP是吸引用户的前提条件，而粉丝经济、社群模式等运作方式的使用是流量变现的重要手段，所以说"内容为王，渠道为后"，只有两者有机地结合、高效地运作，才能实现创意元素或者创意作品的商业价值。

(二)平台模式

新媒体时代是一个信息大爆炸的时代，不可避免地会出现信息量过载。如果不能

---

① 韩布伟：《泛娱乐战略》，北京，北方妇女儿童出版社，2016。

让自己的内容做到绝对的吸睛和可持续开发，则不可采取 IP 主导的"内容为王"的策略，而应该采用平台化策略。

1. 平台模式的概念

平台模式主要是为内容产出者提供服务，为内容提供优质的传播途径及渠道，达到共赢的效果。平台是指将内容提供商和消费者大众联系起来，成为连接供给和需求的市场。平台模式的最核心的功能就是作为内容传播的中介，将市场中的各方资源整合起来，吸附大量的优质内容，快速、高效地沟通内容提供商与消费者的关系，从而促进交易的达成。也就是说，平台模式就是将众多经典 IP、流行 IP 收于一处，使之成为中心化的内容聚集平台，为这些创意达人、内容制造商提供一个优质的面向大众的渠道，提高文化创意作品的曝光率。

2. 平台模式的核心

（1）客户价值主张。平台模式的目标客户包括供给方（内容提供者、广告商）和需求方（消费者）。消费者和内容提供者一起构成平台的主要利润来源：平台向广告商或者内容提供者收取费用，包括广告费、服务技术费、交易抽佣、资源收费、数据方面的客户管理费和促销管理费等，还可以通过巨额的流动资金进行金融变现。在平台上，内容提供者提供优质作品，通过打赏、广告、内容付费等方式实现盈利，而消费者是产品和服务的最终买单者。因此，只有迎合了消费者喜好的平台商业模式，才能留住用户，实现平台的持续发展。

（2）盈利模式。平台模式的盈利方式主要是广告费、会员费和单品内容付费。广告是视频、游戏、文学等平台网站的主要收入来源，用户的点击量是广告商投放广告的最主要的标准，平台的用户容量大、点击率高，广告费就相应地提高。

会员费也是平台的收入来源之一。通过支付会员费，用户可以享受到独家内容、抢先看、下载等优惠活动，同时可以跳过片头、片中等各种形式的广告。另外，有些用户会为了追求极致体验而支付会员费，因为只有成为会员才能享受超清、超音质等服务。

内容付费正逐渐被大众所接受，也是目前各平台努力的方向，尤其是知识分享平台。在互联网发展初期，知识共享时代催生出了知乎 live、分答等共享知识平台。海量信息虽然解决了原有信息不对称的问题，但也导致了信息泛滥现象。内容付费作为知识价值的体现形式，为全民提供甄别信息真伪的平台和专业信息指导，可以加快互联网知识经济的发展。知识付费作为新型消费升级模式，在用户兴趣捕捉、内容消费观洞察能力上已经完成了一定的经验积累。信息在收费—免费—收费这一循环过程中走向价值化。在互联网各大垂直领域中，专业知识将是内容付费的主要动力之一。

（3）关键资源。关键资源指让商业模式运转所需的相对重要的资源和能力。企业内的各种资源的地位并不是均等的，不同商业模式能够顺利运行所需要的资源也各不相同。在新媒体时代，平台模式最重要的资源就是传播渠道以及整合内容的能力。媒体的传播不再仅仅是承载内容的一段话，而是全方位、多介质的整合传播，最终需要达到一个综合性的传播效果。因此，优质内容必须依靠优秀的平台和渠道进行传播运营，否则，优质资源能够发挥的价值就相当有限，而要获得影响力和知名度也相当困难，其商业价值也不会太高。

（4）关键流程。平台模式的发展流程包括两个阶段：计划阶段、衍生阶段。在计划阶段，平台需要吸引并积累用户。也就是说，选择平台战略的企业首先需要有能力积累巨大规模的用户。其次，需要提供给用户具有黏性的服务，形成行业壁垒。平台模式最大的缺点就是容易复制，只有形成自己企业的核心价值，才能避免用户大量流失到竞争对手那里去。

当有了一定数量的稳定用户并形成行业壁垒后，围绕这个产品进行平台演化：从寄生到共生，再到衍生，就会形成一个庞大而稳定的生态系统。平台发展到衍生阶段，产品更为多元化和多样化，对消费者的吸引力更大，消费者活跃度也会提升，不仅可以提高各商家的收益，包括平台提供商、广告商和内容提供商，还能吸引更多的创意达人入驻，进而丰富平台上的内容或作品。

3. 平台模式的发展与演变

平台模式的发展演变体现在自媒体时代的兴起。平台模式初期是以平台为基础，宣传平台上的内容为核心，用户及流量成为盈利点。当各平台层出不穷，导致内容重复多、版权问题频发时，平台的重心从内容输送者转移到内容创作者，从而让用户关注平台自身。[①]

我国自 2015 年进入自媒体时代，其中直播视频领域发展蓬勃，该类平台迅速崛起。流量是自媒体商业变现的基础，大部分自媒体依旧会高度依赖流量较高的平台。拿到融资的自媒体商业模式更加清晰，且以垂直细分领域的优质内容为主。这部分自媒体正在逐渐形成不依赖于广告的非媒体特征的商业模式，如开发内容 IP、内容付费、内容电商、精准化社群运营甚至生态平台化发展。除此之外，自媒体对平台流量管理的要求更高，而且希望平台可以提供更详细的关注者数据。相比单纯的流量信息，关注者或者粉丝的忠诚度对于自媒体而言可控性更高。

4. 典型领域的特征

（1）在视频领域，视频付费成为常态。

（2）在音乐行业，音乐付费习惯渐成。用户对于网络音乐消费的金额比以往稍微提高，是用户付费听音乐习惯养成的良好表现，也是国家政策有效以及公民版权观念加

---

① 韩布伟：《泛娱乐战略》，北京，北方妇女儿童出版社，2016。

强的体现。

（3）在知识分享领域，知识付费已经成为新风尚。近年来，移动互联网的快速发展让垂直化服务和个性化需求成为可能，知识付费在知识共享，网生内容、社群电商以及移动音频、移动直播等风口产业交织的环境下应运而生。在此背景下，某些平台涉足知识付费领域。它们在短时间内聚集了大量用户，并且实现了知识的变现。

第五章　如何创办新企业

第一节　新企业创办的前期准备

一、创立企业的条件

创业者在决定创业之前，首先应该清楚自己该不该设立企业，以及何时设立。大量的调查表明，企业的设立时机得当与否对新创企业的成功有着重要的影响。一般来说，具备以下一个或几个条件时，企业的设立才有可能成功。

（一）具备设立企业的外部环境

创业需要有适当的制度环境、政策环境、金融环境、市场环境、科技环境和人文环境等。传统计划经济时期个人无法创业，原因关键在于那时缺少个人创业的经济制度与政策环境。良好的外部环境也为很多创业者提供了创办企业的良好时机。

政府对创业者的帮助和支持表现在对新创企业提供包括房产、水电、通信等方面的基础设施，鼓励创业的财政支持和税收等方面的政策支持，以及对特定行业的发展支持等。没有政府政策的支持，新创企业很难在艰苦的投入大于收益的阶段获得持续的发展动力和回报。比如，政府对高科技企业的创办给予了良好的支持，包括制定具有引导性的政策、制定新的法律法规；建立高新技术创业园区、减免部分新创企业税收；提高新创企业的审批效率；鼓励留学人员创业等。创业者在作出创业决策时，需要考虑新创企业的产品和服务是否符合当地政府的要求，企业的经营业务将受到政府鼓励还是压制，能够享受哪些优惠政策，需要履行哪些义务。

（二）具有强烈的当老板的意识

很多创业者在强烈的当老板的意识下创立了自己的企业。自己创办企业基本上可以选择自己喜爱的事业去开创，按照自己喜欢的方式去做自己喜欢的事情。在自己创办的企业里为自己工作，做自己喜欢的事情，实现自己的人生理想和抱负，是大多数创业者的创业动因。正是在这种强烈的自己做老板的意识驱动下，很多企业应时而生。

(三)出现有利的市场机会

很多很好的商业机会并不会突然出现，它是对"一个有准备的头脑"的人的一种"回报"，或是当一个识别市场机会的机制建立起来之后才会出现。市场机会的出现使创业者意识到机会的到来，有准备的创业者会适时创立自己的企业。

寻找市场空白，这可能是最直接有效地发掘有利市场机会的方法了。有空白就存在着巨大的消费需求。但问题是创业者本人看到的市场空白别人往往也能看到，即使自己先看到，以后也容易被后来者模仿甚至超越。

(四)开发能创造市场的产品

这是创业者起步创业的最为直接的可能性。

(五)打造能创造市场的商业模式

21世纪是信息时代，互联网的飞速发展极大地推动了信息的数字化和网络化，信息的获取和传递变得非常容易。一些著名的大公司和中小公司纷纷上网，通过互联网获取和发布信息，直接进行网上交易。借助互联网的顾客可以随时在网上购物，公司可以利用互联网为消费者提供适时、特定的服务，企业之间也可以通过互联网进行产品销售或购买，因此互联网上蕴藏着大量的商机。

同时，电子商务在未来具有很好的发展前景，一大批电子商务公司在世界各地不断涌现。由此可以看到，一个有着巨大市场潜力的商业模式也能带动大批企业的创立。

(六)掌握独立创业的独特资源

这里说的独特资源有很多种，如获得了某种有利于自己独立创业的特许权也是一种独特资源。创业者一旦拥有了这类权利，就不会遇到过多的竞争者，就不会进入一个拥挤的市场，创业成功的概率自然会大大提高。

二、设立新企业的前期准备

创业者在创办一家新的公司之前，要做好以下几方面的准备。

(一)组织公司股东

股东即是公司的出资人，也称为投资者，成立一家公司首先就是要组织一定数量的投资者。

什么人可以成为公司的股东呢？除国家有禁止或限制的特别规定外，有权代表国家投资的政府部门或机构、企业法人、具有法人资格的事业单位和社会团体、自然人都可以成为公司的股东。

(二)确定公司名称

申请公司名称预先核准的时候，应当提交下列文件。

1. 全体股东签署的公司名称预先核准申请书；

2. 股东的法人资格证明或者自然人的身份证明。

（三）确定公司地址

第一，公司的地址必须跟准备递交申请的注册机构的级别一致，例如，准备在 A 区工商局注册一家有限公司，那么则不能将公司地址定在 B 区。

第二，公司地址所在地必须具备完整的产权证明文件。产权证明文件证明该所在地归谁所有，一般是指房产证，或者是购房合同加上银行按揭证明。

第三，一个地址只能注册一家有限公司，如果确定的地址以前已经注册过一家公司而且那家公司现在还没有搬走或注销，那么现在就不能再注册公司。即使是原来的公司搬走了，也要确认那家公司有没有办理地址变更手续。

第四，有些地方的工商局对注册有限公司的房屋档次有所要求，在注册之前必须了解当地的规定，或者先到工商局咨询清楚。

第五，如果公司地址所在地的所有权不属于任何一个股东，那么必须由其中一个股东跟业主签订一份租赁合同。在签订租赁合同之前一定要弄清楚上面所说的几点。租赁合同一般要签一年以上，这跟公司的经营期限是相关联的，例如你签的租赁合同期是一年，那么工商局批给你的经营期限最多也是一年，到期了必须办理延期手续或者将公司注销。办理延期手续的时候，必须递交新的租赁合同。

（四）预定公司经营范围

经营范围是指国家允许企业法人生产和经营的商品类别、品种及服务项目，反映企业法人业务活动的内容和生产经营方向，是企业法人业务活动范围的法律界限，体现企业法人民事权利能力和行为能力的核心内容，根据公司法的规定，对公司的经营范围有以下要求。

1. 公司的经营范围由公司的章程规定，公司不能超越章程规定的经营范围申请登记注册。

2. 公司的经营范围必须进行依法登记，也就是说，公司的经营范围以登记注册机关核准的为准。公司应当在登记机关核准的经营范围内从事经营活动。

3. 公司的经营范围中属于法律、行政法规限制的项目，在进行登记之前，必须依法经过批准。

公司注册资本的最低限额为：

(1)以生产经营为主的公司 50 万元；

(2)以商品批发为主的公司 50 万元；

(3)以商业零售为主的公司 30 万元；

(4)科技开发、咨询服务性公司 10 万元。

例如：现在投资 50 万元成立一家计算机科技公司，公司的经营范围可以这么写：电子计算机软、硬件、网络系统工程及电子产品的开发、技术咨询、技术服务；批发和零售贸易(国家专营专控项目除外)。如果提交的经营范围里面某些项目不符合要求，工商局会要求修改或将它删除。

（五）确定股东的出资

1. 出资方式及比例说明

（1）货币

设立公司必然需要一定数量的货币，用以支付创建公司时的开支和生产经营费用。所以股东可以以货币进行出资。

（2）实物

实物是指有形物既能看得见，又可摸得到的东西。实物出资一般是以机器设备、原材料、零部件、建筑物、厂房等作为出资。

（3）工业产权

工业产权是一个内容非常广泛的概念，它一般包括发明、实用新型、外观设计、商标服务标记、厂商名称(商号)、货源标记或原产地名称、制止不正当竞争等。抽象地说，凡是可用于工业(更确切地说是各种生产经营的行为)领域的，能够提高企业市场竞争力并能创造利润的智力创作成果，都属于工业产权。

（4）非专利技术

确切地说应当是非专利成果，它是受《中华人民共和国技术合同法》保护的一种无形财产。在广义上，它可以被看作一种特殊的工业产权，但在狭义上，由于未经法定程序授予，也无独占性和明确的时间、地域限制，故被排斥在工业产权之外。

2. 股东出资必须符合下列要求

（1）股东以货币出资的，应当将货币出资一次足额存入准备设立的有限责任公司在银行开设的临时账户。

（2）股东以实物、工业产权、非专利技术、土地使用权出资的，必须进行评估作价，并依法办理转移财产或者使用权的手续，这里的手续是指过户手续，如以房产出资的必须到房管部门办理转让所有权的手续。

资产评估必须找具有法定评估资格的机构(如资产评估公司或会计师事务所等)来进行，这些机构对资产评估完后会出具资产评估报告书。

以新建或新购入的实物作为投资的，也可以不经过评估，但要提供合理作价证明。建筑物以工程决算书为依据，新购物品以发票上的金额为出资额。

（3）以工业产权、非专利技术作为出资的金额不得超过公司注册资本的20％。但是，国家对于采用高新技术成果有特别规定的除外。

（4）股东应当足额缴纳公司章程中规定的各有所认缴的出资额。股东全部缴纳出资后，必须经过法定验资机构(如会计师事务所等)验资并出具证明。

资产评估和验资是不同的，资产评估是指评价出实物、工业产权等的具体价值，验资是指证实具体出资的真实性及合法性。

（六）确定公司的组织管理结构

1. 股东大会

股东大会行使下列职权：

(1)决定公司的经营方针和投资计划；

(2)选举和更换董事，决定有关董事的报酬事项；

(3)选举和更换由股东代表出任的监事，决定有关监事的报酬事项；

(4)审议批准董事会的报告；

(5)审议批准监事会或者监事的报告；

(6)审议批准公司的年度财务预算方案、决算方案；

(7)审议批准公司的利润分配方案和弥补亏损方案；

(8)对公司增加或者减少注册资本，作出决议；

(9)对发行公司债券作出决议；

(10)对股东向股东以外的人转让出资作出决议；

(11)对公司合并、分立、变更公司形式、解散和清算等事项作出决议；

(12)修改公司章程。

2. 董事会

董事会的成员为3～13人。

董事会设董事长一人，可以设副董事长1～2人。董事长、副董事长的产生办法由公司章程规定。

董事会对股东会负责，行使下列职权：

(1)负责召集股东会，并向股东会报告工作；

(2)执行股东会的决议；

(3)决定公司的经营计划和投资方案；

(4)制订公司的年度财务预算方案、决算方案；

(5)制订公司的利润分配方案和弥补亏损方案；

(6)制订公司增加或者减少注册资本的方案；

(7)拟订公司合并、分立、变更公司形式、解散的方案；

(8)决定公司内部管理机构的设置；

(9)聘任或者解聘公司经理(总经理)(以下简称经理)，根据经理的提名，聘任或者解聘公司副经理、财务负责人，决定其报酬事项；

(10)制定公司的基本管理制度。按照《中华人民共和国公司法》的规定，如果公司的股东人数较少和规模较小，可以设一名执行董事，不设立董事会，执行董事的职权可以参照董事会职权进行确定。

3. 监事会

监事会也称公司监察委员会，其成员不得少于3人。

监事会由股东代表和适当比例的公司职工代表组成，具体比例由公司章程规定。监事会中的职工代表由公司职工民主选举产生。有限责任公司，股东人数较少和规模较小的，可以设1~2名监事。董事、经理及财务负责人不得兼任监事，监事会或者监事行使下列职权：

(1)检查公司财务；

(2)对董事、经理执行公司职务时违反法律、法规或者公司章程的行为进行监督；

(3)当董事和经理的行为损害公司的利益时，要求董事和经理予以纠正；

(4)提议召开临时股东会；

(5)公司章程规定的其他职权。

4.经理

经理是公司中对内有业务管理权限、对外有商业代理权限的人。

总经理对董事会负责，行使下列职权：

(1)主持公司的生产经营管理工作，组织实施董事会决议；

(2)组织实施公司年度经营计划和投资方案；

(3)拟订公司内部管理机构设置方案；

(4)拟订公司的基本管理制度；

(5)制定公司的具体规章；

(6)提请聘任或者解聘公司副经理、财务负责人；

(7)聘任或者解聘除应由董事会聘任或者解聘以外的负责管理人员；

(8)公司章程和董事会授予的其他职权。副总经理是总经理的副手。当总经理因故不能行使职权时，可授权副总经理代行其职权；一般情况下，协助总经理总揽公司业务工作。

(七)确定公司的法定代表人

有下列情形之一的，不得担任公司法定代表人。

1.无民事行为能力或者限制民事行为能力。

2.因犯有贪污、贿赂、侵占财产、挪用财产罪或者破坏社会经济秩序罪，被判处刑罚，执行期满未逾5年，或者因犯罪被剥夺政治权利、执行期满未逾5年。

3.担任因经营不善破产清算的公司、企业的董事或者厂长、经理，并对该公司、企业的破产负有个人责任的，自该公司、企业破产清算完结之日起未逾3年。

4.担任因违法被吊销营业执照的公司、企业的法定代表人，并负有个人责任的，自该公司、企业被吊销营业执照之日起未逾3年。

5.个人所负数额较大的债务到期未清偿，不能担任法定代表人。

6.国家公务员不得兼任公司的董事、监事、经理，也不得担任公司法定代表人。

(八)制定公司章程

公司章程是关于公司组织和行为的基本规范。公司章程不仅是公司的自治法规，而且是国家管理公司的重要依据。公司章程具有以下作用：

1. 公司章程是公司设立的最主要条件和最重要的文件。

2. 公司章程是确定公司权利、义务关系的基本法律文件。

3. 公司章程是公司对外进行经营交往的基本法律依据。

公司章程是注册一家公司最主要的文件之一，它由股东共同制定，经全体股东一致同意，由股东在公司章程上签名盖章。

公司章程对公司、股东、董事、监事、经理具有约束力。

三、创业者必须了解的企业常识

(一)企业

企业是从事生产、流通或服务性活动的独立核算经济单位。它是依法设立的经济组织，是商品经济范畴，按照一定的组织规律，有机构成的经济实体，一般以营利为目的，以实现投资人、客户、员工、社会大众的利益最大化为使命，通过提供产品或服务满足社会需求，以换取收入和盈利。企业是社会发展的产物，因社会分工的发展而成长壮大。

(二)企业的类型

企业根据不同的标准也可以分为不同的类型。

1. 根据企业规模划分

根据企业规模大小不同，可分为大型企业、中型企业、小型企业。

2. 根据企业组织形式划分

根据企业组织形式不同，可分为个体企业、合伙制企业、股份制企业。

3. 根据经济成分划分

根据经济成分不同，可分为国有企业、集体企业和私营企业。

4. 根据资源密集程度划分

根据资源密集程度不同，可分为劳动密集型企业、资金密集型企业和技术密集型企业。

5. 根据经营性质划分

根据经营性质不同，可以分为工业企业、商业企业、农业企业、金融保险企业、房地产开发企业、交通运输企业、旅游服务企业、餐饮娱乐企业、邮电企业、中介服务企业等。

(三)企业的法律形式

创业者在创立企业的时候，必须解决的一个重要问题是企业应选择什么样的法律组织形式，这个决策主要取决于创业者和公司投资者的目标，并考虑纳税地位、承担的法律责任及在企业经营和融资活动中的灵活性。

依据我国现行法律规定，个人创立新企业的法律形式主要有有限责任公司、合伙企业、个人独资企业、个体工商户等。不同的企业类型有着不同的设立条件和注册资本限额，以上几种企业类型的具体介绍如下。

1. 有限责任公司

有限责任公司又称有限公司，是指符合法律规定的股东出资组建，股东以其出资额为限对公司承担责任，公司以其全部资产对公司的债务承担责任的企业法人。

2. 合伙企业

合伙企业是指自然人、法人和其他组织依照《中华人民共和国合伙企业法》在中国境内设立的普通合伙企业和有限合伙企业。合伙企业由各合伙人订立合伙协议，共同出资、合伙经营、共享收益、共担风险，并对合伙企业债务承担无限连带责任。

3. 个人独资企业

个人独资企业，简称独资企业，是指由一个自然人投资，全部资产为投资人所有的营利性经济组织。独资企业是一种很古老的企业形式，至今仍广泛运用于商业经营中，其典型特征是个人出资、个人经营、个人自负盈亏和自担风险。

4. 个体工商户

个体工商户是在法律允许的范围之内，依法经核准登记，从事工商业经营的自然人。通过以上分析，可以看出企业的不同法律形式之间的区别，创业者在选择时，要从四个方面认定：业主数量和注册资本；成立条件；经营特征；利润分配和债务责任。

▶▶ 案例分享

一位"90后"创业者的自述

2014年8月，刚刚大学毕业的我，就和4个踌躇满志的朋友一起开始了我们的创业之路，因为看中了"喜事电商"平台的巨大前景，我们决定把这个定为自己今后的创业目标。回忆这一年多来，用三个词形容特别合适："加班""累""兴奋"。创业初期，感觉自己终于找到了一个可以放手一搏的机会，内心激动不已，那段时间除了加班工作，几乎与世界隔绝，每天早晨7点起床，半夜才回家，团队中每个人都很努力，只为了我们的软件可以早一天上线，大家每天都加班到很晚，好像浑身有用不完的劲，有时候为了相互鼓励，我们还进行头脑风暴。刚开始经常接触一些创业者，和他们聊项目、谈方向，以及给他们一些指导性的意见，还举办线下交流会，那段时间是全民创业高潮期，是个公司如果不说自己是O2O或者是B2C的公司，都不好意思开口，每个人都有自己的想法，有做高端鞋子定制的，有做进口水果配送的，有从传统行业转向互联网的……

路一步步地走，事情一件件地做。时间久了，公司却开始了迷茫，见的人多了，聊得多了，才知道做这个行业是多么的不容易。我是做技术的，主要负责 IOS 开发，每天起早贪黑地写代码，每天都有做不完的工作，几乎没有假期。我们 5 个人开发了一版又一版，系统也在不断地添加新的功能，每次看到自己开发的产品，内心是又激动又迷茫，软件虽然开发出来了，但是推广却迟迟未动。兄弟几个想放弃又不甘，毕竟当初开始创业的时候我们 7 个月没有谁领过一分钱的工资，即便拿到了天使轮融资，我们的资金也仅仅可以维持自己的日常生活开支。在北京打拼了一年，下一轮融资迟迟不能到位，"领头"大哥决定，把公司搬回郑州，一是为了降低运营成本，二是我们的主营业务定位在河南。但是回到河南大家准备大干一场的时候，却又遇到难题了，我们的软件活跃度不高，使用我们支付功能软件的人数几乎为零。

我们可以继续把自己的软件开发做下去，争取早日做出消费者喜欢并且满意的产品，可是这样公司终究会慢慢死去，因为我们不但暂时无法盈利，也无法拿到第二轮融资。或者，我们转型寻找新的项目，但是我们找了好几个新方向，都感觉有心无力。有人说我们是这个行业的先驱，注定会死在路上，除非我们非常优秀，然而社会的现实却在一步步地笼罩着我们，在这期间团队之间的矛盾不断升级，有人坚持认为我们应该沿着现在的方向继续做下去，可我们对前进的方向却非常迷茫。

终于有一天，我们的一个合伙人，感觉这个环境不再适合他了，一天晚上因为一点小的矛盾，他和团队"大哥"大吵了一架离开了这个团队，到了 2015 年年底为了降低成本，团队"大哥"找我说，我们要裁人，原因是我们现在做的 App，不再更新了，只做维护。

一路走来，创业给了我一次自由发展的机会，也让我明白了很多问题。以下创业心得供创业同仁参考。

公司在不同的阶段有不同的管理规则，初创型的公司，要有一个统领全局的人进行管理，管理需要"制度＋情商"。在做一些计划和决定的时候，一定要事先定好计划执行人，时间节点，以及结果，做到赏罚分明。员工福利是公司能不能长久留住一名员工的关键因素。答应给员工的福利，一定要到位，否则很容易在员工心目中失去地位。每个公司都应有一套自己的考核机制，每个阶段也有不同的考核规则，大多创业公司对员工的考核没有大公司那么严格，但是每个人承担的工作量却不比大公司少，更多的考核还是以结果为导向，因为创业公司需要不断地验证自己的想法和调整战术。

股权分配需要考虑很多因素，初始的互联网公司，大多需要去融资，股权分配的时候，要考虑到联合创始人的占股，以及以后的融资：天使轮，A 轮，B 轮，C 轮，D轮的融资以及期权池的分配，还有每轮的出资规则。

公司一定要有一个开放的交流氛围，让每个员工都可以表达自己的心声，这样他们才能感知自己在公司的价值，才有更多的信心留在公司工作。

第二节　新企业的创办

一、企业设立方式的选择

创业者加入创业行列时需要采取何种创业方式：是独创、合伙，还是收购。因此，要将自己的经营能力，可动用经营资源与可能创业方式作一番慎重评估，才能最后做出决定。

1. 独创

独创是指创业者独立创办自己的企业，在现代社会，随着技术进步的加快和技术周期的缩短，在一个人的有生之年，完全有可能经历"从理论研究到应用研究，再到研究开发和创建企业"这一技术创新成果商业化的全过程。因此，个人独立创业也成为一种很常见的现象。更多具有创意的人士，还往往通过工艺创新，市场营销创新等非技术创新而成功地创建企业。

独创企业的特点在于产权是创业者个人独有的，相对独立，且产权清晰，不会与其他人或团体产生产权纠纷。企业由创业者自由掌控，创业者可按自己的思路来经营和发展自己的企业，可以最大限度地发挥个人的智慧与才能。企业利润归创业者独有，不用担心他人分利，同时也不存在其他所有者，无须迎合其他持股者的利益要求和其对企业经营的干扰，这是十分有利的。

但是，独创企业也存在着不利的一面，主要表现在以下方面。

(1)创业者需要独自承担风险，虽然创业者个人的利益是独立的，但其风险也是独立的，创业者需要独立承担创业中的任何风险，这在激烈竞争的市场环境中，往往是极为危险的。

(2)探索性很强。由于没有经验可循，独创企业具有很强的探索性，因此对于创业者的创业热情、创业精神以及经营管理经验等都提出了更高的要求。

(3)创业资金筹备比较困难。由于独创企业在法律上不得不采取业主制的组织形式，在企业组织的存续上存在先天性缺陷。因此，在社会信用不发达的今天，这类企业往往很难得到金融机构的信贷支持。

(4)财务压力大。设立和经营企业的一切费用必须由创业者个人独立承担，因此，创业者将面对较大的财务压力。

(5)个人才能的限制。创业者的智慧和才能终究是有限的，独创企业设立、运营和发展过程必然会受到个人智慧、才能和理性的限制。

(6)难有优秀的管理团队。独创企业很难有优秀的管理团队，一个好汉三个帮，任何具有较强创新与创业精神的员工都不会心甘情愿地长期服务于这样的企业，且由于高层员工不是企业的股东，他们极易与创业者离心离德。

2. 合伙

合伙是指加入他人现有企业或与他人共同创办企业，创业者需仔细考虑采用这种方式发展企业的可行性。合伙企业还可以被看作弥补企业扩张时的资源不足，对市场竞争和市场机会更快地作出反应的众多方法之一。作为一种扩张策略，有效地利用合伙战略需要创业者认真地评估形势和合作者。

与独创企业相比，合伙企业有以下几个优势。

(1)共担风险。由于合伙企业存在两个或两个以上成员，在风险承担方面可以共同分担，在遇到各种困难时可以一起克服。

(2)融资较易。在合作企业中的具有投资优势的个人加入，可以减弱以至回避个人创办企业融资难的问题。

(3)优势互补。由于合伙企业的创业者为两人或更多，创业者的智慧、才能、理性以及资源可以互补，只要团队结构协调、合理，就可以形成一定的团队优势。

但是，合伙企业也存在一些问题，主要表现在以下几个方面。

(1)产权关系不明晰，关系难处。在我国有关创业的法律体系不完善的情况下，合伙企业往往会遇到产权关系难以处理的问题，特别是合伙创业起步之初，往往需要某些无形资产持有者的加入，但无形资产的股份难以合理确认，且当企业发展到一定程度，无形资产提供者在企业中的地位和利益往往会受到挑战。

(2)易产生利益冲突。合伙意味着多个人的利益交织在一起，团队成员之间的利益关系需要反复磨合，在企业设立、运营、发展中不免会产生这样或那样的利益矛盾。一旦利益关系出现了大的不协调，就可能导致企业存续和运营的危机。

(3)易出现中途退场者。当团队内部出现了较大的利益矛盾，或是某些团队成员遇到了更好的盈利机会，还有某些团队成员已有能力独立创业，以及某些团队成员畏惧创业中出现的困难时，这些成员就可能退出现有的创业团队，一旦有人退出，就有可能影响合伙创业的进程，以致影响到新创企业的发展。

(4)企业内部管理交易费用较高。企业设立、运营和发展都需要有集体决策，如果团队内部沟通不好，关系不协调，往往会形成大事小事皆议而不决的局面。

(5)企业发展目标不统一。由于各合伙人的商业目的不一致，可能导致企业发展方向不统一。

3. 收购

投资收购现成的企业，包括既有企业并购(经营成功企业并购、待起死回生企业收购)和购买他人智能(知识产权的收购、特许加盟)等方式。客观地看，创业不外乎是培育某种财富生产能力，为自己创造利润，为社会提供福利，因此，投入资金，通过产权交易，直接将他人的财富制造能力为自己所有，也不失为创业的可行途径。

(1)收购企业的优点

①迅速进入市场。新创企业进入市场时总会遇到这样或那样的障碍，诸如技术壁

垒、规模壁垒、市场分割壁垒、政府许可等，收购方式最基本的特性就是可以省掉很长的时间，迅速获得现成的管理人员、技术人员和设备，可以迅速建立一个产销据点，有利于企业迅速反应，抓住市场机会。如果被收购企业是一个盈利企业，收购者可以迅速获得收益，从而大大缩短投资回收年限。

②迅速扩大产品种类。收购方式可以迅速增加母公司的产品种类。尤其是原有企业要跨越原有产品范围而实现多样化经营时，如果缺乏有关新的产品种类的生产和营销方面的技术和经验的话，显然采取收购方式更为稳妥。

③选择性大。目前，我国不少行业的生产能力是过剩的，如在轻工行业，某些产品的生产能力超过市场需求的 25%，有些甚至超过 100%。其他一些行业也有相似的情况，这就给购买他人的生产能力提供了较大的选择空间。创业者关键是要在可能的购买对象中作出恰当的选择。

④利用原有的管理制度和管理人员、技术。采取收购作为直接投资的方式，可以不必重新设计一套适合当地情况的经营管理制度。这样可以避免因对该领域或该地区的情况缺乏了解而引起的各种问题。收购技术先进的企业可以获得该企业的先进技术和专利权，提高公司的技术水平。

⑤采用被收购企业的分销渠道。这样可以利用被收购企业已经成形的市场分销渠道以及企业同经销商多年往来所建立的信用。

⑥获得被收购企业的市场份额、减少竞争。市场份额的增加会导致更大规模的生产，从而实现规模经济。企业可以收购作为竞争对手的企业，然后将它关闭来占据新的市场份额。

⑦获得被收购企业的商标。收购一些知名的企业往往可利用其商标的知名度，迅速打开市场。

⑧廉价购买资产。一种情况是，从事收购的企业比目标企业更知道其拥有的某项资产的实际价值。例如目标企业可能拥有宝贵的土地，也是在账簿上还保有的不动产，它有时低估了这项资产的限期重置价值使得收购者廉价地买下这家企业。另一种情况是，收购不盈利或亏损的企业，可以利用对方的困境压低价格。

⑨迅速形成自己的财富生产能力，加快进入市场的速度。在新经济时代，要求企业对市场变化、市场竞争有更快的响应速度。如果新建一种财富生产能力，往往要花数月甚至数年的时间。等到生产能力建成了，市场机会早被他人抢走了。而购买他人现有的生产能力，只需进行必要的技术改造，即迅速提供市场需要的商品，实实在在地抓住某些盈利良机。

(2)收购企业的缺点

①价值评估困难。其一，有的目标企业为逃税漏税而伪造财务报表，存在着各种错误和遗漏，有的目标企业不愿意透露某些关键性的商业机密，加大了评估难度；其二，对收购后企业的销售潜力和远期利润的估计困难较大；其三，企业的资产还包括商

誉等无形资产，这些无形资产的价值却不像物质资产的价值那样可以轻易用数字表示。

②失败率高。失败有很多原因，一个重要的原因是被收购企业的原有管理制度不符合收购者的要求。如果原有的管理制度好，收购企业可以坐享其成，无须很大地改变；若原有的管理制度不合适收购后对其进行改造时，习惯了原有经营管理方式的管理人员和职工往往对外来的管理方式加以抵制。母公司在被收购企业内推行新的信息和控制体系常常是一个困难而又缓慢的过程。另外企业虽然可以通过收购方式获取市场份额和产品技术，但如对被收购企业的产品种类认识不足，缺乏相关经验，可能无法进行有效的管理，这也会导致收购的失败。

③现有企业往往同它的客户、供给者和员工有某些契约关系或传统关系。例如，现有企业可能同某些老客户具有长期的特殊关系，该企业被收购后，如果结束这些关系可能在公共关系上代价很大，然而继续维持这些关系可能被其他客户认为是差别待遇，与供给者之间的关系也可能会碰到类似的情况。

④转换成本高。一般而言，收购对方的生产能力后，总要对所购入的生产能力进行某些技术改进。这就涉及所谓转换成本问题，包括技术改造成本、原有某些设备提前报废的损失、原有人员进入新岗位的培训费用增加等。这是购买现有企业生产能力时不得不考虑的问题。

⑤选择收购对象是难点。要恰当地选择目标企业，进而购买它，不是一件容易的事情。通常在选择购买对象时，创业者应该考虑如下问题：目标企业目前的市场地位、未来的市场地位，目标企业目前的技术能力、技术能力的成长性，目标企业的负债状况，目标企业目前的经营业绩，目标企业要求的出资方式及其方便性，并购后技术改造需要的增量投资，可能随之增加的企业社会负担等。

⑥原有企业的包袱会加大。创业者收购企业时，常常不得不随之收购现有企业原本承担的某些社会义务。收购也可能导致人力资源管理上的麻烦。现有企业被收购以后，由于企业的整顿往往会产生大量的剩余人员，对这些人员的安置和报酬的支付，在企业的经济效益上或在道义和法律上都会遇到麻烦。

收购过程没有正规的程序，目前尚无确定正确的步骤，以及各种情况下的最好选择，因此，在收购过程中，个人理念、良好的商业感觉以及对每个机会谨慎乐观的探索都是无可替代的。有人提出成功收购一个企业的框架，必须经过这样几步：确认目标、价值评估以及交易谈判。

二、企业组织形式的选择

1. 不同形式企业中创业者的权利与义务比较

（1）个人独资企业

个人独资企业由自然人个人投资建立，其所有权属于投资者个人，投资者对该企业拥有绝对的管理、处分和收益权。投资者在个人独资企业的各项权利受到法律的保护，任何单位和个人不得违反法律、行政法规的规定，以任何方式强制个人独资企业提供财力、物力、人力；对于违法强制其提供财力、物力、人力的行为，个人独资企业有权拒绝；任何侵犯个人独资企业及个人独资企业投资者合法权益的行为，将会受到法律的制裁。

而在个人独资企业的责任方式上，基于投资者与企业的密切联系，其个人财产与企业财产紧密相连，个人独资企业的所有者应当就个人独资企业的债务承担无限连带责任。当企业的财产不能够偿还企业债务时，所有者必须以个人的其他财产承担偿还债务的责任。

（2）合伙企业

合伙企业由两个或两个以上合伙人，通过订立合伙协议而建立。因此，合伙人对合伙企业的权利和义务，主要体现在对内关系和对外关系上。

对内关系，即合伙人之间、合伙人与合伙企业之间的权利义务关系。对内关系主要由合伙协议所确定。一般来说，合伙人享有的权利包括：亲自或选举代表管理企业事务的权利、决定企业重大事务的权利、了解企业财务和经营状况的权利、对企业事务提出异议的权利、分配企业利润的权利、退出合伙企业的权利。合伙人对企业权力的大小及行使的方法一般都在合伙协议中作出约定，合伙人之间的关系应当严格按照合伙协议及有关的法律来认定。

而在对内义务上，合伙人不得自营或者同他人合作经营与本合伙企业相竞争的业务；除合伙协议另有约定或者经全体合伙人同意外，合伙人不得同本合伙企业进行交易。此外，代表其他合伙人执行合伙企业事务的合伙人，在经营合伙企业时，还应当尽到合理的义务。如果因其故意或者重大过失，给合伙企业造成损失的，依法承担赔偿责任。

对外关系，即合伙人与第三人之间的权利义务关系，一般情况下，合伙人的个人财产与合伙企业的财产不发生联系，合伙人不对合伙企业与第三人的行为承担义务。但是作为例外，当合伙企业的债务过高，企业财产不足以清偿到期债务时，合伙人的个人财产与企业的财产就发生了联系，各合伙人应当就企业的债务承担连带责任。值得注意的是各合伙人承担连带责任的清偿比例应当按照合伙协定对利润和损失的分配比例来计算。合伙人由于承担连带责任，所清偿额超过其应当承担的数额时，有权向其他合伙人追偿。

同样，合伙人与其债权人的债务关系，并不等同于企业与合伙人之债权人的债务关系。《中华人民共和国合伙企业法》规定合伙企业中某一合伙人的债权人，不得以该债权抵消其对合伙企业的债权；合伙人个人负有债务，其债权人不得代为行使合伙人在合伙企业中的权利。合伙人个人财产不足清偿其个人所负债务的，该合伙人只能以其从合伙企业中分取的收益用于清偿；债权人也可以依法请求人民法院强制执行该合伙人在合伙企业中的财产份额用于清偿。

（3）有限责任公司

在有限责任公司当中，公司财产与股东的个人财产是严格分离的，公司股东只就其出资额为限对公司承担责任，而公司以其全部资产对公司的债务承担责任，因此，创业者在有限责任公司的权利更体现为一种对内的股东权利，主要表现如下。

股东有权查阅股东会会议记录和公司财务会计报告，股东按照出资比例分取红利，公司新增资本时，股东可以优先认缴出资，但股东在公司登记后，不得抽回出资，股东之间可以相互转让其全部出资或者部分出资。股东向股东以外的人转让其出资时，必须经全体股东半数以上同意；不同意转让的股东应当购买该转让的出资，如果不购买该转让的出资，视为同意转让，经股东同意转让的出资，在同等条件下，其他股东对该出资有优先购买权。

有限责任公司股东会由全体股东组成，股东会是公司的权力机构，享有广泛的权利，包括决定公司的经营方针和投资计划；选举和更换董事，决定有关董事的报酬事项；选举和更换由股东代表出任的监事，决定有关监事的报酬事项；审议批准董事会的报告；审议批准监事会或者监事的报告；审议批准公司的年度财务预算方案、决算方案；审议批准公司的利润分配方案和弥补亏损方案；对公司增加或者减少注册资本作出决议；对发行公司债券作出决议；对股东向股东以外的人转让出资作出决议；对公司合并、分立、变更公司形式、解散和清算等事项作出决议；制订公司章程。

此外，因为有限责任公司的规模一般较小，多数情况下，有限责任公司的股东也会担任公司的董事长、总经理等高级管理职务。此时，该股东就享有了对公司内部事务的管理权、公司外部事务的代表权，也享有依据其工作而获得报酬及其他福利的权利，但同时也承担着受股东会监督，忠实勤勉履行管理职责的义务。

2. 不同法律形式企业的利弊比较

不同的企业制度不仅在法律形式与规定上有着较大的差别，而且其适用程度随创业者选择的新企业的法律制度的不同而有很大的变化，因此有必要对创业者所选择的各种法律形式进行利弊比较分析。

（1）从新事业启动成本方面进行分析

对于白手起家的创业者而言，启动成本无疑是他们创建自己企业的第一道屏障。越复杂的组织，创办成本越高。相比来讲，费用最少的是个人独资企业，只有注册企业或商品名的费用。在合伙企业中，除注册外还要订立合伙协议，这就涉及一些专业中介机构的咨询成本及谈判成本。有限责任公司和股份有限公司相对来讲比较"昂贵"，因为其在成立前需要履行一系列法律所规定的程序，这就不可避免地会产生一系列费用。

（2）从新事业的稳定性方面进行分析

无论对于创业者、投资者还是消费者，企业能否长久地存续，是否能够稳定地发展下去都是他们最关心的问题之一。个人独资企业完全是基于创业者个人能力、资金等因素而建立起来的。如果创业者死亡或个人情况发生改变，独资企业的稳定性就会发生变动。而在合伙企业中，合伙人之间的信任是建立合伙企业的基础，合伙人之一的死亡、退出或信赖基础的丧失都可能导致合伙企业结束。我国的合伙企业法对入伙和退伙作出了具体的规定，退伙包括正常退伙、当然退伙和强制退伙。有限责任公司与股份有限公司在各种企业形式中拥有最好的稳定性，由于董事会在公司治理中起到了十分重要的督导作用，股东的死亡或退出对企业的连续性基本上没有太大的影响。

（3）从权益的可转让性方面进行分析

所有者对于企业的权益是否容易转让决定着所有者财产的流动程度，当利润一定时，创业者都会努力持有流动性高的资产，反之亦然。在个人独资企业里，创业者有权随时出售或转让企业的任何资产。在合伙企业中，除非合伙协议允许或其他合伙人同意，合伙人一般不能出售企业的任何权益。而在有限责任公司与股份有限公司里，股东在出售企业的权益方面有很大的自由。特别是股份有限公司，一般股东可以在任何时间不经其他股东同意就转让自己的股份。当然，由于股权分置等历史原因，我国的公司法对股份有限公司的股份转让规定了某些限制，如发起人持有的本公司股份，自公司成立之日起3年内不得转让，公司董事、监事、经理应当向公司申报所持有的本公司的股份，并在任职期间不得转让。

（4）从获得增加资金的方面分析

一般而言，新创企业增加资金的机会和能力依据企业形式的不同而有很大的区别。对个人独资企业而言，任何新资金只能来自一些贷款和创业者个人的追加投资。合伙企业可以从银行借贷，也可以要求每个合伙人追加投资或者吸收新的合伙人，而在有限责任公司与股份有限公司里则有很多途径可以增加资金，要比企业的其他法律形式有更多的选择渠道。股份有限公司可以发行股票、发行债券、发行可转债或者直接向银行贷款。

（5）从管理控制方面分析

在许多新创企业中，创业者希望尽可能多地保留对公司的控制权。每种企业形式都给管理控制和决策责任带来不同的机会和问题。在个人独资企业里，创业者有最大的控制权，可以灵活制定企业决策。在合伙企业中，一般由合伙人根据合伙协议协商解决日常及关键性问题，有限责任公司与股份有限公司的日常业务控制权掌握在职业经理的手中，但大股东却有权投票决定公司较重要的长期决策。按照公司制的设计要求，法人公司中的管理权和控制权进行了适当的分离。

（6）从利润与损失的分配方面分析

毋庸置疑，利润最大化和损失最小化是创业者的目标，因此利润与损失分配问题也是创业者选择企业法律形式时需要着重考虑的问题。个人独资企业的业主取得企业经营中的所有利润，同时他们也要为经营中所有损失承担无限责任；在合伙企业里，利润与损失的分配取决于合伙人出资的份额或合伙协议；有限责任公司与股份有限公司一般严格按照股东的出资比例分配利润和承担损失。

（7）从对筹资吸引力方面分析

由于个人独资企业和合伙企业对企业的债务承担无限责任，因此任何债务性融资对他们来讲都是一件需要慎重考虑的决策；相比而言，股份有限公司和有限责任公司仅对企业的债务承担有限责任。因此，无论是债务性融资还是权益性融资都对公司的吸引力要强许多。当然，公司实力越优越，筹资就越容易。

3. 选择自己的创业组织形式

关于如何正确选择适合自己的创业组织形式这个问题，美国知名创业管理研究专家罗伯特·A. 巴隆和斯科特·A. 谢恩认为需要回答下列问题。

（1）创业者（投资者）有多少人？

（2）承担有限责任对创业者很重要吗？例如，如果创业者有许多个人财产，这对创业者可能比较重要；而如果创业者没有什么个人财产，承担有限责任对创业者可能就不太重要。

（3）所有权的可转让性是重要还是不重要？

（4）创业者预料过自己的新企业可能支付股利吗？如果想过，这些股利承受双重征税对创业者有多重要？

（5）如果创业者决定离开企业，会担心自己不在的时候企业能否持续经营下去吗？

（6）保持企业较低的创办成本对创业者有多重要？

（7）在未来，筹集企业所需追加资金的能力有多重要？

为了便于创业者更好地理解这些问题，结合中国的主要法律组织形式的现状以及优劣势比较分析，创业者应该从以下几方面来进行梳理，从而确认适合自己的创业组织形式（需要注意的是，进行梳理的前提是充分了解中国主要法律组织形式的现状、特征以及优劣势比较分析）。

创业目标

具体包括：是否期望企业持续经营下去？是否想成就一番长久的事业？

创业团队规模

这里主要指创业初期可能成为股东的人员规模，包括引进的投资者。

创业资金来源

这里主要指资金与资产来源，对于这个问题，我们要从两方面来分析。一是如果拥有巨大的私人财产，选择无限责任的那类公司就不太合适；二是如果拥有充足的资金来源，创业者可能对企业未来筹集资金的需求似乎也不强烈了，而且对企业创办成本也不会有太多顾虑。这就需要创业者进行充分的权衡，并对不同的法律组织形式进行进一步的比较分析。

对所有权与经营权的掌控程度

这一点也非常重要，因为所有权的可转让性、所有权与经营权的分离等因素，都是在不同的法律组织形式中才能实现的。而创业者是否看重这些问题，也就会影响其决定。

对双重税收的接受程度

创业者是否考虑过新企业或者未来可能支付股利？而因为这些股利，需要承受双重征税，是否能够接受？

对外部资源的开放程度

有的创业者就是喜欢单枪匹马，有的是与个人的性格、个人的创业目标有关，例如比较霸权、与他人合作不愉快等，有的创业者往往比较保守，不太愿意或者不善于接受过多的外部资源以及新生事物；不过，更多的创业者还是更愿意发挥团队的力量、借助外部更多的资源来支撑新企业的快速成长。这一切，都决定了未来公司的治理结构、股权的转让程度、产权的流动流程、筹资的愿望、资本运作的需求等，这些因素都会在很大程度上影响创业者对创业组织形式的选择。

三、企业注册流程

企业注册的一般步骤如下。

第一步：核名。

注册公司第一步就是公司名称审核，即查名。创业者需要通过市工商行政管理局进行公司名称注册申请，由工商行政管理局三名工商查名科注册官进行综合审定，给予注册核准，并发放盖有市工商行政管理局名称登记专用章的"企业名称预先核准通知书"。

此过程中申办人需提供法人和股东的身份证复印件，并提供公司名称2～10个，写明经营范围，出资比例。公司名称要符合规范，例如：贵阳（地区名）＋某某（企业名）＋贸易（行业名）＋有限公司（类型）。

第二步：租房。

根据公司法和物权法的规定，公司注册的商业产权证上的办公地址最好是写字楼。对大学生创业者来说，目前有很多经济园区或孵化机构可以免费或优惠提供公司住所。如果你自己有厂房或者办公室也可以，有的地区不允许在居民楼里办公。租房后要签订租房合同，并让房东提供房产证的复印件。

第三步：编写公司章程。

可以在工商局网站下载"公司章程"的样本，参照进行修改。章程的最后由所有股东签名。

第四步：特殊经营范围审批。

如新创企业的经营范围中涉及特种行业许可经营项目，则需报送相关部门报审盖章。特种许可项目涉及旅馆、印铸刻字、旧货、典当、拍卖，信托寄卖等行业，需要消防、治安、环保、科委等行政部门审批。特种行业许可证办理，根据行业情况及相应部门规定不同，分为前置审批和后置审批。

第五步：办理公司登记注册。

工商局经过企业提交材料进行审查，确定符合企业登记申请，经工商行政管理局核准，即发放工商企业营业执照，并公告企业成立。

相关材料包括：公司章程，名称预先核准通知书、法人和全体股东的身份证，公司住址证明复印件（房产证及租赁合同）、前置审批文件或证件、生产性企业的环境评估报告等。当以上资料全部准备完整之后，就可以向工商行政管理局申请公司的登记注册了，它主要包括以下几个步骤。

第一，凭《企业名称预先核准通知书》，向公司登记机关领取相应的公司登记注册申请表，然后填写表格内容，主要包括公司名称，地址、股东，法定代表人等信息。

第二，准备所有工商局要求的资料包括以下内容。

（1）法定代表人及自然人股东的相片。一般为大一寸相片，黑白或彩色都可以（在办理一家公司的整个过程中，在不少地方都要放上相片，法定代表人要准备约10张，股东要准备约3张）。

（2）所有股东的身份证原件及复印件。如果股东为企业法人，则必须准备其营业执照的原件及复印件。如果法定代表人的户口不在公司注册的所在地，必须办理在当地的暂住证。

（3）公司董事长签署的设立登记申请书。

（4）全体股东指定代表或者共同委托代理人的证明。

（5）公司章程。

（6）载明公司董事、监事、经理的姓名、住所的文件以及有关委派、选举或者聘用的证明。

（7）企业名称预先核准通知书。

（8）公司住所证明（房屋产权证或能证明产权归属的有效文件。租赁房屋还包括使用人与房屋产权所有人直接签订的房屋租赁协议书或合同）。

（9）有的工商局还会要求提供其他一些证明，如自然人股东的计划生育证明（结婚证或未婚证）、特殊行业的前置审批及其相关文件，最好在注册之前先到工商局问清楚，使材料能够一次性准备齐全。

第三，由公司全体股东（发起人）指定的代表或共同委托的代理人将上面所有的材料递交给工商局。工商局收到申请人的全部材料后，发给《公司登记受理通知书》。

第四，工商局发出《公司登记受理通知书》后，对提交的文件、证件和填报的登记注册书的真实性、合法性、有效性进行审查，并核实有关登记事项和开办条件。

第五，予以核准的，工商局则会在核准登记之日起15日内发企业法人营业执照，公司法定代表人按规定的时间到登记机关办理领照手续、缴纳登记费及有关费用后，公司法定代表人持缴纳费用的凭证、《公司登记受理通知书》和身份证在领照窗口领取企业法人营业执照。如法定代表人因事不能前来办理领照手续的，可委托专人持法定代表人亲笔签名的委托书，及领照人身份证(原件)代领。

领取营业执照时，必须按规定缴纳登记费，标准如下。

(1)领取企业法人营业执照的，设立登记费按注册资本(金)总额的千分制缴纳；

(2)注册资本(金)超过 1 000 万元的，超过部分按 0.5‰缴纳；

(3)注册资本(金)超过 1 亿元的，超过部分不再缴纳。

第六，办理公章、财务章。

凭工商局审核通过后颁发的营业执照，到公安局指定的刻章社去刻公章、财务章(后面步骤中，均需要用到公章或财务章)。章主要包括以下几个。

(1)公司公章；

(2)财务专用章；

(3)法定代表人私章；

(4)合同专用章；

(5)发票专用章。

第七，去银行开基本户。

领取营业执照后，需去银行开立基本账号，各个银行开户，要求略有不同，开基本户需要提前准备好各种材料，一般包括营业执照正本原件、身份证、公章、财务章、法人章等。基本存款账户是存款人因办理日常转账结算和现金收付需要开立的银行结算账户。基本存款账户是存款人的主办账户，存款人日常经营活动的资金收付及其工资、奖金和现金支取，应通过该账户办理。

第八，办理税务登记并申领发票。

税务是公司注册后涉及比较重要的事务，一般要求在申领营业执照后的 30 天内到税务局办理税务报到程序，核定税种税率，办理税务登记证等。另外，每个月要按时向税务部门申报纳税，即使没有开展业务不需要缴税，也应进行零申报。

办理税务登记必须准备以下材料。

(1)企业法人营业执照(一般是副本)原件及复印件；

(2)法定代表人身份证原件及复印件；

(3)公司财务人员的会计证；

(4)办税人员身份证原件及复印件；

(5)银行开户许可证复印件；

(6)银行账号证明文件；

(7)公司章程复印件；

(8)公司住所的产权证明；

(9)填写税务登记表(可以事先向所在地税务局领取),并加盖公司公章。税务局(国税局和地税局)收到以上材料后,进行审核,如果通过则发税务登记证(国税和地税是分开的两份证)。

如果你的公司是销售性质的,应该到国税局申请发票;如果是服务性质的公司,则到地税局申领发票。

四、公司选址的策略和方法

对于那些刚刚开始创业的人来说,SOHO(Small Office & Home Office,指小工作室或家庭办公室)办公也许是一个好的开始,但当创业者已经需要成立一个公司,开始走上真正的创业之路的时候,有一个真正属于自己的正规的办公场所显得十分重要。

创业企业都需要有经营场所,企业的选址与未来的经营发展有着很大的关系。对于创业者来说,将创业的地点选在哪个城市、哪个区域是一件先决性的事情。尤其是以门店为主的商业或服务型企业,店面的选择往往是成功的关键。好的选址等于成功了一半。

大多数创业者都会选择在熟悉的地方(家乡或者学习的城市等)创业。在选定目标城市后,还需要进一步选择具体的经营地点。不同类型的创业企业,在选址上优先考虑的因素是不同的。

1.生产性质的创业企业选址

这类创业企业在选址时要考虑具备生产条件:交通方便,便于原料运进和产品运出;生产用电要满足,生产用水要保证;生产所使用的原料基地要尽量离企业近一些;所使用的劳动力资源要尽量就地解决;考虑当地税收是否有优惠政策等。如果是一些可能对环境造成影响的生产项目,还要考虑环保因素。

2.商业性质的创业企业选址

这类创业企业在选址时应考虑创业地的实际情况、客流量、店铺租金等。如在城市,若干个商业圈往往带动圈内商业的规模效应,选择在商业圈内会较易经营。但与繁华商业圈寸土寸金的消费能力相应,店铺租金或转让费也是寸土寸金,往往会让创业者捉襟见肘,想要有一个立足之地颇为困难。因此可以在商业圈内利用联合经营、委托代销等方式,或者在商业圈边缘选址,转向次商圈,将节约下来的资金用于货品升级、提升服务等。在选址时要有"借光"的意识,比如在体育馆、展览馆、电影院旁边选址等。如果选择商圈之外的经营场所,则要注意做出特色,形成自己独特的风格,以达到"酒香不怕巷子深"的效果。

3.服务性质的创业企业选址

这类创业企业在选址时要根据具体的经营对象灵活选址,但对客流量要求较高,客流一定意义上就等于财流。在车水马龙人流量大的地段经营,成功的概率往往比在人迹罕至的地段要高得多,但也应结合企业的目标消费群体特点,如针对居民的应设在居民社区附近，针对学生的则应设在学校附近。如果以订单为主，低成本，高效能的办公楼则为首选。

目前，创业的年轻人多以从事服务性和知识性产品的创业者为主，集中在网络技术电子科技、媒体制作和广告等产业，这些性质的公司可以选在行业聚集区或较成熟的商务区以及新兴的创意产业园区。

在选择经营场地时，各行业的考虑重点各不相同，其中有两项因素是不容忽略的，即租金给付的能力和租约的条件。经营场地租金是最固定的营运成本之一，即使休息不营业，也得支出。有些货品流通迅速、空间要求不大的行业，如精品店、高级时装店、餐厅等，担负得起高房租，就设于高租金区；而家具店、旧货店等，因为需要较大的空间，最好设在低租金区。

第三节　新企业的生存管理

一、新企业生存管理的特殊性

新企业成长和现有企业成长具有明显的不同。激烈的市场竞争对已经建立一定竞争优势的强大的竞争者有利，因为他们已经树立了自己的优势，包括品牌、服务、渠道等。作为新入行的企业，只有打破原有竞争格局才能够扭转不利局面。在核心竞争能力尚未形成的时候，应该采用怎样的方式与对手周旋，争取生存机会，然后不断积累实力，加强自身的地位？

与成熟公司不同，新创企业在创业初期的首要任务是在市场中生存下来，让消费者认识和接受自己的产品。

（一）以生存为首要目标

在创业期，企业的首要任务是从无到有，把产品或服务卖出去，掘到第一桶金，在市场上找到立足点，使自己生存下来。在创业阶段，生存是第一位的，一切围绕生存运作，一切危及生存的做法都应避免。

"别再跟我谈对新产品的构想，告诉我们你能推销出去多少现有的产品"是这一时期的典型独白。重要的不在于想什么，而在于做什么，一切以结果为导向。企业里的大多数人，包括创业者在内，都要出去销售产品，这就是所谓的"行动起来"。正因为如此，企业往往缺乏明确的方针和制度，也没有严格的程序或预算，企业的决策高度集中，不存在授权，是创业者的独角戏。此时企业不清楚自己的能力和弱点，只是开足马力全速前进。

在创业期，企业是机会导向的，有机会就做出反应，而不是有计划、有组织、定位明确地开发利用自己所创造的机会。这使企业不是去左右环境而是被环境所左右，不是创造和驾驭机会而是被机会所驱使，这导致企业不可避免地犯很多错误，促使企业应制定一套规章制度以明确该做什么而不该做什么。

（二）依靠自有资金创造自由现金流

现金对企业来说就像是人的血液，企业可以承受暂时的亏损，但不能承受现金流的中断。所谓企业的自由现金流就是不包括融资，不包括资本支出以及纳税和利息支出的经营活动的净现金流。自由现金流一旦出现赤字，企业将发生偿债危机，可能导致破产。自由现金流的大小直接反映企业的赚钱能力，它不仅是创业初期，也是成长阶段管理的重点，区别在于对创业初期的管理来说，由于融资条件苛刻，只能依靠自有资金运作来创造自由现金流，从而管理难度更大。创业初期的管理要求经理人必须千方百计地增收节支、加速周转、控制发展节奏。

（三）所有的人做所有的事

新企业在初创时，尽管建立了正式的部门结构，但很少能按正式组织方式运作，通常是，虽然有名义上的分工，但运作起来是哪里需要，就往哪里去。这种看似的"混乱"，实际是一种高度"有序"的状态。创业初期的创业者很有人情味，相互之间都直呼其名，没有高低之分，每个人都清楚组织的目标和自己应当如何为组织目标作贡献，没有人计较得失，没有人计较越权或越级，相互之间只有角色的划分，没有职位的区别。这种在初创时期锻炼出来的团队领导能力，是经理人将来领导大企业高层管理班子的基础。

（四）创业者亲自深入运作细节

经历过创业初期的创业者大都有过这样的体验：曾经直接向顾客推销产品，亲自与供应商谈判折扣，亲自到车间里追踪顾客急需的订单，在库房里卸货、装车、跑银行、催账，策划新产品方案，制订工作计划，曾被经销商欺骗，遭受顾客当面训斥，等等。由于创业者对经营全过程的细节了如指掌，才使得生意越做越精。

随着企业的逐渐发展，创业者不可能再深入企业的各个角落亲自贯彻自己的领导风格和哲学，授权和分权则成为必然。由于企业缺乏相应的控制制度，授权不可避免地转向分权，导致创业者对企业的失控，从而重新走向集权之路。这样反反复复，最终创业者必须由直觉型的感性管理转变为职业化的专业管理。

二、新创企业生存法则

世界上万事万物都遵循着"适者生存"的法则，企业与生物体一样，必须适应生存的外部环境，必须有适合于自己的生存方式和独特的生存方法。新创企业生存法则包括：顾客满意法则、成本领先法则、人本管理法则、社会责任法则、营销创新法则、博弈双赢法则、资源整合法则、资本回报法则、技术领先法则、和谐生财法则。

（一）顾客满意法则

顾客满意，就是客户接受有形产品或无形产品后感到需求得到满足。商品销售的现实目标是实现销售利润，企业在提供产品、服务的时候，要提高顾客的接受程度。顾客对商品价值的接受程度源于产品质量，服务水平、企业形象及员工素质等方面的价值观；也取决于顾客为获得这种产品所支出的成本的总和，包括货币数量、时间长短、精力多少、心理感觉等方面的成本观。顾客在建立自己期望值的过程中总是趋向于用最小的成本获取最大的价值。因此经营者要运用经营技巧控制好节奏，使顾客在降低期望值的同时增加感受值的比重，提高接受程度，加大成本投入，做好生意。

顾客满意就是努力为顾客提供产品和服务，使企业经营实现利润。企业的顾客都能够满意地、忠诚地、长期地与产品保持有固定的联系，则企业经营就能够获得效益。产品满意是前提，服务满意是保证。

（二）成本领先法则

企业经营管理的核心目标是实现利润，所以，规划价值取向和实施价格定位必须坚持成本领先的策略。经营项目投资前要认真做好调查研究，分析成本、费用结构及价值规律。在测算成本和利润的时候留有一定的空间。企业生存发展的基本法则是理财有术，生财有道、聚财有法。只有在关键阶段、环节，把价值链条中的成本控制好，利润空间最大化，才能实现高经济效益。

价格超值、吸引顾客，是经营者逐鹿市场获得成功的不二法宝，企业既要严格保证商品价廉物美，又要有创新精神，提高服务质量，与时俱进，牢牢把握市场，取得良好的经营成果。

（三）人本管理法则

企业生存的秘密武器是什么？是以人为本的管理机制形成的员工向心力，是建章立制和按规章制度办事形成的组织执行力。人本管理重视人的作用，重视对员工的教育、培训。企业要使员工能力得到超常发挥，使员工的智力、知识、技术与资金相结合，为企业创造价值而努力工作。企业经营的成功意味着员工个人能力的充分发挥和职业生涯的辉煌业绩。人本管理形成员工队伍的向心力，必然会带来企业内部团结奋斗的好气势，为企业生存发展增添活力。以人为本还要根据员工的个人特征进行准确的职业定位，人尽其才。

（四）社会责任法则

创业成名者中相当多的一部分，仅仅名噪一时，随即销声匿迹，原因错综复杂，其中有一条，就是没有自觉地建设责任文化，不懂得如何对社会负责任，因而不能创新守成。只有小心谨慎地不断创造条件适应环境、建设环境，履行一定的社会责任，才能努力实现基业长青。

（五）营销创新法则

营销是把企业生产的产品变成商品，通过交易流动实现销售价值，获取现金的过程。这一过程是决定企业经营成功与否的关键环节。这个产品变现金的道理很简单，做起来却很难。产品流通依靠销售渠道，这条渠道到底通不通，取决于找什么人来卖，如何卖。所以销售流通渠道的第一要素是人，是销售人员，是销售团队。选择好了，组织建设好了，推销能力强，就能牵动市场。如果选择不好，这条渠道不畅通，不管产品好坏，都不会有好的经营结果。

广告传播是全程营销战略的一个重要环节，是最有力的促销措施之一，是产生品牌知名度的重要手段。广告制作、宣传要精心设计，恰到好处，既要使产品、品牌为众人所知，又要使经济效益明显，达到扬名的效果。市场商战形成了顾客追逐品牌形象的游戏规则。根据这个规律就可以设定品牌地位，进行广告宣传，迎合用户心理，满足用户欲望的需要，同时提高服务质量，使用户实现价值，心甘情愿购买商品且给好评。

（六）博弈双赢法则

从事经营活动，面对社会生态环境各类实际的问题竞争，实质是企业生命活动中诸多方面的博弈，要么是零和，要么是双赢。企业必须站在双赢的高度采用竞争策略，按合乎规范的要求进行商业化行动，适应环境变化，遵守商业道德，努力争取双赢。

现代市场竞争涵盖的意义是社会生态系统，商业活动是由市场生态链的相互依存关系构成的，其中生产制造商、流动营销商、客户等，形成系列冲突、竞争，并不是"你死我活"的关系，而是"你活我活，你死我死"的相互依赖的关系。任何企业都是市场经济生态系统中的一个环节或者是一个小节点，相互影响，相对独立，相互作用，互利互惠，共同生存。企业经营只有遵守经商道德，才能立于不败之地。企业只有适应社会进化的潮流，才能生存和发展。

（七）资源整合法则

企业竞争最大的优势在于不可替代的资源优势。难以替代的资源有两种：一种是生产要素的硬件资源，如土地、资金、社区环境等；另一种是软件资源，如技术、人才、人脉、企业文化等。企业硬件资源是确定的、有限的，而软件资源却是不确定的，有巨大的潜力可以挖掘。

在市场竞争中，经营项目取胜的策略就是对优势的硬件资源、软件资源进行选择、整合，充分发挥资源优势功能。把优秀的经营人才选择整合好，形成坚强的凝聚力，使用好硬件设备，实现"资源富集"效应，企业经营才可能获得成功。企业必须根据自己的实际情况，把握好"资源比较优势"原则，选择有潜力、有资源优势的经营项目，进行创新设计和经营。

（八）资本回报法则

对于任何一个企业，资本总是有限的，要扩大生产必须进行有效的"集资"，用经营效益给予投资者回报。资本是企业的血液，投资只是手段，效益回报才是追求的目标，在正常的情境下，投入和产出总是成正比的。投资回报成正比，对资本才会有吸引力。企业经营要懂得市场的生存法则在于"百分之一百的风险意识与最积极的求生行动"，并且能够运用智慧防范经营陷阱，实现投资回报高经济效益。

（九）技术领先法则

在市场经济体制的条件下，企业真正强大的力量是拥有先进技术与资本有效结合的能力，发展最重要的支持力量。为了生存，企业必须学习经营能力、管理技术。中小企业通过学习应用先进的经营管理科学技术，可以收到立竿见影的效果。这是一种投资少、见效快的办法，应该引起企业经营者的重视。企业既拥有先进的经营管理技术和先进的生产能力，又拥有一定的资本，二者相结合，就可以形成生存、发展的巨大力量，创新进取，不断稳定地发展壮大。

（十）和谐生财法则

企业运转强调员工的向心力和凝聚力，而员工向心力和凝聚力的形成则是通过内部管理架构合作与外部环境和谐来实现的。

处在市场和社会之间的企业，是参与竞争和维护稳定的一分子，其内部结构包含市场和社会的二重性，既要鼓励内部竞争，又要营造安定和谐的企业环境和氛围。企业在市场、社会三个维度中，以生存为第一要务，需要和谐，与人和睦相处，"得人和者"才能协调发展。

第六章　创业资源的获取与融资

第一节　创业资源的理解与获取途径

一、创业资源的内涵与分类

（一）创业资源的内涵

资源就是任何一个主体在向社会提供产品或服务的过程中，所拥有或者能够支配的能实现自己目标的各种要素以及要素组合。有的学者曾对创业资源给出了学术定义，他们认为，创业资源是企业创立以及成长过程中所需要的各种生产要素和支撑条件。奥瓦瑞泽和布森尼兹认为创业本身也是一种资源的重新整合，简单地说，创业资源就是创业者所需具备的创业条件。

创业资源是新创企业在创造价值的过程中需要的特定资产，包括有形资产与无形资产，主要表现为创业人才、创业资本、创业机会、创业技术和创业管理等方面。对创业企业来说，创业者是其独特资源，是无法用金钱买到的资源。

（二）创业资源的分类

1. 直接资源和间接资源

学者林强、林嵩、姜彦福等人根据资源要素在企业战略规划过程的参与程度，认为创业资源有间接资源和直接资源之分。财务资源、经营管理资源、市场资源、人才资源是直接参与企业战略规划的资源要素，可以把它们定义为直接资源；政策资源、信息资源、科技资源这三类资源要素对于企业成长的影响更多的是提供便利和支持，而非直接参与创业战略的制订和执行，因此，对于创业战略的规划是一种间接作用，可以把它们定义为间接资源。根据上述分析，创业资源的概念模型如图 6-1 所示。

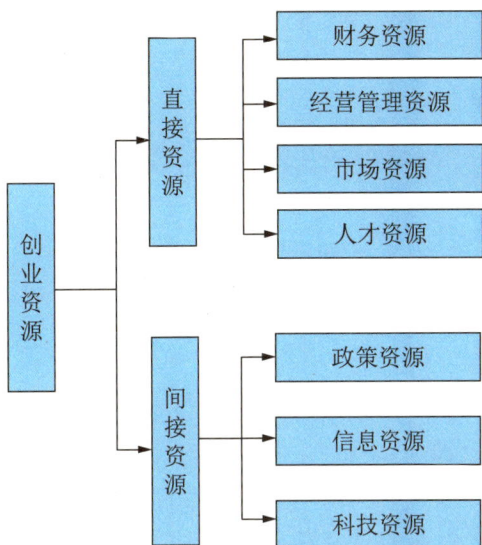

图 6-1　林强等人的创业资源细分概念模型图

财务资源：是否有足够的启动资金？是否有资金支持创业初期的亏损？

经营管理资源：凭什么找到客户？凭什么应对变化？凭什么确保企业运营所需能够及时足量地得到？凭什么让创业企业内部能有效地按照最初设想运转起来？

市场资源：包括营销网络与客户资源、行业经验资源、人脉关系。凭什么进入这个行业？这个行业的特点是什么？盈利模式是什么？是否有起码的商业人脉？市场和客户在哪里？销售的途径有哪些？

人才资源：是否有合适的专业人才来完成所有的任务？

政策资源：可不可以有一个"助推器"或"孵化器"推进创业者的创业，如某些准入政策、鼓励政策、扶持政策或者优惠政策等。

信息资源：依靠什么来进行决策？从哪里获得决策所需的信息？从哪里获得有关创业资源的信息？

科技资源：创业企业凭什么在市场上竞争？能够为社会提供什么样的产品和服务？大学生创业首先依靠的就是核心的科学技术。

2.人力和技术资源、财务资源、生产经营性资源

从学者巴尼的分类出发，创业时期的资源就其重要性来说，分别有以下的细分：组织资源、人力资源、物质资源。由于企业新创，组织资源无疑是三类中较为薄弱的部分，而人力资源为创业时期中最为关键的因素，创业者及其团队的知识、能力、经验及社会关系影响到整个创业过程。同时，在企业创新时期，专门的知识技能往往掌握在创业者等少数人手中，所以此时的技术资源和人力资源紧密结合，并且可能成为企业竞争优势的重要来源。在物质资源中，创业时期的资源最初主要为财务资源和少量的厂房、设备等。细分后的创业资源经过重新归纳，主要为以下几种：人力和技术资

源，包括创业者及其团队的能力、经验、社会关系及其掌握的关键技术等；财务资源即以货币形式存在的资源；其他生产经营性资源，即在企业创新过程中所需的厂房、设施、原材料等，如图 6-2 所示。

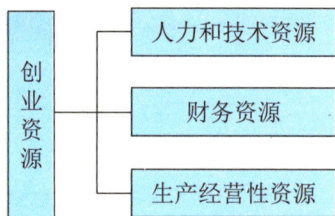

图 6-2　巴尼等人的创业资源细分概念模型图

3. 自有资源和外部资源

自有资源是来自内部机会的积累，是创业者自身所拥有的可用于创业的资源，如创业者自身拥有的可用于创业的自有资金、自己拥有的技术、自己所获得的创业机会信息、自建的营销网络、控制的物质资源、管理才能等，甚至有的时候，创业者所发现的创业机会就是其所拥有的唯一创业资源。

外部资源可以包括朋友、亲戚、商务伙伴或其他投资者、投资人资金，或者包括借到的人、空间、设备或其他原材料（有时是由客户或供应商免费或廉价提供的），或通过提供未来服务、机会等换取到的，有些还可能是社会团体或政府资助的管理帮助计划。外部资源更多来自外部机会发现，而外部机会发现在创业初期起着决定性作用。创业者在开始创业的时期面临的一个重要问题即资源不足和资源供给。一方面，企业的创新和成长必须消耗大量资源；另一方面，企业自身还很弱小，无法实现资源自我积累和增值。所以，企业只有识别机会，从外部获取到充足的创业资源，才能实现快速成长，这也是创业资源有别于一般企业资源的独特之处。对创业者来说，运用外部资源，是一种非常重要的方法，在企业的创立和早期成长阶段尤其如此。其中关键是具有资源的使用权并能控制或影响资源部署。

自有资源的拥有状况将在很大程度上影响甚至决定我们获取外部资源的结果。"打铁还需自身硬"，立志创业者首先要致力于扩大、提升自有资源。自有资源的拥有状况（特别是技术和人力资源）可以帮助我们获得和运用外部资源。

4. 要素资源和环境资源

按照资源对企业成长的作用我们将其分为两大类，对于直接参与企业日常生产、经营活动的资源，我们称之为要素资源；未直接参与企业生产，但其存在可以极大地提高企业运营的有效性资源，则被称为环境资源。要素资源和环境资源的具体分类，如表 6-1 所示。

表 6-1　要素资源和环境资源的具体分类

资源分类		资源内容
要素资源	场地资源	场地内部的基础设施建设，便捷的计算机通信系统，良好的物业管理和商务中心，以及周边方便的交通和生活配套设施等
	资金资源	及时的银行贷款和风险投资，各种政策性的低息或无偿扶持基金，以及写字楼或者孵化器所提供的便宜的租金等
	人才资源	高级科技人才和管理人才的引进，高水平专家顾问队伍的建设，合格员工的聘用等
	管理资源	企业诊断、市场营销策划、制度化和正规化企业管理的咨询等
	科技资源	对口的研究所和高校科研力量的帮助，与企业产品相关的科技成果以及进行产品开发时所需要用到的专业化的科技试验平台等
环境资源	政策资源	允许个人从事科技创业活动，允许技术入股，支持海外与国内的高科技合作，为留学生回国创业解决户口、子女入学等后顾之忧，简化政府的办事手续等
	信息资源	及时的展览会宣传和推介信息，丰富的中介合作信息，良好的采购和销售渠道信息等
	文化资源	高科技企业之间相互学习和交流的文化氛围，相互合作和支持的文化氛围，以及相互追赶和超越的文化氛围等
	品牌资源	借助大学、优秀企业、科技园、孵化器的品牌，以及借助社会上有影响力的人士对企业的认可等

二、社会资本、资金、技术及专业人才在创业中的作用

创业活动的本质，是创业者围绕潜在机会来调动和整合一切可能获得的资源以创造商业价值的过程，这些资源包括社会资本、资金、技术以及专业人才等。创业者所拥有或者能够支配的资源在很大程度上决定了创业方向。

(一)社会资本在创业中的作用

社会资本指的是个人通过社会联系获取稀缺资源并由此获益的能力。这里指的稀缺资源包括权力、地位、财富、资金、学识、机会、信息等。当这些资源在特定的社会环境中变得稀缺时，行为者可以通过两种社会联系获取。第一种社会联系是个人作为社会团体或组织的成员与这些团体和组织所建立起来的稳定的联系。第二种社会联系是人际社会网络。与社会成员关系不同，进入人际社会网络没有成员资格问题，无需任何正式的团体或组织仪式，它是在人们相互的接触、交流、交往、交换等互动过程中发生和发展的。

社会资本是基于人际和社会关系网络形成的资源，这种资源可以是人力资源的一部分，或者说是特殊的人力资源。社会资本能使创业者有机会接触大量的外部资源，

有助于通过网络关系降低潜在的风险，加强合作者之间的信任与信誉。从创业者个体来看，其获取资源的能力决定了创业活动能否成功启动；创业者常常通过社会网络获取所需的信息和资源，而那些拥有丰富社会资本的创业者往往可借此得到较难获取的资源，或以低于市场的价格购买取得。

（二）资金在创业中的作用

资金是创业者资源整合的重要媒介。从产生创意、发现创业机会到构建商业模式，创业者或创业团队都绕不开资金这个话题。换言之，创业过程的每项活动都会产生成本，都需要进行成本补偿。比如，对于新创企业来说，无论是进行产品研发还是生产销售，都需要大量的资金，因此如何有效地吸收资金资源是每个创业者都极为关注的问题。

很多创业者在创业之前，没有正确看待创业资金的重要性，认为企业一开始投入就能盈利，能够弥补创业过程中的资金短缺问题。事实上没那么简单，很多时候一个创业项目在起步后的相当一段时间内是没有收入的，或者收入不会像预期的那么容易。因此，在创业之前必须要做好资金问题的思想准备，以备不时之需，尽可能避免因为一时的资金问题让创业团队陷入困境。

大学生创业的最大困难之一就是资金缺乏。即便已经建立若干年的企业，资金链的断裂对企业来说也是致命的威胁。据国外文献记载，倒闭破产的企业中有85％是盈利情况非常好的企业，而这些企业倒闭的主要原因是资金链的断裂。企业可能不会由于经营亏损而破产清算，却常常会因为资金断流而倒闭。

虽然资金在创业过程中起着至关重要的作用，但融资数量并非多多益善，要考虑到企业实际的资金需求量。创业融资需要一定的策略，参见本章第二节的内容。

（三）技术在创业中的作用

对于制造类或提供基于技术服务的新创企业而言，技术资源是企业存在和发展的基石，是生产活动和生产流程稳定的根本，其成功的关键是寻找成功的创业技术，原因有三：一是创业技术是决定创业产品的市场竞争力和获利能力的根本因素，在创业初期，创业资金需求基本满足的情况下，创业技术是最关键的资源；二是企业是否拥有核心技术决定了所需创业资本的大小，对于在技术上非根本创新的创业企业来说，创业资本只要保持较小的规模便可维持企业的正常运营；三是从创业阶段来说，由于企业规模较小，因此管理及对人才的需求度不像成长期那样高，创业者的企业家意识和素质是创业阶段最关键的。

技术资源的主要来源是人才资源，重视技术资源的整合同时也就是注重人才资源的整合。技术资源的整合，不仅要整合、积聚企业内部的技术资源，还要整合外部的可以利用的技术资源，比如积极寻找、引进有商业价值的科技成果，加强和高校科研院所的产学研结合，等等。整合技术资源只是起点，技术资源整合是为了技术的不断创新、自主研发并拥有自主知识产权，保持技术的领先，提高新创企业的核心竞争力。

(四)专业人才在创业中的作用

组织资源观认为，塑造以知识为基础的核心能力是组织获取持续竞争优势的有效策略。这种核心能力具有独特价值，是不可模仿和难以转移的，它需要组织内部的长期开发。专业人才在创业过程中的作用可以从创业者、创业团队、管理团队以及骨干员工的角度体现出来。

创业活动的本质，是创业者围绕潜在机会来调动和整合一切可能获得的资源来创造商业价值的过程，这些资源包括创业者自身的物质资本、人力资本以及不容忽视的社会资本。影响创业者人力资本的直接因素主要包括教育经历、产业工作经历和相关的创业经历；影响创业者社会资本的直接因素主要包括创业者的家庭背景、生活的地缘环境、拥有的社会关系以及创业团队所具有的其他特征等。创业者是新创企业的核心，其所具有的人力资本、社会资本对新创企业的创建和后续发展具有非常关键的作用。

随着知识经济的兴起、高科技产业的发展，人们发现单靠个人力量越来越难以成功创业，创业团队的重要性更加凸显。大量的实证研究表明，团队创办的企业在存活率和成长性两方面都显著高于个人创办的企业。这是因为团队创业通常具有更多样化的技能和竞争力基础，可以形成更广阔的社会和企业网络，有利于获取额外的资源。创业投资者也经常把新企业创业团队的素质作为其投资与否的最重要的决策依据之一。当然，创业者的人力资本和社会资本对创业团队的组建也有重要作用。一方面，优秀的创业领导人更有可能吸引优秀的人才来共同创业；另一方面，创业者的社会资本对创业团队的组建和持续性发挥着不可忽视的作用。

管理团队也是创业过程中重要的人力资源。随着新创企业发展到一定阶段，管理体系逐渐健全，各项规章制度逐步完善，组织架构也日益明晰，公司就需要从外部引进一些专业管理人才，这些专业人士能够为企业带来有益的建议与革命性的管理思路。需要提及的是，正是因为专业人士具有外来性，管理风格与理念可能与原本创业团队中的核心成员不同，甚至可能有矛盾冲突。

此外，在创业过程中还有其他可供利用的人力资源，如管理咨询公司、银行、风险投资者、律师事务所、高校等机构的专业人士。对于大学生创业者来说，在对企业运作中某项业务不太熟悉的情况下，可以充分利用外部专业人士的帮助，积极与知名的行业专家和学者建立紧密联系，以获得专业知识和建议，整合各方面的资源，提高创业成功率。

三、创业资源获取的途径

获取创业资源的途径分为市场途径和非市场途径两大类。当创业所需要的资源有活跃的市场，或者有类似的可比资源进行交易时，可以采用市场交易的途径；其他情况下则可以采用非市场交易的途径。

(一)通过市场途径获取资源

通过市场途径获取资源的方式包括购买、联盟和并购等。

购买是指利用财务资源通过市场购入的方式获取外部资源。主要包括购买厂房、装置、设备等物质资源，购买专利和技术，聘请有经验的员工等。需要注意的是，诸如知识尤其是隐性知识等资源虽然可能会附着在非知识资源之上，通过购买物质资源(如机器设备等)得到，但很难通过市场直接购买，因此，需要新创企业通过非市场途径去开发或积累。对创业者来说，购买资源可能是其最常用的资源获取方式，大部分资源，尤其是物质资源、技术资源、人力资源等都可以通过从市场上购买的方式得到。

联盟是指通过联合其他组织，对一些难以或无法自己开发的资源实行共同开发。这种方式不仅可汲取显性知识资源，还可汲取隐性知识资源。但联盟的前提是联盟双方的资源和能力互补且有共同的利益，而且能够对资源的价值及其使用达成共识。通过联盟的方式共同研究开发获取技术资源也是创业者经常采用的方式，尤其是对于高科技企业来说，通过和高等院校和研究机构的联盟，可以在不增加设备投入的同时，及时得到企业发展所需要的技术资源，使企业保持可持续发展的后劲。

资源并购是通过股权收购或资产收购，将企业外部资源内部化的一种交易方式。资源并购的前提是并购双方的资源尤其是知识等新资源，具有比较高的关联度。并购是一种资本经营方式，通过并购可以帮助创业者缩短进入一个新领域的时间，从而及时把握商机、实现创业目标。

(二)通过非市场途径获取资源

非市场途径获取资源的方式主要有资源吸引和资源积累等。

资源吸引指发挥无形资源的杠杆作用，利用新创企业的商业计划、通过对创业前景的描述、利用创业团队的声誉来获得或吸引物质资源(厂房、设备)、技术资源(专利、技术)、资金和吸引人力资源(有经验的员工)。创业者在接触风险投资或者技术拥有者的过程中，可以通过对创业前景的描述或团队良好声誉的展示，获得资源拥有者的信任和青睐，从而吸引其主动将拥有的资源投入创业企业之中。

资源积累是指利用现有资源在企业内部通过培育，形成所需的资源，主要包括自建企业的厂房、装置、设备，在企业内部开发新技术，通过培训来增加员工的技能和知识，通过企业自我积累获取资金等。创业者很多时候会采用资源积累的方式来筹集企业所需的人力资源或技术资源。通过资源积累的方式获取人力资源可以作为一种激励方式，激发创业团队或企业员工的工作积极性，提高工作效率；通过资源积累的方式获取技术资源，则可以在获得核心技术优势的同时，保护好商业机密。

通过市场途径还是非市场途径取得资源，主要依赖于资源在市场的可用性和成本等因素。若证明快速进入市场能够带来成本优势，则外部购买可能就是获取资源的最佳方式。获取资源贯穿创业的全过程，在创业的初始阶段，它具有更加重要的作用。

对于多数新创企业来说，由于初始资源禀赋的不完整性，创业者需要取得资源供应商的信任来获取资源。但无论如何，采用多种途径同时获取不同资源总是正确的选择。

第二节　创业资源的整合与利用

一、创业资源的获取和整合

（一）创业资源获取的途径

1. 获取技术资源的途径

获取起步项目所依赖技术的途径方式有：（1）吸引技术持有者加入创业团队；（2）购买他人的成熟技术，并进行技术市场寿命分析等；（3）购买他人的前景型技术，再通过后续的完善开发，使之达到商业化要求；（4）同时购买技术和技术持有者；（5）自主研发，但这种方式耗时长，耗资大。创业者应该随时关注各高校实验室、老师或者学生的研发成果，定期去国家专利局查阅各种专利申请，养成及时关注科技信息，浏览各种科技报道，留意科技成果，从中发现具有巨大商机的技术的习惯。

2. 获取人力资源的途径

这里的人力资源不是指创业企业成立以后需要招募的员工，而是指创业者及其团队拥有的知识、技能、经验、人际关系、商务网络等。创业前，如果有可能，可以在读书期间当一些产品的校园或者地区代理，不管是热水袋、拖鞋、牛奶、化妆品还是手机卡、家教中心等，都可以去尝试。这个过程中既能赚些钱，增长关于市场的知识，还可以锻炼组织能力。也可以考虑进入一个企业为别人工作，通过打工学习行业知识、建立客户资源渠道，了解企业运作的经验，学习开拓市场的方法，认识赢利模式。为了创业而到一个公司工作，应该选择什么样的公司呢？是世界500强之类的大公司还是小公司呢？在这一点上，迪士尼公司总裁加里·威尔逊·沃特的观点是，在一个小公司的资深层任职，可以给你一种广阔的视野并向你提供更具创意的机会。小公司承受不了机构臃肿的压力，涉猎范围广泛，可以为在大公司发展经营战略打下良好的基础。

3. 获取外部资金和资源的途径

对于外部资金资源的获取，一般可通过以下5种途径：（1）依靠亲朋好友筹集资金，双方形成债权债务关系；（2）抵押、银行贷款或企业贷款；（3）争取政府某个计划的资金支持；（4）所有权融资，包括吸引新的拥有资金的创业同盟者加入创业团队，吸引现有企业以股东身份向新企业投资、参与创业活动，以及吸引企业孵化器或创业投资者的股权资金投入等；（5）制定一个详尽可行的创业计划，以吸引一些大学生创业基金甚至风险投资基金的目光。

在获取外部资源之前，创业首先要用自己的钱干起来，自己的钱不先投进去，凭什么让别人为你投钱？

4. 获取市场与政策信息资源的途径

一般而言，获取市场及政策信息的途径主要有：政府机构、同行创业者或同行企业、专业信息机构、图书馆、大学研究机构、新闻媒体、会议及互联网等。对于这些信息的获取，创业者可以根据自己的实际情况与各种方式的特点，选择一种或多种方式，尽可能获取有效的、需要的信息。

（二）创业资源的整合

创业者能否成功地开发出机会，进而推动创业活动向前发展，通常取决于他们掌握和能整合到的资源，以及对资源的利用能力。许多创业者早期所能获取与利用的资源都相当匮乏，而优秀的创业者在创业过程中所体现出的卓越创业技能之一，就是创造性地整合和运用资源，尤其是那种能够创造竞争优势，并带来持续竞争优势的战略资源。

尽管与已存在的进入成熟发展期的大公司相比，创业型企业资源比较匮乏，但实际上创业者所拥有的创业精神、独特创意以及社会关系等资源，却同样具有战略性。因此，对创业者而言，一方面要借助自身的创造性，用有限的资源创造尽可能大的价值，另一方面更要设法获取和整合各类战略资源。

1. 善用资源整合技巧

创业总是和创新、创造及创富联系在一起。一位创业者结合自身创业经历提出了这样的观点：缺少资金、设备、雇员等资源，实际上是一个巨大的优势。因为这会迫使创业者把有限的资源集中于销售，进而为企业带来现金。为了确保公司持续发展，创业者在每个阶段都要问自己，怎样才能用有限的资源获得更多的价值创造。

（1）学会拼凑

很多创业者都是拼凑高手，通过加入一些新元素，与已有的元素重新组合，形成在资源利用方面的创新行为，进而可能带来意想不到的惊喜。创业者通常利用身边能够找到的一切资源进行创业活动，有些资源对他人来说也许是无用的、废弃的，但创业者可以通过自己独有的经验和技巧，加以整合创造。例如，很多高新技术企业的创业者并不是专业科班出身，可能是出于兴趣或其他原因，对某个领域的技术略知一二，却凭借这个略知的"一二"敏锐地发现了机会，并迅速实现了相关资源的整合。

整合已有的资源，快速应对新情况，是创业的利器之一。拼凑者善于用发现的眼光，洞悉身边各种资源的属性，将它们创造性地整合起来。这种整合很多时候甚至不是事前仔细计划好的，而往往是具体情况具体分析、摸着石头过河的产物。而这也正体现了创业的不确定特性，并考验创业者的资源整合能力。

（2）步步为营

创业者分多个阶段投入资源并在每个阶段投入最有限的资源，这种做法被称为"步步为营"。步步为营的策略首先表现为节俭，设法降低资源的使用量和管理成本。但过分强调降低成本，会影响产品和服务质量，甚至会制约企业发展。比如，为了谋求生存和发展，有的创业者不注重环境保护，或者盗用别人的知识产权，甚至以次充好。这样的创业活动尽管短期可能赚取利润，但长期而言，发展有限。所以，需要"有原则地保持节俭"。

步步为营策略表现为自力更生，减少对外部资源的依赖，目的是降低经营风险，加强对所创事业的控制。很多时候，步步为营不仅是一种做事最经济的方法，也是创业者在资源受限的情况下寻找实现企业理想和目标的途径，更是在有限资源的约束下获取满意收益的方法。习惯于步步为营的创业者会形成一种审慎控制和管理的价值理念，这对创业型企业的成长与向稳健成熟发展期的过渡尤其重要。

2. 发挥杠杆资源效应

杠杆资源效应就是以尽可能少的付出换取尽可能多的收获。杠杆资源效应的发挥是一个创造性产生的过程。美国著名的投资银行家罗伯特·库恩说过，一个创业者要具有发现价值和创造价值的能力，要具有在沙子里找到钻石的本领，识别一种没有被完全利用的资源。杠杆资源效应体现在以下方面：更加长久地使用资源，更充分地利用别人没有意识到的资源，利用他人或者别的企业的资源来完成自己创业的目的，用一种资源补充另一种资源，产生更高的复合价值，利用一种资源获得其他资源。

对创业者来说，容易产生杠杆效应的资源，主要包括人力资本和社会资本等非物质资源。创业者的人力资本由一般人力资本与特殊人力资本构成。一般人力资本包括受教育背景、以往的工作经验及个性品质特征等。特殊人力资本包括产业人力资本（与特定产业相关的知识、技能和经验）与创业人力资本（如先前的创业经验或创业背景）。调查显示，特殊人力资本会直接作用于资源获取，有产业相关经验和先前创业经验的创业者能够更快地整合资源和实施市场交易行为。而一般人力资本使创业者具有知识、技能、资格认证、名誉等资源，也提供了同窗、校友、老师以及其他连带的社会资本。

相比之下，社会资本有别于物质资本、人力资本，是社会成员从各种不同的社会结构中获得的利益，是一种根植于社会关系网络的优势。在个体分析层面，社会资本是嵌入、来自并浮现在个体关系网络之中的真实或潜在资源的总和，它有助于个体开展目的性行动，并为个体带来行为优势。外部联系人之间社会交往频繁的创业者所获取的相关商业信息更加丰富，从而有助于提升创业者对特定商业活动的深入认识和理解，使创业者更容易识别出常规商业活动中难以被其他人发现的顾客需求，进而更容易获得财务和物质资源——这正是其杠杆作用所在。

3. 设置合理利益机制

资源通常与利益相关，创业者之所以能够从家庭成员那里获得支持，就是因为家庭成员之间不仅是利益相关者，更是利益整体。既然资源与利益相关，创业者在整合资源时，就一定要设计好有助于资源整合的利益机制，借助利益机制把包括潜在的和非直接的资源提供者整合起来，借力发展。因此，整合资源需要关注有利益关系的组织或个人，要尽可能多地找到利益相关者。同时，分析清楚这些组织或个体和自己以及自己想做的事情有利益关系，利益关系越强、越直接，整合到资源的可能性就越大，这是资源整合的基本前提。

利益关系者之间的利益关系有时是直接的，有时是间接的，有时是显性的，有时是隐性的，有时甚至还需要在没有的情况下创造出来。另外，有利益关系也并不意味着能够实现资源整合，还需要找到或发展共同的利益，或者说利益共同点。为此，识别到利益相关者后，逐一认真分析每一个利益相关者所关注的利益非常重要。多数情况下，将相对的利益关系变强，更有利于资源整合。

然而，有了共同的利益或利益共同点，并不意味着就可以顺利地实现资源整合。资源整合是多方面的合作，切实的合作需要有各方面利益真正能够实现的预测加以保证，这就要求寻找和设计出多方共赢的机制。对于在长期合作中获益、彼此建立起信任关系的合作，双赢和共赢的机制已经形成，进一步的合作并不困难。但对于首次合作，建立共赢机制尤其需要智慧，要让对方看到潜在的收益，为了获取收益而愿意投入资源。因此，创业者在设计共赢机制时，既要帮助对方扩大收益，也要帮助对方降低风险，降低风险本身也是扩大收益。在此基础上，还需要考虑如何建立稳定的信任关系，并加以维护管理。

二、创造性地利用创业资源

（一）充分利用已经拥有的创业资源

高校大学生创业存在信息不对称的困扰。有不少身边的创业资源，还没有被大学生知晓、了解，更谈不上加以运用了。目前高校系统聚集了大量的可以帮助大学生创业的资源。有创业意愿的大学生应该留意身边的资源，加以充分利用，这不但能更好地提高自己对创业判断分析和把握机遇的能力，而且也可能孕育很好的机会。

1. 高校创业教育与创业指导

首先是各高校几乎均有的创业课程、创业者协会、科技和发明协会以及讨论或者实践创业的学生社团、沙龙、论坛和讲座等。在这些团队里有规章，有固定的活动时间，学生们可以和志同道合的朋友交谈，甚至有时候可能会有向成功企业家请教的机会。记学分的创业创新课题不仅由学校的老师来讲，也会邀请校外企业家授课，采取大班讲座、小班操练、案例剖析、创业比赛、专家辅导、实战模拟等一系列创新的教育方法和手段，帮助学生对创业要素、创业过程以及创业者所涉及的问题有更为透彻、全面的了解。

2. 创业基金

为鼓励创业，政府出台了一系列支持计划，其中一个与大学生创业有密切联系的是《中国青年创业国际计划(YBC)》。各地也先后出台了有关计划或者设置相应的基金。比如上海市还出台了《上海市高校学生科技创业基金》(即天使基金),其政策措施以及计划、基金切实地帮助了很大一部分青年大学生的创业。

(二)有限资源的创造性利用

1. 资源的利用效率

经营活动的效率,就是对各种资源的利用效率,但是资源的利用效率总是达不到百分之百,即企业内部总是存在未利用资源。资源利用效率是指投入资源与产出与收益之比。资源的利用效率最终体现在财务的收入上,很多财务指标可以用于衡量资源的利用效率,比如单位总资产与净资产的销售收入和销售利润、劳动生产率(人均收入或人均利润)、存货周转率与应收账款周转率等。

2. 资源的重复利用

资源重复利用包括技术资源、品牌资源、制造资源、营销网络资源、管理资源的重复利用。

(1)技术资源的重复利用

特定技能或技术的使用次数越多,就表示资源杠杆运用越充分,资源的利用效率越高,夏普将本身开发成功的液晶显像技术,陆续应用于计算机、迷你电视、大荧幕投射电视等。本田则将引擎相关的创新开发成果先后用于摩托车、汽车、船舶用马达、发电机、割草机等产品。

(2)品牌资源的重复利用

再生利用并不限于科技基础的竞争力。品牌可以再生利用,利用高知名度的企业名称推出全新的产品,至少可以让顾客考虑购买大牌制造商制造的产品。和其他默默无闻的同期新产品比起来,高知名度已经占有一项竞争优势了。

(3)制造资源的重复利用

保持制造资源的充分弹性,即迅速调整生产线改而制造另一种产品的能力是制造资源重复利用的前提条件。在网络经济下通过把高度分散的制造能力组合成必要的制造资源以响应市场机遇的协作式伙伴关系将迅速发展。当市场机遇消失时,这些资源将同样迅速地解散。中小企业将在全球制造中扮演重要的角色,保持资源的弹性和资源的重复利用非常重要。

(4)营销网络资源的重复利用

对多系列产品的中小企业共用一个销售网络,可以降低营销成本,充分利用营销网络资源。但当产品差异化比较大时,特别是在售后服务环节存在巨大差异时,存在不同产品对营销网络资源有差异化的要求时,实现营销网络资源的重复利用有一定障碍。

(5)管理资源的重复利用

转移工厂的作业改善经验应用于其他工厂;同一系统应用于同一产品系列;迅速

广泛应用一线员工的良好构想，以改善对顾客的服务，以及暂调有经验的主管赴供应商处驻厂指导等均是管理资源的重复利用。

3. 资源的快速回收

加快资源回收是资源杠杆运用的重要领域，公司越快赚到钱，回收的资源就越快，就越能再加以利用。如果投入的资源相同，甲公司回收利润的时间只及乙公司的一半，则表示甲公司享有两倍于乙公司的杠杆运用优势。

4. 资源的融合

通过融合不同种类的资源，各种资源的价值将随之提升。抢先进入个别科技领域，并得到领导地位固然重要，但公司如果不擅长调和这些科技，即使有科技能力也不能持续扩充，就是没有进行资源杠杆运用。因此，就算公司在许多单项科技领域领先，也无多大实质意义。在强调本位主义及专业功能的传统官僚组织中，个别功能再强，也不代表产品最终一定成功。也就是说，官僚组织可能培养出好几个分别强过竞争者的专业功能，却极有可能在市场表现欠佳，只有培养出一批通才，有效整合不同技能、科技与功能，才能建立真正的竞争优势。

（三）发挥资源的杠杆效应

资源的杠杆效应是指以最少的付出获取最多的收获的现象，通常有如下表现形式。第一，利用一种资源换取其他资源；第二，创造性地利用别人认为无用的资源；第三，能够比别人有更长的时间占用资源；第四，借用他人或其他公司的资源来达成创业者自身的目的；第五，用一种富余资源弥补一种稀缺资源，产生更高的附加值。杠杆效应对于推动创业活动具有重要意义，因此创业者要在创业过程中训练自己形成杠杆效应的能力。

对于创业者来说，由于初期资金缺乏、时间紧迫，最容易产生杠杆效应的资源体现在创业者自身的素质和能力以及社会资源等非物质资源。就创业者的素质与能力看，如果创业者能够识别一种没有被完全利用的资源的能力，看到某种资源怎样被运用于特殊方面的能力，说明资源拥有者让渡使用权的能力，能使资源发挥出杠杆效应。

三、创业融资的选择策略

1. 深入进行融资总收益与总成本分析

创业者首先应该考虑的是：企业必须融资吗？融资后的投资收益如何？融资后的收益是否大于融资成本？创业者只有经过深入分析，确信利用筹集的资金所得到的总收益要大于融资的总成本时，才有必要考虑融资。融资成本既有资金的利息成本，也有可能是较为昂贵的融资费用和不确定的风险成本。企业融资成本是决定企业融资效率的决定性因素，对于创业企业选择哪种融资方式有着重要意义。

2. 合理确定企业的融资规模与融资期限

创业者在进行融资决策之前，要根据各种条件，量力而行地确定企业合理的融资规模。此外，创业者必须作出最佳的融资期限选择，以利于企业的发展，因为融资期限过长，则会增加融资成本与融资风险；融限过短，则限制企业的发展。创业者作融资限制决策时，一般是在短期融资与长期融资两种方式之间权衡，作何种选择主要取决于资金的用途和创业者的风险性偏好。从资金用途上来看，如果融资是用于企业流动资产，则宜于选择各种短期融资方式；如果融资是用于长期固定资产，则适宜选择各种长期融资方式。

3. 尽量选择有利于提高企业竞争力的融资方式

企业融资通常会给企业带来以下直接影响，一是壮大了企业资本实力，增强了企业的支付能力和发展后劲，从而减少了企业的竞争对手；二是提高了企业信誉，扩大了企业产品的市场份额；三是增加了企业规模和获利能力，充分利用了企业规模经济优势，从而提高企业在市场上的竞争力，加快了企业的发展。但是，企业竞争力的提高程度，根据企业融资方式、融资收益的不同而有很大差异。比如，股票融资，通常初次发行普通股并上市流通，不仅会给企业带来巨大的资金融入，还会大大提高企业的知名度和商誉，使企业的竞争力获得极大提高。因此，进行融资决策时，企业宜选择最有利于提高竞争力的融资方式。

4. 有效利用企业的金融成长周期

在中小企业创业初期，企业的信息基本上是封闭的，由于缺乏业务记录和财务审计，它主要依靠内源融资和非正式的天使融资；当企业进入成长阶段，随着规模的扩大，可用于抵押的资产增加，信息透明度的逐步提高，业务记录和财务审计的不断规范，企业的内源融资难以满足全部资金需求，这时企业开始选择外源融资，开始较多地依赖于来自金融中介的债务融资；在进入稳定增长的成熟阶段后，企业的业务记录和财务趋于完备，逐渐具备进入资本市场发行有价证券的资产规模和信息条件。随着来自资本市场可持续融资渠道的打通，企业债务融资的比重下降，股权融资的比重上升，部分优秀的中小企业逐步发展成为大企业。金融成长周期理论的提出，有利于企业据此实行系统化和模式化的金融管理并简化融资决策程序，对于指导企业的融资实践发挥了重要作用。

5. 慎重挑选合适的投资者

确定实际可行的融资方式以及制定融资策略，必须明白要寻找什么类型的投资者，创业融资是一个双向选择的过程，投资者在选择创业者的同时，创业者也在积极地挑选合适的投资者。创业者一般应选择这样的投资者：的确考虑要投资，并有能力提供相应资金的；了解并对该行业投资有兴趣的；能够提供有益的商业建议，并且与业界、融资机构有接触的；有名望、道德修养高的；为人处世公平合理，并能与创业者和谐相处的；具有此类投资经验的。具有这些特质的投资者是稀缺的、有价值的、难以复制的、不可替代的人力资源，他们可以给企业提供持久的竞争优势。理想的投资者可以存在于以下任何一组投资群体之中：一是友好的投资者，如家人、朋友、未来的雇员和管理者、商业伙伴、潜在的客户或供应商；二是非正规的投资者，如富有的个人；三是风险投资产业正规的或专业的投资者。

第三节　创业融资的渠道与认知

创业融资是创业企业在设立与发展期间的重要行为。正确的融资决策关乎创业企业的正常发展。

一、认识融资

1. 融资概念和融资方式

融资主要是指资金的融入，也就是通常意义的资金来源，具体是指通过一定的渠道、采用一定的方法、以一定的经济利益付出为代价，从资金持有者手中筹集资金，满足资金使用者在经济活动中对资金需要的一种经济行为。

创业融资有广义和狭义之分。狭义的融资概念仅指不同资金所有者之间的资金融通，即资金从资金供给方流向需求方。广义的融资不仅包括前者，还包括某一经济主体通过一定方式在自己内部进行资金融通。

从融资主体角度，创业融资的方式可以划分为三个层次：第一层次为外源融资和内源融资；第二层次将外源融资划分为直接融资和间接融资；第三层次则是对直接融资和间接融资再作进一步的细分。

创业企业内源融资，是指创业企业依靠其内部积累进行的融资，具体包括如下几种形式：资本金（除股本）、折旧基金转化为重置投资和留存收益转化为新增投资。创业企业外源融资，则是指企业通过一定方式从外部融入资金用于投资。

相对于外源融资，内源融资可以减少信息不对称的问题以及与此相关的激励问题，节约企业的交易费用，降低融资成本，也可以增强企业的剩余控制权。内源融资在企业的生产经营和发展壮大中的作用是相当重要的，但是，内源融资能力及其增长，要受到企业的收益能力、净资产规模和未来收益预期等方面的制约，现实中的资金供求矛盾总是存在的，并推动着外源融资的发展。任何企业在创业发展过程中，都会遇到一个确定内源融资与外源融资合理比例的问题。

直接融资方式，是指企业作为资金需求者向资金提供者直接融通资金的方式，一般是指发行股票和债券等；间接融资方式，则是企业通过金融中介机构间接向资金供给者融通资金的方式，一般是指银行或非银行金融机构的贷款等。就各种融资方式来看，内部融资不需要实际对外支付利息或股息，不会减少企业的现金流量；同时由于资金源于企业内部，不发生融资费用，内部融资的成本远低于外部融资。因此它是企业首选的融资方式。

但企业内部融资能力的大小取决于企业利润水平、净资产规模和投资者的预期等因素；当内部融资仍不能满足企业的资金需求时，企业可以考虑转向外部融资，但外部融资方式中股权融资会使企业股东股权稀释，收益减少，并且产生的影响时间较长，而债务融资则成本较高，但影响时间较短。

2. 融资成本

融资成本包括融资的显性成本和隐含成本。显性成本就是创业企业的加权平均资本（包括资金筹措费和资金占用费）。隐含成本包括创业者融资时所出让的所有权份额、融资不成功所错失商机的机会成本和创业企业融资契约安排下的代理成本。

首先，由于创业企业的风险比较大导致投资者和债权人所要求的报酬率也比较高，如果是权益融资，投资者所要求的所有权份额也比较高；其次，创业企业没有贷款抵押和担保，风险大且盈利能力弱，这种企业无法从诸如内部积累、股票市场、债券市场和银行这些传统渠道获得资金，这样创业企业的资金筹措费用也比较高；最后，创业融资是一种资金、管理与创意相结合的融资，创业者拥有创意和技术，而资金基本上由投资者和债权人提供，因此创业融资的代理成本比较高。

3. 融资动机与偏好

创业企业融资有不同的动机，根本原因是为了企业的发展。创业企业融资的内在动机有：提高核心能力、扩大市场规模和份额、提高企业盈利能力。

融资资源有各种偏好和方式，包括他们将提供多少资金、在创业企业生命周期的哪个阶段投资、资本的成本或他们寻求的预期年回收率。要确定真实的融资资源并制定相应的融资战略，需要知道投资者或贷款人正在寻求的投资类型。事先对特定投资者或贷款人的偏好作适当研究，可以避免盲目寻找，并节省许多个人资金，同时可以大大增加按可接受条件成功筹集资金的可能性。

创业者融资偏好，应与投资者偏好、融资成本、融资风险以及创业企业的投资性等匹配。根据投资者对风险的偏好程度可以分为：风险偏好者、风险厌恶者与风险中性者。创业企业由于创立的时间不长，未来的成长不确定性很高，潜伏的失败风险极大。一般来说，风险偏好者愿意投资成长性高的技术企业，期望获得高的收益。银行等中介机构出于安全性原则，一般不愿意贷款给新兴企业，新兴企业的风险更高，贷款收不回的可能性更大，所以应实行信贷配给。投资者或贷款人的实践方式因人而异，即使同一类的投资，贷款人也会随市场条件、时间、地点的不同而采用不同的行为。

二、创业融资渠道

融资渠道是指企业筹集资本来源的方向与通道，体现资本的源泉和流量。融资渠道主要由社会资本的提供者及数量分布决定。了解融资渠道的种类、特点和适用性，有利于创业者充分利用和开拓融资渠道，实现各种融资渠道的合理组合，有效筹集所需资金。具体分析，目前我国创业融资渠道主要包括私人资本融资、机构融资、风险投资、政府扶持基金、知识产权融资等。

（一）私人资本融资

私人资本包括创业者个人积蓄、亲友资金、天使投资等。

据世界银行所属的国际金融公司（IFC）对北京、成都、顺德和温州四个地区的私营企业的调查，我国私营中小企业在初始创业阶段几乎完全依靠自筹资金，其中，90％以上的初始资金是由主要的业主、创业团队成员及家庭提供的，银行和其他金融机构贷款所占的比例很小，私人资本在创业融资中具有不可替代的作用。有调查报告显示，大学生的创业资金82％来自个人和家庭的资金。

1. 个人积蓄

尽管有些创业者没有动用过个人资金就办起了新企业，但这种情况非常少见。这不仅因为从资金成本或企业控制权的角度来说，个人资金成本最为低廉，而且还因为创业者在试图引入外部资金时，外部投资者一般都要求企业必须有创业者的个人资金投入其中，所以，个人积蓄是创业融资最根本的渠道，几乎所有的创业者都向他们新创办的企业投入了个人积蓄。

创业者可以通过转让部分股权的方式从合伙人那里取得创业资金，创办合伙企业，或通过公开或私募股权的方式，从更多的投资者那里获得创业资金，成立公司制企业。将个人合伙人或个人股东纳入自己的创业团队，利用团队成员的个人积蓄是创业者最常用的筹资方式之一。

对许多创业者来说，个人积蓄的投入虽然是新企业融资的一种途径，但并不是根本性的解决方案。一般来说，创业者的个人积蓄对于新创企业而言，总是十分有限的，特别是对于新创办的大规模企业或资本密集型的企业来说，几乎是杯水车薪。

2. 亲友资金

除了个人积蓄之外，身边亲朋好友的资金是最常见的资金来源。亲朋好友由于与创业者个人的关系而愿意向创业企业投入资金，因此，亲友资金是创业者经常采用的融资方式之一。

在向亲友融资时，创业者必须要用现代市场经济的游戏规则、契约原则和法律形式来规范融资行为，保障各方利益，减少不必要的纠纷。第一，创业者一定要明确所融集资金的性质，据此确定彼此的权利和义务。若融集的资金属于亲友对企业的投资，则属于股权融资的范畴；若融集的资金属于亲友借给创业者或创业企业的，则属于债权融资。由于股权资本自身的特性，创业者对于亲友投入的资金可以不用承诺日后的分红比例和具体的分红时间；但对于从亲友处借入的款项，一定要明确约定借款的利率和具体的还款时间。第二，无论是借款还是投资款项，创业者最好能够通过书面的方式将事情确定下来，以避免将来可能的矛盾。除此之外，创业者还要在向亲友融资之前，仔细考虑这一行为对亲友关系的影响，尤其是创业失败后的艰难困苦，要将日后可能产生的有利和不利方面告诉亲友，尤其是创业风险，以便把将来出现问题时对亲友的不利影响降到最低。

3. 天使投资

天使投资指个人出资协助具有专门技术或独特概念而缺少自有资金的创业家进行创业，并承担创业中的高风险和享受创业成功后的高收益；或者说是自由投资者或非正式风险投资机构对原创项目构思或小型初创企业进行的前期投资，是一种非组织化的创业投资形式。

天使投资是一种对高风险、高收益的新兴企业的早期投资。天使资本主要有三个来源：曾经的创业者、传统意义上的富翁、大型高科技公司或跨国公司的高级管理者。在部分经济发展良好的国家，政府也扮演了天使投资人的角色。

(二)机构融资

和私人资金相比，机构拥有的资金数量较大，挑选被投资对象的程序比较正规，获得机构融资一般会提升企业的社会地位，给人以企业很正规的印象。

机构融资的途径有银行贷款、非银行金融机构贷款、交易信贷等。

1. 银行贷款

(1)抵押贷款

抵押贷款指借款人以其所拥有的财产作抵押，作为获得银行贷款的担保。在抵押期间，借款人可以继续使用其用于抵押的财产。抵押贷款有以下几种：不动产抵押贷款、动产抵押贷款、无形资产抵押贷款。其中无形资产抵押贷款是一种创新的抵押贷款形式，适用于拥有专利技术、专利产品的创业者。创业者可以用专利权、著作权等无形资产向银行作抵押或质押获取贷款。

(2)担保贷款

担保贷款指借款方向银行提供符合法定条件的第三方保证人作为还款保证的借款方式。当借款方不能履约还款时，银行有权按照约定要求保证人履行或承担清偿贷款连带责任。其中较适合创业者的担保贷款形式有自然人担保贷款和专业担保公司担保贷款。

(3)信用卡透支贷款

创业者可以采用两种方式取得信用卡透支贷款：一种方式是信用卡取现，另一种方式是透支消费。

信用卡取现是银行为持卡人提供的小额现金贷款，在创业者急需资金时可以帮助其解决临时的融资困难。创业者可以持信用卡通过银行柜台或是自动取款机提取现金灵活使用，透支取现的额度根据信用卡情况设定，不同银行的取现标准不同，最低的是不超过信用额度的30%，最高的可以将信用额度的100%都取出来。另外，除取现手续费外(各银行取现手续费不一)，境内外透支取现还须支付利息，不享受免息待遇。

（4）政府无偿贷款担保

根据国家及地方政府的有关规定，很多地方政府都为当地的创业人员提供无偿贷款担保。如上海、青岛、南昌、合肥等地的应届大学毕业生创业可享受无偿贷款担保的优惠政策，自主创业的大学生，向银行申请开业贷款的担保额度最高可为 100 万元，并享受贷款贴息；江苏省镇江市润州区创业农民可通过区农民创业担保基金中心，获取最高 5 万元贷款，并由政府为其无偿担保；湖南省各级财政安排一定的再就业资金，用于下岗失业人员小额贷款担保基金及贴息；浙江省对持再就业优惠证的人员和城镇复员转业退役军人，从事个体经营自筹资金不足的，由政府提供小额担保贷款。

（5）中小企业间互助机构贷款

中小企业间的互助机构是指中小企业在向银行融通资金的过程中，根据合同约定，由依法设立的担保机构以保证的方式为债务人提供担保，在债务人不能依约履行债务时，由担保机构承担合同约定的偿还责任，从而保障银行债权实现的一种金融支持制度。信用担保可以为中小企业的创业和融资提供便利，分散金融机构的信贷风险，推进银企合作。

（6）其他贷款

创业者可以灵活地将个人消费贷款用于创业，如因创业需要购置沿街商业房，可以用拟购置房子作抵押，向银行申请商用房贷款，若创业需要购置轿车、卡车、客车等，还可以办理汽车消费贷款。除此之外，可供创业者选择的银行贷款方式还有托管担保贷款、买方贷款、项目开发贷款等。

尽管银行贷款需要创业者提供相关的抵押、担保或保证，对于白手起家的创业者来说条件有些苛刻，但如果创业者能够提供银行规定的资料，能提供合适的抵押，得到贷款并不困难。

2.非银行金融机构贷款

非银行金融机构指以发行股票和债券、接受信用委托、提供保险等形式筹集资金，并将所筹资金运用于长期性投资的金融机构。根据法律规定，非银行金融机构，包括经中国银行保险监督管理委员会批准设立的信托公司、企业集团财务公司、金融租赁公司、汽车金融公司、货币经纪公司、境外非银行金融机构驻华代表处、农村和城市信用合作社、典当行、保险公司、小额贷款公司等机构。创业者还可以从这些非银行金融机构取得借款，筹集生产经营所需资金。

（1）保单质押贷款

保险公司为了提高竞争力，也为投保人提供保单质押贷款。保单质押贷款最高限额不超过保单保费积累的 70%，贷款利率按同档次银行贷款利率计息。

（2）实物质押典当贷款

有许多典当行推出了个人典当贷款业务。借款人只要将有较高价值的物品质押在典当行就能取得一定数额的贷款。典当费率尽管要高于银行同期贷款利率，但对于急于筹集资金的创业者来说，不失为一个比较方便的筹资渠道。典当行的质押放款额一般是质押品价值的 50%～80%。

（3）小额贷款公司

小额贷款公司由自然人、企业法人与其他社会组织投资设立，不吸收公众存款，经营小额贷款业务的有限责任公司或股份有限公司，发放贷款坚持"小额、分散"的原则。小额贷款公司发放贷款时手续简单，办理便捷，当天申请基本当天就可放款，可以快速地解决新创企业的资金需求。

3. 交易信贷和租赁

交易信贷是指企业在正常的经营活动和商品交易中由于延期付款或预收货款所形成的企业间常见的信贷关系。企业在筹办期间以及生产经营过程中，均可以通过商业信用的方式筹集部分资金。如企业在购置设备或原材料、商品过程中，可以通过延期付款的方式，在一定期间内免费使用供应商提供的部分资金；在销售商品或服务时采用预收账款的方式，免费使用客户的资金等。

创业者也可以通过融资租赁的方式筹集购置设备等长期性资产所急需的资金。融资租赁是指实质上转移与资产所有权有关的全部或绝大部分风险和报酬的租赁。资产的所有权最终可以转移，也可以不转移。融资租赁是集融资与融物、贸易与技术更新于一体的新型金融业务。由于其融资与融物相结合的特点，出现问题时租赁公司可以回收、处理租赁物，因而在办理融资时对企业资信和担保的要求不高，所以非常适合中小企业融资。此外，融资租赁属于表外融资，不体现在企业财务报表的负债项目中，不影响企业的资信状况，对需要多渠道融资的中小企业非常有利。

4. 从其他企业融资

尽管在大多数情况下，企业是资金的需求者而不是提供者，但是对于不同行业的企业，或者在企业发展的不同时期，部分企业还是会有暂时的闲置资金可以对外提供，尤其是一些从事公用事业业务的企业，或者已经发展到成熟期的企业，现金流一般会比较充足，甚至有大量资金需要通过对外投资的方式实现较高收益。对于有闲置资金的企业，创业者既可以吸收其资金作为股权资本，还可以向这些企业借款，形成债权资本。

（三）风险投资

1. 风险投资的特点

（1）以股权方式投资

风险资本的投资对象是处于创业期的未上市新兴中小型企业，尤其是新兴高科技企业，而且常常采取渐进投资的方式，选择灵活的投资工具进行投资，在投资企业建立适应创业内在需要的"共担风险、共享收益"的机制。

（2）积极参与所投资企业的创业过程

许多风险投资家本身也是经营老手，一般对其所投资的领域有丰富的经验，经常会积极参与投资企业的生产经营过程，弥补所投资企业在创业管理经验上的不足，同时控制创业投资的高风险。

（3）以整个创业企业作为经营对象

风险投资不经营具体的产品，而是通过支持创建企业并在适当时机转让所持股权，获得未来资本增值的收益。与企业投资家相比，风险投资虽然对企业有部分介入，但其最终目的是监控而非独占，他们看重的是转让后的股权升值而非整体持有的百分比。

（4）看重"人"的因素

风险投资者在进行项目选择时，更加看重"人"的因素。正如美国最早的风险投资公司——美国研究开发公司的创始人之一乔治·多利奥特所说，宁要一流的人才和二流的创意，也不要一流的创意和二流的人才。

（5）高风险、高收益

据统计，美国由风险投资所支持的企业，只有 5％～10％ 的创业可获得成功，投资的高风险可见一斑，与此相对应的就是风险投资对被投资方高收益的预期。

（6）组合投资

风险投资的对象是处于创业时期的高新技术领域的中小企业，几乎没有盈利的历史可参考，失败率也很高。因此，风险投资要取得高回报，必须实行组合投资的策略，投资一系列的项目，坚持长期运作，通过将成功的项目出售或上市回收的价值来弥补失败项目的损失，并获得较高收益。

2. 风险投资选项的原则

风险投资对目标企业的考察较为严格，创业者要提高获得风险投资的概率，需要了解风险投资项目选择的标准。

有人将风险投资选项的原则总结为创业投资的三大定律。第一定律，绝不选取含有两个或两个以上风险因素的项目。对于创业投资项目的研究开发风险、产品风险、市场风险、管理风险、创业成长风险等，如果申请的项目具有两个或以上的风险因素，则风险投资一般不会予以考虑。第二定律，V-PSE，其中，V 代表总体考核值，P 代表产品或服务的市场大小，S 代表产品或服务的独特性，E 代表管理团队的素质。第三定律，投资 V 值最大的项目，在收益和风险相同的情况下，风险投资将首先选择那些总考核值最大的项目。

根据风险投资的潜规则，一般真正职业的风险资金是不希望控股的，只占 30％ 左右的股权，他们更希望创业管理层能对企业拥有绝对的自主经营权。前面提到的天使投资也是广义的风险投资的一种，但狭义的风险投资主要指机构投资者。

3. 创业者寻求风险投资的步骤

一般来说，创业者寻求风险投资需要经过以下 10 个步骤，如图 6-3 所示。

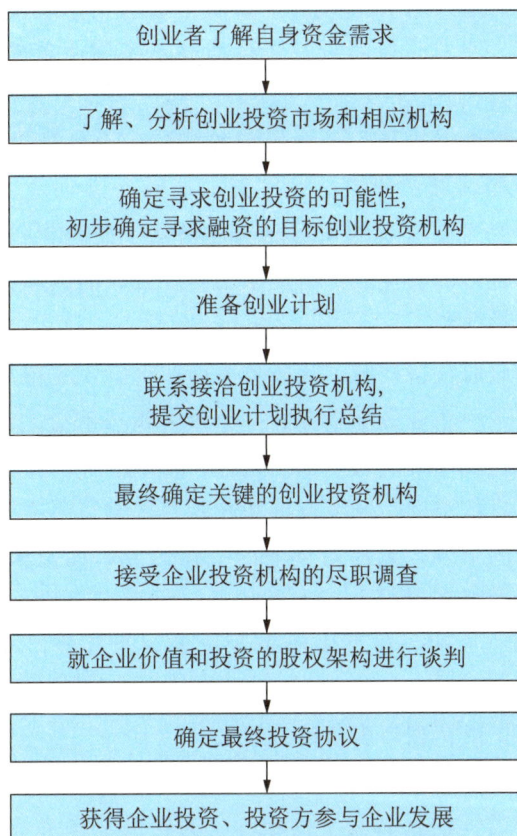

图 6-3　创业者寻求风险投资的步骤

　　创业者获得风险投资的渠道主要有以下几种：给投资人发邮件，参加行业会议，请朋友帮忙介绍以及借助融资顾问的帮助等。

　　第一种，给投资人发邮件。想获得风险投资最简单的方法就是给投资人发邮件，一般的风险投资都有网站，上面公布了邮箱，创业者可以将自己的创业想法或者商业计划书发到公布的邮箱中，期待得到投资者的关注，并最终获得投资。采用这种方式的成本最低，但效率也最低，虽然风险投资者会关注投到邮箱的邮件，但是那些递交给投资机构的商业计划书，成功融资的只有1%。

　　第二种，参加相关行业的会议或者创业训练营。这些会上或训练营上会有很多投资人，创业者可以利用茶歇或者休息的时间尽可能接触较多的风险投资者，或者接触自己感兴趣的投资者。这种方式的优点是在短时间内能够见到很多的投资者，但由于时间短，不一定有机会结识他们，另外，这种场合对创业者的说服能力要求较高。

　　第三种，请朋友帮忙介绍。如果有朋友做过融资的，或者已经得到风险投资的，可以请他们帮忙介绍，这种方式较前两者成功的概率稍大，毕竟接受过风险投资并且取得经营成功的人的介绍本身就是一种名片。投资者可以借由介绍人的介绍对创业者

第六章　创业资源的获取与融资

或创业项目有一定了解，通过对介绍人的了解对创业者给予初步的肯定，但是，这种方式接触的面可能较窄，朋友认识的投资者可能并不是创业者需要的类型，而真正适合的人未必是朋友认识的人。

第四种，聘用投行帮助做融资。通过投行或融资中介的帮助寻找风险投资的成功率较高，一是他们对中国活跃的投资人很了解，能够帮助创业者和投资者进行沟通；二是信誉高的投行本身就为创业者的项目成功性增加了砝码；三是投行会运用自己的经验帮助创业者挑选更合适的投资人，但是采用这种方式的成本也较高。

（四）政府扶持基金

创业者还可以利用政府扶持政策，从政府方面获得融资支持。

政府的资金支持是中小企业资金来源的一个重要组成部分。综合世界各国的情况，政府的资金支持一般能占到中小企业外来资金的 10% 左右，资金支持方式主要包括：税收优惠、财政补贴、贷款援助、风险投资和开辟直接融资渠道等。

随着我国经济实力的增强，政府对创业的支持力度，无论从产业的覆盖面还是从政府对创业者的支持额度都有了很大扩大和提升，由政府提供的扶持基金也在逐步增加。如专门针对科技型企业的科技型中小企业技术创新基金，专门为中小企业"走出去"准备的中小企业国际市场开拓资金等，还有众多的地方性优惠政策等。创业者应善于利用相关政策的扶持，以达到事半功倍的效果。

1. 再就业小额担保贷款

再就业小额担保贷款：根据有关文件精神，为帮助下岗失业人员自谋职业、自主创业和组织起来就业，对于诚实守信、有劳动能力和就业愿望的下岗失业人员，针对他们在创业过程中缺乏启动资金和信用担保，难以获得银行贷款的实际困难，由政府设立再担保基金。通过再就业担保机构承诺担保，可向银行申请专项再就业小额贷款。

2. 科技型中小企业技术创新基金

科技型中小企业技术创新基金是于 1999 年经国务院批准设立的，为扶持、促进科技型中小企业技术创新，用于支持科技型中小企业技术创新项目的政府性专项基金，由科技部科技型中小企业技术创新基金管理中心实施。创新基金重点支持产业化初期（种子期和初创期）、技术含量高、市场前景好、风险较大、商业性资金进入尚不具备条件、最需要由政府支持的科技型中小企业项目，并将为其进入产业化扩张和商业性资本的介入起到铺垫和引导作用。创新基金以创新和产业化为宗旨，以市场为导向，上联"八六三""攻关"等国家指令性研究发展计划和科技人员的创新成果，下接"火炬"等高技术产业化指导性计划和商业性创业投资者。根据中小企业和项目的不同特点，创新基金通过无偿拨款、贷款贴息和资本金投入等方式扶持和引导科技型中小企业的技术创新活动，促进科技成果的转化。

3. 中小企业国际市场开拓资金

中小企业国际市场开拓资金是由中央财政和地方财政共同安排的专门用于支持中

小企业开拓国际市场的专项资金。市场开拓资金用于支持中小企业和为中小企业服务的企业、社会团体和事业单位(以下简称"项目组织单位")组织中小企业开拓国际市场的活动。该资金的主要支持内容包括：举办或参加境外展览会；质量管理体系、环境管理体系、软件出口企业和各类产品的认证；国际市场宣传推介；开拓新兴市场；组织培训与研讨会；境外投(议)标等方面。市场开拓资金支持比例原则上不超过支持项目所需金额的50％，对西部地区的中小企业，以及符合条件的市场开拓活动，支持比例可提高到70％。

4. 天使基金

政府有关部门和社会各界有识之士还纷纷出资，设立了鼓励和帮助大学生自主创业、灵活就业的一些天使基金。如北京青年科技创业投资基金由北京科技风险投资股份有限公司出资设立，由共青团北京市委、北京市青年联合会和北京市工商局共同管理的一项基金。其特点之一是以个人为投资主体，孵化科技项目的快速成长，凡在电子信息产业、新材料、生物医药工程及生命科学领域拥有新技术成果，45岁以下的自然人均可申请创投基金，资金投资区域为北京地区。

5. 其他基金

科技部的"863"计划等，连同科技型中小企业技术创新基金一起，每年都有数十亿元资金用于科技型中小企业的研发、技术创新和成果转化；财政部设有利用高新技术更新改造项目贴息基金，国家重点新产品补助基金；国家发展和改革委员会设有产业技术进步资金资助计划、节能产品贴息项目计划；工业和信息化部设有电子信息产业发展基金等。

各省市为支持当地创业型经济的发展，也纷纷出台政策，支持创业、主要有人力资源和社会保障部设立的开业贷款担保政策、小企业担保基金专项贷款、中小企业贷款信用担保、开业贷款担保、大学生科技创业基金等。

创业者应结合自身情况，利用好相关政策，获得更多的政府基金支持，降低融资成本。

（五）知识产权融资

知识产权融资也是值得创业者关注的融资方式，在国内外已有诸多成功案例，知识产权融资可以采用知识产权作价入股、知识产权质押贷款、知识产权信托、知识产权证券化等方式。

1. 知识产权作价入股

《中华人民共和国公司法》第二十七条规定，股东可以用货币出资，也可以用实物、知识产权、土地使用权等可以用货币估价并可以依法转让的非货币财产作价出资。允许知识产权入股，明确了把知识产权作为生产要素的原则。《中华人民共和国公司法》还规定，不再限制股东(发起人)的货币出资比例、无形资产可以百分百出资。这说明股东可以专利、商标、软件著作权等无形资产进行百分之百的出资，有效地减轻股东货币出资的压力。

《中华人民共和国公司法》规定，除了法律、行政法规规定不得作为出资的财产之外，股东可以用知识产权等进行货币估价，并可以依法转让的非货币财产作价出资。对作为出资的非货币财产应当评估作价，核实财产，不得高估或者低估作价，必须经过专业的知识产权评估才可以作为出资依据。

2. 知识产权质押贷款

知识产权质押贷款是指以合法拥有的专利权、商标权、著作权中的财产权，经评估后向银行申请融资，是商业银行积极探索的中小企业融资途径。

知识产权质押融资可以采用以下三种形式：质押——知识产权质押作为贷款的唯一担保形式；质押加保证——以知识产权质押作为主要担保形式，以第三方连带责任保证(担保公司)保证作为补充组合担保；质押加其他抵押担保——以知识产权作为主要担保形式，以房产、设备等固定资产抵押，或个人连带责任保证等其他担保方式作为补充担保的组合担保形式。

知识产权质押贷款仅限于借款人在生产经营过程中的正常资金需求，贷款期限一般为 1 年，最长不超过 3 年；贷款额度一般控制在 1000 万元以内，最高达 5000 万元；贷款利率采用风险定价机制，原则上在人行基准利率基础上按不低于 10% 的比例上浮；质押率为：发明专利最高为 40%，实用新型专利最高为 30%；驰名商标最高为 40%，普通商标最高为 30%；质押要求投放市场至少 1 年；还款方式根据企业的现金流情况采取灵活多样的还款方式。

3. 知识产权信托

知识产权信托是以知识产权为标的的信托，知识产权权利人为了使自己所拥有的知识产权产业化、商品化，将知识产权转移给信托投资公司，由其代为经营管理，知识产权权利人获取收益的一种法律关系。依据知识产权的类型，结合我国目前已有的信托案例，当前的知识产权信托包括专利信托、商标信托、版权信托等方式，在美国、欧洲、日本等国家，知识产权信托已被广泛用于电影拍摄、动画片制作等短期需要大量资金的行业的资金筹措。流动资金少的文化产业公司，在投入制作时，可与银行、信托公司签订信托构思阶段新作品著作权的合同，银行或信托公司向投资方介绍新作品的构思、方案，并向投资方出售作品未来部分销售收益的"信托收益权"，制作公司等则以筹集到的资金再投入新作品的创作。

4. 知识产权证券化

知识产权资产证券化是指发起人将能够产生可预见的稳定现金流的知识产权，通过一定的金融工具安排，对其中风险与收益要素进行分离与重组，进而转换成为在金融市场上可以出售的流通证券的过程。知识产权资产证券化的参与主体包括发起人(原始权益人)、特设载体、投资者、受托管理人、服务机构、信用评级机构、信用增强机构、流动性提供机构。

说　明

　　本教材配有相关教学课件及教学资源，请有需要的教师与以下邮箱取得联系，获取《创新创业基础：理论与实践》及更多北京师范大学出版社创业类教材的教学资源，以供教学使用。

　　联系人：李编辑

　　联系邮箱：897032415@qq.com

由杜宏博老师及其团队成员教授的国家级一流本科课程"创新创业训练营"已上线学习平台，请扫码关注。